国家社科基金
GUOJIA SHEKE JIJIN HOUQI ZIZHU XIANGMU
后期资助项目

数字治理时代的电子参与及其创新研究

E-participation and Its Innovation
in the Digital Era

张 航 著

南京大学出版社

国家社科基金后期资助项目
出版说明

后期资助项目是国家社科基金设立的一类重要项目，旨在鼓励广大社科研究者潜心治学，支持基础研究多出优秀成果。它是经过严格评审，从接近完成的科研成果中遴选立项的。为扩大后期资助项目的影响，更好地推动学术发展，促进成果转化，全国哲学社会科学工作办公室按照"统一设计、统一标识、统一版式、形成系列"的总体要求，组织出版国家社科基金后期资助项目成果。

全国哲学社会科学工作办公室

序　言

　　若欲透彻地理解张航博士这本专著的理论意义及实践价值,或言欲致张航博士这本《数字治理时代的电子参与及其创新研究》明晰的呈现,必须梳理清晰行政即政府管理学理论及行政管理实践的演变进化之脉络。

　　众所周知,美国自立国以来就是一个立法权、司法权、行政权三权分立、相互掣肘的国家。于此体制中,行政权行使及作用范围最广,在处理诸多国家—社会事务中亦介入最深乃不争之事实。但当时美国的学术界,基于依法行政之原则,一直强调行政乃立法的执行,且在司法监督下。不仅如此,当时美国的学术界甚至强调国家—社会运行及管理的一切方面、一切领域均为立法的执行,且在司法的监督下。由此,一切社会科学归根结底乃"法学—政治学"的延伸与展开,而法学则是最高的、最根本的政治学,形成了法学统揽、控驭一切社会科学的"法学帝国主义"之逻辑及体系。当然,作为对于人类社会科学和自然科学之高度抽象性把握的哲学除外。这样的学术架构不利于社会科学的发展是显见的,自然也不利于国家—社会诸多领域运行与管理的改进。

　　此背景下,基于政府行政管理之实践,伍德罗·威尔逊首倡应当将政府行政管理作为一个独立的领域进行专业的研究,从而有助于改进这一领域的实践。在他开创性的长篇论文《行政学之研究》("The Study of Administration")中,提出了系列性的行政原理、原则及其改进、发展方向,人们公认行政学由此肇始。行政学的诞生,不仅开创了一门新的学科,而且打破了当时美国学术界一切(学科)源自法学又回归于法学的法学垄断格局,促进了美国社会科学的分化和发展。

　　威尔逊之后,古德诺出版了他的名著《政治与行政》,此书不仅客观上呼应、延续了威尔逊的学术主张,而且提出了此后一直被行政学奉为圭臬的"政治—行政两分法"(原则),成为行政学的坚实理论基础。古德诺认为,政治是决策,在很多情况下表现为立法,而行政是执行即管理,政府行政乃政府对国家—社会公共事务的日常管理,进行专门的研究必要且重要。威尔逊和古德诺的著述发表标志着行政的诞生,也推动了行政实践的改进与发展。

20世纪二三十年代,怀特、威洛比、费富纳这三位学者的行政学著作陆续发表,标志着行政学学科体系的建立及成熟。他们均基于"政治—行政两分法"的立场,深化明晰地定义了行政学科,联系行政实践,提出了系统化的行政原理、原则,规范了行政的内容,凡此种种,均属行政学学科体系。他们还尽可能地将初创未几的管理科学(源自泰罗、法约尔)的思想、原理,推广运用于行政科学。此阶段行政学的发展,极大地促进了政府管理的专业化,提升了政府管理的水准及效率。特别是怀特的身份,非常有助于行政学与行政实践的结合,从而有助于行政实践的进步,怀特乃芝加哥大学教授,并应邀出任美国文官考试委员会主席。足见,行政学之发展,一开始就是基于实践需要,并与实践一直紧密结合的。

"二战"之后,法西斯制度不仅被消灭,而且与之相关的思想观念也被人类所摒弃,民主大潮迭起。诚如毛泽东所预言的,"人们将赢得战争,赢得胜利,赢得和平,赢得进步"。在此背景下,行政的民主化或如王家峰所言的行政权的共和化成为大势所趋,实践与理论的互相促进,衍生了行政权的公共化或称之为行政学向公共行政学的转型。这一转型要点有二:第一,质疑古德诺开创的"政治—行政两分法"。于理论层面,行政绝非单纯的(政治决策)执行。其一,政治决策仅仅是原则性、方向性的,使之可行实现则是行政的功能,足见行政是政治的继续;其二,政治决策不可能达致行政过程中的具体和深入,因此行政过程存在一系列连续的、深入的、细节的尽管是平滑的决策;其三,作为原则性、方向性的政治决策必存在疏漏不足之处,致行政过程中需要不断决策以修正、调整、弥补之;其四,单纯的、纯粹的行政过程是不存在的,究行政之本质,乃管理。西蒙言,管理就是决策,管理过程就是决策过程。于实践层面,政治固然是政治,但行政的政治属性亦是凸显的。现实中,没有人将政府管理仅仅视为(立法)权力机构的执行而无视其政治性。政府管理涉及国家—社会的一切领域,其政治意涵自然充分,并非短缺。现实中,政治—行政乃是一体化的,其区分仅仅是相对的,二者相互涵化,政治(决策)中有执行内涵,而行政过程中亦有决策内涵。政治(决策)须通过一系列的行政(决策)贯彻、实现,足见行政是政治的自然延续。行政过程还反馈、影响、形塑政治决策的正确、完善以及社会功用、影响、反响。就行政过程直接决定政治(决策)的社会功用、影响、反响而言,行政的政治性浓郁、强烈、不言而喻,二者的一体化显而易见。足见,"政治—行政两分法"只能是相对的,绝非绝对的,而政治—行政的一体化则是绝对的。第二,基于一,公共行政学强调,因行政并非简单的执行,其有丰实的政治内涵,而政治的本质核心,如马克斯·韦伯言,乃权力的合法性,即民众对于权力的认同、拥护。列宁言,政治乃经济的集中表现,即民众经济利益诉求的表现表达(言论的及行动的)即为政治。二者是相通的:权力的合法性源自民众对于权力保障自身经济利益的拥护和认同。当然,列宁基于历史唯物主义的分析更加透彻。简言之,政治就是权力对于民众诉求的回应,或民众基于自身(经济等)利益对于权力决策或变革的诉求。由此,政治就是权力与民众的互动。既然政治—行政的区分是相对的,其一体化则是绝对的,行政作为政治(权力)的自然延续、自然过程,它不应当是单向的即政府施与民众的、社会的,也不应当是封闭的即政府垄断的,而应当是双向的即政府与民众、社会互动的,应当是面向民众及社会开放的即民众和社会可以积极参与的,且参与是可行的。政治—行政一体化的看法,也契合了列宁在苏维埃国家诞生之初提出的"议行合一"思想,公共行政学的转型,推进了行政学的深化发展,也推动了行政实践的进步以及行政体制的变革。

20世纪末,通过1991年锡拉丘兹大学的会议和1992年威斯康星大学的会议,学界宣告行政进入了公共管理学时代。其实践动力和学理背景一直被认为是所谓 B 途径(Business Approach)与 P 途径(Public Policy Approach),即企业管理和公共政策研究于公共行政实践中的运用,以及学科对之在理论上的导入,推动了这一跃迁。此说于实践上乃客观现实,工商—企业管理对于效率的追求及其成本—收益之分析,确实提升了行政效率,而公共政策研究对于行政可行性即科学性的强调,也确实提升了行政的可操作性、可靠性、可实现性。但二者导入公共行政学就使之跃迁为公共管理学之说值得商榷。

众所周知,学科及科学的革命亦即跃迁,源自其基础范型(范式)的变革。托马斯·塞缪尔·库恩在其《科学革命的结构》中描绘道,许多新现象乃至新规律的发现,若仅仅是深化了学科(科学)原有范式的内涵或扩张了原有范式的外延,但均与原有范式相容、自洽,不足以形成学科(科学)的革命(跃迁)。只有新的发现(的积累)致原有范式无法兼容及自洽时,原有范式及其体系跃迁、革命,学科(科学)革命才因此发生。所以,科学(学科)革命的本质乃原有范式及其体系的跃迁、转型,科学(学科)革命就是范式及其体系的革命。由此可见,B途径和P途径由实践而理论的导入,不能构成公共行政学的跃迁革命。因为效率的追求及成本—收益之分析,以及行政决策可行性、可操作性、可实践性之强化,均相容于、自洽于行政学的传统范式,不足以引致范式革命。

那么,公共管理学的实践基础究竟何在?于实践层面可见,公共行政推广发展以来,传统行政的单向性、封闭性日益破解,行政日益成为社会各界广泛参与普遍作用(作为)的事项。借用威廉姆斯、奥斯特罗姆等人的话语,行政日益成为社会各界协同共治的事项,这其实是对行政本质的回归。行政——乃政府对国家—社会(经常性、日常性)公共事务的管理。但在当代民主政治发展的推动下,行政主体由单一政府主体日趋社会多元主体化。虽然除政府外的多元主体并非均进行、实施行政决策,但其均参与、影响行政决策,均影响甚至控驭了行政过程。借用奥尔金森的话,行政为了社会的"集体行动",而集体行动的逻辑就是协同共治(理),或协管共治。这一实践场景呈现于理论中,即公共行政跃迁为公共管理,传统的管理跃迁为社会多元主体的治理,核心是管理主体的多元化即社会多元化主体的协同治理。社会多元化主体的协同共管,致传统的行政—政府管理范式无法兼容自洽,遂以社会治理取代之,公共管理理论由此诞生,或言公共行政学跃迁为公共管理学。所以,致公共管理实践与理论诞生的最重要途径非B途径和P途径,乃D途径,即民主化途径。人类反法西斯战争的胜利促成了民主化大潮,民主化大潮引至了传统行政—政府管理走向公共行政,但公共行政仅是行政原则及方法的诸多变革,是民主化进程最终推进了行政由单一政府主体向社会多元主体的转型,公共管理及公共管理学由此诞生,实践及理论范型终于突破传统的管理,呈现为治理。

管理主体多元化即多元主体协管共治亦即协同治理,乃公共管理的根本内涵及核心本质。但在实践中,此协同、共管并非呈现为票决制,在大多数情况下,亦不可能诉诸票决制,虽然它基于共同利益的谋求。而面对共同威胁、危险和损害,也就产生了共同利益——此乃集体行动逻辑的基础,也是约翰·纳什维系市场存在的最低度均衡的逻辑。因此,共同利益乃多元主体一致性趋向、取向之基础,多元主体的利益诉求必须协调、平衡,必须有(产生)结论、结果,即"协同—集体"行动。这一客观需求,必指向某一能够协调、平衡并做出决定、决策的主体。于现实中,这一主体当且仅当乃政府,政府在多元主体中具主导性功能,多元主体由此一元独大,公共管理亦由此化归为公共行政,公共管理学还原为公共行政学。

这一化归、这一还原,亦与普遍认同的现代化社会结构相契合:现代化社会为三元主体形构:市场-社会-政府(涵法制体系)。据亚当·斯密假定,市场功能完备,其自然运行不仅赋予经济以活力,而且导向公众的利益,趋于均衡,这一假定最终得到了德布鲁的证明。通俗而言,一言以蔽之,市场管经济。社会由民众构成,自然内涵了诸多复杂的事项和矛盾,处理这些事项,解决诸多矛盾的最佳途径是民众自治。民众自治与社会良性互动,形构良序和谐社会,一句话,社会由民众自治或民众自治社会。但若市场以外的来自社会的破坏性因素干扰、扰乱了市场的正常运行,若民众自治与社会在某些时空非良性互动而导致社会冲突,即民众自治与社会的非连续性非平滑性呈现,则需要政府,则必需政府。所以,政府是维护公平的,是通过维护社会公平(涵市场与社会)而维系社会有序的。显见,在此三元主体各司其职的现代化社会结构中,政府的作用是基础性的与决定性的,亦即主导性的。政府维系了这一三元主体现代化社会的存在,由上述(公共行政与三元社会的)契合性,深刻印证公共管理于实践中的困境、于理论上的困境。难怪有学者言,公共管理学在本质上是马克思主义共产主义学说的自然延伸,公共管理在实践中的可行性有赖于未来的共产主义社会,因为那是一个国家消亡、民众完全自治的社会。

公共管理场域的呈现及其理论的诞生,有丰厚的现实基础,其并未将自身作为遥远的未来目标。多元主体协管共治,溯其源,乃行政从单向性施与至政府—民众双向性互动,至社会各界普遍参与且制衡规约政府的实践进展及其理论抽象。此中,政府的主导性地位依然,票决制在诸多场域是非可行的,亦是非必要的。多元主体协管共治本质上就是多元主体对政府的制衡与规约,以及在必需、必要场域的强制。由此,公共管理以及理论的实现问题,就转化为在涵政府的多元主体结构中,如何制衡、规约乃至强制政府的问题。其首先是结构的形塑问题,政府之外的其他多元主体的存在与参与必须是实在的而非空泛的,必须是内容的而非形式的,必须是平等的而非差等的,必须是刚性的而非弹性的,必须是必须的而非可有可无的,如此多元主体结构形构后,就是如此多元主体结构的运行问题、可行性及可操作性问题。张航博士的这本著作就是试图借助当代科学技术手段,可行地、有效地解决这两个问题,从而推动实现公共管理及其理论,她称之为数字治理时代,即数字化协管共治时代。

科学技术之发展,促成了行政科学化时代的到来。这一时代一方面表现为行政开放式数字化平台的呈现,另一方面则表现为社会各界可行性可操作性参与渠道的构建。如此,公共管理多元化主体的协管共治均可通过现代科学技术的数字化手段来表达。虽然目前,这种多元化主体的表达还仅仅是初步的、粗浅的,但就科技而言,其显然具有可无限深化的前景——每一主体皆然。说句非题外的题外话,随着集成电路即芯片科技的发展,致其功能空前强大以至于每一台终端都具备了形成了数据库的功能,全球计算机网络真正实现了去中心化,致区块链设想终于可以借助去中心化的 N 元乃至无穷元数据库得以实现时,每个人(每一台终端同时又是数据库背后的人)均可以成为管理的参与者、影响者、介入者,乃至控驭者。即使在当下,多元化主体对于行政的深度参与、介入,乃至于发挥强有力的影响亦具有可行性和可操作性,关键在于相匹配的自适应体制的构建。

作者首先选择政府—社会双向多元主体的开放式、互动式、多元主体嵌入式的数据—信息结构,这一结构利于多元主体(涵政府及社会各界)的自由参与及无障碍表达。这一结构的可持续性则决定于多元主体自由参与的可持续性,于此可持续性中,这一多元化主体协管共治的开放性、互动性、多元主体嵌入性数据—信息化结构的不断深化发展及其形构不断优化,则是一种自然的延伸与展开。于此结构中,管理及行政即决策如何产生?西蒙将管理(涵行政)决策抽象为三个环节:信息及数据的获取,信息的处理即加工、比对、筛选、有序化等,据处理后的信息进行选择。显见,这一结构的本质乃管理信息系统(Management Information System,MIS),而 MIS 充要地利用于西蒙所言之科学决策(过程)的实现。换言之,基于多元管理主体的社会(涵政府)MIS,充要地利于公共管理之实现。此结构的有效高效运行,首先有赖于系统不断的、动态式的创新与跃迁,作者所给出的"三位一体"创新性动态系统,呈现出系统形构的理想模型。其次,有赖于上述结构运行流程的创新与再造。涵运行流程的各环节与各阶段,基于多元化主体适应性、自洽性组织变革基础上的创新与建构。再次,还有赖于运行模式的创新,核心是在社会化、多元化主体介入参与的创新,以保障介入参与的实在性、实体性,以最终实现行政的公共性。最后,还应当建立、健全这一结构运行的评估范式,并随结构运行实践的变革发展,而不断地调整,使之能为结构的不断完善提供科学的依据。如上,基于当代科技的开放性、互动性,各社会主体(涵政府)自由嵌入式的数据—信息化行政管理结构,则不仅仅是共时态的(静态形构的),而且是历时态的(动态运行发展的)。公共管理所必需的多元主体协管共治结构及其有效乃至强制性介入,甚至控制,不仅可能而且可行。公共管理于实践中的困境破解、公共管理学于理论中的困境,亦随之破解。前述随集成电路科技的进展(摩尔定律的指数式增长),区块链的去中心化(去中央数据库及其服务的分配,每一终端均为一数据库,全球计算机网络由 N 元乃至无穷元数据库构成)构想终成现实,对公共管理实践与理论困境的破解则更加彻底。此状况下,反倒使单一(元)主体性封闭性、垄断性行政陷入困境,这是万事万物发展的辩证规律之一——否定之否定(发展即向对立面的转化)——在行政领域的表现。但基于科技发展的当下阶段与未来阶段,对于公共管理理论及实践的实现,在逻辑上是同构的。于此,张航博士该著作的理论意义及实践价值也得以彰显并实现。

邓小平强调,科学技术是第一生产力,生产力的进步必推动生产关系即经济基础、上层建筑的进步,推动人类社会的发展。公共管理的逐步实现,当属上层建筑的进步,说千道万九九归一,还是历史唯物主义的基本原理,是为序。

庞绍堂

2023 年 10 月 29 日于南京大学

目　录

第一章　电子参与的数字治理背景

第一节　数字治理的兴起

一、问题的提出

网络 2.0 时代最引人注目的不是工具本身,而是新媒体技术,它对人与人、人与组织之间的关系进行了重新设计。我们在思考政府的治理能力时必须仔细考虑政府与公众的相互作用关系,而这不可忽视科技在其中的作用。①

"公民参与"的理念有着悠久的历史沉淀,它不是一个新词,过去二十年里公民参与的传统领域已经得到了有效再造,在现代语境下数字治理赋予了它新的内涵。一方面,随着经济、社会和信息通信技术的发展,人们对公共事务的参与提出了更多更高的要求;另一方面,政府工作的基础是公共管理,改善公众生活离不开公共管理,面对经济、社会和环境的挑战,公共管理亟须创新和变革。新战略和新技术的有效使用(诸如大数据、万维网、社交媒体、可视化数据等)、数据的可及,政府与其他行动者之间的开放协作,共同为政府的公共管理提供了一个新的机遇,这一机遇的核心是数字治理。近年来"数字治理"日渐成为公共管理的一个核心问题,它被认为是数字政府语境下的一个问题,亦是对公共管理的未来影响深远的一个问题。②

自 20 世纪 90 年代以来,公民参与治理开始越来越多地以电子方式实现,这在很大程度上促进了公民影响力的提升,并能更好地将边缘化群体纳入治理和民主实践。各国政府都越来越倾向于利用互联网技术进行沟通和

---

① 薛澜,张帆,武沐瑶. 国家治理体系与治理能力研究:回顾与前瞻[J]. 公共管理学报,2015(3):1-12.

② HARRISON T M, GUERRERO S, BURKE G B, et al. Open government and e-government:democratic challenges from a public value perspective[J]. Information polity,2012,17(2):83-97.

提供服务,试图借助新的电子工具改变公众参与的方式,拓展新的、潜在的、更广泛、更深入的参与机会。于是,公共决策过程中的公民参与走向了一个新的阶段——电子参与(e-participation)。① 尽管电子参与在慢慢变成一个备受关注的研究领域,但定义参与或其目标仍然存在问题。数字治理离不开公民的"电子参与",公民参与既是治理的前提又是治理的目标,因而数字治理背景下的城市治理与公民电子参与存在必然的联系。

电子参与作为一种伴随着科技发展而出现的新型参与形式,通常是指公民在信息通信技术的帮助下参加公共问题的讨论,进行意见表达或听证,并能最终影响或控制决策的过程。通过公民电子参与能够强化政府运作的透明和问责,促进公共服务的共同设计,精简治理的成本和运作。换句话说,电子参与不仅要求人们针对政府做出的政策提出观点,还能促进和影响政策行动。公民电子参与的理念和实践不仅为公共管理创新提供了一个契机,也迎合了各国公众对政策参与愈加强烈的需求。

然而,国内外各界虽然在各种场合频繁提及"数字治理",但对"数字治理"及相关概念并未形成系统的共识,对数字治理背景下公民参与的研究也往往困囿于"电子工具"的领域,而未能有效结合其他关联因素(如开放数据、开放政府、开放协作等)进行系统分析。实践表明,若无信息的开放和共享,就难以实现有效参与。传统情境下,透明的缺失会导致公民无法实现有效参与(不论是在政策设计、执行还是评估环节),更无法在其远离民主范畴时确保政府(官员)负起责任。在很多国家,财政资金的揭露、政府合同的公开和其他诸多信息自由的行为,制造了一种"知情博弈"——记者、不同党派以及政治对手会千方百计去抓错——这种猫和老鼠的游戏形成了一种公民制衡机制,这被视为遏制权力滥用的基础。

目前,在互联网的冲击下政府的公信力不断面临挑战,公民对政府的态度也发生了很大的转变,不再是一味地相信和支持,而是产生了质疑和不信任,这在很多国家的实践中都得到了证实。纵观我国社会主义公共管理,虽然在政府信息公开方面已经取得了较大成果,但距离透明政府的目标还存在一定差距,而要在真正意义上增强政府公信和政策合法性,我们需要在开放政府数据的基础上推动公民参与,从这个层面来说,数字治理时代电子参与创新的一个关键问题就在于直接与媒体设备通上电,与公共政治文化接上轨,共同创造一个高效的"知情参与"机制。

---

① HEEKS R,BAILUR S. Analyzing e-government research:perspectives, philosophies, theories, methods, and practice[J]. Government information quarterly,2007,24(2):243 - 265.

新时代背景下政府治理体系和治理能力现代化的实现,离不开科技和大数据,更离不开创新的公民参与机制。目前,我们对数字治理背景下的在线参与创新还未形成一个全面系统的认识,也缺乏相应的流程设计和制度机制。在这种背景下,本研究试图从数字治理的视角系统分析电子参与的创新机制及相关问题。数字治理背景下的电子参与不仅仅涉及参与的理念,还涉及诸如开放、透明、协作等理念,并且这些理念是紧密联系在一起的。透明是参与的前提,但是透明本身并不能解决问题,因此如何积极推动和实现有效的公民参与是接下来的问题,在此基础上互联网带来的在线协作又是更高水平的公民参与,这三个概念是一个连续统一的问题,亦是本研究尝试系统整合的问题。同时,本书希望结合中国情境,对电子参与进行全面系统的分析,以在一定程度上推进中国语境下的本土化理论创新。

二、数字治理的产生与发展

(一)兴起的背景

数字治理的理念是随着电子政务及治理的理论实践发展起来的,它旨在推动公共部门改革中信息通信技术的使用,构建扁平化的政府管理机制,促进政府权力的共享,进而逐步实现还权于社会、还权于民的善治过程。① 进入 21 世纪之后,数字治理理论日益成为全球公共管理领域研究的重要议题之一,并且近 10 年来愈加受到各界的关注。

早期的数字政府被看作政府利用电脑和网络等现代通信手段为公民、私人部门、第三部门和其他组织以及政府内部机构提供自动化的信息及服务,目的是构建一个无缝隙的、高效互动的政府。信息通信技术的发展、创新和应用,为政府的变革创造了巨大的机遇,越来越多的国家致力于通过信息技术的应用建立这样一个高效、无缝隙的数字政府,这也让数字政府的问题成为政治议程中最重要的问题之一。② 数字政府是电子参与的最重要载体,它能够以一个传导机制发挥作用,一方面能够减少致力于重复任务的行政成本和时间,③另一方面在加速公共行政分权的同时提高政府监督主要

① 张航. 公民参与的新阶段:"知情-协商-赋权"的电子参与过程[J]. 学习与实践,2017(3):62-71.

② JAEGER P T. The endless wire:e-government as global phenomenon[J]. Government information quarterly,2003,20(4):323-331.

③ WONG W,WELCH E. Does e-government promote accountability? A comparative analysis of website openness and government accountability[J]. Governance,2004,17(2):275-297.

活动的能力,①并且由于互联网一周七天、一天二十四小时都可使用,因此极大拓宽了人们对政府服务的访问权。公民看起来似乎对电子提供信息的方法普遍表示满意,②但关于政府使用信息和通信技术及服务(ICTs)提供信息能在多大程度上提高治理水平,仍然缺乏系统的实证分析。

事实上,早期数字政府创新的最常见的形式就是政府运行的门户网站。③ 早在 1995 年,美国政府出版局(Government printing office)就被国会授权开展以电子形式出版政府信息的研究,美国政府出版局融合传统的图书馆整合技术和现代信息技术为一体,建立了政府信息的电子馆藏,使得公众能够通过网络直接获取相关的政府出版信息。纵观各国实践,电子政府的发展和建设大多依托于政府门户网站。政府门户网站来自英文"government portal",它是一级政府行政管辖区内所有政府部门网站的统一入口网站,一般而言,它是指政府建立的综合信息和服务系统,它能够使政府工作人员、私人部门、非营利组织和公民都方便、迅速地接入所有与政府部门相关的信息及服务。④

人们出于各种各样的理由访问政府网站,⑤最主要的目的归根结底还是获取信息,然而大多数政府网站缺乏对公民至关重要的互动质量,⑥尤其是在腐败水平较高的国家。事实上,一个国家的腐败水平与其政府信息的在线可访问度往往具有反向关系。研究显示那些腐败水平愈低的国家,对其公共资金管理等方面信息的揭露程度愈高。⑦ 因此腐败水平相对较高的国家,数字政府是政府信息交流的替代方式而非主要输出方式,信息公开的

---

① MA L, CHUNG J, THORSON S. E-government in China: bringing economic development through administrative reform[J]. Government information quarterly, 2005, 22(1): 20 - 37.

② WELCH E W, HINNANT C C, MOON M J. Linking citizen satisfaction with e-government and trust in government[J]. Journal of public administration research and theory, 2005, 15(3): 371 - 391.

③ JOSEPH R C, JEFFERS P I. E-government in the Caribbean nations[J]. Journal of global information technology management, 2009, 12(1): 52 - 70.

④ 朱明炬,田慧,张挺,等. 四直辖市人民政府英文门户网站对比研究[J]. 电子政务,2009(11):66 - 71.

⑤ CLIFT S. E-governance to e-democracy: progress in Australia and New Zealand toward information-age democracy[EB/OL]. [2020 - 05 - 06]. https://www. publicus. net/articles/aunzedem. html.

⑥ THOMAS J C, STREIB G. The new face of government: citizen-initiated contacts in the era of E-Government[J]. Journal of public administration research and theory, 2003, 13(1): 83 - 102.

⑦ KIM S, KIM H J, LEE H. An institutional analysis of an e-government system for anti-corruption: the case of OPEN[J]. Government information quarterly, 2009, 26(1): 42 - 50.

缺失是腐败水平居高不下的主要因素之一。① 大多数发展中国家开展电子政务举措强调的是把提高国家管理水平、行政执行过程以及线上服务质量放在首位,而与公民的互动则被摆到了次要的位置。此外,虽然数字政府应用在档案保管等领域发生着革命性的改变,但是大多数国家仍然通过线下渠道来适应大部分的政府日常通信工作。② 换句话说,非互联网人群所占的比例依然很高,经常被引用的"数字鸿沟"意味着电子政府还未全面普及。③ 同时,虽然大多数国家输出政府信息,诸如以问责为目标的财政信息等,但是公民要获取这些信息往往很困难,这无疑意味着信息透明的缺失。大量研究得出结论,互联网上的政治依然是简单政治,因为对信息的简单访问并不意味着会带来更多的公民参与。保密和信息的缺失是滋生腐败和滥用权力的土壤,数字政府的发展是最需要做出的重要改变之一,这一发展通过更高的信息透明和公共功能的透明对减少腐败做出贡献。因此,民主国家需要贯彻实施以透明、参与和其他反腐手段为焦点的数字政府工程。

数字政府的建设因为大数据的到来变得更加便捷和高效。数字政府建立在一个有效的数字治理制度框架的基础之上,通过降低时间和经济成本来改进政府内部工作方式,合理有效地利用各种资源,实现资源优化整合,最终形成可持续的发展方案。④ 它深深地影响了政府的数据开放途径,为公民参与和协作提供了更多的可能性和更便捷的渠道。数字治理真正在全球兴起是从 2009 年的"开放政府运动"开始,这标志着电子政府 2.0 时代的开端。自 2009 年 3 月美国颁布了《开放政府指令》(以下简称《指令》)之后,"开放政府"这一术语就迅速获得了全社会乃至全世界的关注。此后,越来越多的政府都在制定相应的政策以践行开放政府的相关理念。巴拉克·奥巴马被授予第一个"互联网总统"的美称,美国政府颁布的《指令》指示联邦机构通过拓宽对政府信息的访问,提高政府信息质量,创造一个以让公众具有洞察力和专业能力为重点的开放政府文化并使之制度化,以及形成一个研究人员、私人部门和公民社会之间具有高度影响的协作关系的途径来贯

---

① CAIDEN G E. Ten major flaws in combating corruption:a cautionary note[J]. Southern journal of international law,2003,10:269.

② JOSEPH R C,JEFFERS P I. An exploratory analysis of e-government development in the Caribbean[J]. AMCIS 2008 Proceedings,2008:18.

③ MARGETTS H. E-government in Britain:a decade on[J]. Parliamentary affairs,2006,59(2):250-265.

④ 北京大学课题组.平台驱动的数字政府:能力、转型与现代化[J].电子政务,2020(7):2-30.

彻这些原则。具有开放新形式的政府和公民沟通潜能的新兴科技,被认为是这一创举的关键。《指令》同样指示相关联邦机构对任何可能对使用新科技实现开放政府目标造成阻碍的现有政策进行识别和修改,遵守《指令》的机构随后大量使用互联网和社交媒体。

2003 年,经济合作与发展组织(OECD)发布了一个名为《数字政府:促进和公民社会的对话》的报告,报告中数字政府的概念还仅与公开政策制定相关联,强调信息、咨询、公共参与。随后,林格斯和威尔逊通过分析美国的《透明和开放政府备忘录》,进一步确定了数字政府 2.0 背后的主要理念和概念:提倡透明、洞察科技、促进公民社会电子参与以及官员对遵循法规和标准的顾虑。[①] 2009 年,欧盟召开了有关电子政府的马尔默部长级会议,号召欧洲公共行政建立与公民和企业更加开放、灵活和协作的关系,这次会议为欧盟开放政府的努力提供了主要的政治推动。马尔默部长级会议宣言强调了传统的电子政府主题,包括发展以用户为中心的服务、多渠道战略、使用信息通信技术提高行政效率和效力等。会议实际涉及了公开、透明、参与、协作的理念。例如,它提出政策的当务之急是要通过透明确保问责,鼓励对公共数据的重新利用,鼓励让所有利益相关者参与到公共政策过程中来,并且鼓励以协作的方式提供公共服务,马尔默会议的理念很快就通过《欧洲 2011—2015 电子政府行动计划》转变为实际的行动。在过去几年,数字治理改革席卷全球,各个国家和政府都试图启用新兴的科技合并过去的民主实践,不断创新电子参与过程,这使得传统的数字民主和数字政府的界限变得模糊。

在我国,各种形式的数字治理改革也正在如火如荼地进行当中,从中央的"互联网+政务服务"改革,到地方层面的"一网通办""一体化平台"改革,等等,皆试图通过信息通信技术的使用来加强政策过程中的公民参与,扩大群众基础,提高政府公信力和政策合法性。人们愿意相信,以现代网络科技为支撑的数字政府模式,能够实现政府运作的转型,改变政府和公民的关系,甚至实现整个公共组织的文化变迁。电子通信技术在国内的使用,促进了电子参与更加广泛和普遍的传播。老百姓可以针对更多政策问题与政府机构及官员进行更为频繁的互动,进行包括协助政策的设计、参与政策的执行、监督与评估等过程,针对复杂的政策问题和挑战提供更为连贯综合的解决方法等活动。

---

① LINDERS D, WILSON S C. What is open government?: one year after the directive[C]// Proceedings of the 12th Annual International Digital Government Research Conference: Digital Government Innovation in Challenging Times. ACM, 2011: 262 - 271.

（二）兴起的原因

1. 政治原因

进入二十一世纪之后，电子政务逐渐从一站式解决方案变成所有治理问题的理想形式，继而又面临一个更加棘手的包容性发展的实施问题。许多研究都强调了电子政务的失败①，这些研究显示虽然电子政务的失败没有一个单一的原因，但有一个主要原因——这就是路德·古利克和林德尔·厄威克组织管理哲学的一个原则——"协调"。

然而，与古利克和厄威克对政府机构和部门内部之间进行协调的理解相比，电子政务面临的协调挑战变得更加外化。许多人担心，如果不改善政府机构的参与机制和问责制度，就会严重耗损和浪费公共资源。目前，电子政务不仅需要政府机构内部的协调，还需要更深层次的协调，这种协调可以扩展到商业、法律和民间社会。如果没有协调各种公共机构、技术结构、人员变量和数据供应系统的能力，那么许多电子政务计划的实施就会变得形式化和多余。

世界各国早期的"数字政府"举措，在重要的可持续收益方面产生了普遍弱小或不利影响之后，如何确保对数字化转型的投资带来预期的结果成了一个关键的问题。同时，过去几年中疫情影响和金融危机导致了整个世界（尤其是西方）新民粹主义的崛起，而近几年诸多国家在选举前民意调查表现出的较大偏差，引起了人们对传统渠道获取公众想法之有用性和准确性的质疑。

于是为了应对疫情和各种政治问题，越来越多的国家政府开始投入开放创新式的数字治理实践，邀请公民在线参与各种决策并优化政策过程。公共部门必须彻底改变服务提供方式，创建更好地满足公民需求的解决方案，开发提供效率的渠道，增加公民的包容性，并重新发明供应链，以更快、更便宜、更有效的方式提供服务。但毫无疑问的是，公共部门正在尝试从封闭的、自上而下的、官僚主义的交易模式转变为在线的综合数字产品，以鼓励公民与国家之间的新型互动。这一"数字治理之旅"似乎正达到一个关键点，公众对提高服务速度和提高透明度的需求，正在引起公共部门越来越大的兴趣，以思考如何以更加创新的方式提供服务。而这面临的一大挑战，是在公共官员之间建立对共同服务平台会产生根本影响的理解，最重要的是，数字技术需要在公共服务的开发和发展过程中影响公共服务的设计和运

---

① BASTICK Z. Digital limits of government：the failure of e-democracy[M]//PAULIN A，ANTHOPOULOS L，REDDICK C. Beyond bureaucracy. Cham：Springer，2017：3 - 24.

营,而不仅仅作为现有自动化流程的手段。

向数字治理的转变并不容易,技术也不是实现根本变革所必需的唯一要素。公共组织的特征、工作流程和制度安排等其他因素的变化和调整均会对数字治理项目的潜在结果产生积极或消极的影响。一些行政改革浪潮,如新公共管理(NPM),将信息技术视为政府转型和公共部门创新的催化剂,但数字政府项目面临着低成功率的问题,这种低成功率可能是由于对这类项目所必需的其他组件的疏忽,包括管理、组织和机构方面。随着过去二十年来公共部门信息技术支出的不断增长,了解数字政府项目失败或成功的原因以及进行有效创新的办法路径,比以往任何时候都重要。

2. 技术原因

信息技术毫无疑问是数字政府兴起最重要的原因之一。数字治理革命正在发生的背景是我们个人生活中发生的更广泛的转变——由持续的数字技术变革去优化生产实践和实现灵活驱动的全球交付模式。新技术为加强参与性讨论提供了可能性,它可以创建独立于时间、地点或物理存在的虚拟平台。忙碌的男男女女不必从工作或家庭中抽出时间,就可以轻松加入并表达自己的观点,多年来,这种通过增加公民参与来增强民主的技术潜力一直是学术辩论的主题。

政府完全有理由鼓励人们参与,但亦希望得到公众对所考虑问题的熟悉和反思,而非庞大的快速判断和无知的贡献。然而,即使是他们中最勤奋的也未必会对了解学习与政治问题相关的大量资料感兴趣。虽然人们相信积极关注政策制定是值得的,但它必须找到创新的方式来呈现不断积累的材料,如今则有大量技术可用于搭建数字治理计划的基础。

“数字”现在被视为组织价值观和实践的保护伞:数字不仅限于技术,成功的数字化组织拥有以速度和适应性为原则、以客户为中心的运营模式,数字组织还寻求将移动设备的使用作为在生活各个方面与公民保持联系的新规范。通过智能手机和平板电脑等,越来越多的人可以更便捷地与政府互动,查看各种新闻,检查本地公共服务的可用性,与别人协作,等等。因此,越来越多的人要求在公共服务中实现与其他地方相同的收益。这种数字化转型的一个推动因素是使用技术平台,无论这些平台是专有的[如苹果(Apple的 iOS)]还是更开放的(如谷歌的 Android)。这些平台提供标准化环境,刺激整个企业生态系统构建产品和服务,平台可以带来惊人的创新、投资和竞争。最近这种基于平台的思想及其相关益处已经得以在很多公共部门中被采用。

3. 社会原因

到后工业社会,在知识经济时代,信息的传递和知识的传播成为推动社会发展的最重要动力,社会成员的主体地位得到大幅提升,有意愿并有能力参与和影响决策,权力的运行已经不能以无视个人、企业和组织的存在为条件,而必须关注个人、企业和各类组织的多元需求和意愿,这样的治理方式需要政府与个人、企业及组织的合作共治,而不是单方面发出命令让其服从。20世纪最后的30年,我们讨论政府和冲突的方式也在不断进化。诸如环境恶化、城市经济发展、公共卫生等棘手的问题对官僚结构的政府运作能力提出了挑战。传统科层制的管理战略面对这些问题的处理越来越显得力不从心,尤其是对于全球问题、跨国问题、跨区域问题以及跨部门问题。由此产生了治理的概念,治理强调政府掌舵而非自上而下的指挥。治理理念的发展提高了公民参与的认识和能力,并在技术的刺激下进一步发展为线上的各种参与形式。

数字治理的本质是通过数字技术手段对政务进行全流程、全方位、全要素、全环节的信息化建设,提高政务的透明度、公开度、规范度和效率。数字治理可以让公众更加便捷地获取政务信息、参与政务决策、监督政府行为,从而提升了政务的民主性和公信力,满足了公众对政务公正、高效服务的需求。例如,在数字治理的背景下,人们可以通过网上政务服务大厅实现在线申报、办理、查询政务事项,避免了排队等待和耗时的烦琐手续;可以通过政务数据开放平台获取政务数据,对政府行为进行监督和评价;可以通过政务微信、APP等渠道实时了解政府政策、活动等信息,加强政府与老百姓之间的沟通交流等。随着社会的发展,人们对治理质量的要求不断提高,需要更加科学、精准、民主和公正的治理方式来应对社会问题和挑战,数字治理顺应了这一需求。

三、国内外研究现状

(一)国外研究现状

1. 数字治理相关研究

数字治理理论兴起于西方,数字治理在国外有很多的名称,包括"digital governance(数字治理)""digital government(数字政府)""e-governance(电子治理)""digital era governance(数字时代治理)"等,在很多情况下这些概念被混用,并没有区分明确的界限,都可以被用来指代数字治理。[①] 数字治理的概念早在电子政务发展之初就被提出,著名学者帕却克·邓利维提出数字治理是旨在推动公共部门改革中信息通信技术的使用,构建扁平化的

---

① 韩兆柱,马文娟. 数字治理理论研究综述[J]. 甘肃行政学院学报,2016(1):23-35.

政府管理机制,促进政府权力的共享,进而逐步实现还权于社会、还权于民的善治过程。①

数字治理的发展从实践领域丰富了公共治理的核心内容,尤其是数字时代治理的多元主体、政府与社会的边界性等命题。进入新世纪之后,数字治理理论日益成为公共管理领域的一个重要研究议题,涌现出很多新的研究成果。本节基于几大外文数据库,包括 Springer LINK、Web of Science、Taylor & Francis Online 等,利用上文提及的几大关键词进行检索,并将研究方向设定为"Public Administration & Management",考虑到数字治理是近十年才发展起来的新领域,文献检索时间设定为 2010 年至 2022 年。通过筛选,这里仅保留了与数字治理理论高度相关的文献,检索结果如表 1.1 所示。

表 1.1　数字治理相关研究在各数据库发文情况一览表

数据库	检索结果				
	digital governance	digital government	e-governance	digital era governance	合计
Springer	241	272	54	72	639
Web of Science	129	111	34	5	279
Taylor & Francis Online	1039	1165	92	56	2352
总计	1409	1548	180	133	3270

资料来源:通过在 Web of Science、Springer LINK、Taylor & Francis Online 数据库检索的结果。

学者对数字治理理论及其应用领域的研究自研究伊始发文数量保持稳定,Taylor & Francis Online 数据库检索结果比其他数据库要多很多,Web of Science 数据库检索结果数量最少,总体而言相关的理论成果颇丰。我们经常看到无论是文献、政府工作报告还是实践中,数字治理、数字政府、电子政务的概念往往被混用,其原因在于三者的核心脉络是一致的,皆是希望通过 ICT 技术重塑政府管理流程,提高公民参与度和满意度,走向善治。现有的研究主要从数字治理的产生背景、核心理论、制度建设及影响等方面阐述,这些为促进数字治理理论的发展以及推动相关理论的本土化进程奠定了基础。

---

① DUNLEAVY P, MARGETTS H, BASTOW S, et al. New public management is dead: long live digital-era governance [J]. Journal of public administration research and theory, 2006, 16(3):467-494.

（1）数字治理的概念

数字治理的理念是随着电子政务和治理的理论实践发展起来的，现有的研究依然主要侧重于电子政务问题，更确切地说，文献似乎没有考虑到信息通信技术是特别普遍的技术这一事实，其潜力远远超出改善（公共）服务提供的范围。① 此外，政府工作本身已经随着时间的推移大量演变为现在已成共识的"治理"。因此，我们必须承认皮埃尔和皮特等人的工作对该主题的重要性，他们以横向治理趋势和新兴的网络概念作为线索，强调了政府的新任务。② 然而，尽管有这么多文献，但人们已经开始认识到"数字治理"是一个有着自身特征的更加模糊的概念，这在很大程度上是由于信息通信技术的多方面性质，以及它们皆用于对流程的管理又必须受到具体的监管和决策控制的事实。此外，在大多数情况下，正如上文显示的，电子治理、数字政府等常被用作管理的同义词。

有学者指出，"数字治理"被认为需要在技术和制度共同演化的更广泛框架内实现概念化，这是因为信息通信技术与政府机制之间存在着平行的演变。③ 信息通信技术越来越多地渗透到政府部门中，而信息通信技术的发展同时受到政策和基于政策的决策的影响。技术和制度之间共同演化的这一更广泛的框架实际上涉及社会的所有政策领域，诸如健康、运输、能源、通信、教育等。技术和制度之间共同演化的上述框架最终可以应用于政策制定的功能。我们当代社会的大多数活动领域都是由这种共同演化决定的。不仅是主要的私人服务（银行、保险、旅游），还有所有网络行业，即交通、能源、通信、健康、安全、教育等。的确，服务类型在这些活动领域的供给是技术和机构之间共同演化的直接结果。质量、价格、标准等以及这些服务的法律地位由技术现状（支持和监测工作流程和供应链）以及管理使用该技术的制度安排的状态决定。为了更好地应对这些与"数字治理"有关的各种松散相关的维度，我们必须采取广泛的视角，并以更有效的方式将问题的技术创新链和相应的制度动态联系起来。换句话说，数字治理不是谈论电子

---

① ROSSEL P, FINGER M. Conceptualizing e-governance［C］// Proceedings of the 1st International Conference on Theory & Practice of Electronic Governance, 2007.

② See Kooiman, J. Governing as governance, London, Sage, 2003；Pierre J. and Peters B. G. Governance, Politics and the State, London, Palgrave McMillan, 2000；Mayntz, R. New Challenges to Governance Theory, the Jean Monet Chair Papers No 50, The European University Institute, 1998.

③ FINGER M, GROENWEGEN J, KUNNEKE R. The quest for coherence between institutions and technologies in infrastructures［J］. Competition & regulation in network industries, 2013，6(4)：227-260.

政务的另一种方式,它传达了不同的观点和一系列利害关系和争议。①

(2) 数字治理的模式研究

近年来学界对数字治理的研究大多置于开放政府的研究框架,西方不少国家的数字治理战略通常即表现为开放政府计划,这涉及电子政府模式的变革。

大量实践表明,透明、参与和协作能够强化数字治理的公共价值。也就是说,如果政府机构能够充分利用社交媒体和相关技术扩大服务的范围和深度,以此将透明、参与和协作带入更高水平的公共参与,那么数字治理的公共价值就能得到全面的实现。② 很多学者对欧美国家数字治理的研究都基于开放政府实践。Data.gov 网站是奥巴马政府开放政府计划的核心成分,类似的开放政府门户网站是增强透明的一个重要工具,并且基于开放政府门户的在线对话能够确保公民在线参与和协作。③ 不少研究发现通信设备起到了政府决策透明预测器的作用,科技、法律和问责是影响开放政府的关键因素。④ 互联网、电子政府以及信息通信技术鼓励更多的政治参与,⑤越来越多的公民转向政府门户网站,将其作为一个未处理的信息资源,⑥然而一些研究表明,政府公信力并未与更多的政府参与相联系。

意大利学者评估了公民与政府机构的互动是否被确实公开,为此他们采访了意大利各省会中的 500 名意大利公民,试图从制度选择、政治、财政和服务供给等信息中找出公众认为与其最相关的信息类型,结果显示公众普遍认为服务供给信息和财政信息是他们更关切的信息,而意大利的省会城市未能满足公众对这些信息的需求。⑦然而,公开信息和开放政府虽然能

① ROSSEL P, FINGER M. Conceptualizing e-governance [C]// Proceedings of the 1st International Conference on Theory & Practice of Electronic Governance, December 2007:399 - 407.

② LEE G, KWAK Y H. An open government maturity model for social media-based public engagement[J]. Government information quarterly, 2012, 29(4):492 - 503.

③ DAWES S S. Stewardship and usefulness: policy principles for information-based transparency[J]. Government information quarterly, 2010, 27(4):377 - 383.

④ RELLY J E, SABHARWAL M. Perceptions of transparency of government policymaking: a cross-national study[J]. Government information quarterly, 2009, 26(1):148 - 157.

⑤ GOLDFINCH S, GAULD R, HERBISON P. The participation divide? Political participation, trust in government, and e-government in Australia and New Zealand[J]. Australian journal of public administration, 2009, 68(3):333 - 350.

⑥ GOODSPEED R. From public records to open government: access to Massachusetts municipal geographic data[J]. URISA Journal, 2011, 23(2):21 - 32.

⑦ CUCCINIELLO M, BELLÈ N, NASI G, et al. Assessing public preferences and the level of transparency in government using an exploratory approach[J]. Social science computer review, 2015, 33(5):571 - 586.

够带来诸如透明、民主问责、更多的参与、政府信任以及通过信息的可获取提高经济效益等好处，同时也遭遇由能力缺乏、遗留制度等问题导致的数据的公开和公民的政策参与变得更加复杂化。①

（3）数字治理的影响研究

对公民的互联网使用情况及他们对政府信任的研究表明，公众对互联网的使用与政府公信力呈现负相关关系，政府公信力与公民顺从度呈现正相关，而数字治理中诸多技术工具的使用被发现是一个缓和因素，能够减少互联网加诸政府公信力的消极影响。②

一些学者试图对数字治理和政府信任之间的关系做出一个更细致的评估，他们检测了社交媒体、电子政府网站等数字治理工具如何与公民对政府的信任相联系，以及这些关系如何根据公众在线参与（表达意见）的频率而变化。结果显示调查对象对公共部门社交媒体的使用与公信力成正相关关系，电子政府网站的使用则与政府公信力的提高没有显著关系，并且随着公众表达的增多，电子政府的使用反而与政府公信力之间开始呈现出强烈的负相关关系。③亦有人从理论和实证的角度考察了经济危机时期西班牙地方政府透明度的决定因素。以 2008 年到 2012 年的西班牙城市为样本，他们通过一个随机效应面板数据模型，发现透明与经济和政治因素相联系，失业率、性别、选举结果和政治理论对透明度有重要的影响，而经济投资、财政压力等因素并未显示出对透明水平有明显影响。④

2. 电子参与相关研究

电子参与亦是随着电子政务和在线民主的推动而发展起来的概念，在西方一般被称为"E-participation"，也有不少文献中将其等同于"online participation""electronic participation""E-democracy"。本节同样基于几大外文数据库，包括 Springer LINK、Web of Science、Taylor & Francis Online 等，利用上文提及的几大关键词进行检索，并将研究方向设定为"Public Administration & Management"，检索时间为 2010 年至 2022 年。

---

① JANSSEN M, CHARALABIDIS Y, ZUIDERWIJK A. Benefits, adoption barriers and myths of open data and open government[J]. Information systems management, 2012, 29(4): 258-268.

② IM T, CHO W, PORUMBESCU G, et al. Internet, trust in government, and citizen compliance[J]. Journal of public administration research and theory, 2014, 24(3): 741-763.

③ PORUMBESCU G. Linking transparency to trust in government and voice[J]. The American review of public administration, 2015:1-24.

④ TEJEDO-ROMERO F, DE ARAUJO J F F E. Determinants of local governments' transparency in times of crisis: evidence from municipality-level panel data[J]. Administration & society, 2015 (9):1-28.

筛选掉与电子参与不相关的文章,这里仅选取了与本主题高度相关的文献进行分析,检索结果如表 1.2 所示。

表 1.2　数字治理相关研究在各数据库发文情况一览表

数据库	检索结果				
	e-participation	electronic participation	e-democracy	online participation	合计
Springer	58	500	48	310	916
Web of Science	161	191	126	321	799
Taylor & Francis Online	38	756	40	1487	2321
总计	257	1447	214	2118	4036

从表 1.2 可以看出,上述数据库中,对"online participation"主题的研究相对丰富,"e-participation"和"electronic participation"一个为全称一个为简写,其内涵与"online participation"基本一致,"e-democracy"这一概念的出现稍迟,因而从数量上看略逊于其他几个主题。相关研究主要围绕电子参与的主体、渠道、模式、评估等机构方面。国外有关电子参与的相关研究相当丰富,研究成果最多的要数"online participation"和"digital government",而目前使用"e-participation"和"digital governance"的情况则相对较少。近年来关于电子参与不断增加的知识研究提供了研究领域的复杂性,对 ICT 技术带来的新型公民参与研究的贡献来自广泛的学科,包括政治学、社会学、管理学、心理学、经济学等不同的观点,以及信息通信领域更具技术性的贡献。[1]这种多样化的学科背景也伴随着各种方法论的立场,以及表征电子参与研究的规范观点。[2]　由于这种复杂性,到目前为止已经进行了一些跨学科研究领域的尝试,这些贡献旨在提供研究领域的全面观点,并使研究界能够分享一套认识论工具,以便找出差距并推进研究领域。[3]

（1）电子参与的产生研究

电子参与的活动是由互联网的广泛部署带来的额外推动,亦是许多现有

---

①　MACINTOSH A，COLEMAN S，SCHNEEBERGER A. Eparticipation：the research gaps[J]. Lecture notes in computer science，2009，5694：1-11.

②　PARVEZ Z，AHMED P. Towards building an integrated perspective on e-democracy[J]. Information communication & society，2006，9(5)：612-632.

③　ØYSTEIN SÆBØ，FLAK L S，SEIN M K. Understanding the dynamics in e-participation initiatives：looking through the genre and stakeholder lenses［J］. Government information quarterly，2011，28(3)：416-425.

电子政府活动的演变。调查和支持这些电子参与活动的研究也可以被视为现有研究领域的发展和重新聚焦。然而,许多因素促使对"电子参与"该术语及研究工作进行更详细的调查,这表明这一术语本身正在成为一个独立的兴趣领域。这些因素包括政府发起的许多实践活动①、政府工作报告、专注于电子参与技术的公司②以及有针对性的研究计划。"E-participation"这个术语在学术文献中只是慢慢成熟③,目前还不像其他相关术语如E-Democracy和E-Governance那样成熟,但仍可以合理地假设它可能很快成为一个独立的研究领域,具有自己特别的重点。从政府到电子政府的转变涉及调解三个治理领域——政治、社会、行政——与信息技术之间的关系。④

（2）电子参与的内涵及分类研究

电子参与主要可以理解为公民社会领域与正式政治领域之间以及公民社会领域与行政领域之间的技术介导的相互作用,它是一个描述利用信息通信技术使公民参与政治决策过程的术语。电子参与的焦点是公民,其目的是提高公民参与数字治理的能力。其他公民群体,如志愿组织和企业也与此相关。技术介导的民间社会领域与行政领域之间的相互作用尤为重要。

电子参与政治机构和行为者缺乏透明度和问责制,肯定会对政治产生越来越多的祛魅。在地方层面尤其如此:一方面,政府经常忽视公民的关切,不将各公民群体的利益纳入决策;另一方面,公民对某些政治结果感到不满,因为政府没有对他们的行为做出好的解释。随着互联网为表达和交换观点提供了新的机会,乐观主义者在电子参与中看到了改善政府与工作之间关系的新前景。电子参与涉及参与的扩大和转型,并且是基于信息通信技术的社会民主和协商的参与进程。它旨在通过最新的技术支持积极的公民身份,增加公民参与的可及性和可用性,以促进公平和有效的政府。

民主和正式的政治过程从根本上取决于公民、政治家、官员和其他可能受政治决策影响的利益相关者之间关于公共问题的有效沟通和知情决策。⑤政府可以寻求促进参与,以提高政治进程的效率、公信力和合法性。

---

① 诸如 G. Fagan, D. Newman, M. MURRAY. E-consultation: Evaluating appropriate technologies and processes for citizens' participation in public policy. Final report from the eConsultation research project. 2006. Retrieved July, 2006, 来源于 http://www.e-consultation.org/files/ecrp_report.pdf.

② 如 Partecs Participatory Technologies(http://www.partecs.com/).

③ CHANG, W-Y. Online civic participation, and political empowerment: online media and public opinion formation in Korea[J]. Media, culture and society, 2005. 27(6), 925 – 935.

④ GRÖNLUND, Ä, HORAN T. Introducing e-GOV: history, definitions and issues[J]. Communications of the AIS, 2005, 15: 713 – 729.

⑤ 哈贝马斯. 在事实与规范之间[M]. 童世骏, 译. 北京: 生活・读书・新知三联书店, 2014.

公民、非政府组织、游说者和压力集团可能要求通过参与活动和意见表达在既定的政治体系内外促进自身的利益。电子民主关注利用信息和通信技术吸引公民,支持民主决策进程和加强代议制民主,主要的信息通信技术机制是通过各种渠道访问互联网,包括家庭和公共场所的 PC、移动终端和交互式数字电视等。许多形式的信息通信技术都有可能支持参与,这些形式很容易获得(或正在开发中),包括聊天技术、论坛、电子投票系统、群组决策支持系统和博客。① 因而电子参与过程往往被分为两大类:一类涉及选举过程,包括电子投票,另一类涉及公民电子参与的民主决策。②

（3）电子参与设计及行动的研究

大量文章对电子参与过程进行有关设计和行动研究,分析了设计电子参与平台的方法,这些研究中采用定量方法明显多于定性方法,也有一些采用了混合方法。讨论的重点多在于,智慧城市发展过程中应该如何发起和推动公民电子参与过程,不少研究指出智慧城市决策过程中要扩大来自公民的声音,③也有学者对公民的在线集体行动、选择和生活的适应性进行了概念化捕捉,④社交媒体和众包被认为是促进公民电子参与的有力工具。⑤

（4）电子参与的影响与挑战研究

在线参与决策意味着通过使用信息通信技术而与政治决策过程明确联系,这被视为增强公民参与的潜在途径。有些人认为在线决策是重塑公众参与的机会,而其他人则关注为既得利益群体提供进一步决策可能性的潜在负面影响。

通过让公民更直接地参与规划过程,可以实现更多的参与。⑥ 有学者研究了如何利用地理信息系统(GIS)来增加公民对邻里规划的影响。其他

① BEST S J, KRUEGER B S. Analyzing the representativeness of internet political participation[J]. Political behavior, 2005, 27(2):183 - 216.

② CURWELL S, DEAKIN M, COOPER I, et al. Citizens' expectations of information cities: implications for urban planning and design[J]. Building research & information, 2005, 33(1):55 - 66.

③ NIAROS V. Introducing a taxonomy of the "smart city": towards a commons-oriented approach?[J]. TripleC: communication, capitalism & critique, 2016, 14(1): 51 - 61.

④ FERNANDEZ-ANEZ V, FERNÁNDEZ-GÜELL J M, GIFFINGER R. Smart city implementation and discourses: an integrated conceptual model[J]. The case of Vienna.Cities,2018, 78, 4 - 16.

⑤ KLEINHANS R, VAN HAM M, EVANS-COWLEY J. Using social media and mobile technologies to foster engagement and self-organization in participatory urban planning and neighbourhood governance[J]. Planning practice & research, 2015, 30(3): 237 - 247.

⑥ HUDSON-SMITH A, EVANS S, BATTY M. Building the virtual city: public participation through e-democracy[J]. Knowledge technology & policy, 2005, 18(1):62 - 85.

人则关注如何在政治决策过程中纳入公民的反馈,并记录和传达公民反馈的效果。公民参与在线决策的愿望可能具有象征意义,即更加注重将责任或权力移交给公民。数字鸿沟同样是人们关注的焦点,[①]但是对如何解决这个问题提出的建议很少。在线决策参与越来越多地包含在数字治理战略中,但公民参与的影响依然难以识别。因此,需要采取策略将在线审议结构化为真正的决策,[②]以及连接在线和离线通信服务。[③] 此外,目前对于电子参与的相关监管也存在问题,这主要是因为在线决策活动的法律框架发展不足。[④]

通过对各个文章的主要概念和经验贡献进行归纳分析,下表 1.3 列出了归纳分类,从而对综述结果进行了概述。

表 1.3　"电子参与"相关文献梳理问题概览

	接受		实施		制度	
	障碍和促进因素	策略	障碍和促进因素	策略	障碍和促进因素	策略
宏观层面	• 制度背景 • 利益相关者 • 网络及学习		• 制度背景 • 利益相关者	• 组织变革		• 制度变革
中观层面	• 制度背景 • 组织背景 • 资源 • 技术	• 组织变革 • 制度变革	• 制度背景 • 组织背景 • 利益相关者 • 关系 • 资源 • 风险 • 成本 • 电子参与设计	• 制度变革 • 组织整合 • 信息整合 • 关系处理 • 评估 • 设计战略		• 制度变革 • 组织整合 • 关系处理
微观层面	• 个体感知 • 态度		• 个体感知 • 态度	• 关系处理		

① ALBRECHT S. Whose voice is heard in online deliberation?: a study of participation and representation in political debates on the internet[J]. Information, communication & society, 2006, 9(1):62-82.

② RUI P L, COSTA J P. Discursive e-democracy Support [C]// Hawaii International Conference on System Sciences, 2006.

③ HUDSON-SMITH A, EVANS S, BATTY M. Building the virtual city: public participation through e-democracy[J]. Knowledge technology & policy, 2005, 18(1):62-85.

④ BINGHAM L B, NABATCHI T, O'LEARY R. The new governance: practices and processes for stakeholder and citizen participation in the work of government [J]. Public administration review, 2005, 65(5):547-558.

宏观层面的电子参与实践研究的一个主要重点在于寻找障碍和促进因素，以解释公共行政部门（通常很少）采用电子参与的原因和差异。第一组因素是指行政单位之间的互相学习和竞争。例如，一些研究分析了参与支持跨组织学习和竞争的专业网络与公共行政部门采用电子参与的关系。[①] 其他研究表明，电子参与的扩散是行政单位随着时间的推移而累积的学习过程。[②] 跨国研究表明，制度背景，例如国家和行政文化，与地方和国家层面的公共行政部门采用电子参与有关。一个国家的民主发展，或者外部利益攸关方的影响，特别是公民和当选政治家的要求，与国家层面采用电子参与的影响亦存在关系。[③] 公民是电子参与进程的主要目标群体，需要在创新进程中予以考虑。此外，还有一些研究分析了较高层次国家机构的决策和政策如何影响较低行政级别的电子参与实践。[④]

中观层面的研究，更多关注公共行政部门是否采用参与式技术的决策。大多数研究表明，除了一些社交网络服务的采用率较高之外，公共组织在所有行政级别上采用电子参与实践和技术的比例仍然较低。[⑤] 关于组织中观层面的障碍和促进因素可以解释采用率低的原因。研究表明，公共行政的体制背景是一个相关因素，研究人员研究了组织文化与采用电子参与的关系。[⑥] 许多研究使用人口规模作为闲置资源的替代指标，并分析资源闲置如何影响电子参与的采用。[⑦] 此外，组织中的技术能力也可以成为积极影响电子参与采用的相关资源。[⑧]

① SOBACI M Z, ERYIGIT K Y. Determinants of e-democracy adoption in Turkish municipalities: an analysis for spatial diffusion effect[J]. Local government studies, 2015, 41(3): 445-469.

② MA L. The diffusion of government microblogging: evidence from Chinese municipal police bureaus[J]. Public management review, 2013, 15(2): 288-309.

③ LEE C, CHANG K, BERRY F S. Testing the development and diffusion of e-government and e-democracy: a global perspective[J]. Public administration review, 2011, 71(3): 444-454.

④ Mergel I. Social media adoption: toward a representative, responsive or interactive government?[C]//Proceedings of the 15th Annual International Conference on Digital Government Research, 2014: 163-170.

⑤ LEONE S, DELLI-PAOLI A, SENATORE D. Social media communication in central governments: the case of Twitter activity of Italian ministries[J]. Journal of communication research, 2015, 7: 413-429.

⑥ ROYO S, YETANO A, ACERETE B. E-participation and environmental protection: are local governments really committed? [J]. Public administration review, 2014, 74(1): 87-98.

⑦ LEV-ON A, STEINFELD N. Local engagement online: municipal facebook pages as hubs of interaction[J]. Government information quarterly, 2015, 32(3): 299-307.

⑧ ZHAO F. An empirical study of cultural dimensions and e-government development: implications of the findings and strategies[J]. Behaviour & information technology, 2013, 32(3): 294-306.

相对于宏观和中观层面,微观层面的研究显得少许多,很少有研究分析个人层面的电子参与的采用,目前的研究侧重于微观层面的障碍,例如对电子参与的怀疑与不信任。然而,一些研究也表明在使用技术和与公众互动方面拥有技能和经验可以帮助公共官员相信信息和通信技术(ICT)可以促进公共投入。① 地方层面的管理者如何看待领导支持(组织背景)、公民需求(利益相关者)和规范压力(制度背景)也影响电子参与采用。②

(二)国内研究现状

1. 数字治理研究现状

相对于国外而言,国内对数字治理和电子参与的研究起步较晚。数字治理理论产生于新公共管理运动之后,是治理理论的分支理论,亦是后新公共管理时期的主要理论之一。③ 国内在公共管理领域对数字治理的研究始于 2004 年,早期的一些学者以整体性治理的理念提出了数字治理。④ 对更一般意义上的数字治理进行的研究则始于 2010 年之后,关注对数字治理的应用的思考,一般变现为对数字政府、电子治理、数字治理的研究。

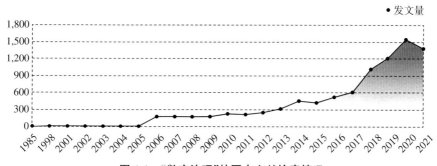

图 1.1　"数字治理"的国内文献检索情况

以数字治理为关键词搜索国内文献,发现"数字治理"的文章从 2005 年开始出现,从 2017 年开始进入了高发文时期,至 2020 年相关发文量达到一个峰值,如下图 1.1 所示。继而以"数字政府"为关键词搜索国内文献发现相关文献从 1999 年开始出现,至 2006 年后相关研究的发文量突飞猛进,到 2019 年达到一个峰值,2020 年出现大幅度下降,2021 年又产生了反弹,如

---

① BALDWIN J N, GAULD R, GOLDFINCH S. What public servants really think of e-government[J]. Public management review, 2012, 14(1): 105 - 127.

② NORRIS D F, REDDICK C G. E-democracy at the American grassroots[J]. Information polity, 2013, 18(3): 201 - 216.

③ 韩兆柱, 马文娟. 数字治理理论研究综述[J]. 甘肃行政学院学报, 2016(1): 23 - 35.

④ 竺乾威. 从新公共管理到整体性治理[J]. 中国行政管理, 2008(10): 52 - 58.

图 1.2 "数字政府"的国内文献检索情况

下图 1.2 所示。这一波动与疫情紧密相关。以电子治理为关键词进行文献检索，发现相关文章从 2006 年开始出现，从 2010 年开始相关研究量逐年递增，与"数字治理"及"数字政府"研究主题相比，相关研究在数量上发展更快更迅猛，但自 2015 年之后，研究量出现急剧下降的过程，2020 年后相关研究量甚至有降至 2010 年水平的趋势。

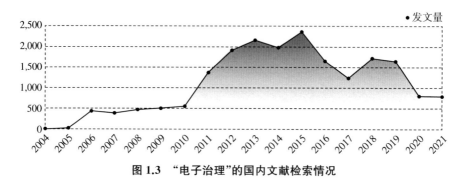

图 1.3 "电子治理"的国内文献检索情况

从上述三图中不难看出，国内对数字治理的研究起步较晚但发展迅速，尤其是在"电子治理"领域。通过整理相关文献，发现目前国内对数字治理的研究主要已经从翻译和介绍国外的相关理论和著作，专向对数字治理本土化经验及理论的探索。目前的诸多研究带有明显的技术导向性，为数字治理理论从国外的引入积累了较为丰富的实践基础。随着治理理论在国内的不断发展，数字治理的内涵和外延亦在不断完善。

目前不少研究将数字治理作为一个背景，聚焦于城市数字治理和政府赋能方向，例如以案例为基础探讨城市数字治理的理论①，或研究基层政府

---

① 沈费伟，叶温馨. 政府赋能与数据约束：基层政府数字治理的实践逻辑与路径建构：基于"龙游通"数字治理的案例考察[J]. 河南社会科学，2021，29(4)：86–93.

数字治理的实践①等。由于数字治理的实践往往先于理论,所以相关研究亦存在"重应用、轻理论"的现象,与国外研究相比,国内的相关研究方兴未艾。这一方面是因为,数字治理乃是治理与信息通信技术结合而催生出来的新领域,它与网络治理所强调的多中心形式和整体性治理强调的整合协调模式存在诸多重合之处②,这在某种程度上弱化了数字治理的地位;另一方面是因为其"信息技术决定论"的影响,使得学者忽视了相关理论体系的研究,却更倾向于相关数字化设施的应用和构建问题。

2. 电子参与研究现状

通过对"电子参与"关键词的国内文献搜索发现,国内从 2006 年开始出现相关研究,从 2010 年后相关研究量逐年大增,2018 年达到峰值 4497 篇,而后在疫情防控期间相关研究量锐减,这与"电子治理"的研究发展趋势相似。而以"网络参与"为关键词的亦从 2006 年开始出现,此后逐年稳步增长,2020 年锐减,2021 年达到一个峰值为 3351 篇。

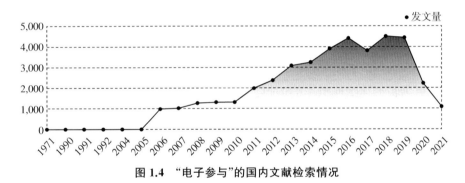

图 1.4　"电子参与"的国内文献检索情况

总体来看,中国国内的电子参与研究发展迅速,研究表明,随着互联网的兴起,公众对政府决策和公共事务的参与方式发生了显著变化。研究者们研究了政府网站、社交媒体、在线公民论坛等电子平台的使用,以了解公众如何通过这些渠道与政府互动。此外,一些研究也关注了电子参与对政策制定和政府决策的影响。

具体来看,相关研究主要可以概况为四个方面的研究:

(1) 政府与公众在线互动研究:主要关注政府如何使用电子渠道与公众互动,包括政府网站、社交媒体和在线公民参与平台。研究着重于政府的

---

① 邓念国. 整体智治:城市基层数字治理的理论逻辑与运行机制:基于杭州市 S 镇的考察[J]. 理论与改革,2021(4):58 - 69,155.

② 曾凡军,韦彬. 后公共治理理论:作为一种新趋向的整体性治理[J]. 天津行政学院学报,2010,12(2):59 - 64.

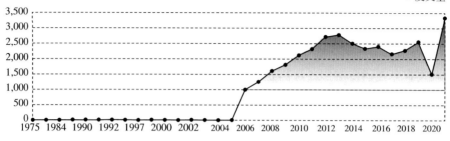

图1.5 "网络参与"的国内文献检索情况

数字化服务、在线政策制定和公众参与的方式。例如一些学者将电子参与归纳为公共论坛、博客、即时通信工具、社交网站等不同方式。[1] 有学者认为电子参与可以分为四种类型,包括参与重要事项的讨论、监督政府部门的运作、向政府及相关部门表达利益诉求以及表达公民的政治情感。[2] 一些学者基于善治理论,分析了公民电子参与对政府治理的影响并探寻了实现善治的途径。[3]

(2) 数字工具的使用及影响研究:主要关注各种政府数字平台、社交媒体对公众参与的影响。如不少学者关注数字治理平台的形成及运行,探析数据赋能精细化治理工作的逻辑。[4] 从实证角度看,国内一些学者研究了不同群体的电子参与情况,如邹静琴等人以广东8所高效为例,分析了大学生的社交媒体的电子参与状态。[5] 有学者基于数字化城市治理体系呈现出数据与管理分离及治理要素"碎片化"特征,指出城市治理体系转型需要明确数字化平台的功能定位,以问题感知为核心功能,警惕数字技术塑造的"新权力"带来城市治理"再碎片化"。[6]

(3) 政治参与和治理创新研究:主要研究电子参与在政治选举、抗议活动和社会运动中的作用。这包括研究在线选民注册、候选人互动、网络抗议等。电子网络参与在某种程度上能够保障或成全公民广泛参与公共政策的

---

① 曾凡斌. 论网络政治参与的九种方式[J]. 中州学刊, 2013(3):19－22.

② 陈毓. 政治生活新现象:网络参政[J]. 中国国情国力, 2000(7):17－18.

③ 王帆宇, 朱炳元. 论网络政治空间和公民理性政治参与:基于政府善治的视角[J]. 科学·经济·社会, 2013, 31(2):31－35.

④ 任勇,葛诗怡.枢纽型数字治理平台的形成及其运行逻辑:以X区"一网统管"为例[J].社会科学研究, 2023(5):35－44.

⑤ 邹静琴, 王静, 苏粤. 大学生网络政治参与现状调查与规范机制构建:以广东省八所高校为例的实证研究[J]. 政治学研究, 2010(4):65－74.

⑥ 高恩新,刘璐.平台的"祛魅":城市治理数字化转型中的组织-技术互嵌逻辑[J].东南学术, 2023(2):125－134.

直接民主,增强了网民的民主参与意识。① 基于协商理论,有学者探讨了电子参与对现实政治协商的五个方面的促进作用。② 一些研究对公民参与城市公共空间治理的价格和实现路径③,或社区治理中的在线参与行为进行了探讨。④ 李雪彦从愿望、能力、基础设施的维度分析了农民电子参与的边缘化现状并提出了相应对策。⑤ 也有对一些创新参与过程,如众包众创竞赛等参与行为的研究亦有涌现。⑥

(4) 数字鸿沟和数字包容性研究:主要关注数字鸿沟,即不同社会群体之间的数字技术获取和使用差距,以及如何克服数字鸿沟,以确保更多人能够参与电子渠道。漆光鸿等人则以青年群体为研究对象,从参与意愿、个体素质等主观因素以及政治制度、网络文化等客观因素对电子参与进行了解读。⑦ 亦有学者指出,在政府治理中随着数字技术的深度嵌入和全面泛化,由于过度追求工具理性致使人的主体性价值并未得到充分体现,需要打破政府数字治理中的"技术依赖"等多重困境,掌握好政府治理数字化的"尺度"。⑧

(三) 评述

对数字治理及电子参与的国内外研究现状的分析显示,这两个领域息息相关、联系紧密,良好的数字治理离不开有效的电子参与过程。

综合来看,国内外的数字治理的研究已经取得了显著进展,突出了数字技术在政府治理和公众参与方面的重要作用。尤其,中国国内近十年来的电子参与研究领域非常广泛,涉及政府、社会、政治、教育等多个领域,这些研究有助于了解电子参与在中国的演变和影响,以及如何最大程度地发挥其潜力以促进公众参与和民主参与。这些研究不仅提供了有关数字治理和电子参与的理论和实践见解,还为政策制定者和实践者提供了有关如何更

---

① 周东林,张庆胜. 论公民网络参与公共政策的利弊[J]. 企业经济,2010(11):141-143.

② 赵春丽. 网络政治参与:协商民主的新形式[J]. 中共天津市委党校学报,2007,9(4):88-92.

③ 陈水生,屈梦蝶. 公民参与城市公共空间治理的价值及其实现路径:来自日本的经验与启示[J]. 中国行政管理,2020(1):135-141.

④ 陈涛,刘伊琳,梁哲浩,等. 城乡社区治理中的居民在线参与行为研究:基于公民自愿主义和社区情感承诺的视角[J]. 中国行政管理,2021(12):96-102.

⑤ 李雪彦. 我国农民网络政治参与边缘化现象剖析[J]. 长白学刊,2013(1):54-58.

⑥ 焦媛媛,吴业鹏,许晖. 过程反馈如何影响参与者行为?:来自在线设计众包竞赛的证据[J]. 研究与发展管理,2021,33(1):110-124.

⑦ 漆光鸿,王剑英,杨志强. 青年网络政治参与的内容、特征及影响因素研究:基于对七个中文论坛相关资料的文本分析[J]. 中国青年研究,2012(10):56-61,84.

⑧ 孙海军,张长立.技术适配治理:政府治理数字化的限度与人的主体性回归[J].江淮论坛,2023(3):153-158.

好地利用数字技术促进治理和民主的指导。此外,这些研究还探讨了数字治理和电子参与面临的挑战和机遇,为未来的研究提供了方向。

然而不论是数字治理的研究还是电子参与的研究,如今依然被认为是尚未十分成熟的领域。具体来看,目前对数字治理过程中电子参与的研究,主要涉及电子参与的主体与分类,电子参与的工具,电子参与的过程和行动、电子参与的模式,以及电子参与的作用和评估,一些实证研究显示公民电子参与能够有效提高城市政府治理和社区服务水平,但目前依然有一些亟待解决的问题未得到充分关注:首先,缺乏对数字治理、电子参与内涵的明确界定;其次,缺乏对数字治理及电子参与内在逻辑的深入分析;继而,目前仍缺乏对数字治理背景下电子参与的系统研究;最后,对相关创新实践的模式总结,及如何实现政策参与创新及增强公民电子参与的研究亦很匮乏。这些亦是本书力图有所贡献的地方。

第二节　数字政府与数字治理

一、电子政府与数字政府的概念辨析

在 21 世纪,世界各国政府都面临着改革官僚机构与公民之间关系的压力,21 世纪的第一个十年,电子政府无疑已成为公共部门最伟大的创新之一。联合国公共行政网(www.unpan.org)将电子政府定义为"利用互联网和全球网络向公民提供政府信息和服务"。与此类似,经合组织(OECD)将电子政府定义为"利用信息通信技术,作为实现善治的工具"[①]。世界银行将电子政府定义为"政府机构使用广域网、互联网和移动计算等信息技术,以此改变与公民、企业和其他政府部门的关系"。电子政府的上述定义,说明它被视为通过使用信息技术改变公共行政管理的机制。它可以服务于各种不同的目的:更好地向公民提供政府服务,改善与工商业的互动,通过获取信息获得公民权利或者更有效的政府管理。由此带来的好处可以是减少腐败、提高透明度、增加便利性、增加收入或降低成本。数字政府与电子政府的概念常常被混用,人们倾向于将它们看作相同或相似的事物。但有一种倾向在于电子政府往往与政府 1.0 时代相挂钩,而数字政府则与Web 2.0、政府 2.0 时代相联系。

各国采用电子政府的目的之一是加强透明度、参与度和问责度,改变公

---

① OECD. The e-government imperative：Main findings. Paris：OECD,2003.

民作为"委托人"或"客户"的被动角色。如今,信息的传播伴随着支持其分配的格式和技术,这就是互联网作为一种通信手段变得如此重要的原因,也是作为互联网核心要素的 Web 2.0 和社交媒体必须对其部署和影响进行测试的原因。术语"Web 2.0"是在 2005 年被提出的,它用于指代基于新技术的第二代网络,例如 RSS(真正简单的联合,网络内容)、播客(音频内容的联合)、混搭(预先存在的应用程序的组合)、大众标记(流行标签或分类)、小部件(嵌入其他站点中执行特定功能的 Web 工具)和共享设施(将网站内容重新分发给其他用户的选项)。① 此外,基于这种技术基础,已经开发出如今的"社交媒体",这些应用程序为在线用户社区提供服务:博客,社交,维基,媒体共享,联合学习以及用户之间快速交换信息的社交网络,任何实体都可以通过实施 Web 2.0 服务和技术来大幅改进其网站,它为公共部门提供的主要好处是提高透明度和公民参与。尤其是自媒体平台的发展极大地推动了公民自发创造内容的传播,这些内容丰富了社会的政治辩论,增加了政策意见的多样性,推动了信息的自由流动和言论自由。这些工具可用于吸引公民、交换公众意见、激发政治辩论和分享有关社会及政治问题的信息。此外,公共行政部门可以利用这种新的参与文化,引起公众对城市市政管理的关注,让他们参与当地的公共政策,改善政府与公民的关系。政府2.0并非专门针对社交网络或技术……它代表了政府实施的一个根本性转变——朝着开放与合作方式发展的转变,尽可能实现公开咨询、数据开放、知识共享、相互尊重共同价值等。许多政府网站甚至实时提供网络电视和视频,即所谓的网络广播。但是,在许多情况下,依然无法进行有效交互,有力的研究表明,Web 2.0 技术使用的核心是用户,在这种背景下,动态、互动、合作、参与和信任等术语是必不可少的。电子政府嵌入信息和通信技术中,不仅控制了发展过程,而且控制了产生它的思想。因此,世界很可能通过一种设计来引导,这种设计将使世界朝着一个特定的方向发展,并绕过许多平行趋势和替代设计,从而为发展带来连续性和可持续性。

　　数字政府有很多定义,其中一些定义完全是指通过使用互联网和其他相关技术提供公共服务。② 其他定义更广泛,将数字政府作为公共部门中任何信息和通信技术的选择、设计、实施和使用。还有具体特定政府与其他社会行为者(如公民,私营企业和其他政府)之间的关系,对数字政府进行概

---

① O'REILLY T. What is Web 2.0: design patterns and business models for the next generation of software[EB/OL].[2005 - 09 - 30]. https://www.oreilly.com/lpt/a/1, 2019/03/11.

② SCHELIN S H. E-government: an overview[J]. Modern public information technology systems issues & challenges, 2003:120 - 137.

念化。同样,数字政府也可以根据信息技术允许政府履行的职能进行概念化,从这个角度来看,已经提出了存在、交互、交易、整合及参与等阶段作为理解数字政府发展和成功的一种方式。另一种方式则是基于其实施所需的制度和运营变化水平去理解数字政府。例如,政府 1.0 时代的单个机构网站几乎不需要功能变化和制度变更,这些网站上的信息通常是该机构已经拥有的信息,重复将线下信息进行线上发布。相比之下,政府 2.0 时代要求将多个机构的流程整合到一个项目中,这需要机构运营方式和共享信息方式的重大变化,尤其这种合作往往需要深刻的制度变革(法律、规则、规范等)才能执行,因为公共部门组织通常只有在法律明确允许的情况下才能采取行动。

数字政府已经证明了其潜在的强大能力,可以提供无可比拟的行政扩散、透明度和问责制,而不会损害其内在的控制,使公共机构依赖于"数字",并使强大的公民社会对政府产生影响。考虑到数字政府的概念非常宽泛,本书认为对实践和研究都有用的数字政府定义必须至少包括一系列重要因素,如服务、政府内部运作、民主参与机会,以及允许一切发生的法律框架。数字政府必须被理解为一种不仅仅包括信息通信技术的多维现象,成功的数字政府项目应考虑可能限制或促进信息系统、移动应用或其他数字信息系统实施的流程、组织及政策的变化。遵循这样的逻辑,我们将数字政府定义为:**"基于法律框架,在政府内部使用信息通信技术,从而提供公共服务、提高行政效力,并促进民主价值观和民主机制。"**

由此可见,虽然电子政府和数字政府都是指运用信息技术手段来提高政府效率和提供更好公共服务的概念,但它们在概念上有所区别。电子政府主要是指政府机构利用互联网、移动通信和其他信息技术手段对政务管理和公共服务进行信息化、电子化处理。电子政府的发展过程中,政府主要是以用信息化手段来提高政务效率、简化政务流程、改善政务服务、提高政府透明度等为目标,以政府为中心,面向政府机构和公众。数字政府则更加注重数字技术的深度应用和全面推广,将信息技术渗透到政府管理的方方面面,注重整合各种数字技术,如人工智能、大数据、区块链等,将其应用于政府管理中的各个环节,实现政务的全流程数字化,打造智能化、协同化、一体化的政府治理体系。数字政府更加注重数据的价值和应用,推动政府决策科学化和精细化。数字政府的目标是全面提升政府治理水平和公共服务质量,推动政府和社会数字化协同发展,实现数字经济的蓬勃发展。

总之,电子政府和数字政府是相互关联、相互依存的关系,数字政府是电子政府的深化和升级,既是数字时代政府管理的必然选择,也是政府更好地为人民服务的重要途径。

二、治理与数字治理的概念辨析

进入 21 世纪之后,治理和善治的理论蓬勃发展,已经成为公共管理的核心理论之一。治理既不是自上而下也不是自下而上的,而是一种横向管理,尤其强调参与式治理,即要求公民对政府决策的积极参与,但是也强调政府应该在多元主体中起到一个主导的作用。

在集体行动的语境中,奥斯特罗姆将"治理"看作一个共同确定旨在规范个人和集体行为的典章制度的过程。[①] 宾汉姆等人将"治理"定义为对影响私人、公共和民间部门决策和行为的过程的引导。[②] 更确切地说,治理是一系列维持合作伙伴关系或合作制度的协调和监控行为。[③] 要想就如何解决集体行动的问题达成普遍的共识,涉及一个协商的平衡过程,在此过程中参与者之间的竞争和冲突仍然不可避免,但是被锁定在了一个更大的能够确保合作环境由大家共同确定规则的协议框架内。要实现这种平衡,跨界协商合作势在必行,公共管理者需要理解其参与到合作中时伴随而来的责任共享。麦奎尔指出"共同管理"(shared administration)被认为是政策执行研究的起点。府际关系理论和网络理论助长了对横向网络管理和协同公共管理的研究。[④] 博弈论则帮助学者将注意力进一步集中于以利益为基础的协商和双赢谈判,以及对各种公共政策中的替代性纠纷解决方案、冲突管理、建立共识等问题的预测。公共部门的权力下放运动(devolution revolution)和一些其他增强公共部门效率和责任的努力,也加强了政府与公众、非营利组织间的协作关系。

协作治理的理念在公共管理的学科领域引起了很多共鸣,然而对此并没有一个统一的视角或定义。缇娜等人将"协作治理"概括为,为实现公共目标,让公众积极跨越公共机构、政府层级以及公共、私人、民间领域界限的公共政策决策及管理过程。[⑤] 协作治理同样与本特利的利益集团理论,奥

① OSTROM E. Coping with tragedies of the commons[J]. Annual review of political science,1999,2(1):493-535.

② O'LEARY R,GERARD C,BINGHAM L B. Introduction to the symposium on collaborative public management[J]. Public administration review,2006,66(s1):6-9.

③ BRYSON J M,CROSBY B C,STONE M M. The design and implementation of Cross-Sector collaborations:propositions from the literature[J]. Public administration review,2006,66(s1):44-55.

④ AGRANOFF R,MCGUIRE M. Big questions in public network management research[J]. Journal of public administration research and theory,2001,11(3):295-326.

⑤ EMERSON K,NABATCHI T,BALOGH S. An integrative framework for collaborative governance[J]. Journal of public administration research and theory,2012,22(1):1-29.

尔森集体行动的逻辑、囚徒困境和博弈论以及奥斯特罗姆的公共池塘资源理论密切相关。如果治理被理解为比政府更广泛的概念,并且指的是"内部和外部政治经济力量的更宽松和更广泛的分配",那么不同的权力中心将使该系统容易受到僵局和不信任的影响。早期的电子政务系统将所有政府部门连接到计算机的局域网,它只是通过局域网连接在意识形态和规范上相似的政府部门。

因此,治理是指一种规则体系,通过该体系来管理社会的生产和分配生活,数字治理则具有实现经济和人类发展目标的巨大潜力,它保留了追求集体利益和追求合法性的治理特征。数字治理的挑战在于限制治理中普遍存在的松散性,让不同的组织和机构聚集在一起,以实现发展的目的。

尽管对信息的性质和方向进行了技术控制,但各国的治理必须处理制度过程中人类意识的技术模拟。已经朝着在治理中应用信息和通信技术工具的方向发展的国家表明,这种变化不仅仅是一种治理的填充设备。治理已经与"电子治理"或"数字治理"相提并论,因此许多传统上的官僚主义和政治病理可能会被超越以实现"低成本和低摩擦"治理。卡斯特较早地阐述了网络社会的崛起对社会发展提供的机遇与挑战。① 基于卡斯特阐述的网络社会崛起的时代背景和 20 世纪 90 年代兴起的治理理论,数字治理理论进入 21 世纪后开始迅速发展,它以其独特的技术导向成为学界和政府越来越关注的重要议题,随着信息技术和数字化的发展,数字治理理论在很大程度上为政府治理提供了新的思路与框架。

正如治理的概念与政府紧紧相扣,数字治理的概念同样与数字政府紧密联系在一起。将用户置于新公共政策过程这一举措要求组织和用户之间存在的关系、流程和数据控制机制发生根本转变,而不仅仅是技术。数字政府的定义同样存在诸多分歧,一些人声称它是电子政府、电子治理的代名词,将其定义为使用互联网和万维网以向其公民提供政府服务的一系列治理方式,重点关注电子政务应提高各种服务的效率和有效性。近年来世界各国政府兴衰的经历表明,现在不是政府陷入常规沉睡的时候,而是成为向数字化转移的领导者的时候,是指导电子路线走向公平和可持续发展的时候。

数字治理需要在其外联活动中进行理解,并在公共政策生命周期中发挥重要作用。这些外联活动本身不属于电子政府,而属于治理,而"数字"将成为治理的延伸和延续,继续做治理所做的事情。数字治理由两个词组成。"数字",指的是与计算机技术的使用有关的任何事情。"治理"这个词来源

---

① 卡斯特.网络社会的崛起[M].夏铸九,译.北京:社会科学文献出版社,2006:5.

于希腊语,它的隐喻用法可以追溯到柏拉图在大约两千四百年前撰写的社会对话,这个动词背后的含义是引导或向特定方向移动,要做到这一点,政府必须做出影响公民行政管理和日常生活的决定。治理意味着指导和限制集体活动的正式和非正式过程和制度,政府是权力行动并产生正式义务的子集。治理不一定完全由政府进行,私营公司、非政府组织(NGO)和其他社会团体都经常与政府机构合作以实现治理。它是一种描述政府与其更广泛环境之间联系的方式。一旦治理上线,控制可能会从常规的官僚机构和政治高管转变为技术体制,他们将提供软件、硬件和各种技术以保持电子政府的发展,以至于许多全球技术体系可能通过数字治理占据控制席位。数字化,不仅指数字技术或运行该技术的软件,或是政府向公民提供的数字服务,也指人们的数字生活以及与管理在线公民有关的所有问题。因此,本书认为数字治理可以定义为:在信息技术支持下,通过各种数字化手段邀请公民参与,实现公共政策制定、执行、监督和评估的数字化,促进政府与社会各界之间的智能协同,推进社会的协调发展,提高社会治理的现代化水平。

数字治理需要加深对跨文化和多元治理视角的理解,需要解释和澄清电子政府与大型机构改革之间的关系以加强治理,思考能够让它们相互补充和相互促进的多种战略。"数字"和"治理"之间的这种推定关系也有望突显实施中许多缺失的环节,这些环节的缺失会阻碍绩效并阻碍任何发展目标的实现。

三、数字政府与数字治理的关系辨析

习近平总书记在首届数字中国建设峰会的贺信中指出:"加快数字中国建设,就是要适应我国发展新的历史方位,全面贯彻新发展理念,以信息化培育新动能,用新动能推动新发展,以新发展创造新辉煌。"数字政府是推动国家治理体系和治理能力现代化的重要支撑。数字治理往往被认为是数字政府语境下的一个问题,但它并不是数字政府的一个次维度,而是数字政府的一个方向。①

早期对数字政府的定义更关注政府信息的释放,后来数字政府的概念渐渐发展并逐渐囊括了四个维度:向公民和企业提供服务,提高政府绩效,社会融合和发展、电子民主和电子参与。我们在数字政府的框架内又发现了透明、问责、协作、民主、参与等理念,这些理念是数字治理的核心理念。

---

① HARRISON T M, GUERRERO S, BURKE G B, et al. Open government and e-government: democratic challenges from a public value perspective[J]. Information polity, 2012, 17(2): 83 – 97.

信息通信技术的发展、创新和应用,为政府的变革创造了巨大的机遇,越来越多的国家致力于通过信息技术的应用建立这样一个高效无缝隙的电子政府,但是数字政府更多还是从政府内部的视角展开理解。

与之相比,数字治理更强调政府与多方利益相关者的互动和合作,可以理解为数字政府发展的必然结果。数字治理的革命一方面包含了一种新形式的社会治理,引发了政府、公民、私人部门和社区组织之间的新型互动,另一方面也包含了不同内外部利益相关者之间新的权力分享。① 政府事务的数字化能够有效提高透明度和效率,因而同样对发展民主制度、提高政治参与、支持民主原则具有积极的影响,而这些又是保护人权的基本条件。此外,使用互联网搜寻新闻和信息的人似乎更能展现出对诸如信息自由等民主原则的支持,因为他们懂得公开政府信息对于理解政治过程和协助个人生活的实际价值,这一过程在政府中是高于一切的存在。② 说到非民主政府,电子政府尽管可能带来自由化和民主化,但是从短期到中期的角度看,它们可能寻求利用数字政府的举措去扩大对其公民的控制以及继续现存的专制政权;而从长期看,人们预期数字政府能够提高这些国家电子民主的发展。此外,应用新科技作为转型的手段能够帮助政府有效抵抗腐败,同时使公共部门实践的透明实现制度化转变。③

总的来说,数字政府强调政府组织机构与管理方式的数字化和信息化,力图通过信息技术来提高政府的工作效率和服务水平。而数字治理则更广泛地涵盖了政府治理的方方面面,包括公共政策的制定、执行、监督和评估等各个环节,此外还涉及政府与社会各界之间的信息交流、沟通和协同等方面,通过数字化手段实现跨部门、跨领域、跨地区、跨国际的治理合作。因此,数字政府可以被视为数字治理的一个具体实现形式,数字治理包含了数字政府的概念,同时也超越了数字政府,更注重整个治理体系的数字化和信息化。

在数字空间中发生的文化、政治、经济和其他人类活动的份额越来越大,这可能会加剧分裂、不公平、排斥、欺诈、不安全、权力不平衡等问题的出现。例如:全球 30 亿人正在使用互联网,但剩下的未能使用互联网的 30 亿

---

① 邓念国. 整体智治:城市基层数字治理的理论逻辑与运行机制:基于杭州市 S 镇的考察 [J]. 理论与改革,2021(4):58 - 69.

② MICHELS A, MEIJER A. Safeguarding public accountability in horizontal government [J]. public management review, 2008, 10(2): 165 - 173.

③ SHIM D C, EOM T H. E-government and anti-corruption: empirical analysis of international data[J]. Intl journal of public administration, 2008, 31(3): 298 - 316.

人中90％生活在发展中国家；①谷歌持有 68％的美国在线搜索市场，阿里巴巴持有中国 80％的电子商务市场，②远远领先于最接近的竞争对手，等等。在不同的国家，数字政府的过程是不一样的，它不可能以同样的方式影响所有公民。但毫无疑问的是，数字政府的建设因为大数据的到来变得更加便捷和高效。数字政府建立在一个有效的数字治理制度框架的基础之上，通过降低时间和经济成本来改进政府内部工作方式，优化资源整合，以形成可持续的发展方案。它深深影响了政府的数据开放途径，拓展了政府信息公开的服务功能，也为公民参与和协作提供了更多的可能性和更便捷的渠道，让政府达到更高水平的"开放性"。

显然政府和政策制定者无法将数字空间置于无人看管或无人问津的状态，但问题在于政府究竟应该如何应对如何运作——如何提供数字服务和基础设施，如何制定和实施公共政策，如何维护社会秩序和安全，如何在现实世界和数字世界中都促进经济增长等。这些答案一部分存在于世界各地现有的数字政府举措以及从中获得的经验和教训，另一部分在于对这些经验教训的研究和反思，实践与研究之间的互动能够为所谓的数字治理提供方向和进展。

第三节　数字政府向数字治理演变的趋势背景

一、演化过程

数字政府向数字治理的演变是一个渐进的过程。最初的电子政务被定义为"利用互联网和万维网向公民提供政府信息和服务"③，即可以通过各种不同形式的信息和通信技术（ICT）平台和应用来管理和提供政府服务。由于治理的固有性质，电子政务举措通常具有协作性，它将政府、私营部门、非政府组织和公民等各个单元聚集在一起作为关键利益相关者。电子政务的各种属性可以映射到创新的特征，从而将电子政务与公共部门的创新等

---

① ITU. Measuring the information society report(2014)[R/OL]. [S.l.；s.n.]. http://dx.doi. org/10.3359/oz0303157.

② LEE A. How did Alibaba capture 80％ of Chinese e-Commerce？[EB/OL]. (2014 - 05 - 08). http://www. forbes. com/sites/quora/2014/05/08/how-did-alibabacapture-80-of-chinese-e-commerce/ 2019/05/03.

③ BRUCE W. United Nations Department of Economic and Social Affairs. Division for Public Economics and Public Administration[J]. Review of public personnel administration, 2001, 21(17)：159 - 162.

同起来。

直到20世纪末,通过网络媒介向公民提供政府服务基本上是一个非常新的想法,因此在当时是公共部门的创新做法。门户网站、信息平台和移动技术是提供政府服务的一些新兴手段,它们以电子模式传播相关信息和服务。在整个20世纪90年代和21世纪初期,公共服务的设计和提供仍然掌握在少数主要的外部供应商手中,这些供应商主要使用技术来改变从前手动操作公共服务的方式,实现办公自动化,但并不是将其用作公共政策重新设计的手段。在某种程度上,这反映了一个非常复杂的"软件房地产"的遗产,这个"软件房地产"源于一种低效的政府采购实践历史。然而,它也表明了一种方法,它使用技术作为"膏药",使公共服务看起来似乎联合了起来,但实际上,它们仍然在多个行政层级、运营部门和机构中分散。简而言之,前端的技术主要集中在技术上,而不是改造通常表现不佳的组织结构的过程,孤立的架构增强了围绕服务用户的需求重新设计和优化服务的愿望。

在21世纪初,我们能够见证世界各地人民、企业和政府对新技术的采用,社交媒体、云计算、开放大型链接数据和其他数字创新,被用于促进计算资源的访问、提供创新服务并改善我们的生活质量。这些技术深刻地改变了人们的日常行为以及与企业、政府和彼此之间的互动,这种转变不仅与利益有关,而且与风险和挑战有关。其中包括加深数字鸿沟及不平等,在数字平台上暴露个人数据以及随之而来的对隐私的威胁,精确而有针对性的政治营销等。政府的挑战还包括政府信息的分类,决定哪些数据可以向公众披露,哪些数据应该以国家安全或个人隐私为由关闭,如何打击对国家、机构和人民的网络安全攻击,或如何利用新技术并解决其负面影响。在联合国对公共部门创新的电子政府定义的背景下,电子政府可以被称为公共部门的创新管理过程。自2001年以来,为了评估电子政务,联合国公共行政网(UNPAN)、联合国经济和社会事务部(UN DESA)以及联合国公共经济学部(UN DPEPA)合作设计了自己的电子政府准备指数(E-GRI)和电子参与索引(E-PI),这些指数综合衡量联合国成员国对电子政府的能力和意愿。很多研究表明,技术推动了政策制定在不同环节取得创新进展,但新的政策问题亦在不断增加。随着数字技术的发展和社会对治理质量的要求不断提高,数字政府逐渐向数字治理演变。在可预见的未来,信息通信技术将会促进治理理论和实践继续发展,为持续的学习和行动提供一个动态的环境。

数字政府向数字治理的演变过程中,政府须逐步转变角色,从传统的管理者、服务提供者，变为治理者和协同者，促进各方面的协同合作，发挥各方的智慧和力量，达到更好的治理效果。此外，数字治理还须注重社会参与和民主化，加强公民参与和反馈机制，增强政府的责任和透明度，进一步提高治理质量。

二、演化模型

通过对上文中搜索的相关文献提取关键词"evolution""演化""演进""演变"，这里进一步对相关文献进行分析以思考数字政府的演变。

（一）演化特点

1. 数字政府受到定期增长模式的影响。基于对服务构建和技术构建的分析，发现数字政府的发展受到以深度、潜意识和递归方式为基础的模式影响，这些模式可用于加强相关信息系统的建模。比金等人介绍了 2020 年及以后数字政府的情景构建结果，描述了由整合集权对比权力下放，民主化与个人主义对比集体主义在社会中的作用等不同方面区分的四种情景。① 对罗马尼亚几个城市的官方政府网站、公共服务提供和公民参与的研究表明，罗马尼亚城市电子政府的演变和传统公共管理的改革不是一个转型过程，而是一步一步增量的过程，数字政府的发展受到新兴但有规律的增长模式的影响。②

2. 数字政府的演变愈加复杂和专业。国家和地方政府日益增长的技术和组织复杂性，是数字政府发展的两个重要动力。有学者提出了技术、组织网络和制度安排的共同演化理论，以解释数字政府转型的过程，它不仅包括政府内部转型，也包括政府与其他社会组织之间关系的转变。③ 通过政府信息和通信技术的发展，数字政府正朝着更加复杂的方向发展。此外，许多门户网站在交易阶段之前并不遵循一般模型实现整合阶段，并且由于社会和政治因素的基本差异，在不同国家需要定制本地适宜的数字政府模型。④ 不同的政府亦越来越关注让公民更接近政府，创造政府现代性和响

---

① BICKING M, JANSSEN M, WIMMER M A. Looking into the future: scenarios for e-government in 2020[C]// SUOMI R, CABRAL R, HAMPE J F, et al. Project e-society: building bricks. [S.l.: s.n.]: Springer, 2006.

② STOICA V, ILAS A. The evolution of Romanian urban e-government: 2006-2008[C]// Proceedings of the European Conference on e-Government, ECEG. 2009: 611-621.

③ GIL-GARCIA J R, MARTINEZ-MOYANO I J. Understanding the evolution of e-government: the influence of systems of rules on public sector dynamics[J]. Government information quarterly, 2007, 24(2): 266-290.

④ TRIPATHI R, GUPTA M P. Evolution of government portals in India: mapping over stage models[J]. Journal of enterprise information management, 2014, 27(4): 449-474.

应性的形象,形成每个国家和地区不同的公共行政风格。可以说,数字政府的演变路径在国家之间和国家内部都不相同,这促使数字政府逐渐走向专业化。

3. 数字政府从关注内部到关注外部。政府采用创新的制度动机包括内部效率、政治需求和外部需求,而外部因素往往比内部因素更具影响力,这表明政府对外部因素的反应更加敏感,数字政府的发展可能会使政府克服变革的多重传统障碍。数字政府低采用率的悖论,在于数字政府的发展长期以来一直专注于技术和运营问题,直到几年前才转向行政和政治问题,这是采用数字政府的主要障碍,亦是数字治理的技术制定框架受到越来越多批判的原因。[①] 数字政府促进了代理人与制度之间的平衡,也促进了战略选择与制度约束之间的平衡。最后,数字政府从解决内部政府问题(包括技术和运营问题)发展到外部问题,包括体制和政治问题,这迫使政府走向外部治理。[②]

4. 数字治理转向支持政策过程。涉及不同类型利益相关者的集体问题的解决,需要在技术创新和制度转型之间不断共同演化,这突出了数字政府应该为决策和监管做出更多贡献,而不仅仅是行政服务。基于数字政务服务对人类生活贡献的有效性的研究,一些学者假定电子政府服务的发展阶段应旨在获取公民满意度。[③] 总之,数字政府应该在更大程度上支持政府的决策和监管职能,而不仅仅是行政职能。

(二)演化模型

数字政府的演化模型包含了四个日益复杂的递进阶段:数字化阶段(政府技术),转型阶段(电子政府),参与阶段(数字治理)和情境化阶段(政策驱动的数字治理)。这一模型还根据三个二元变量提供不同阶段的特征:(1)数字化会在不影响政府内部工作和结构的情况下增加,还是它会改变政府的内部工作和结构;(2)转型是仅限于政府内部但不影响公众,还是它会在改变政府的内部工作和结构的同时,改变其与公民、企业和其他利

---

① SAVOLDELLI A, CODAGNONE C, MISURACA G. Understanding the e-government paradox: learning from literature and practice on barriers to adoption[J]. Government information quarterly, 2014, 31:S63 - S71.

② YANG T M, PARDO T, WU Y J. How is information shared across the boundaries of government agencies? An e-government case study[J]. Government information quarterly, 2014, 31(4):637 - 652.

③ ÇELIK, A K, KABAKUŞ A K. Do e-government services 'really' make life easier? analyzing demographic indicators of Turkish citizens' e-government perception using ordered response models[J]. Social science electronic publishing, 2015, 6(1):185 - 194.

益相关者的关系;(3)阶段转换是否取决于特定的应用环境及背景,例如国家、地点或部门。

表 1.4　数字政府向数字治理演化的阶段模型

阶段	应用背景	特征变量		
		政府内部转型	影响外部关系的转型	基于特定背景的转型
数字化阶段	政府部门技术化	无	无	无
转型阶段	技术影响政府组织	有	无	无
参与阶段	技术影响政府利益相关者	有	有	无
情境化阶段	政府影响部门和社区	有	有	有

　　数字政府演化的特征变量包括三点,即政府内部转型、影响外部关系的转型、基于特定背景的转型。

　　1. 政府内部转型。对数字政府演变加以定义的第一个主要因素是"政府在数字化过程中的转型"。许多作者赞成转型观点,并研究了转型政府作为公共部门的彻底重组以及一些国家在多大程度上实现了这一概念。转型反映在 2020 年数字政府的虚拟情景中,特别是集权与权力下放的相关政府结构、技术、组织网络和制度安排的共同演化,如何解释了政府组织内部对数字技术发展的转变。① 在政府组织中采用创新的内部动机,包括内部效率和内部政治等,这些亦表明了这些创新的内部转型影响。总之,数字政府演变的第一个特征变量是数字化是否会改变政府的内部工作和结构(是),或者它是否会增加内部工作和结构却又不会影响它们(否)。

　　2. 影响外部关系的转型。假设政府数字化过程伴随着转型的存在,那么定义数字政府演变的第二个主要因素则为"转型是否属于政府内部,它是否改变了政府与外部之间的关系"。许多学者赞成数字政府转变了政府与外部关系的假设,数字政府的发展伴随着政府与其他政治参与者之间关系的转变,亦伴随着其作为增强民主化的工具在虚拟情境构建维度的转变,并且这种转变亦伴随着公民满意度的类似转变。政府中采用创新的内外部动机之间存在很大区别,而外部动机表现得更为重要,诸如公民参与、数字政

---

　　① LUNA-REYES L F, GIL-GARCIA J R. Digital government transformation and internet portals: the co-evolution of technology, organizations, and institutions[J]. Government information quarterly, 2014, 31(4):545－555.

府的采用率、探索合作生产的潜力等。① 以公民为中心的地方公共服务的演变,对政府 2.0 作为数字政府互动版本的探索,全球各国政府向开放政府的转型等举措,都反映了数字政府从内部向外部的转变。② 总之,数字政府向数字治理演变的第二个特征变量为转型是否会影响政府与外部之间的关系(是),还是限于政府内部(否)。

3. 基于特定背景的转型。在伴随着数字化过程转型的假设下,定义数字政府向数字治理演变的第三个主要因素是"转型是否取决于其应用的背景,如国家、城市、部门等"。由于可能的发展路线的多样性,不少人指出需要考虑情境化,通过特定的应用去研究数字政府。鉴于电子政府发展和数字政府演变模型之间存在不一致,越来越多的人强调探索本地模型,以捕捉不同国家社会、政治等因素的根本差异。数字政府向数字治理发展的一大特征就在于向更多政策层面和监管层面演变,同时开始致力于和不同的利益相关者合作。③ 总之,数字政府演进的第三个特征变量是转型是否取决于特定的应用环境,例如一个国家、地点或部门(是),或在不考虑具体情况下任意适用(否)。

首先,内部政府转型的存在,即对"政府内部转型"变量的肯定回答,是对依赖于政府内部转型存在的其余两个变量提供积极答案的条件。特别是,如果"政府内部转型"变量的答案是否定的,那么其余两个变量的答案也必然是否定的。其次,"影响外部关系的转型"这一变量应该与第三个变量存在正向相关关系,后者取决于转换外部关系的可能性。如果"影响外部关系的转型"变量的答案是否定的,则第三个变量也必须是否定的。在这两个限制下,特征变量的四种可能的排列在数字政府演变中产生了四个相应的阶段,如表 1.4 所示:第一阶段——数字化阶段,并不是政府内部组织的转型,只是对线下信息的线上补充,同时外部关系没有转变,也不依赖于应用环境;第二阶段——转型阶段,它以政府内部转型为特色,但没有外部关系的转变,因此亦不依赖于应用环境;第三阶段——参与阶段,已经可以称为数字治理阶段,它包括政府内部和外部关系转型,但不依赖于特定应用环境;第四阶段——情境化阶段,是"政策驱动的数字治理"阶段,它以内部政

① WEARE, CHRISTOPHER, JUN, et al. Institutional motivations in the adoption of innovations: the case of e-government[J]. Journal of public administration research & theory, 2011, 20(3):495-519.

② KATSONIS M, BOTROS A. Digital government: a primer and professional perspectives [J]. Australian journal of public administration, 2015, 74(1):42-52.

③ TRIPATHI R, GUPTA M P. Evolution of government portals in India: mapping over stage models[J]. Journal of enterprise information management, 2014, 27(4):449-474.

府转型和外部关系转型为特色,并取决于特定应用背景。

三、演化分析

需要注意的是,上述这些阶段并不是孤立的,而是具有渐进性和连续性的,数字治理的发展是一个持续不断的演化过程,我们需要对每个阶段展开更深入的分析。

(一)第一阶段——数字化阶段

数字化阶段,政府主要是采用信息技术来进行信息处理和管理,数字化程度较低,政府内部运作和与公众的互动主要还是基于传统的非数字化手段。这一阶段主要在于现代化及加强内部访问和效率,主要涉及技术环境的开发、运营和维护,包括政府内部组织及相互之间的技术能力、内部服务和基础设施的可用性等。基于此,该阶段需要将此前由政府手工操作的实务内容以数字格式表示数据、文件和其他信息,将从前以实物形式提供的信息或服务以数字形式提供,并基于数字化信息实现现有流程、服务和办公系统的自动化,通过数字网络实现交易。在数字化阶段采取的举措包括:1. 电子格式获取政府信息;2. 开发、分析和运营政府网站;3. 建设数字政府的技术基础设施。

数字化阶段原则上不涉及重新设计、改进或以任何方式改变现有的流程、服务或实践,只是实现已存信息和流程的数字化、自动化,并通过数字网络向利益相关者和客户提供结果。如果流程或工作实践在实现数字化之前表现得效率低下,那么在数字化之后它们可能会保持同样的低效。因此,数字化阶段只能为政府组织提供有限的价值,包括改善其内部运营、适应不断变化的运营条件和社会期望、为公众创造价值等,然而这一阶段确是数字政府演进后续阶段的必要步骤。为了实现公共部门数字化的潜力,必须消除阻碍政府组织流程、结构进行数字化改革的诸多限制因素,这种转变是第二个数字政府演变阶段的本质。

(二)第二阶段——转型阶段

转型阶段,政府开始尝试利用信息技术实现政府机构的数字化转型,包括建设电子政府门户网站、开展电子政务等,政府逐渐开始用信息技术改变政务流程、提升效率,以及更好地与公众进行互动和服务。这一阶段旨在通过应用数字技术,改善政府组织的组织结构和工作流程,旨在实现政府内部效率、有效性、合理化,及其他与政府体制改革相关的目标。改革不仅包括单个部门,也包括宏观层面所有部门和各级政府的系统安排,甚至还包括与其他组织的合作流程。技术和组织创新机制是实现改革的关键,实现这种改进的主要推动因素是数字和技术环境，包括在数字化阶段建立的相关能力和结构。在这一阶段采取的举措包括 1. 组织变革和变革管理；2. 项目、计划和项目组合管理；3. 根据增长模型的阶段发展；4. 信息共享和协作。

转型阶段大致局限于政府组织内部，涉及它们之间如何相互作用。公民、企业和其他外部参与者可能会因为政府内部的变化而改善其与政府的互动，但这种影响是间接的。这不仅错过了将公民和其他非政府行为者与新的数字化工作方式联结，进而和政府进行交互的机会，且未能有效利用数字渠道使公民参与到政府的决策过程。为此，必须努力改变政府与非政府行为者之间的关系，对外关系的转变是第三个数字政府演变阶段的本质。

（三）第三阶段——参与阶段

参与阶段被认为是数字政府初步实现向数字治理转变的阶段。正如上文所说，这一阶段旨在使用数字技术改变政民关系。政府开始更加注重公众参与和民主治理，利用数字技术实现政府与公众之间的交互和合作，包括利用社交媒体、在线问卷调查等工具开展公众参与活动，以及建设数字化平台促进政府和公众之间的合作，这种转变强调让公民更有效地参与公共事务，追求其他高价值的公共政策目标。参与阶段也是实施开放政府趋势的一部分，后者旨在提高政府以及公共服务提供者运作的透明度、问责度，从而在公民和公共机构之间建立信任。参与阶段的实现建立在政府组织能力提高的基础上，而这要归功于数字化阶段和转型阶段，在前两个阶段的基础上，第三阶段进一步要求通过数字渠道与外部参与者交互，实现跨组织边界的在线协作。在这一阶段采取的举措包括：1. 让越来越多的公民使用；2. 增强公民参与；3. 增强透明、问责和开放的政府；4. 文化变迁与信任建设等。

参与阶段不仅旨在改善政府之间的关系，包括行政、立法和司法部门等之间的关系，还强调改善政府与外部之间的关系，包括与公民、企业、民间社会组织和其他非国家行为者之间的关系。但是，中央政府与地方政府之间关系的改善并不会自动转化为这些地区自身发展条件的改善。由于发展主要发生在地方、社区和个人层面，并且涉及那些与公民面对面打交道的特定部门，因此需要关注地方和部门需求以实现不同情境下的发展，这一焦点定义了数字政府演变的下一个阶段。

（四）第四阶段——情境化阶段

情境化阶段，政府更加注重政策驱动的数字治理，以数据为基础进行政策制定和执行，政府利用大数据分析和人工智能等技术来发现问题、制定政策，实现政府决策的精细化和智能化。这一阶段旨在支持数字政府在不同国家、不同城市、不同社区、不同单位的具体努力,诸如追求具体的地方公共政策和可持续发展目标。虽然这一阶段是超越政府数字化(数字化阶段)、改善政府内部运作(转型阶段)和改善政府与外部之间关系(参与阶段)的重要一步,但它也建立在早期阶段的基础之上,只是它更专注于特定的公共政策和(地方、社区、组织)自我发展。这一阶段发展的一个主要结果就是不同地方、社区、部门数字政府举措的专业化,包括其目标、设计、运营和成果等。多样化的特殊背景和发展目标的结合是这一阶段的基石。在这一阶段采取的举措包括 1. 数字治理的情境化;2. 以数字治理推动发展;3. 解决特定政策问题;4. 满足弱势群体的需求等。

从这些例子可以看出,情境化阶段追求数字政府作为社会、经济、政治、文化等发展的载体,符合国家、城市、社区、其他单位及人民的需求和愿望。与早期阶段不同,情境化的目标定义远远超出政府自身的需求。这个阶段是数字政府向数字治理演化过程中层次结构最高的,文中涉及的政策参与立足于第三阶段和第四阶段,而参与创新更多涉及第三阶段向第四阶段的演变。

第二章 中国数字治理的战略与发展

第一节 数字时代的治理现代化

目前在信息技术高度发展并产生深远影响的背景下,互联网正日渐成为政府与公民之间相互作用关系演变的一部分。[①] 党的十九届四中全会通过《中共中央关于坚持和完善中国特色社会主义制度 推进国家治理体系和治理能力现代化若干重大问题的决定》,其中明确指出:"建立健全运用互联网、大数据、人工智能等技术手段进行行政管理的制度规则。推进数字政府建设,加强数据有序共享,依法保护个人信息。"政府与治理的数字化转型是为了充分利用数据红利,实现以数据为基础的政府治理能力的提升,让公众能够随时随地通过各种设备方便、快捷地获取相关的政府信息及服务。

我国正处于全面建设社会主义现代化国家的新征程,党的二十大报告关于深化机构和行政体制改革的部署,赋予了新时代背景下行政体制改革的新思路。毫无疑问的是,治理现代化是政府数字治理体制改革的核心。在今天,大数据、人工智能 AI、区块链等新兴技术对我们的社会、经济、政治、生活产生了深刻的影响,整体而言,从中央到地方,政府的数字改革实践经历了一个从被动到主动的过程。在数字改革前期,改革更多经历外界影响,尤其是西方多国的经验,以政府内部的跨部门数据共享和公共服务的供给侧结构性改革为重,在经济、政治、文化、生态、社会服务等方面的信息化建设已经取得不少成功的案例,但机遇和挑战是并存的。就政府的内部改革而言,互联网等信息技术是推动"放管服",尤其是简政放权的催化剂,管理和服务职能向线上的转移,改变了传统的政府行为方式;同时,数字技术改进了政府在各个领域的监管能力,增加了对服务客体定位的精准性,提升了政府精准治理的能力及水平。从公民角度来看,数字政府能够让公众对

---

① 张峰,孔繁斌.信息空间视角下的社会治理模式创新[J].学海,2016(6):12-17.

政府的相关数据信息保有知情权,更加方便快捷地提出诉求并参与对政府行为和公共问题的监督。但另一方面,数字治理也存在很大的风险,数字环境下的隐私问题、财产安全问题、信任危机问题等风险不断增加,政府监测舆论的度难以准确把握,网络社会的秩序维护难度大大提高,信息治理还进一步造成了数字鸿沟以及信息不平等的现状。新时代背景下政府治理体系和治理能力现代化的实现,离不开科技和大数据,更离不开创新的公民参与机制。

一、大数据与治理现代化

发展至今,人类社会的信息化进程已经经历了计算机时代和互联网时代,前一个时代让机器可读化和数据可计算化问题得到解决,而后一个时代通过建立互联网又解决了信息传递的问题,如今我们正在步入一个全新的大数据时代。用户不但可以浏览网页,更能直接创造编写网页内容,基于用户生产内容的互联网应用受到了人们的普遍欢迎,并且取得了让人惊叹的成功,如微博、微信、人人网等社交网络,腾讯、优酷网等视频分享网络,抖音等短视频分享网站,百度、知网、维基百科等知识分享网站,推特、新浪微博等工具都是典型代表。大数据让我们有一种全新的方式去认识和理解我们的生活及整个世界,更让我们得到鼓励和激发去进行发明创造,产生更多新的服务。大数据是未来社会的新一代的基础设施,人们对于利用大数据提升政府治理、建立开放政府抱有高度的期望。

近年来,世界各国愈加重视大数据的发展,并相继掀起以透明、参与和协作为核心的"开放政府数据"运动,着手于推进一系列开放政府数据项目,以期推动公民参与和协作创新。[①] 自 2009 年起,美国(data.gov)和英国(data.gov.uk)相继上线了国家开放数据平台网站,加拿大、法国、挪威、肯尼亚、韩国、新加坡等国家和地区也建立起了政府开放数据平台,开启了全球开放政府数据的浪潮。近几年,国内不少地方政府也陆续举办了各种开放数据创新大赛,试图推动开放数据的利用。大量实践表明,开放数据最成功的案例通常出现在与大型的公共政策、政府政策相结合的时候。

大数据强调数据之大,狭义地看,大数据大大超越传统的数据规模和处理数据的能力,它需要云计算等数据处理技术的支持,通过对各种格式的海量且来源分散的数据进行收集、存储和深度分析,赋予了人们认识世界和改造世界的能力。国际数据公司的研究显示,全球产生的数据量在 2008 年时

---

① 郑磊,高丰. 中国开放政府数据平台研究:框架、现状与建议[J]. 电子政务,2015(7):8-16.

仅为 0.49ZB,2015 年全球数据量达到 3.9ZB,①而到 2020 年,全球数据量已经达到了 60ZB,预计在 2025 年将达到 175ZB,接近 2020 年数据量的 3 倍。② 随着物联网的发展和便携移动终端的普及,人人都能成为数据的制造者。数据的种类和数量在以惊人的速度增长,并且产生的速度也在日益变快。广义来看,大数据是一种思维方式,它变成了个人、企业,甚至政府制胜的核心竞争力。

大数据的浪潮来势汹汹,席卷全球,伴随这场技术变革而来的还有全球公共管理领域的变革,大数据成为各国政府改革运作的一个热点。麦肯锡研究指出,在利用大数据的时候,政府面临的难度相对更小又更易从中获利,③政府应该成为大数据时代的领跑者。在大数据的时代,政府占有大量的公共数据,潜藏着巨大的生机和活力。"以人为本"被视为政府公共管理必须坚持的原则,而可及性则被视为评价公共服务水平的重要标准,这也是开放政府所追求的,而这些原则与标准究竟应当如何落地,实实在在地让老百姓受益,大数据可以给我们答案。美国、英国、日本等国家相继出台了大数据发展的国家战略,同是加大投入,深入开展大数据,并以此进一步推进开放政府建设。如 2012 年 3 月,"大数据研究和发展计划"在美国开展,联邦政府投资了两亿多美元的财政以期通过这一计划实现数据技术在科研、环境、工程、国土安全和生物方面的突破,并通过大数据促进电子政府的建设,依托大数据加快实现透明、参与和协作的开放政府。2014 年 5 月 1 日,白宫发布了长篇报告,回顾了美国开放政府数据和隐私保护制度的演进历史,并论述了公共部门的大数据管理,阐述大数据带来的机遇和挑战。而英国在 2012 年 6 月和 2013 年 10 月相继发布了《开放数据白皮书》和《英国数据能力发展战略规划》,力图通过数据能力战略的实施来提高开放数据和大数据运用的能力。在 2013 年 10 月英国还颁布了《政府数字化战略》,旨在提供以公民为中心的公共服务,提高政府问责和管理效率,并推动经济发展。通过这一战略,英国政府数字化业务的平均成本减少到电话业务成本的二十分之一,及面对面业务成本的五十分之一,大大节约了政府行政成本。同时通过构建统一的数字化技术平台,提供应用接口,开放政府数据,

---

① Cisco Global Cloud Index:Forecast and Methodology,2015 - 2020[J/OL]. [2016 - 11 - 02]. https://www. cisco. com/c/dam/en/us/solutions/collateral/service-provider/global-cloud-index-gci/white-paper-c11-738085.pdf.

② 光明网.数据基础制度建设 严守安全底线[EB/OL].(2022 - 07 - 11)[2023 - 11 - 23]. https://m.gmw.cn/baijia/2022 - 07/11/35873984.html.

③ 麦肯锡全球研究所.大数据下一个创新、竞争和生产力的前沿[R].安晖,陈阳,张鼎,等译. 2012:24 - 30.

公众能够以统一的门户网站访问政府业务,进一步提高了政府透明度。在中国,党中央、国务院高度重视大数据产业发展,推动实施国家大数据战略,随着 2015 年《国务院关于印发促进大数据发展行动纲要的通知》的正式发布,近年来一直大力加快大数据核心技术研发及应用,以期重构国家综合竞争优势,赢得未来发展先机。

政府掌握着社会方方面面的数据,然而来自不同部门的大量数据如同被分隔开的信息孤岛,不仅给政府管理带来了很多壁垒,更为公众获取政府服务带来了各种不便。但是现在,管理者可以通过一个号码(如居民身份证、社保号)把不同来源的信息汇聚整合,重新组合,并通过大数据工程,将原本条块分割的信息连接起来。公共管理的过程就是使用和分配公共资源并为公民提供公共服务的过程,管理者面临无数的决策,在大数据时代,数据会帮助决策者做出更好的决策。随着数据可视化手段的普及,数据不再艰涩难懂,也不再重复枯燥。大数据带来了信息的扁平化,信息的扁平化对每一个身处其中的人都是公平的,通过各种数据获取和汇总,人人都可以俯瞰万千世界。总之,政府不但是海量数据的占有者和控制者,他们也具有绝对的责任去完善与大数据有关的基础设施建设、去健全相关的标准和法律框架、去创造良好的环境推动大数据相关产业的发展、去培养人才和培训公众对大数据的理解和使用等。

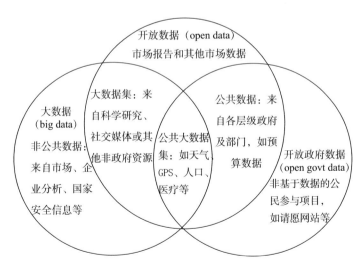

图 2.1　大数据、开放数据与开放政府数据的区别

大数据、开放数据与开放政府数据之间有交叉也有区别,具体如图 2.1 所示。开放数据、大数据和开放政府数据都包括的内容是诸如天气、GPS、人口、医疗等公共大数据集。大数据则还包括来自市场部门、企业及国家安全信息的非公共数据以及来自科学研究、社交媒体或其他非政府资源的大数据集。开放政府数据则还包含来自各层级政府及其部门的公共数据,以及非基于数据的公民参与项目等,以大数据推动政府服务创新往往指代的是对公共大数据集的使用和创新。

公共政策分析中信息技术的使用是政策信息化的关键因素。[①] 使用信息技术使得不同利益参与者都能够收集、获取和使用政府数据。在大数据的帮助下,公民能够更全面地把握政府信息,政府也能更实时地感知甚至预测公众需求,使政府服务更加精准和个性化。并且,基于实时的数据分析,政府不仅能够在第一时间与公众进行交流,还能够及时响应和处理公共事件和公众诉求。尤其是利用互联网带来的新的资源组织形式"众包",能够有效地实现公共参与,形成共建共治的治理格局。在公共部门,倾听公众的声音已经成为一个基本要求。一个包含公众的公共问题解决过程能够激励民主,同时也是开放政府计划的基本方面。让公众参与到决策中,能够增加政策制定的灵活性,指引政府的工作真正符合社会的需求。众包是一个与社会网络相联系的开放创新技术,能够提高公共部门的社会参与。大数据能够帮助政府实现多层次、多功能、全方位的电子政府体系,推进政府数据开放,促进公民参与和政府部门协作,加快推进电子政府服务的智能化,以更具针对性的个性化服务加强政府与公众直接的双向互动和交流。总之,政府通过大数据的信息采集和处理技术,能够极大地提高公共治理的能力,实现公共服务创新,数字化治理已经成为政府改革的应有之义。

二、作为国家战略的数字治理

《2022 联合国电子政务调查报告》显示,中国的电子政务排名在 193 个联合国会员国中从 2012 年的第 78 位上升到 2022 年的第 43 位,已经达到全球电子政务发展"非常高"的水平。[②] 这一结果与我国不断深化"放管服"改革,大力推动全国一体化政务服务平台建设的决策行动密不可分。国家"十四五"规划明确提出要加快数字政府的建设,这表明数字政府和数字治理已经上升为国家战略。[③]

---

① JOHNSTON E, KIM Y. Introduction to the special issue on policy informatics[J]. The innovation journal: the public sector innovation journal, 2011, 16(1):1-4.

② 联合国经济和社会事务部.2022 联合国电子政务调查:数字政府的未来[EB/OL].(2022-12-1)[2022-12-30].http://www.egovernment.gov.cn/xiazai/2022dzzw.pdf.

③ 中华人民共和国国民经济和社会发展第十四个五年规划和2035 年远景目标纲要[M].北京:社会科学文献出版社,2021.

从时间维度看,我国数字政府建设经历了信息化、网络化及数字化三大发展阶段。20世纪70年代,中国开始尝试将计算机技术应用于政府职能部门的统计工作中;80年代开始在一些关键部门和领域率先建设信息系统;90年代国家信息化"金"字系列工程的启动,标志着国家正式启动信息化建设。1993年,国务院成立了信息化工作领导小组,研究拟订《国家信息化"九五"规划和2010年远景目标(纲要)》,在国家层面统一规划和组织各个领域对现代信息技术的应用。2002年,我国出台《国家信息化领导小组关于我国电子政务建设指导意见》,该文件对我国电子政府建设提出了总体规划,自此以后每年的政府工作报告均一再提到"电子政务",这反映了我国电子政府发展的阶段性目标和综合性战略。2005年开始关注网上的政府信息公开,旨在通过电子政府建设增加政府工作的透明度和公信力。到2012年以后国家更强调部门、层级之间的信息互通和共享,推广各级政府开展网上政务和政务公开。2015年是一个重要的转折点,国家开始大力倡导"互联网+"及大数据发展。2015年1月,国务院印发《关于促进云计算创新发展培育信息产业新业态的意见》,7月印发《关于运用大数据加强对市场主体服务和监管的若干意见》,9月又印发了《促进大数据发展行动纲要》,10月召开的十八届五中全会将大数据发展上升为国家战略。2016年国务院召开了"促进大数据发展部际联席会议",提出加快推进"互联网+政务服务"。2017年的十九大多次提及"数字中国""智慧社会"等。从结构布局来看,2020年发布的"十四五"规划纲要为数字政府及数字治理的国家战略指明了方向,提出加快建设数字经济、数字社会、数字政府,以数字化转型整体驱动生产方式、生活方式和治理方式变革,将数字技术广泛应用于政府管理服务,不断提高决策科学性和服务效率。

纵观国家层面的数字治理,其战略要点集中在以下几个方面:1. 强调要加强公共数据开放共享,建立健全国家公共数据资源体系,确保公共数据安全,推进数据跨部门、跨层级、跨地区汇聚融合和深度利用;2. 强调要推动政务信息化共建共用,加大政务信息化建设统筹力度,健全政务信息化项目清单,持续深化政务信息系统整合,布局建设执政能力、依法治国、经济治理、市场监管、公共安全、生态环境等重大信息系统,提升跨部门协同治理能力;3. 强调须提高数字化政务服务效能,全面推进政府运行方式、业务流程和服务模式数字化智能化。①

---

① 中华人民共和国国民经济和社会发展第十四个五年规划和2035年远景目标纲要[M].北京:社会科学文献出版社,2021.

国家层面的"数字治理"战略规划已经进入数字生态时代,着力于健全市场规则、规范政策环境、加强网络安全,以及构建网络空间命运共同体的层面。数字政府的国家战略强调数字治理中的国家、政府、社会、工作不同层面不同主体的协同合作,强调多方主体技术赋能、技术赋权的双重影响下各展其能,形成政府治理新局面。2022年《政府工作报告》提出,"加强数字政府建设,推动政务数据共享,进一步压减各类证明,扩大'跨省通办'范围……加快解决群众关切事项的异地办理问题"。中央全面深化改革委员会第二十五次会议审议通过了《关于加强数字政府建设的指导意见》,强调"全面贯彻网络强国战略,把数字技术广泛应用于政府管理服务,推动政府数字化、智能化运行,为推进国家治理体系和治理能力现代化提供有力支撑"。

三、作为地方战略的数字治理

中央的大政方针如何能够有效落实到地方上,一直都是一个重大的挑战。继国家出台的一系列战略方针之后,地方层面也纷纷出台"数字政府"相关政策以推动治理能力和治理水平的提升。以数字政府建设助力政府治理现代化,正成为地方政府不约而同的选择。其中,浙江、上海、广东、江苏等地,以数字政府发展规划的形式将政府数字化改革作为建设工程,基于本地资源优势和突出问题提出不同的改革方案,打造出诸多品牌项目和典型案例。

目前,全国已超过半数的省份出台了数字政府建设相关的"十四五"专项规划。例如,江苏提出到2025年基本建成基于数字和网络空间的"唯实领先"的数字政府;浙江提出到2025年基本建成"整体智治、唯实唯先"的现代政府;广东提出到2025年全面建成"智领粤政、善治为民"的广东数字政府2.0;四川提出到2025年数字政府建设整体水平迈入全国先进行列。省级层面部分地方数字政府建设相关的"十四五"专项规划具体情况见下表:

表2.1 省级层面数字政府建设相关的"十四五"专项规划梳理

地方政府	数字治理"十四五"专项规划目标	相关内容要点
北京	到2025年,成为全球新型智慧城市的标杆	"一网通办"惠民服务便捷高效,"一网统管"城市治理智能协同,城市科技开放创新生态基本形成,城市安全综合保障能力全面增强,数字经济发展软环境不断优化,基本建成根基强韧、高效协同、蓬勃发展的新一代智慧城市有机体,有力促进数字政府、数字社会和数字经济发展,全面支撑首都治理体系和治理能力现代化建设,为京津冀协同发展、"一带一路"国际合作提供高质量发展平台。

地方政府	数字治理"十四五"专项规划目标	相关内容要点
河北省	到2025年,建成全省统一的政务云和政务数据共享服务体系	基础数据库和重点领域主题数据库不断完善,机关政务普遍电子化,一体化政务服务平台贯通省、市、县、乡、村,服务民生的重点政务应用实现全国异地"一网通办",政务服务信息化、网络化、数字化能力和水平不断提高。
山西省	到2025年,数字政府建设取得显著成效	政府治理的规范化、制度化、法治化程度大幅提高,依法治理、科学治理、民主治理能力有效提升。
辽宁省	到2025年,构建智慧高效的数字政府	用数字化思维倒逼改革,推进政务服务"一网通办"、社会治理"一网统管"、政府运行"一网协同",打造"上联国家、纵向到底、横向到边、整体智治"的数字政府运行体系,实现政府治理全领域、全业务、全流程的数字化、网络化、智能化。
吉林省	2025年底前,全省政务服务流程和模式持续优化,数字政府建设达到全国先进水平	2023年底前,基本建成纵向贯通、横向协同、上接国家、覆盖全省的"吉林祥云"云网一体化核心基础设施体系,全面推行"互联网＋政务服务"和"互联网＋监管",全面实行政府权责清单制度,推进电子证照全覆盖,非涉密政务服务事项实现"全程网办""跨省通办",80％以上事项实现"掌上办""指尖办",高频政务服务事项网办发生率达到85％以上,"一件事一次办"主题集成服务系统建设达到全国先进水平,政务服务"好差评"实现全覆盖,数字政府建设进入全国第一方阵。
黑龙江省	到2025年,基本建成全省一体化数字政府	数字基础支撑能力大幅度提升,政府治理能力和治理水平显著提升,营商环境大幅改善,力争全省数字政府建设主要指标达到全国中上游水平。到2035年,建成以数据要素驱动的现代化数字政府,数字化驱动政府深化改革成效凸显,建成全国营商环境最优、企业和群众获得感最强的省份之一。
上海	到2025年,对标打造国内一流、国际领先的数字化标杆城市,国际数字之都建设形成基本框架	深化数据利用,夯实数字化转型新基础。强化场景牵引,满足数字化转型新需求。探索未来城市,打造数字化转型新标杆。完善保障体系,构建数字化转型新生态。
江苏省	到2025年,基本建成基于数字和网络空间的唯实领先的数字政府	适应在率先实现社会主义现代化上走在前列要求,政府效能显著提升,数字化、智能化、一体化水平位居全国前列。到2035年,数字治理体系和能力现代化基本实现,"数字化、智能化、一体化"现代一流数字政府全面建成,数字化驱动全省高质量发展动能接续转换,推动"强富美高"新江苏现代化建设迈上新的台阶。

地方政府	数字治理"十四五"专项规划目标	相关内容要点
浙江省	到2025年,数字化驱动政府深化改革和生产关系变革成效凸显	到2025年,形成比较成熟完备的数字政府实践体系、理论体系、制度体系,基本建成"整体智治、唯实唯先"的现代政府,省域治理现代化先行示范作用显现。数据要素流通机制健全,全面实现用数据决策、用数据服务、用数据治理、用数据创新。
安徽省	推动政务信息化共建共用,提高数字化政务服务效能	加快建设全省一体化政务云平台,布局1个省级政务云平台、16个市级政务云节点、N个行业云,打造全省政务"一朵云"。统筹全省电子政务灾备体系建设,增强电子政务灾备能力。优化提升省电子政务外网,打造数据流量和视频流量高效传输的电子政务外网骨干网,推进电子政务外网与部门非涉密业务专网的互联互通,建成覆盖全省电子政务外网"一张网"。围绕"政府一个平台推服务,群众一个平台找政府"的目标,全面升级打造"皖事通办"平台,集成一批公共应用支撑,提供无差别、全覆盖、高质量、高效便利的政务服务和社会服务。创新政务服务方式,完善政务服务地图,推出更多服务事项"网上办、掌上办、自助办、窗口办、电视办"。推进高频政务服务事项"跨省通办",推行跨部门、跨层级、跨区域事项"一件事一次办",推动安康码更多场景应用。深入推进省政府五大系统广泛应用,完善"互联网＋监管"系统功能,拓展应用范围。
福建省	到2025年,形成现代化数字政府、数字经济和数字社会融合发展体系,基本建成现代化数字强省	高标准打造协同高效的数字政府,建成数字政府改革先行省。实现政务数据纵横全贯通,业务事项各方全协同,一体化政务服务平台全集成,依申请服务事项一网全通办,无纸化移动办公全覆盖,政务服务全面实现"一网好办"。
江西省	到2025年,全面实现"一网通办",争当全国政务服务满意度一等省份	江西省将深化"放管服"改革,进一步向国家级开发区和市县两级放权赋能。打通数据壁垒,深化综合窗口和"一件事一次办"改革,全面推行"一网通办""一照通办",在低风险行业全面推行告知承诺制。打造"赣服通"5.0版,形成"赣服通"前端受理、"赣政通"后端办理的政务服务新模式。梳理集成惠企政策,建设政策兑现"惠企通",推广免申即享模式。开展营商环境创新试点,进一步打响"江西办事不用求人、江西办事依法依规、江西办事便捷高效、江西办事暖心爽心"的营商环境品牌。

地方政府	数字治理"十四五"专项规划目标	相关内容要点
山东省	到2025年,实现整体高效的数字政府	围绕加快政务服务模式重构、推动政府治理范式重塑、推进机关运行流程再造、实施数字政府强基工程等4个方面,全面推进政府治理体系和治理能力现代化。
河南省	全面推行"一件事一次办""有诉即办",持续优化营商环境	加快数字政府建设,加强一体化政务服务平台和"互联网＋监管"系统建设,推动电子证照扩大应用领域和互通互认,深化全省通办和跨省通办。
湖北省	到2025年,实现省、市、县"一网统管"全覆盖	全面推动政府部门数字化转型,建设架构一体、标准统一、数据互通的数字政府政务管理综合平台,集约化、标准化建设全省政务区块链基础设施,建立"一网统管"标准体系,编制"一网统管"要素地图,推进"一网统管"指挥中枢建设,建设一批"一网统管"政务应用场景,建立横向全覆盖、纵向全联通的省域"一网统管"新模式。
湖南省	到2025年,数字政府基础支撑、数据资源利用、业务应用、安全保障、管理体制机制等框架体系基本形成、一体推进	高频政务服务事项"全省通办""跨省通办"比例均达100％,打造20个"无证明城市"试点;"一件事一次办"高频事项网上可办率达100％,掌上可办率达90％;大数据、区块链等新技术示范应用场景达到200个,跨部门协同示范应用场景达200个;"湘政通"协同办公平台覆盖率达100％;基础数据库信息项汇聚率达100％,数据共享需求满足率超过95％。
广东省	到2025年,全面建成"智领粤政、善治为民"的"广东数字政府2.0"	一是政务服务水平全国领先。全省政务服务渠道、服务能力、服务资源深度融合,服务能力显著提升,高频服务事项100％实现"零跑动"、100％实现"省内通办""跨省通办""湾区通办"。 二是省域治理能力全国领先。建成"一网统管"基础平台"粤治慧",实现行业应用全覆盖,省域治理科学化、精细化、智能化水平显著提升。 三是政府运行效能全国领先。全面构建"指尖政府",实现"粤政易"与内部系统100％连通。 四是数据要素市场化改革全国领先。政府数据共享需求满足率超过99％,向社会开放不少于1万个公共数据资源集。 五是基础支撑能力全国领先。
海南省	强化整体政府理念,推进政府数字化转型	下决心解决数据壁垒问题,拓展场景应用,加强"一网通办""一网协同""一网监管"。引入智慧化手段,更多采用信用监管,完善风险预警快速反应机制。寓监管于服务之中,致力打造无感知、有温度的监管。

地方政府	数字治理"十四五"专项规划目标	相关内容要点
四川省	到2025年,四川省数字政府建设整体水平迈入全国先进行列	全面建成协同高效、治理精准、决策科学、人民满意的数字政府,开启数据驱动政务服务和政务运行新模式。
贵州省	以"一云网一平台"为载体,加快数字政府建设,提升数字化治理能力	实施《贵州省优化营商环境条例》,深化"放管服"改革,推进行政审批"三减降",深入实施"一窗通办'2＋2'模式""一网通办""跨省通办"等改革,"全程网办"事项达到70%。
云南省	持续升级一体化政务服务平台和"一部手机办事通"	持续深化"放管服"改革,严格执行行政许可事项清单管理制度,全面实施"证照分离"改革,健全政务服务"好差评"制度。完善信用信息共享平台,推动投资项目和工程建设项目全链条优化审批、全流程监管。持续升级一体化政务服务平台和"一部手机办事通",深化拓展"一网通办""跨省通办",建好用好政府网站,更好利企便民。
陕西省	到2025年底,纵向贯通、横向协同、覆盖全省的数字政府体系全面建立	大数据、云计算、人工智能等数字技术广泛应用于政府决策和管理服务,政府决策科学化、社会治理精准化、公共服务高效化取得重要进展,基本实现政令一键到达、执行一贯到底、服务一网通办、监督一屏掌控。
甘肃省	全方位提升"放管服"水平,全面推进"一网通办""一网统管""一网协同"	启动数字政府运营指挥中心实体化运行,实现"一屏知全省、一键政务通"。完善政务服务"好差评"制度,打造政务服务升级版,让市场主体和广大群众享受实实在在的数字红利。
青海省	深化"放管服"改革,优化政务服务平台和移动端功能	优化政务服务平台和移动端功能,推动更多政务服务网上办、掌上办、就近办、跨省通办。
内蒙古自治区	推进政务流程再造、业务协同,完善数字基础支撑体系	利用新一代信息技术,用数字化思维倒逼改革,推进政务流程再造、业务协同。推进政务服务"一网通办"、社会治理"一网统管"、政府运行"一网协同",体系化构建"上联国家、纵向到底、横向到边、整体智治"的数字政府运行体系,实现政府治理体系和治理能力现代化。
广西壮族自治区	推广政务服务平台	持续深化"放管服"改革,推行基层"一枚印章管审批(服务)",推广应用"智桂通"平台。深化"证照分离"改革和企业投资项目承诺制改革,推进招标投标全流程电子化、企业注销便利化。
西藏自治区	深化"放管服"改革,深入推进"政务服务网通办""互联网＋"模式	坚持把发展经济的着力点放在实体经济上,深化"放管服"改革,深入推进"政务服务网通办""互联网＋"模式,扩大"证照分离"改革和个体工商户"智能审批"改革覆盖面。落实"跨省通办""一件事一次办",努力实现审批事项最少、审批时间最短、审

地方政府	数字治理"十四五"专项规划目标	相关内容要点
		批效率最高、审批服务最好,市场主体增长 6.5%。完善信用服务市场监管体制,健全守信激励和失信惩戒机制。实施优化营商环境建设年行动,加强营商环境考评,严肃查处典型问题。落实减税降费政策,对中小企业销往区外的加工特色产品给予 50%单边运费补贴,扎实做好"双清欠"和劳资纠纷化解工作。
宁夏回族自治区	深化"放管服"改革,深入推进"一网通办"	实施优化营商环境条例,纵深推进"放管服"改革。拓展"我的宁夏"APP功能应用,巩固"一窗办理、集成服务"改革成效,实现更多事项网上可办、一次能办、跨省通办。
新疆维吾尔自治区	大力推进政务服务"一网通办",促进政务服务能力提升,健全政务数据体系	大力推进政务服务"一网通办",全面推进"跨省通办",推广"异地可办、区内通办"。深化"一件事一次办"改革,优化办理流程,促进政务服务向基层延伸,推进政务服务标准化、规范化、便利化。提升移动便民服务能力,推动更多事项掌上办。健全政务数据共享协调机制,创新政务数据应用场景,加快推进数据有序共享。

(本表基于省级层面地方政府"十四五"规划中关于数字政府的规划政策梳理而成)

通过对各省数字治理"十四五"专项规划的梳理,可以看出各地都非常强调数字治理能力的建设和提升,政府的数字化转型服务于国家治理体系和治理能力现代化。首先,在组织层面,地方政府大多建立了专门的大数据管理部门,通过数据对组织流程的重组,技术对政府过程的创新,加速实现以人为本的国家治理现代化。其次,在应用层面,通过数据平台去重塑政府职能和政务流程,打破部门与府际间的信息孤岛,力求为公众和企业提供无缝隙一网通的公共服务。最后,在治理层面,不仅力求建立对政务数据全方面的管理规范,而且开始强调数据的开放共享,试图将公众、企业、第三部门组织等纳入政策过程。

第二节　数字治理的典型政府改革案例

一、国务院"互联网＋政务服务"改革

"互联网＋政务"是指,政府面对"互联网＋"时代经济社会基本状况所发生的深刻变化,在管理、服务和基本秩序管控等方面采取相应措施,做出相应调整,形成相应的制度机制和组织体系。在"互联网＋"时代,政府在线

服务能力已是衡量一个国家实力和政府执政能力的重要指标,更是一个国家发达与否的重要标志。随着互联网技术的不断提高,"互联网＋政务"作为一种新型治理方式在推进政府治理现代化的实践中发挥着越来越重要的作用。① 因此,深入挖掘二者之间的互构逻辑,阐明"互联网＋政务"推动政府治理现代化的作用机制,对于优化政府治理、助力实现政府治理现代化,有着十分重要的意义。

"互联网＋政务服务"的改革建设需要有力的政策基础,政策供给是重要条件。近年来国务院及相关部门制定并出台了大量政策文件,对改革的工作提出指导意见和总体要求。相关政策主要涉及"放管服"改革、一网通办、数字政府、政务公开、智慧城市建设等方面,这些政策文件的出台为国务院"互联网＋政务服务"体系的建设、运行及发展奠定了良好的制度基础和保障。

表 2.2　国务院推动"互联网＋政务服务"改革的主要政策文件梳理

发文时间	文件名称	主要相关目标
2008 年 3 月	《关于加强政府网站建设和管理工作的意见》国办发〔2006〕104 号	进一步加强政府网站建设和管理工作,充分认识办好政府网站的重要意义,不断健全和完善政府网站体系,着力加强政府信息发布,切实提高在线办事能力,持续拓展公益服务,不断改进网站展示形式,切实提高技术保障水平,有效提升安全保障能力,进一步完善运行管理机制。
2014 年 8 月	《关于授权国家互联网信息办公室负责互联网信息内容管理工作的通知》国发〔2014〕33 号	促进互联网信息服务健康有序发展,保护公民、法人和其他组织的合法权益,维护国家安全和公共利益。
2014 年 12 月	《关于加强政府网站信息内容建设的意见》国办发〔2014〕57 号	把握新形势下政务工作信息化、网络化的新趋势,加强政府网站信息内容建设管理,提升政府网站发布信息、解读政策、回应关切、引导舆论的能力和水平,将政府网站打造成更加及时、准确、有效的政府信息发布、互动交流和公共服务平台,为转变政府职能、提高管理和服务效能,推进国家治理体系和治理能力现代化发挥积极作用。

① 张会平,杨国富."互联网＋政务服务"跨层级数据协同机制研究:基于个人事项的社会网络分析[J]. 电子政务,2018(6):81-88.

发文时间	文件名称	主要相关目标
2015 年 7 月	《关于积极推进"互联网＋"行动的指导意见》国发〔2015〕40 号	重点推动"互联网＋"益民服务,充分发挥互联网的高效、便捷优势,提高资源利用效率,降低服务消费成本。大力发展以互联网为载体、线上线下互动的新兴消费,加快发展基于互联网的医疗、健康、养老、教育、旅游、社会保障等新兴服务,创新政府服务模式,提升政府科学决策能力和管理水平。
2016 年 3 月	《政府工作报告》	借助"互联网＋"、数据治理推进政务改革转型及升级。
2016 年 4 月	《关于转发国家发展改革委等部门推进"互联网＋政务服务"开展信息惠民试点实施方案的通知》国办发〔2016〕23 号	进一步推动部门间政务服务相互衔接,协同联动,打破信息孤岛,变"群众跑腿"为"信息跑路",变"群众来回跑"为"部门协同办",变被动服务为主动服务。
2016 年 5 月	《关于印发 2016 年推进简政放权放管结合优化服务改革工作要点的通知》国发〔2016〕30 号	按照创新、协调、绿色、开放、共享的新发展理念,紧紧扭住转变政府职能这个"牛鼻子",在更大范围、更深层次,以更有力举措推进简政放权、放管结合、优化服务改革,使市场在资源配置中起决定性作用和更好发挥政府作用。
2016 年 8 月	《关于在政务公开工作中进一步做好政务舆情回应的通知》国办发〔2016〕61 号	进一步明确政务舆情回应责任,把握需重点回应的政务舆情标准,提高政务舆情回应实效,加强督促检查和业务培训,建立政务舆情回应激励约束机制。
2016 年 9 月	《关于加快推进"互联网＋政务服务"工作的指导意见》国发〔2016〕55 号	2017 年底前,各省(区、市)人民政府、国务院有关部门建成一体化网上政务服务平台。2020 年底前,实现互联网与政务服务深度融合,建成覆盖全国的整体联动、部门协同、省级统筹、一网办理的"互联网＋政务服务"体系。
2016 年 9 月	《关于印发政务信息资源共享管理暂行办法的通知》国发〔2016〕51 号	加快推动政务信息系统互联和公共数据共享,增强政府公信力,提高行政效率,提升服务水平,充分发挥政务信息资源共享在深化改革、转变职能、创新管理中的重要作用。
2016 年 12 月	《关于印发"十三五"国家信息化规划的通知》国发〔2016〕73 号	到 2020 年,"数字中国"建设取得显著成效,信息化发展水平大幅跃升,数字鸿沟明显缩小,数字红利充分释放,信息化全面支撑党和国家事业发展,促进经济社会均衡、包容和可持续发展,为国家治理体系和治理能力现代化提供坚实支撑。

发文时间	文件名称	主要相关目标
2017 年 1 月	《关于印发"互联网＋政务服务"技术体系建设指南的通知》国办函〔2016〕108 号	进一步加强全国一体化的"互联网＋政务服务"技术和服务体系整体设计,不断提升各地区各部门网上政务服务水平。
2017 年 5 月	《关于印发政务信息系统整合共享实施方案的通知》国办发〔2017〕39 号	2017 年 12 月底前,基本完成国务院部门内部政务信息系统整合清理工作,初步建立全国政务信息资源目录体系,政务信息系统整合共享在一些重要领域取得显著成效,一些涉及面宽、应用广泛、有关联需求的重要政务信息系统实现互联互通。2018 年 6 月底前,实现国务院各部门整合后的政务信息系统接入国家数据共享交换平台,各地区结合实际统筹推进本地区政务信息系统整合共享工作,初步实现国务院部门和地方政府信息系统互联互通。推动政务信息化建设模式优化,政务数据共享和开放在重点领域取得突破性进展。
2018 年 6 月	《关于印发进一步深化"互联网＋政务服务"推进政务服务"一网、一门、一次"改革实施方案的通知》国办发〔2018〕45 号	进一步深化"互联网＋政务服务",充分运用信息化手段解决企业和群众反映强烈的办事难、办事慢、办事繁的问题,是党中央、国务院作出的重大决策部署。加快推进政务服务"一网通办"和企业群众办事"只进一扇门"、"最多跑一次"。
2018 年 7 月	《关于加快推进全国一体化在线政务服务平台建设的指导意见》国发〔2018〕27 号	政务服务线上线下融合互通,跨地区、跨部门、跨层级协同办理,全城通办、就近能办、异地可办,服务效能大幅提升,全面实现全国"一网通办",为持续推进"放管服"改革、推动政府治理现代化提供强有力支撑。
2018 年 12 月	《关于推进政务新媒体健康有序发展的意见》国办发〔2018〕123 号	到 2022 年,建成以中国政府网政务新媒体为龙头,整体协同、响应迅速的政务新媒体矩阵体系,打造一批优质精品账号,建设更加权威的信息发布和解读回应平台、更加便捷的政民互动和办事服务平台。
2019 年 4 月	《关于在线政务服务的若干规定》国令第 716 号	全面提升政务服务规范化、便利化水平,为企业和群众提供高效、便捷的政务服务,优化营商环境。
2019 年 12 月	《关于建立政务服务"好差评"制度提高政务服务水平的意见》国办发〔2019〕51 号	全面及时准确了解企业和群众对政务服务的感受和诉求,接受社会监督,有针对性地改进政务服务,提升政府工作效能,优化营商环境,建设人民满意的服务型政府。

发文时间	文件名称	主要相关目标
2020年9月	《关于加快推进政务服务"跨省通办"的指导意见》国办发〔2020〕35号	从高频政务服务事项入手,2020年底前实现第一批事项"跨省通办",2021年底前基本实现高频政务服务事项"跨省通办",同步建立清单化管理制度和更新机制,逐步纳入其他办事事项,有效满足各类市场主体和广大人民群众异地办事需求。
2021年11月	《关于印发全国一体化政务服务平台移动端建设指南的通知》国办函〔2021〕105号	2022年底前,各省(自治区、直辖市)和国务院部门移动政务服务应用与国家政务服务平台移动端"应接尽接"、"应上尽上",移动政务服务能力显著提升,形成以国家政务服务平台移动端为总枢纽的全国一体化平台移动端服务体系。
2021年12月	《关于印发〈"十四五"推进国家政务信息化规划〉的通知》发改高技〔2021〕1898号	到2025年,政务信息化建设总体迈入以数据赋能、协同治理、智慧决策、优质服务为主要特征的融慧治理新阶段,逐步形成平台化协同、在线化服务、数据化决策、智能化监管的新型数字政府治理模式,经济调节、市场监管、社会治理、公共服务和生态环境等领域的数字治理能力显著提升,网络安全保障能力进一步增强,有力支撑国家治理体系和治理能力现代化。
2022年2月	《关于加快推进政务服务标准化规范化便利化的指导意见》国发〔2022〕5号	加快推进政务服务标准化、规范化、便利化,更好满足企业和群众办事需求。2025年底前,政务服务标准化、规范化、便利化水平大幅提升,高频政务服务事项实现全国无差别受理、同标准办理;高频电子证照实现全国互通互认,"免证办"全面推行;集约化办事、智慧化服务实现新的突破,"网上办、掌上办、就近办、一次办"更加好办易办,政务服务线上线下深度融合、协调发展,方便快捷、公平普惠、优质高效的政务服务体系全面建成。
2022年6月	《关于加强数字政府建设的指导意见》国发〔2022〕14号	到2025年,与政府治理能力现代化相适应的数字政府顶层设计更加完善、统筹协调机制更加健全,政府数字化履职能力、安全保障、制度规则、数据资源、平台支撑等数字政府体系框架基本形成,政府履职数字化、智能化水平显著提升,政府决策科学化、社会治理精准化、公共服务高效化取得重要进展,数字政府建设在服务党和国家重大战略、促进经济社会高质量发展、建设人民满意的服务型政府等方面发挥重要作用。

资料来源:国务院政府网站(http://www.gov.cn/zhengce/index.htm)

国务院"互联网＋政务服务"的改革可以概况为三个层面的整合,即线上"一网通办"、线下"只进一扇门"及现场"最多跑一次"。通过政策文件的梳理不难看出国务院"互联网＋政务服务"改革大致经历了初步萌芽—发展完善—全面推广几个阶段。

2006—2015 年是初步萌芽时期,出台的相关政策文件相对不多,政策目标集中体现在推行阳光政府政务公开,相关改革的内容还不明晰。2006年1月1日中央政府门户网站正式开通,标志着由中央政府门户网站、国务院部门网站、地方各级人民政府及其部门网站组成的政府网站体系基本形成。2015 年国务院《关于积极推进"互联网＋"行动的指导意见》为改革的大力发展奠定了有力的基础。

2016—2019 年是快速发展时期,这一阶段出台的相关文件数量激增,政策目标不断细化和明确,涉及"放管服"改革的方方面面,围绕着"一网通办"、开放政府数据共享、服务流程在线优化等方面稳步推进改革。2016 年国务院《关于印发 2016 年推进简政放权放管结合优化服务改革工作要点的通知》指出各地区各部门要把深化简政放权、放管结合、优化服务改革放在突出位置,同年出台了《关于转发国家发展改革委等部门推进"互联网＋政务服务"开展信息惠民试点实施方案的通知》,意味着中央层面开始着手相关改革,后续出台的《关于加快推进"互联网＋政务服务"工作的指导意见》则意味着"互联网＋政务服务"已经正式成为国家战略层面的重要议题。《关于印发进一步深化"互联网＋政务服务"推进政务服务"一网、一门、一次"改革实施方案的通知》进一步深化"互联网＋政务服务",充分运用信息化手段解决企业和群众反映强烈的办事难、办事慢、办事繁的问题,是党中央、国务院作出的重大决策部署。为加快推进政务服务"一网通办"和企业群众办事"只进一扇门"、"最多跑一次"确定了基本方向和目标。

2020 年后是快速发展时期。自遭遇新型冠状病毒疫情以来,"互联网＋政务服务"进入全国推广阶段,不但政策文件数量在增加,内容亦更加细致明确,这一时期尤其注重改革向移动化、精准化、开放化、参与化、智能化层面的拓展。随着疫情形势的发展,在技术支持下,政策呈现出动态更新的特征,不仅关注提高服务个性化、便捷化水平,也通过各种公民参与以评价促服务,以创新促发展。2020 年,《中共中央 国务院关于新时代加快完善社会主义市场经济体制的意见》指出:"创新行政管理和服务方式,深入开展'互联网＋政务服务',加快推进全国一体化政务服务平台建设。建立健全运用互联网、大数据、人工智能等技术手段进行行政管理的制度规则。""十三五"期间,国务院印发了《关于加快推进"互联网＋政务服务"工作的指导意见》《关于加快推进全国一体化在线政务服务平台建设的指导意见》《国务院关于在线政务服务的若干规定》等政策文件,为推进"互联网＋政务服务"工作指明了方向。2021 年政府工作报告提出纵深推进"放管服"改革,建立健全政务数据共享协调机制。利用信息化手段快速响应多变的业务需求,解决办事人空间与时间难题,将是未来政务服务改革的主要方向。2021 年 11 月,国务院办公厅印发《全国一体化政务服务平台移动端建设指南》,标志着全国一体化政务服务平台移动端建设进入统筹化、标准化、规范化时代,对全面提升移动政务服务能力和水平,增强企业和群众的获得感具有重要意义。2022 年 1 月,国家发展改革委印发了《"十四五"推进国家政务信息化建设总体规划》,提出了三大任务 11 项具体工程,到 2025 年,推进政务信息化工作迈入以数据赋能、协同治理、智慧决策、优质服务为主要特征的"融慧治理"新阶段。2022 年《关于加强数字政府建设的指导意见》明确了未来改革发展方向,到 2035 年建立起整体协同、敏捷高效、智能精准、开放透明、公平普惠的数字政府。

截至 2020 年 12 月,我国互联网政务服务用户规模达 9.89 亿,较 2020 年 3 月增长 8540 万。互联网普及率达 70.4%,我国电子政务发展指数为 0.7948,排名从 2018 年的第 65 位提升至第 45 位,取得历史新高,达到全球电子政务发展"非常高"的水平。其中在线服务指数由全球第 34 位跃升至第 9 位,迈入全球领先行列。在一体化政务服务平台建设方面,截至 2020 年 12 月,全国一体化政务服务平台实名用户总量达 8.09 亿,其中国家平台注册的个人用户达 1.88 亿,平台快速响应能力亦不断提升。[①]

二、浙江"最多跑一次"改革

浙江的政务服务改革一直走在全国前列,无论是第一阶段的审核行政审批制度改革,还是第二阶段四张清单一张网系列改革。政府与市场、社会的边界越来越清晰,政府效能也有了提升。但政府的民意调查显示,到政府办事的用户体验还是不够好,特别是涉及多个部门、多个层级的事项,要跑 N 个地方、跑 N 趟腿、排 N 次队,往往还要重复提交 N 多材料。前两个阶段主要是从政府自身角度来推进改革,侧重于自我规范的基础性工程,"最多跑一次"改革则是落实国务院的相关政策,落实以人民为中心的发展思想,站在用户的角度来推进改革,改革目标是到 2017 年力争让"最多跑一

---

① 中国互联网络信息中心.第 47 次中国互联网络发展状况统计报告[EB/OL].(2021 - 02 - 03)[2022 - 02 - 07].http://www.cac.gov.cn/c_1613923423079314.htm.

次"覆盖80％左右的行政事项,办一件事不管涉及多少部门,最多跑一次是原则,跑多次是例外。浙江省"最多跑一次"改革的相关政策发展见下表:

表 2.3　浙江省"最多跑一次"改革相关政策文件梳理

时间	文件	要点
2017-01-30	《浙江省人民政府办公厅关于印发 2017 年政府工作报告重点工作责任分解的通知》浙政办发〔2017〕14 号	省长牵头加快推进"最多跑一次"改革,积极推进"最多跑一次"改革向审批等涉政中介机构延伸。
2017-02-24	《关于印发助力我省经济转型升级系列组合拳若干举措的通知》浙工商综〔2017〕9 号	进一步深化"放管服"改革,四措并举,大力推进工商办事项目"最多跑一次"改革。
2017-04-01	《浙江省人民政府办公厅关于印发 2017 年浙江省法治政府建设工作要点的通知》浙政办发〔2017〕33 号	加快推进"最多跑一次"改革,倒逼政府职能转变。
2017-04-25	《浙江省人民政府办公厅关于印发 2017 年浙江省政务公开工作要点的通知》浙政办发〔2017〕36 号	积极落实中共中央和国务院关于全面推进政务公开工作的决策部署,坚持稳中求进工作总基调,以"最多跑一次"改革为主线,以政府门户网站和浙江政务服务网为依托,全面推进决策、执行、管理、服务和结果公开,促进"稳增长、促改革、调结构、惠民生、防风险"各项工作的落实。
2017-06-16	《浙江省人民政府办公厅关于加快推进"多证合一、一照一码"改革的通知》浙政办发〔2017〕53 号	深入推进"最多跑一次"改革,进一步降低制度性交易成本,提高办事效率,改善发展环境、提升群众和企业获得感。
2017-07-14	《浙江省人民政府办公厅关于加快推进企业投资项目"最多跑一次"改革的实施意见》浙政办发〔2017〕74 号	到 2017 年底前,实现企业投资项目全流程、多层级、多部门"最多跑一次"改革目标,全面提升项目建设、竣工验收等事中事后监管服务阶段工作效率,努力把我省打造成为全国审批事项最少、办事效率最高、投资环境最优、企业获得感最强的省份。
2017-08-21	《浙江省人民政府办公厅关于印发企业投资项目"最多跑一次"改革实施方案的通知》浙政办发〔2017〕91 号	到 2017 年底,实现全省一般性企业投资项目全流程、多层级、多部门"最多跑一次"改革目标。2018 年,进一步推进企业投资项目审批以及事中事后监管服务提速增效,以企业投资项目"最多跑一次"改革撬动各领域改革,努力把我省打

时间	文件	要点
		造成为全国审批事项最少、办事效率最高、投资环境最优、企业获得感最强的省份。
2017-10-30	《浙江省人民政府办公厅关于切实打好工业和信息化发展组合拳的若干意见》浙政办发〔2017〕117号	高层次建设科技创新大平台推进新一代信息技术在制造业领域的应用,加大改革推动力度。进一步落实"最多跑一次"各项改革,完善改革事项清单、优化办事流程,充分利用信息化手段,打通信息孤岛,实现数据共享。
2018-02-14	《浙江省人民政府办公厅关于印发2018年政府工作报告重点工作责任分解的通知》浙政办发〔2018〕19号	袁家军省长牵头重点工作,全面实施深化"最多跑一次"推动重点领域改革。
2018-04-24	《浙江省人民政府关于印发浙江省"4+1"重大项目建设计划(2018—2022年)的通知》浙政发〔2018〕14号	深入推进投资项目"最多跑一次"改革,充分运用"互联网+"、大数据等技术,实现服务监管全覆盖、全过程、常态化。
2018-04-28	《浙江省人民政府办公厅关于印发浙江省医疗卫生服务领域深化"最多跑一次"改革行动方案的通知》浙政办发〔2018〕45号	认真落实省委、省政府深化"最多跑一次"改革决策部署,坚持以人民为中心的发展思想,以改善城市大医院看病难和提升县域医疗服务能力为重点,从群众看病就医"关键小事"做起,着力优化服务流程,改进服务方式,提升服务绩效。
2018-07-16	《浙江省人民政府办公厅关于印发浙江省数字化转型标准化建设方案(2018—2020年)的通知》浙政办发〔2018〕70号	助力政府数字化转型,全力打造智慧政府,构建数字政府标准体系框架。以"最多跑一次"改革标准化建设为突破口,按照"123466"的要求,完善标准化运行机制,助力争创政府治理数字化转型试点省。
2019-02-19	《浙江省人民政府办公厅关于印发2019年政府工作报告重点工作责任分解的通知》浙政办发〔2019〕7号	袁家军省长主抓"最多跑一次"改革和数字政府建设。
2019-05-19	《浙江省人民政府办公厅关于深化"最多跑一次"改革进一步提升跨境贸易便利化水平的实施意见》浙政办发〔2019〕36号	进一步贯彻落实中共中央、国务院关于优化口岸营商环境促进跨境贸易便利化工作的决策部署,深化"最多跑一次"改革,通过3年努力,将我省口岸打造成为审批事项最少、办事效率最高、政务环境最优、群众和企业获得感最强的口岸。

时间	文件	要点
2018-11-30	《浙江省保障"最多跑一次"改革规定》	依法推进"最多跑一次"改革,提高行政效能,优化营商环境,建设人民满意的服务型政府,推进治理体系和治理能力现代化。
2020-02-27	《浙江省人民政府办公厅关于印发2020年政府工作报告重点工作责任分解的通知》浙政办发〔2020〕8号	袁家军省长主抓"最多跑一次"改革和政府数字化转型。
2020-04-17	《浙江省人民政府办公厅关于全面推进基层政务公开标准化规范化工作的实施意见》浙政办发〔2020〕16号	以"最多跑一次"改革为牵引,以政府数字化转型为支撑,2020年底前,各县(市、区)政府和乡镇政府、街道办事处(以下统称基层政府)全面完成国办发〔2019〕54号文件明确的26个试点领域和涉及基层政务公开其他领域事项标准目录的发布实施,实现政务公开制度基本健全、组织保障更加有力。2021年底前,基层政务公开工作流程更加规范高效,平台渠道更加丰富多元,探索制定政务公开通用地方标准,同时工作范围向村(居)和公共企事业单位延伸。2022年底前,建成覆盖基层政府、延伸至村(居)和公共企事业单位的全省统一的基层政务公开标准体系,实现公开事项目录全面精准、公开制度规范管用、公开平台集约便民,基层政务公开标准化规范化水平大幅提高,干部队伍专业素质全面提升,全省基层政务公开工作整体迈上新台阶。
2020-06-28	《浙江省人民政府办公厅关于印发2020年浙江省法治政府建设工作要点的通知》浙政办发〔2020〕30号	深化"最多跑一次"改革。推进个人和企业全生命周期"一件事"全流程最多跑一次,实施公务员职业生涯全周期管理"一件事"改革,推动"最多跑一次"改革向机关内部、公共服务、司法服务、中介服务等领域发展。推进"最多跑一次"改革向基层延伸,加强乡镇(街道)便民服务中心、村(社区)代办点建设,完善"就近能办"保障机制。(责任单位:省级有关部门,各市、县〔市、区〕政府按职责分工落实)。

时间	文件	要点
2020-09-28	《关于印发浙江省5G基站建设"一件事"集成改革实施方案的通知》浙经信云计算〔2020〕128号	纵深推进"最多跑一次"改革,进一步优化5G网络建设环境。
2020-11-28	《浙江省人民政府办公厅关于印发浙江省赋予乡镇(街道)县级审批服务权限指导目录的通知》浙政办发〔2020〕63号	开展"最多跑一次"改革以来,全省坚持以"一窗受理、集成服务"改革为抓手,着力强化县、乡、村三级便民服务体系建设,大力推进政务服务"就近办""网上办""集成办",在提升乡镇(街道)公共服务能力、方便基层群众办事方面取得了明显成效,将38项县级审批服务权限赋予乡镇(街道)认领实施。
2020-12-24	《浙江省人民政府办公厅关于加快推进政务服务"跨省通办""全省通办"工作的实施意见》浙政办发〔2020〕77号	以数字化改革深化"最多跑一次"改革,坚持数字赋能、改革破题、创新制胜、综合集成,立足于企业生产经营、群众生活密切相关的政务服务事项,创新工作理念和制度机制,着力推进"一网通办""跨省通办""全省通办",推动线上线下融合、本地异地同步,加快实现政务服务网上随时办、跨省远程办、全域就近办、简易快捷办,不断提高政务服务水平。
2020-12-24	《浙江省数字经济促进条例》	县级以上人民政府及其有关部门应当深化"最多跑一次"改革,推动数字技术与政府履职全面深度融合,推进政务服务、政府办公全流程网上办理、掌上办理,实现数据共享和业务协同,推进政府数字化转型。
2021-06-04	《浙江省人民政府关于印发浙江省数字政府建设"十四五"规划的通知》浙政发〔2021〕13号	到2025年,形成比较成熟完备的数字政府实践体系、理论体系、制度体系,基本建成"整体智治、唯实唯先"的现代政府,省域治理现代化先行示范作用显现。
2022-01-21	《浙江省公共数据条例》	加强公共数据管理,促进公共数据应用创新,保护自然人、法人和非法人组织合法权益,保障数字化改革,深化数字浙江建设,推进省域治理体系和治理能力现代化,统筹建设全省一体化数字资源系统。

资料来源:浙江省政府门户网站(https://www.zj.gov.cn/)

"最多跑一次"改革是一项系统工程,涉及"放管服"改革的方方面面,聚焦于方便群众企业到政府办事,打造好政府联系服务公众的界面,可以概括为一个"三"和三个"一"。

"三"是服务群众的三大界面,第一个界面是市县乡村"四级联动"政务服务体系,这是政府和老百姓面对面的实体界面,除市县行政服务中心改造升级之外,还要加强乡镇、街道、功能区便民服务网点,和村社区代办点的建设,实现就近能办、同城通办、异地可办。第二个界面是网上办事大厅虚拟界面,将各类网上预约、查询、办理、支付等便民服务功能汇聚到浙江政务服务网的电脑端和手机 APP,促进线上线下融合发展,通过让数据多跑路换取群众和企业少跑腿甚至不跑腿。第三个界面是统一政务咨询投诉举报平台,针对找政府办事的痛点和堵点,将原来分散在各个部门的非紧急类热线统一整合到 12345 平台,1 号响应群众诉求实现三个界面全覆盖。"一"指的是一张网、一套组合拳、一个抓手。一张网指的是全省政务办公一张网,打破信息孤岛提供技术支撑,推进省级人口、法人、电子证件照等基础数据库信息共享,打通各部门业务系统,建立电子文件归档、电子印章、电子监察等技术支撑体系。一套改革组合拳主要体现在优化营商环境和便民服务层面,优化营商的改革如投资审批领域推行全程代办制,实行多图联审、多评合一、联合验收,提高审批时效,降低市场准入门槛,分领域推进多证合一、证照联办,如外贸企业十一证合一。在便民服务方面,针对群众反映强烈、办事量比较大的事项,如不动产登记、职业资格资质、社保医保、户籍、出入境等,简化优化办事流程,减少群众跑腿次数。一个工作抓手即一窗受理,集成服务改革,改革前各部门在行政服务中心摆摊,但部门间依然各自为战,没有信息共享,改革后打造前台综合受理,后台分类审批,综合窗口出件的全新工作模式,建立第三方对政务服务的全程统筹协调和监管机制。对投资项目审批等负责事项,还可采取全程代办、领导领办的办法,让政府多跑腿,企业群众少跑腿。

改革主要带来了三个方面的变化:一是老百姓办事从找部门变成找政府,多头跑变成一窗跑;二是倒逼政府办事流程整合,打破信息孤岛;三是将行政权力变成了行政责任。行政服务中心作为第三方监管机构,对各部门审批进行全流程监管,建立群众办事回访机制,让群众来评价政府服务的质量。例如从前办理不动产登记,交易、缴税、登记三个环节分别要到建设、地税、国土三个部门办理,至少要跑三趟,改革后则只需要将材料递交给综合窗口,最多跑一次,行政服务中心还会进行回访,以群众满意度作为考核部门的重要依据。

通过对改革历程的梳理,不难发现浙江省"最多跑一次"改革具有以下一些特点:首先,改革由省长和省委书记亲自牵头部署,作为全省重点工作进行推进；其次，改革具有比较清晰的时间规划，2017年以一年时间基本实现改革的既定目标，2018年改革调研报告受到中央深改组的审议，这是改革经验得以向全国推广的重要基础；再次，改革配套文件比较完善，形成了相对完善的改革制度体系，各项专门的政策文件加大了改革的力度和深度，这是改革得以顺利进行的保障；此外，改革具有清晰的法治化取向，省人大常委会陆续通过相关的改革规定和条例，保证了改革的法治化，对于改革的长期稳定顺利进行是重要的举措；最后，改革在持续进行，部门流程简化是基础，部门协调作战是关键，公众的获得感是目标。按照"最多跑一次"的理念和目标，"最多跑一次"改革需要进一步升级，还需要创新和加强政府监管，全面推进综合行政执法体制改革，推行监管，加快构建事前管标准、事中管达标、事后管信用的监管体系，以更好的"管"促进更大的"放"和更优的"服"，基层治理平台也需要推进，加快县级派驻部门和乡镇力量的融合，提升基层监管能力，更好地承接和落实"放管服"各项改革。

三、上海"一网通办"改革

2018年9月上海出台《上海市公共数据和一网通办管理办法》，提出促进本市公共数据整合应用，推进"一网通办"建设，提升政府治理能力和公共服务水平。"一网通办"的建设框架依托"一网"，即一体化的在线政务服务平台；核心在"通"，即以数据打破信息孤岛形成信息互通；目的在"办"，即贯彻以用户为中心的理念，方便群众和企业办事，相关政策发展见下表：

表2.4　上海市"一网通办"改革相关政策文件梳理

时间	文件	相关要点
2018-09-26	《上海市公共数据和一网通办管理办法》（沪府令9号）	促进本市公共数据整合应用，推进"一网通办"建设，提升政府治理能力和公共服务水平。
2018-03-30	《全面推进"一网通办"加快建设智慧政府工作方案》	2018年，建成上海政务"一网通办"总门户。到2020年，形成整体协同、高效运行、精准服务、科学管理的智慧政府基本框架。
2019-03-26	《上海市人民政府办公厅关于印发〈2019年上海市推进"一网通办"工作要点〉的通知》沪府办发〔2019〕8号	加快推进"一网通办"改革，实现面向企业和市民的所有政务服务"进一网、能通办"目标。

时间	文件	相关要点
2019－07－23	《上海市人民政府办公厅关于印发〈建立"一网通办"政务服务"好差评"制度工作方案〉的通知》沪府办发〔2019〕20号	持续推进"一网通办"从"以部门为中心"向"以用户为中心"转变，建立政务服务绩效由企业和群众来评判的"好差评"制度，倒逼各级政务服务部门不断改进工作，提供优质高效的政务服务。
2020－01－21	《上海市人民政府办公厅印发〈关于深入推进"一网通办"进一步加强本市政务服务中心标准化建设与管理的意见（试行）〉的通知》沪府办〔2020〕7号	进一步深化本市以"一网通办"为重要标志的"放管服"改革，大力优化营商环境，深入推进审批服务便民化，加快推进政务服务线上线下深度融合，持续提升行政效能和政务服务水平。
2020－09－14	《上海市人民政府办公厅关于印发〈上海市"一网通办"平台运行管理暂行办法〉的通知》沪府办〔2020〕55号	加强本市"一网通办"全流程一体化在线政务服务平台（以下简称"一网通办"平台）运行管理，确保"一网通办"平台规范、高效、安全、平稳运行。
2020－10－21	《上海市人民政府办公厅关于印发〈本市开展综合监管"一件事"改革试点工作方案〉的通知》沪府办〔2021〕63号	聚焦同一区域涉及跨部门、跨层级监管的同一类监管对象，或者同一部门涉及跨领域、跨层级监管的同一类监管对象，将有关联的多个监管事项梳理整合为综合监管"一件事"，利用互联网思维、信息化手段，围绕"六个全"，实施监管业务流程革命性再造。
2020－12－28	《2020年上海市深化"一网通办"改革工作要点》	2020年，实行"两个免于提交"，推动"两转变"，切实提升群众和企业的获得感和满意度。同时，重点对一批群众和企业关注的"一件事"进行业务流程再造，全年新增接入500项公共服务事项，新增100项个人事项实现"全市通办"，深入推进"一网办、一窗办、一次办"。
2021－02－18	《上海市人民政府办公厅关于印发〈2021年上海市深化"放管服"改革工作要点〉的通知》沪府办〔2021〕12号	再造办事服务流程。深化"一件事"改革，推动基本覆盖重点领域和高频事项。积极探索"好办"服务，大力推行"快办"服务，鼓励为特殊人群提供"上门办"服务。持续扩大全市通办、跨区域通办事项范围，深化长三角"一网通办"。推进"两个集中"改革，推动市级政务服务事项下沉基层办理。

时间	文件	相关要点
2021-03-17	《上海市人民政府办公厅关于印发〈2021年上海市政务公开工作要点〉的通知》沪府办〔2021〕21号	依托"中国上海"门户网站,建立全市统一的政府公文库,实现主动公开的政府公文"一站通查"。强化"一网通办"平台数据分析应用。通过"一网通办"总门户、人民建议征集信箱、"随申办"移动端、政务新媒体等市民广泛使用的平台,收集社会公众对决策草案的意见建议。
2021-03-30	《上海市人民政府关于切实按照"两个集中"要求进一步优化市级政务服务事项办理模式的通知》沪府规〔2021〕4号	按照市级政务服务事项"能网办、尽量网办""能下沉、尽量下沉"的原则,进一步深化"一网通办"改革,优化事项办理模式,充分向基层放权赋能,推动更多事项全程网上办理、下沉基层办理,实现"两个集中"(企业事项向区行政服务中心集中、个人事项向街道乡镇社区事务受理服务中心集中)。
2021-06-30	《上海市人民政府关于印发〈上海市开展"证照分离"改革全覆盖工作的实施方案〉的通知》沪府规〔2021〕7号	持续深化"放管服"改革,统筹推进行政审批制度改革和商事制度改革,深入实施政务服务"一网通办"和城市运行"一网统管",在更大范围和更多行业推动照后减证和简化审批,创新和加强事中事后监管。
2021-10-24	《上海市人民政府办公厅关于印发〈上海市全面推进城市数字化转型"十四五"规划〉的通知》沪府办发〔2021〕29号	数字赋能城市治理成效显著。强化精细高效的数字治理综合能力。"一网通办"实现从"好用"向"爱用""常用"转变,全方位服务体系基本建成。"一网统管"聚焦"一屏观天下,一网管全城",推动态势全面感知、趋势智能预判、资源统筹调度、行动人机协同。
2021-10-28	《上海市优化营商环境条例》	以市场主体获得感为评价标准,以政府职能转变为核心,以"一网通办"为抓手,全面深化"放管服"改革,践行"有求必应、无事不扰"的服务理念。
2021-11-09	《上海市人民政府办公厅关于印发〈本市开展综合监管"一件事"改革试点工作方案〉的通知》沪府办〔2021〕63号	以城市数字化转型为契机,依托政务服务"一网通办"、城市运行"一网统管",推进流程再造、制度重塑、场景应用,实施系统性、集成式、一体化的监管改革,构建资源有效共享、业务有机协同的综合监管体系,提升治理体系和治理能力现代化水平,为推动高质量发展提供有力支撑。

时间	文件	相关要点
2021－12－13	《上海法治政府建设规划（2021—2025 年）》	加快转变政府职能，推动有效市场和有为政府更好结合，依托全国一体化政务服务平台和我市政务服务"一网通办"全流程一体化在线政务服务平台等渠道，全面推行服务审批"马上办、网上办、就近办、一次办、自助办"。完善以"双随机、一公开"监管和"互联网＋监管"为基本手段、以重点监管为补充、以信用监管为基础的新型监管机制。加快服务型政府建设。以政务服务"一网通办"和城市运行"一网统管"为依托，全面提升政务服务效能。
2021－12－27	《上海市人民政府关于印发〈上海市营商环境创新试点实施方案〉的通知》沪府发〔2021〕24 号	统筹深化"一网通办""一网统管"建设，使我市营商环境迈上更高水平。
2022－01－14	《上海市人民政府办公厅关于印发〈2022 年上海市全面深化"一网通办"改革工作要点〉的通知》沪府办发〔2022〕1 号	2022 年是"一网通办"改革的用户体验年。要坚持业务和技术双轮驱动、线上和线下协同发力、效率和普惠统筹兼顾、发展和安全相辅相成，以用户视角全面提升线上线下服务体验，加快形成"一网通办"全方位服务体系，实现更便捷、更高效、更精准。
2022－02－22	《上海市人民政府办公厅关于印发〈2022 年上海市深化"放管服"改革工作要点〉的通知》沪府办〔2022〕11 号	建立健全审批服务效能监督机制，运用"一网通办"办件库数据等，加强对审批行为和时间的全过程管理。深入推进"互联网＋监管"，修订《政务服务"一网通办"业务规范》等地方标准，建立健全"免申即享""全程网办""好办""快办""一件事"等业务和技术标准。
2022－03－18	《上海市人民政府办公厅关于印发〈上海城市数字化转型标准化建设实施方案〉的通知》沪府办发〔2022〕5 号	构建全覆盖的城市数字化转型标准体系。构建政府与市场并重的标准供给机制。构建适应新发展阶段的标准化工作格局。
2022－03－22	《上海市人民政府办公厅关于印发〈依托"一网通办"加快推进惠企利民政策和服务"免申即享"工作方案〉的通知》沪府办字〔2022〕4 号	依托"一网通办"支撑能力，聚焦惠企利民政策和服务，按照政策和服务的实施范围和条件，通过数据共享、大数据分析、人工智能辅助，精准匹配符合条件的企业和群众，实现政策和服务精准找人。

续　表

时间	文件	相关要点
2022-06-02	《上海市人民政府办公厅关于印发〈上海市 2022 年优化营商环境重点事项〉的通知》沪府办发〔2022〕10 号	助力市场主体纾困解难、复工复产、恢复活力,在一网通办改革基础上,组织实施 10 个优化营商环境重点事项,提升市场主体感受度,激发市场主体信心和活力。

资料来源:上海一网通办网站(http://shanghai.gov.cn/)

"一网通办"依托上海政府门户为总网站,提供统一的政务咨询、申请、受理、查询、评价等全流程在线服务,见图 2.2。不仅解决了前端业务统一受理的问题、政务数据开放共享的问题,还提供了多场景的平台拓展功能应用,包括事中事后综合监管、公共信用服务、城市公共安全管理、城市精细化管理、公共资源交易服务等。通过"一网通办"平台不仅能满足信息查询、咨询等公民需求,还能够加强联合惩戒、协同监督等公民参与行为,有效地推动了政务服务向"以用户为中心"的转变。

图 2.2　上海一网通办门户主页

通过"一网通办"改革,上海市在数字治理方面取得了一定突破。首先,在 2018 年基本建成上海政务一体化的总门户网站,使得服务事项"一口进出"。到 2020 年,形成整体协同、高效运行、精准服务、科学管理的智慧政府基本框架。2021 年上海政府门户网站独立用于访问总量达 12162392 个,总注册用户数量为 64440000,办事板块分为个人办事、法人办事、部门办事及办事热点,服务事项包括行政审批、公共服务、出入境全国通办、涉外服务、诉讼服务、就业社保、房地产交易、垃圾分类等,收到可全程在线办理的政府服务事项 3008 项,其他事项 3458 项,共办理事件总数为 100820000,

其中公众自然人办理数量为 76820000，企业法人办理数量为 24000000。

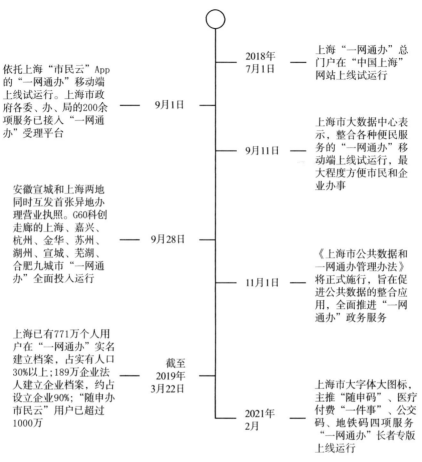

依托上海"市民云"App 的"一网通办"移动端上线试运行。上海市政府各委、办、局的200余项服务已接入"一网通办"受理平台 —— 9月1日

2018年7月1日 —— 上海"一网通办"总门户在"中国上海"网站上线试运行

9月11日 —— 上海市大数据中心表示，整合各种便民服务的"一网通办"移动端上线试运行，最大程度方便市民和企业办事

安徽宣城和上海两地同时互发首张异地办理营业执照。G60科创走廊的上海、嘉兴、杭州、金华、苏州、湖州、宣城、芜湖、合肥九城市"一网通办"全面投入运行 —— 9月28日

11月1日 —— 《上海市公共数据和一网通办管理办法》将正式施行，旨在促进公共数据的整合应用，全面推进"一网通办"政务服务

上海已有771万个人用户在"一网通办"实名建立档案，占实有人口30%以上；189万企业法人建立企业档案，约占设立企业90%；"随申办市民云"用户已超过1000万 —— 截至2019年3月22日

2021年2月 —— 上海市大字体大图标，主推"随申码"、医疗付费"一件事"、公交码、地铁码四项服务"一网通办"长者专版上线运行

图 2.3　上海一网通办过程大事件

　　截至 2022 年 7 月 16 日，上海一网通办平台发布信息 73925 条，其中政务动态信息更新量为 64020 条，信息公开目录信息更新量为 9498 条，新开设专栏专题 11 个，发布解读信息 180 条，回应公众关注的热点及重大舆情数量 18 次。从政民互动来看，收到公众留言 45725 条，办结留言 44980 条，办结回应率约为 98.4%，平均办理事件约 10 天，公开答复 15538 条留言。此外进行了 14 期的征集调查，收到 3 条意见，进行了 67 期访谈，获取网民留言 224 条，答复网民提问 172 条。同时平台创新了搜索服务、无障碍浏览和多语言版本。

　　上海"一网通办"改革还为每位实名个人用户建立市民主页，为每位法人用户建立企业专属网页，汇聚涉及公众、企业的各类基础信息和政务服务记录，主动研判潜在服务需求，精准推送政务服务。市民主页已经实现公安、人社、卫健、医保、司法等领域的 176 项个人主题式服务，企业专属网站也实现了企业开办、资质等方面的 193 个企业主题式服务。

在此基础上，上海还打造了"一网通办"移动端"随申办"，提供手机 APP、微信小程序、支付宝小程序，三大主流渠道形成超级应用，以满足各类人群的使用习惯。例如 2021 年"上海一网通办总门户"微信公众号发布信息 247 条，获得订阅量为 132827 条，月活跃用户平均人数约为 450 万人次。同时，上海与江苏、浙江、安徽合力依托全国一体化在线政务服务平台，打造了长三角地区政务服务"一网通办"专栏，上线全国首个区域性政务服务"一网通办"门户，推动实现政务服务异地互通，见图 2.4。

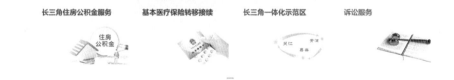

图 2.4　长三角一网通办门户主页

"一网通办"的出现打破了政务流程再造的时空限制，为实现真正的"以公民为中心"的政务转变提供了有力基础。它不是简单的对线下服务的流程技术再造，而是深化"放管服"改革加快政府职能转变的一次革命，实现从物理空间意义上的业务集成到政府职能优化意义上的整合是"一网通办"改革的真正价值所在。当然，作为一种地方性探索，"一网通办"改革依然存在诸多内部和外部限制，超越地方区域性的政务平台需要在服务理念、功能拓展、一体化建设的基础上进行进一步优化和完善。

四、江苏"一体化大数据"改革

江苏的"互联网＋"改革一直走在全国前列，早在 2016 年江苏省就出台了《关于加快推进"互联网＋"行动的实施意见》,提出要建设全省统一的政务大数据中心和政务云平台。江苏省一体化大数据管理平台是江苏省大数据中心建设一期工程的重要组成部分,也是江苏省大数据中心业务平台体系的核心载体。这一项目依托江苏省电子政务外网和政务云,建设大数据共享交换和数据治理平台,试图搭建横向联动、纵向贯通、全省统一的数据共享交换体系,覆盖了政务数据全部场景的治理体系。相关政策发展历程见下表:

表 2.5　江苏省"一体化大数据"改革相关政策文件梳理

时间	文件	相关要点
2016-03-31	《江苏省政府关于加快推进"互联网＋"行动的实施意见》苏政发〔2016〕46 号	强化政务数据共建共享。建设全省统一的政务大数据中心和政务云平台,统一和规范信息资源云汇聚交换接口,推动部门数据向云平台汇聚对接。建立政务信息资源开放标准和共享机制,促进跨地区、跨部门、跨行业的数据交换和开放共享。强化政务数据服务以及政务数据与相关资源数据的关联分析和融合利用。
2016-08-19	《江苏省政府关于印发江苏省大数据发展行动计划的通知》苏政发〔2016〕113 号	构建统一数据资源中心。完善重要领域信息资源库,建立信息资源共享服务平台和公共数据中心,逐步实现区域性信息系统集约化建设和统一运营维护管理。统筹协调数据中心项目建设,充分发挥已建项目和在建的经济社会发展数据中心作用,严格控制政务部门新建数据中心,避免盲目建设和重复投资。鼓励有条件的地区和行业部门集约建设大数据基础设施,整合构建区域性、行业性数据汇聚平台,逐步实现设施集中、应用整合、数据共享、管理统一。 提升数据中心服务能力。支持建设全国或区域性数据中心,推进无锡国家云计算服务创新发展试点和国家超级计算无锡中心建设,吸引国家级数据服务中心、云计算中心等功能性平台落户江苏,建设一批公共服务、重点行业、大型企业云计算数据中心和灾备中心。支持通信运营商和地区大数据中心增强高性能计算、海量数据存储、大数据分析能力,拓展大数据服务。鼓励有条件的地区和行业部门在确保安全的情况下向社会购买数据托管服务。

时间	文件	相关要点
2017-04-28	《省政府关于加快江苏政务服务网建设的实施意见》苏政发〔2017〕53号	争创国家"互联网＋政务服务"试点示范省份,用1—2年时间,建成政务服务"一网一门一端一号一码",打造纵横全覆盖、事项全口径、内容全方位、服务全渠道、用户全参与、资源全共享、各级全衔接、跨区全支持、过程全监控、考评全实时的网上政务服务平台,实现政务服务标准化、精准化、便捷化、平台化、协同化,确保我省"互联网＋政务服务"工作走在全国前列。
2017-10-26	《省政府关于印发江苏省政务信息资源共享管理暂行办法的通知》苏政发〔2017〕133号	规范全省政务信息资源管理工作,加快推动全省政务信息系统整合和政务信息资源共享应用,充分发挥政务信息资源共享在深化改革、转变职能、创新管理中的重要作用,提升政务服务水平和行政效能。
2018-04-10	《省政府办公厅关于建立完善基层"互联网＋政务服务"体系的指导意见》苏政办发〔2018〕37号	深入推进简政放权、放管结合、优化服务改革,按照全省行政审批"网上办、集中批、联合审、区域评、代办制、快递送、一号答、不见面"的改革要求,充分运用信息技术手段,优化服务流程,创新服务方式,提高政府服务效率和透明度,形成线上线下联动、覆盖城乡的政务服务体系,提高基层群众的获得感和满意度,共享"互联网＋政务服务"发展成果。
2018-09-18	《省政府办公厅关于印发智慧江苏建设三年行动计划(2018—2020年)的通知》苏政办发〔2018〕70号	实施大数据应用推广和云服务提升两大计划,打造智慧江苏门户、政务服务、民生服务三类云平台群,围绕超前布局信息基础设施,深入推进智慧城市建设、加速普及智慧民生应用、加快发展数字经济等四个重点方向,实施基础设施提档升级、政务服务能力优化、智慧城市治理创新、民生服务便捷普惠、数字经济融合发展等五方面工程。
2019-03-24	《省政府关于加快推进一体化在线政务服务平台建设的实施意见》苏政发〔2019〕20号	按照全国一体化在线政务服务平台建设的总体部署,全面推进政务服务一体化、公共支撑一体化、综合保障一体化,政务服务流程不断优化,全过程留痕、全流程监管,政务服务数据资源有效汇聚、充分共享,大数据服务能力显著增强,服务效能大幅提升,全面实现全省"一网通办"。

时间	文件	相关要点
2019-04-11	《省政府办公厅关于印发2019年江苏省深化"放管服"改革工作要点的通知》苏政办发〔2019〕38号	探索制定省级层面"不见面审批(服务)"的地方标准,并提前与国家"一网通办"进行对接。强化"数字政府"顶层设计。加强事项清单和数据库建设管理。建立完善基础信息资源库。推进政务数据共享应用。
2019-06-07	《省政府办公厅关于推进政务新媒体健康有序发展的实施意见》苏政办发〔2019〕56号	提升政务新媒体发展的质量和实效,到2022年,全省政府系统政务新媒体生态全面优化,涌现出一批在全国叫得响、群众有口碑的优质精品账号和综合性移动客户端,政务新媒体公信力、传播力、引导力、影响力全面提升。
2020-03-05	《省政府办公厅关于促进平台经济规范健康发展的实施意见》苏政办发〔2020〕17号	加快推进"互联网+政务服务"。巩固深化"不见面审批"改革,建设完善一体化政务服务平台,加快实现面向企业群众的信息系统互联互通、政务服务事项应上尽上,推进全省政务服务事项标准化建设,全省移动端政务服务应用接入江苏政务服务移动端,加快实现全省政务服务"掌上办"入口统一,不断提升政务服务"一网通办"水平。
2020-04-30	《省政府办公厅印发关于加快新型信息基础设施建设扩大信息消费若干政策措施的通知》苏政办发〔2020〕31号	实施全省一体化大数据中心"1+N+13"推进工程,形成共用共享、科学合理的全省大数据中心整体布局。推动政务信息基础设施集约化、平台化和一体化建设,构建省市两级云管理服务体系。实施政务(大数据)云融合工程,构建全省统一的政务云平台。
2020-12-22	《省政府办公厅印发关于加快推进政务服务"省内通办""跨省通办"实施方案的通知》苏政办发〔2020〕83号	创新政务服务工作理念和制度机制,全面落实《全国高频政务服务"跨省通办"事项清单》,从高频政务服务事项入手,2021年年底前基本实现高频政务服务事项"省内通办",同步支撑"跨省通办"。
2021-04-27	《省政府办公厅关于印发江苏省省级政务信息化项目建设管理办法的通知》苏政办发〔2021〕24号	加强和规范省级政务信息化建设管理,推动政务信息基础设施集约建设、政务信息系统互联互通、政务数据资源共享和业务协同,提升政务信息系统应用绩效,加快推进"数字政府"建设。

时间	文件	相关要点
2021-05-15	《省政府办公厅关于印发江苏省2021年政务公开工作要点的通知》苏政办发〔2021〕29号	全面推行政府网站和政务新媒体集约化建设，推进公开、互动、服务融合发展，推动实现"一网通查、一网通答、一网通办、一网通管"。
2021-08-31	《省政府办公厅关于印发江苏省"十四五"数字政府建设规划的通知》苏政办发〔2021〕61号	确立全省一体化大数据中心"1＋13＋N"总体架构，构建省大数据"两地三中心"布局，集约化建设形成共识，新建系统全部上云、存量系统逐步上云。建成全省一体化大数据共享交换体系。构建全省政务服务一张网，形成一网四端线上政务服务体系。在国家政务服务平台上线"跨省通办"专栏，初步实现长三角区域"一网通办"。创新建立"大数据＋网格化＋铁脚板"基层社会治理模式，为疫情防控和复工复产赢得先机。加快推动新型智慧城市建设，数字惠民服务、城市精细治理水平明显提高。
2022-04-28	《省政府办公厅关于印发江苏省数字政府建设2022年工作要点的通知》苏政办发〔2022〕26号	打造"苏服办"总门户，发布"苏服办"品牌，建成全省政务服务应用管理系统，各级各类政务服务全面接入、同源发布、统一管理。深化拓展"苏服办"移动端服务事项，完成240项标准应用集成至"苏服办"移动端。 建设政务中台。9月底前，完成省数字政府政务中台建设，打造数字政府运转中枢。 改造政务外网。按照国家统一标准，加快改造升级省一体化政务服务平台，11月底基本完成。按照"一部门一系统""一市一平台"原则整合各级各类政务服务系统，4月底前出台实施方案，11月底前基本做到统一接入、全面贯通。年内，省级部门所有非涉密业务专网归并整合至电子政务外网。 全方位全领域推进数字化转型。6月前，省政府各部门及部门管理机构分别研究制定本单位和分管领域（行业）数字化工作方案。围绕经济调节、市场监管、社会管理、公共服务、生态环境保护以及防灾减灾等，加快推进政府治理数字化转型。探索"互联网＋"社区治理新模式，推进农村网格化社会治理智能应用，坚持数字城市与现实城市同步规划，推进智慧城市建设提档升级，加快建设"城市大脑"。

续　表

时间	文件	相关要点
2022-05-31	《省政府关于加快统筹推进数字政府高质量建设的实施意见》苏政发〔2022〕44号	统筹构建数字政府"四梁八柱",大力推进"一网通办""一网统管",全面推动数字治理系统变革和整体重塑,加快建设现代数字政府。到2025年,服务便捷、治理精准、运行高效、开放透明、公平普惠、安全可控的数字政府基本建成,政务服务"一网通办"和城市运行"一网统管"整体水平显著提升,打造成为现代数字政府新样板。

资料来源:江苏省人民政府门户网站(http://www.jiangsu.gov.cn/)

2022年是江苏省统筹推进现代数字政府建设的元年,出台了《省政府关于加快统筹推进数字政府高质量建设的实施意见》(苏政发〔2022〕44号)和《省政府办公厅关于印发江苏省"十四五"数字政府建设规划的通知》(苏政办发〔2021〕61号),增强机遇意识和赶超意识,聚焦大平台共建、大系统共享、大数据共治,大力开展云网升级、数据共享、治理转型三大攻坚行动,努力开创数字政府高质量建设新局面。

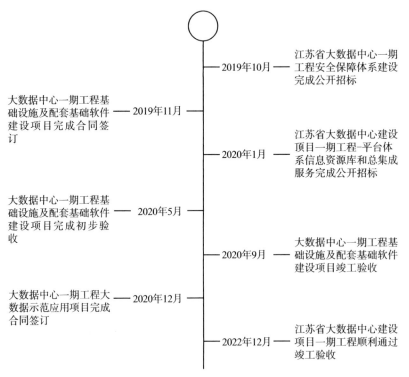

图2.5　江苏省大数据中心一期工程大事件

通过政策梳理可见,2019 年 3 月江苏省政府出台《关于加快推进一体化在线政务服务平台建设的实施意见》,提出按照全国一体化在线政务服务平台建设的总体部署,全面推进政务服务一体化、公共支撑一体化、综合保障一体化,政务服务流程不断优化,全过程留痕、全流程监管,政务服务数据资源有效汇聚、充分共享,大数据服务能力显著增强,服务效能大幅提升,全面实现全省"一网通办"。2020 年江苏省政府办公厅印发《关于加快新型信息基础设施建设扩大信息消费若干政策措施的通知》,提出实施全省一体化大数据中心"1+N+13"推进工程,形成共用共享、科学合理的全省大数据中心整体布局。推动政务信息基础设施集约化、平台化和一体化建设,构建省市两级云管理服务体系。实施政务(大数据)云融合工程,构建全省统一的政务云平台。

图 2.6　江苏省大数据中心门户

江苏省一体化大数据平台一直按照"边建设、边应用、边完善"的原则在建设,截至 2020 年 7 月,已有共享交换系统、API 网管、共享网站、应用支撑平台等多个系统投入试运行,承接了数据交换、共享、归档、支撑等部门生产业务,项目建设初见成效。

同时,2022 年 2 月 1 日江苏省公共数据开放平台顺利上线,实现与全国一体化政务服务平台的对接。截至 2023 年 11 月 24 日,平台开放数据总量为 16975.2 万条,注册用户 16799 人,平台登录逾两百万次,数据下载 15608 次。发布资源量排名前三的部门为江苏省司法厅、农业农村厅、统计局。宣贯实施《江苏省公共数据管理办法》,2022 年 6 月底前,修订印发江苏省数据分类分级、目录编制、异议处理、安全管理等实施细则,力求在

图 2.7　江苏省政务服务一体化大数据平台

2022 年底前基本做到应归尽归、按需共享,政务数据按需共享率达到 95%。要求各级各类政务信息系统全面对接省市数据共享交换平台,建立健全以数据实时共享、接口调用为主的对接机制,大力推进省级部门垂直管理业务系统与地方业务系统双向共享。

第三节　中国数字治理改革中的电子参与现状

从上述典型案例中不难看出,近几年来随着技术的飞速发展、公民需求的不断增长、"放管服"改革的全面深化以及新冠疫情的持续影响,从中央到地方层面的数字治理改革都得到了较快的发展和较大的成效。"放管服"和"最多跑一次"等政策已经完全融入人民群众日常生活中,建设全国一体化政务服务平台是提升服务满意度的必经之路,也是政府开放数据利用价值的关键体现,对于解决人民日益增长的物质文化需要同落后的社会生产之间的矛盾能够起到良好的促进作用。[①] 而在诸多数字治理改革过程中,不难发现改革的方向愈加强调"以人为中心"及满足公众企业的个性化需求,这一过程也使得公民参与的精神愈加凸显。[②] 下面试图从政府数据开放层面、网络参与平台层面及在线协作层面,结合上述典型案例对中央及地方数字治理改革及公共参与的现状进行一定分析。

---

① 何哲. 国家数字治理的宏观架构[J]. 电子政务,2019(1): 32 - 38.
② 胡业飞,傅利平,敬乂嘉,等. 中国背景下的政府治理及其规律:研究展望[J]. 管理科学学报, 2021, 24(8):91 - 104.

一、政府数据开放层面

(一)门户网站视角

开放政府数据是实现有效公民电子参与的前提。中国在 2007 年公布了《中华人民共和国政府信息公开条例》(以下简称《条例》),并从 2008 年 5 月 1 日起开始施行。《条例》及相关政策文件的颁布标志着我国政府信息公开的开展走上法制化道路,这既是政府加强自身建设的一个重要法律制度,也是我国推行社会主义民主建设的重要举措。从此,政府信息公开开始成为政府施政的一项基本原则。

从开放政府数据的角度来看,近十年中国开放数据发展迅猛。从中央层面上看,我国现已建立起全国一体化在线政务服务平台。2021 年 9 月以前,信息公开是通过国务院的门户网站(www.gov.cn)列出信息公开目录,网站上设有国务院、总理、新闻、政策、互动、服务、数据和国情八个分栏。其中政策分栏是主要的信息公开网页,在这里列出了信息公开指南和目录,所有国务院的政策文件、公报和文件解读都可以在此获取,公众还可以根据标题、发文字号、年份、公文种类、成文日期和正文关键字对文件和公报进行检索。此外,用户不仅可以查看部门对政策文件的解读,还能够查看专家和媒体的解读,同时为了方便公众理解,网站还提供了图解政策服务。其他分栏也公布了大量的政府信息和数据。如:国务院分栏下专门发布国务院机构组成、功能和领导的信息,国务院常务会议资讯、政府工作报告、历届国务院领导机构和总理等信息。总理分栏下公布与总理有关的各种信息和新闻,包括总理的简历、讲话、文章、各种动态、视频、图片库等。新闻栏目下滚动播放每日要闻。数据分栏下,公众可以对宏观经济运行情况进行查询并根据自己的需要生成数据表格,同时可以查阅地方的经济数据、商品信息、农产品价格信息、工信数据和油价信息。还可以通过链接直接登录国家统计局获取各种统计数据和信息。国情分栏下对中国的基本国情、国家制度、党和国家机构、人民政协、社会团体、自然地理环境、历史概况、司法、科学技术、文化事业、宗教、外交、教育、体育、卫生、环境保护等情况进行了清晰具体的描述。

2016 年公布的《2015 中国政府透明度指数报告》显示,海关总署是国务院部门中公开透明度第一的部门,交通运输部次之,随后依次是中国证券监督管理委员会、国家食品药品监督管理总局(现为国家市场监督管理总局)、国家信访局、水利部、教育部、国家发改委、国家安全生产监督管理总局和国家体育总局。国务院 2015 年发布的《促进大数据发展行动纲要》,将政府数据开放的工作拉入人们的视野。随着信息通信技术的发展,政府数据开放也得到不断的创新和进步。①

根据英国开放知识基金会发布的开放数据指数(index.okfn.org)显示,2014年中国开放数据指数排行全球58位,而2015年的排名下降到122个国家中的第93位。2015年,中国整体数据开放程度为18%,所有数据都没有开放授权,且都不是机器可读的数据格式(如 xls/csv/jsc/xml 等),除了政府预算数据可以成批下载数据包,其他数据无法成批下载,当时公开可访问的数据有政府预算数据、立法数据、政府采购招标数据、污染物排放数据、公司注册数据,开放程度分别为55%、45%、45%、45%和35%,但也仅限于公开,尚未达到开放的标准。这意味着这些数据往往只能够通过网页或应用软件进行浏览访问却无法下载,并且这些数据大多还是版权保护并没有开放授权。而位置数据集、水质数据、天气预测数据、选举结果数据完全未公开,土地所有权信息、1∶25万国家地图数据和政府支出数据几乎没有开放,公开程度仅为5%。国家层面的开放政府数据工作亟须寻找突破口,加速对关键信息数据的公开。

中国开放数据的发展不同于西方自上而下的趋势,首先是从地方开展了起来。在中央还未全面开展开放数据之时,一些地方政府就已经走在了前面,先行一步开始了开放政府数据的试验。② 2012年6月,上海上线了中国第一个开放数据门户"上海市政府数据服务网"(datashanghai.gov.cn),而在之后几年中,北京(data.beijing.gov.cn)、浙江(data.zjzwfw.gov.cn)、贵州(data.guizhou.gov.cn)、武汉(data.wuhan.gov.cn)、无锡(data.wuxi.gov.cn)等也陆续推出了自己的开放数据门户网站,这是具有里程碑意义的事件,标志着国务院"互联网+政务服务"改革进入了一个新的阶段。③

从地方层面看,早在2012年一些地方政府就开始了开放政府数据的尝试,例如上海一直走在开放政府数据的前列。2004年,上海率先实施政府信息公开制度,2008年上海对其政府信息公开规定进行重新修订。十几年来,上海市政府经历了文件公示"上墙",到财政透明"晒账单",从公开政府各部门规章和办事流程,到运用新媒体与公众互动并让公众参与决策,从公

---

① 鲍静,张勇进. 政府部门数据治理:一个亟需回应的基本问题[J]. 中国行政管理,2017(4):28-34.

② 蒋余浩. 开放共享下的政务大数据管理机制创新[J]. 中国行政管理,2017(8):42-46.

③ 全国一体化在线政务服务平台上线后,上述开放政府数据平台大多更名为"公共数据开放平台",并统一网址后缀替换了原网址。如改为北京公共数据开放平台(data.beijing.gov.cn)、贵州政府数据开放平台(data.guizhou.gov.cn)、武汉公共数据开放平台(data.wuhan.gov.cn)、无锡市公共数据开放平台(wxjkq.wuxi.gov.cn)、杭州市公共数据开放平台(data.hangzhou.gov.cn)等。

图 2.8　全国一体化在线政务服务平台

开食品安全等动态信息到探索大数据运用等。2012 年上海上线了上海市政府数据服务网,即现在的上海市公共数据开放平台(data. sh. gov. cn)。2015 年的上海政府信息公开年报显示,上海市新增主动公开政府信息 27.9 万条,同比增长 45.7%,累计主动开放政府信息 144.1 万条。并且由 96 个市级部门公开了部门预算,93 个部门公开了"三公"经费预算,69 个行政单位公开了单位行政经费统计信息。上海市政府公共数据服务网,致力于数据资源开放,提供公开的数据下载和应用下载服务,主要分为数据、应用、接口、移动应用、地理信息和互动交流几个栏目。用户通过首页可以直接访问不同数据领域的信息和数据,也能够查看最新更新的数据、应用和移动应用,还能够直接通过网页接口链接到其他相关网站。在数据分栏下,用户可以通过搜索引擎在站内搜索自己需要的信息和数据并进行下载和评论。通过地理信息一栏,用户可以查询各种上海市的地图信息。①

北京市也是较早上线开放政府门户网站的地方政府,北京市政务数据资源网主要分为资源目录、开发 API、APP 应用、互动交流这几个板块。在资源目录下,公众可以访问浏览各种信息,按主题分类可以查阅包括交通、餐饮、旅游、医疗健康、娱乐、购物、安全、教育、环保、宗教信仰、社会保障、劳动就业、企业服务等在内的各方面信息;按部门可以查阅并下载所有北京市各部门的相关信息;此外还可以查阅并下载各种政策文件的电子版文档。并且,用户还可以通过搜索关键字迅速找到自己需要的信息。

---

①　张会平,郭宁,汤玺楷. 推进逻辑与未来进路:我国政务大数据政策的文本分析[J]. 情报杂志,2018,37(3):152 - 157.

　　浙江省建立的 data. gov 网站是浙江政务服务网下分属的一个次网站,公民可以通过搜索引擎直接在网站内搜索自己所需的数据信息,也可以根据数据领域访问和下载有关经济建设、城市建设、道路交通、教育科技、民众服务和机构团体的数据信息,还可以根据省属各部门分类获取相关数据信息。在主页,用户可以通过专题应用通道,直接访问政府公报、空间地理、信用信息、财政专项资金、统计数据、档案数据、电子证照和法人信息等。

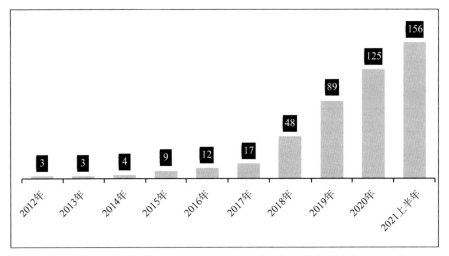

图 2.9　2012—2021 上半年中国地方政府开放数据平台数量变化(单位:个)

　　中国地方政府开放数据的发展相对集中于沿海(江)经济较发达的城市,政府具有较强的信息基础设施建设和信息技术产业。2012 年北京、上海等地率先建立了开放数据门户网站。从可机读角度来看,当时平均信息可机读率为 84.1%,上海以 398 个可机读数据集位列第一。从数据的开放授权的角度看,当时还没有任何一处的数据授权真正达到开放授权的要求,而从数据的时效性来看,各地方开放的数据一般都以年为单位进行更新或者按需更新,绝大多数的数据都为静态数据。[①] 经过 10 年的发展,截至 2021 年 10 月,我国已有 193 个省级和城市的地方政府上线了数据开放平台,其中省级平台 20 个(含省和自治区,不包括直辖市和港澳台),城市平台 173 个(含直辖市、副省级与地级行政区),目前我国 71.43% 的省级(不含直辖市和港澳台)政府和 51.33% 的城市政府已上线了政府数据开放平台。[②]

---

　　①　高丰. 开放数据:概念、现状与机遇[J]. 大数据,2015(2):9-18.
　　②　高丰. 开放数据:概念、现状与机遇[J]. 大数据,2015(2):9-18.

（二）新媒体视角

从新媒体的角度看,目前政务微博、政务微信、政务抖音号等相关平台在发布政府信息、促进政府透明方面发挥了巨大的作用,是我国"互联网＋政务服务"的主流应用场景。

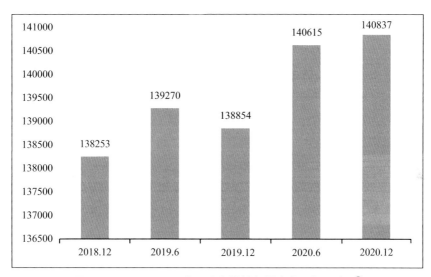

图 2.10　2018—2020 中国政务微博数量变化（单位:个）①

2018—2020 年,中国政务机构官方微博数量呈上升趋势,由 138253 个增长至 140837 个。截至 2020 年 12 月,经过新浪平台认证的政务机构微博为 140837 个,同时,我国 31 个省(自治区、直辖市)均已开通政务机构微博。人民网《2020 年政务微博影响力报告》显示,截至 2020 年 12 月,经过微博平台认证的政务微博已达到 177437 个,其中政务机构官方微博 140837 个,公务人员微博 36600 个。政务微博作为政务新媒体之一,已经成为政府与广大民众交流的重要窗口,也进入了更加追求质量的发展阶段。我国公安部、政法委等政务微博影响力较大。2020 年,在全国二十大中央机构政务微博影响力排行榜中,中国警方在线、中国长安网、共青团中央、中国消防、中国反邪教位列前五,其政务微博传播力均高于 90。政务微博作为官方的微型广播,已经具备了广泛的号召力。2020 年我国四川省、江苏省、山东省政务微博竞争力较高,传播力均高于 80。在中央各部门纷纷设立官微的同时,基层政务微博的影响也不断扩大,"微博问政"正在向中央与地方各领域不断深化和扩大。在质量方面,地区、行业和行政级别在政务微博的差距不

---

①　前瞻产业研究院.2022—2027 中国电子政务发展前景与投资战略规划分析报告［R］.深圳:前瞻产业研究院.

断缩小,使得我国政务微博在不同的职能领域逐渐进化为"梯形"扁平化结构,为促进信息公开和加强社会管理创新提供有力的支持。从具体城市来看,2020 年成都、南京、杭州、武汉、西安政务微博竞争力排名较靠前,微博传播力均高于 80。各级职能部门垂直系统微博和区县基层政务微博沿着集群化、融合化的趋势发展,贴民生、办实事。公众对政务微博的认可度也不断增加。

2021 年人民网舆情监测室和微博数据中心发布的《政务微博影响力报告》显示,省级政府微博竞争力第一的是江苏省,第二到第十位分别是四川省、山东省、广东省、北京市、陕西省、安徽省、浙江省、河南省和湖南省,西藏自治区、青海省和海南省分别位列倒数第一、第二和第三。而城市政务微博竞争力排行前十的依次是成都、南京、西安、深圳、青岛、济南、广州、武汉、杭州、潍坊,其中一线、二线发达城市占有 6 个。从其发布的政务微博竞争力指数来看,江苏、浙江、山东、安徽、河南等地城市的政务微博竞争力较强,政务微博竞争力与各地区的经济发展水平、人口和教育水平呈现正相关的关系。

(三)移动政务视角

从移动政务的角度看,通过移动政务平台或移动政务 APP,政府能够更加方便快捷地向公众发布信息。截至 2016 年 5 月,全国 31 个省、直辖市和自治区政府中有 19 个开通了移动政务应用,分别是北京、辽宁、河北、山东、安徽、上海、浙江、福建、湖北、湖南、广西、广东、海南、贵州、四川、甘肃、内蒙古、青海和新疆,约 60% 的省级移动政府应用设有第三方平台分享的功能,从而实现了移动政务应用客户端与微博、微信、豆瓣等第三方平台的信息共享和互动,有效扩大了省级政务应用的影响力。[1] 相对于中央部委和省级人民政府,地方政府移动政府的发展显得更具活力和特色,不少城市政府,如北京、上海、南京、深圳、厦门等都开发了各种惠民应用软件,实时为公众提供各种信息并鼓励公民参与。[2]

截至 2021 年 8 月,全国 32 个省份(不包括港澳特别行政区)均面向社会公众提供移动政务服务的各类移动应用,包括独立开发的省级移动政务服务 APP(ios 版本)27 个、省级移动政务服务 APP(安卓版本)32 个,以及基于支付宝平台的小程序 24 个、基于微信平台的小程序 25 个,共计 108 款移动政务服务应用。综上所述,当前中国各地方政府在利用新媒体和移动

---

[1] 马亮. 需求驱动、政府能力与移动政务合作提供:中国地级市的实证研究[J]. 公共管理评论,2018(1):25-45.
[2] 张航. 从电子政府走向移动政府的理论与实践探索[J]. 电子政务,2017(12):72-81.

政务平台发布政府信息方面表现积极,有效地推动了政府的透明进程。但是对于开放政府数据,在很大程度上并未能真正理解其内涵,以及应当遵循什么样的宗旨和原则。在实践中,各地政府秉持了传统的思路和方法,并且由于对开放政府没有确切统一的理解和认识,各地区以及各个部门难以把握开放数据的要义,在开放数据的思想和行动上都存在诸多偏差,造成了一些问题。

二、网络参与平台层面

(一)门户网站视角

从门户网站的情况看,大部分政府门户网站都设有互动专栏,以便政府部门与公众及时沟通互动,方便公众参与公共事务。如中华人民共和国中央人民政府门户网站上设有互动专栏,通过"我向总理说句话",用户可以在网站内进行留言,对各种问题进行咨询,相关部门通过筛选进行回复。用户通过"高端访谈"能够与相关部门发言人进行在线访谈,网站还通过法规规则草案意见征集系统公开征集公众意见,让公众能够参与到决策过程等。

而地方设立的数据开放网站上也设立了多个公众参与渠道,如北京市政务数据资源网上,设有开发 API 分栏,这是为了满足公众对北京地理信息在线服务的二次开发和应用。通过大量的地图 API 和搜索 API,用户可以根据自己的需求和创意开发创建自己的地图应用程序。网站上还提供了许多 API 的相关知识和参考事例供用户学习和参考。此外,通过互动交流分栏,用户可以参与问卷调查、提出自己的疑问或服务意见、进行咨询、提出建议增加的数据类型,并可以提交自己开发的 APP 应用等。再如上海数据服务网每个分栏下的数据文件和应用,用户都可以进行评分,网站进行了数据文件浏览人数、下载次数和评分统计,并据此进行了下载最多、评价最高以及最新更新的分类,进一步方便用户使用。上海市政府还举办了开放数据创新应用大赛,鼓励公众和社会团体应用政府开放数据进行创新和开发。用户可以进行投诉和反馈、参与问卷调查和需求调查,帮助政府进一步提高政府数据开放的效率和质量。通过互动交流分栏,用户可以直接与政府部门联系,提出问题、意见和建议,参与问卷调查和需求调查等。通过对省级政府门户网站上公民咨询、投诉、建议、求助、意见征集、热点讨论、在线直播、网上调查、网上信访、留言信箱、来信/回应选登、留言回复、留言回复统计、法规文件意见征集和公民反馈调查情况的考察,我们可以对部分省级政府门户网站的公民互动参与情况有更详细的了解,如表 2.6 所示。

表 2.6　省级政府门户网站公民互动参与情况调查

	公民咨询	公民投诉	公民建议	公民求助	互动访谈	意见征集	热点讨论	在线直播	网上调查	网上信访	留言信箱	来信/回应选登	留言回复	留言回复统计	法规文件意见征集	公民反馈调查
北京	√	√	√	√	√	√			√	√	√		√		√	√
天津	√	√	√	√	√	√			√		√	√	√	√		√
河北	√	√	√								√	√				√
山西					√	√					√		√			
宁夏					√	√					√		√			
内蒙古		√			√					√						√
辽宁		√				√				√	√					
吉林	√					√				√			√		√	
黑龙江	√					√				√	√		√	√		
上海					√	√			√		√		√	√	√	
江苏	√	√				√		√			√					√
浙江	√							√			√					
安徽						√					√	√				
福建		√			√	√		√	√	√	√				√	
江西	√	√	√		√					√	√					
山东						√	√		√		√				√	
河南	√	√			√	√				√						
湖北						√			√							
湖南	√	√			√						√					√
广东	√				√		√									
广西	√				√											
海南				√	√	√			√	√	√					
重庆	√	√								√	√					
四川					√						√	√				√
贵州																
云南	√					√				√	√				√	√
西藏																
陕西					√	√					√	√	√		√	
甘肃						√			√		√	√	√			
青海					√				√		√					
新疆	√	√	√	√	√	√			√	√	√	√	√	√		

除贵州省和西藏自治区外,所有省级政府都在门户网站设立了互动专栏,并且除了内蒙古、河南、广西、贵州、西藏之外,各省(自治区、直辖市)均设立了留言信箱,大多(自治区、直辖市)也能够及时对公众的留言进行回复。只有江苏、浙江、福建三省开设了在线直播,而仅有山东和广东两省设立了热点讨论,不到一半的省份设立了网上调查和网上信访。但几乎所有的省级政府都设立了互动访谈和意见征集,但是只有北京、吉林、上海、福建、山东、云南和陕西对法规文件进行民意征集,让公众参与到行政法规的制定中来。总体来看,北京、上海、江苏、福建、广东、天津、海南和新疆的门户网站中,互动专栏发展情况更胜一筹,公众能够有效地提问、咨询,提出观点和建议,并能够有效参与到法规的制定准备中来。通过这些互动渠道,公众能够与政府进行有效的互动和交流,在一定程度上实现了公众参与。但公民参与的程度也仅限于此,大部分情况下,公众仍没有办法真正参与到政策过程中并最终影响决策。

(二)新媒体视角

从社交媒体的情况来看,社交媒体平台有效地加速了政府与公民的互动,推动了积极的公民辩论和公民参与。以新浪微博为例,整体表现最佳的政务微博是外宣、警务和团委,这些官微大多是最早开通的一批政务账号,随着微博舆论场的日渐成熟,网友与政府的互动日益增加,积极性和参与度也不断提高。2020 年 4 月 28 日,中国互联网络信息中心(CNNIC)发布第45 次《中国互联网络发展状况统计报告》,在互联网政务方面,报告数据显示截至 2019 年底,我国 31 个省(自治区、直辖市)都已开通了政务机构微博,各行政级别政府网站共开通栏目数量 24.5 万个,政务头条号 82937 个,政务抖音号 17380 个。① 在一次次观看、点赞、评论、分享中,公众的态度和想法不断凸显,越来越能够对政策和政府行为产生更深的影响。通过微博发表、阅读、评论、转发等数量信息的统计,2022 年排行前 20 的中央机构微博如表 2.7 所示。

表 2.7　2022 年度排行前 20 的中央机构微博列表

排名	微博	认证信息
1	@中国警方在线	公安部新闻中心、公安部治安管理局
2	@共青团中央	共青团中央官方微博

---

① 中国互联网络信息中心.第 45 次中国互联网络发展状况统计报告[EB/OL].(2020 - 04 -28)[2022 - 02 - 07].http://www.cac.gov.cn/2020 - 04/27/c_1589535470378587.htm.

排名	微博	认证信息
3	@中国消防	国家消防救援局官方微博
4	@中国长安网	中共中央政法委员会官方新闻微博
5	@中国反邪教	中国反邪教官方微博
6	@应急管理部	中华人民共和国应急管理部官方微博
7	@最高人民检察院	最高人民检察院微博
8	@中国气象局	中国气象局官方微博
9	@中国禁毒在线	公安部禁毒局、公安部新闻宣传局官方微博
10	@公安部交通管理局	公安部交通管理局官方微博
11	@中国交通	交通运输部官方微博
12	@中国大学生在线	教育部中国大学生在线官方微博
13	@战略安全与军控在线	外交部军控司官方微博
14	@中国地震台网速报	国家地震台网官方微博
15	@最高人民法院	最高人民法院官方微博
16	@国资小新	国务院国资委新闻中心
17	@健康中国	国家卫生健康委员会官方微博
18	@外交部发言人办公室	外交部发言人办公室官方微博
19	@警民携手同行	公安部新闻宣传局官方微博
20	@文旅之声	文化和旅游部官方微博

资料来源：新浪科技 http://finance. sina. com. cn/tech/2022 - 06 - 09/doc-imizirau7407401.shtml

　　与此同时,短视频已成为各级党政机关的重要数字工具,借助短视频发布权威信息、宣传城市形象、回应公众舆论等,为政务公开和政民互动提供了新的模式,这使网络舆论生态发生积极而深刻的变化。[①] 截至 2019 年 2 月,全国已有 6640 家各级党政机关正式入驻抖音,2018 年,抖音上共有 5724 个政务号和 1334 个媒体号。其中,5724 个政务号一共发布 25.8 万个短视频,获得超过 1100 亿次播放,平均每个政务号发布 45 个短视频,每个月平均更新 4 条。2022 年 6 月,政务抖音成长排行榜见下表:

---

① 孙黎明.抖音政务短视频:政务信息传播新阵地[J]. 网络传播,2019(3):50-51.

表 2.8　2022 年 6 月政务抖音号排行榜

排名	播主	成长指数	粉丝数（万）	粉丝增量（万）	点赞增量（万）
1	小央视频	262.4	2214.3	23.8	2771.9
2	陇南武都发布	245.9	33.0	6.1	161.1
3	帮女郎在行动	244.1	658.9	20.2	2383.2
4	临川公安	231.5	26.9	8.0	73.7
5	政协君	218.8	621.1	58.4	1190.6
6	辽宁消防	212.6	39.6	4.3	99.3
7	中国军号	200.2	2170.0	33.5	1120.7
8	中国军网	194.8	2939.8	20.0	1196.2
9	青春浙江	194.3	70.1	6.1	255.4
10	台州交通广播	194.0	999.8	15.5	1190.6
11	观察者网	191.8	999.8	15.5	1190.6
12	梅里斯文旅	190.0	779.6	27.4	964.7
13	光明日报	189.4	3129.9	18.5	1087.5
14	中国消防	186.8	918.0	11.6	1130.9
15	央视新闻	171.6	14376.6	138.0	14593.8
16	人民日报	168.5	15556.7	128.0	19420.7
17	山西消防	168.4	371.5	11.3	690.8
18	瑞昌市公安局	168.3	82.0	12.1	205.7
19	新闻联播	167.1	3414.9	15.3	597.4
20	济南时报	164.4	317.8	21.4	439.8

资料来源：飞瓜数据整理搜集 https://dy.feigua.cn/rank/growing/33/month/202206.html

　　2018 年 3 月 8 日,中央政法委官网"@中国长安网"成为入驻抖音的首家官方政务号,截止到 2022 年 7 月 20 日已拥有粉丝 3446.1 万,收获 11.6 亿次点赞。在"中国长安网"的示范和带领下,政法系统陆续开通抖音账号,在政务抖音号中占比近一半。比如,国家反诈中心 2021 年 9 月的反诈女侠防骗秘籍视频,被《人民日报》等转播,播放量过亿,点赞超两百万,引领了抖音平台上反诈视频的拍摄热潮。为了助力地方政府增强城市宣传实效,抖音于 2018 年 3 月推出"DOUTravel"计划,联动当地政府部门,挖掘城市文化、景点新玩法,为"网红城市"打造输入能量,从而有效带动当地文化传播,显著提升了大量城市的形象和品牌。如 2018 年 11 月,抖音联合南京市委网信办开展"古今繁华,DOU 在南京"旅游推广活动,同步上线抖音话题♯稳中带甩玩南京,独特创意与南京特色巧妙融合,话题上线 3 天播放量超过 13 亿,打造了抖音城市传播活动的观看新纪录。

（三）移动政务视角

从移动政府的建设情况看,一些政府或部门试图通过开发移动应用来加强与公民的互动交流,方便公众提出问题或咨询,进一步推动公民参与。如中央纪委网站应用,是由中央纪委国家监察委员会推出的官方移动应用,随着政府反腐倡廉的深入推进,这款应用不断更新党风廉政建设和反腐工作信息的发布、宣传、互动交流和监督执纪信息。用户可以通过这款应用的"四风"举报功能,举报各种官员贪污腐败和违法乱纪行为,这是政府利用移动应用开放政府数据,促进公民参与的典型代表。

总体而言,政府门户网站和开放政府数据网站,政务官方微博和微信,以及一些政务移动应用有效地起到了与公众互动交流,及时回应公众疑虑,深入提供专业解读,推进公民监督问责以及促进公民积极参与的作用。

三、在线协作治理层面

截至 2016 年,中国有接近 90 个城市政府接入多个城市移动服务平台,只需要通过蚂蚁金服、支付宝、微信等移动客户端的"城市服务"或相关入口,公众就可以方便快捷地完成多项公共服务,如公交查询、生活缴费、停车缴费等。但是到 2017 年底,全国已有 364 个城市县域通过支付宝提供各种政务服务,种类达 100 项,累计服务超 2 亿市民。[①] 此外,通过政府内部跨部门协作,以及政府与私人部门、第三部门的协作,共同开发的一些惠民软件,不仅能够为公民提供方便快捷的服务,还能够为公民提供各种创新服务,如表 2.9 所示。这些都可以看作是 G2B、B2G、G2G 协作创新的一部分。

不少政府还面向社会团体和个人征集 APP 应用。如北京市政务数据资源网联合教育部学位与研究生教育发展中心、中国科协青少年科技中心、中国智慧城市产业技术创新战略联盟、数字视频编解码产业技术创新战略联盟共同举办"全国研究生智慧城市技术和创意设计大赛",以推动大数据下的政府创新。在互动交流栏目下,用户可以对网站提出问题、咨询和建

---

① 中山大学.移动政务服务报告（2017）：创新与挑战［R/OL］.（2017－11－29）［2020－02－03］,http://e-gov.org.cn/article-166393.html.

议,参与网站问卷调查研究,参加应用创意大赛,提交 APP 应用。上海连续多年举办"上海开放数据创新应用大赛",召集社会人士、企业和组织利用海量大数据资源,针对众多城市问题构思开发数据创意应用,提升上海城市安全水平等。诸如此类的举措大大地推动了公众参与和协作。① 香港特区政府鼓励公众用政府公布的免费资料和数据编写应用程序,委托互联网专业协会开展"数据一线通"推广运动,从三方面推进对公共数据的开放利用:一是通过有特定目标的市场推广策略及各项活动,提高社会公众对增值再用公共数据的认识;二是为公众提供有深度的培训课程,提高他们对公共数据的认识,并用基本技术武装他们,鼓励其利用公共数据进行产品开发;三是举办"全城写 Apps·公共数据应用比赛",鼓励公众再利用公共数据并展示有关成果。

表 2.9　部分城市惠民移动应用程序列举

地区	网址	部分移动应用列举
北京	www. bjdata. gov. cn/appyy/index. htm	"随心停"——利用北京市交通委员会提供的备案停车站信息,实现查找市区范围内备案停车(位)的信息、位置等,搜索目的地附近的停车场,并提供导航功能,满足驾车者停车需求。同时,APP 内置收费模块,实现停车费用的计时收费,减少乱收费、收费不规范的问题。APP 还可实现非官方停车场的举报功能。 "口口安全"——北京市政务数据网提供了食品及相关产品许可证获证企业这一便民数据,能够方便直观了解到食品的注册信息,让大家能在食品安全上吃得放心。 "我爱健康"——为用户寻找合适可用的运动场地,同时提供场地的介绍和联系方式,解决了体育比赛场地多但是利用率低的问题,同时为公众提供了体育健身活动的场地和器材。 "逛逛博物馆"——基于北京市政府数据开放的165家博物馆信息开发的语音导览和博物馆室内定位导航软件,为公众提供日常博物馆游览过程中的免费语音导览,为用户提供讲解服务,同时室内定位导航可以有效解决用户在博物馆迷路、找厕所和规划路线等问题,有效节约用户的时间。

---

① 汤志伟,李金兆,等.中国地方政府互联网服务能力发展报告(2019)[M].北京:社会科学文献出版社,2019:95.

地区	网址	部分移动应用列举
浙江	data. zjzwfw. gov. cn/applist. action	"天地图浙江"——由浙江省测绘与地理信息局开发,帮助用户进行地图浏览、查找兴趣点、进行实时定位、自驾规划等。 "数据浙江"——由浙江省统计局开放的浙江统计数据库移动客户端,以年度、季度、阅读统计指标数据以及月度卡片数据为主要内容,采用动态图表方式展示浙江国民经济和社会发展变化情况,面向社会公众提供统计数据查询服务。 "场馆通"——由浙江省体育局开放,帮助用户查看附近的场馆,检索场馆名称、运行项目、联系方式、开放时间、地址等信息。
上海	www. datashanghai. gov. cn/home!　toMobileApp. action	"诚信上海"——包含要点新闻、监管动态、预警信息、便民服务等内容,对市民关心的食品、药品、质量监督等进行信息报道。 "上海公积金"——是上海市民办理公积金相关业务的唯一移动平台,提供政策法规信息、政策解读、业务指南、账户查询、维修资金、网上贷款、在线咨询、在线调查、热点专题讨论等服务。 "上海空气质量"——由上海市环境监测中心发布官方的空气质量实时信息,供用户查看多个站点的实时空气质量指数、等级、对健康的影响及建议采取措施,空气污染预警,以及历史变化等信息。 "乐行上海"——提供上海市地区的高速公路和快速路实时路况、快照、封路计划、阻断信息、通行费查询和夜间设备备案查询等服务。
南京	http://www. mynj. cn/	"我的南京"——采用实名认证的注册方式,实名用户可以享受"我的家园"和"城市频道"两大版块的全部服务和信息,用户可以获取本人的公积金账户余额、缴费明细、个人贷款等实时情况,查看社保账户内养老、医疗、失业、工伤、生育等保险金额明细,了解驾照年检情况和车辆违章信息等,绑定个人健康档案、医检报告查询等定制服务。享受云端通讯录、相册、预约挂号等服务,查看实时交通路况、公共自行车站点的借还状态、旅游信息、智能语音问答部分功能等。

地区	网址	部分移动应用列举
深圳	www.sz.gov.cn/cn/bmfw/ydyy/app/	"深圳交警"——实时提供各种道路信息,用户可以举报道路问题、基础设施问题、各种交通违法信息等,并且可以参与各种热点问题互动讨论。 "移动税务局"——提供各种税务知识、办税服务等。用户无需登录即可使用发票验真、印章查询、税务知识、办税流程等功能,还可享受通知提醒、申报信息、未申报信息、未缴费信息、定额发票验销、问题咨询等服务。 "深圳科技创新"——由深圳市科技创新委员会开放,公布各种科技创新公告、科技计划项目信息、科技技术奖评定信息、相关法律提案和政策、办事服务等,用户还可利用应用进行在线访谈、咨询监督。
厦门	www.xiamentd.com/zw.do	"厦门无线政务"——由厦门市信息技术服务中心具体承建,按照市民使用移动设备访问的特定建设的面向公众提供政务信息和便民服务的窗口。开通了厦门市各局级单位 wap 网站 48 个,完善了政府公共服务接入渠道,形成了统一的手机政务信息公开平台,还整合了掌上公交、掌上图书馆、市民健康系统、停车位信息服务等移动服务。用户能够通过应用直接与政府部门互动,进行咨询和建议。

在中国,开放数据及众包协作也得到了越来越广泛的应用。近年来各地纷纷依托其开放政府数据平台开展一系列协作创新竞赛,例如 2021 年 12 月 23 日,首届长三角数据开放创新应用大赛在苏州启动,大赛旨在通过搭建数据开放创新应用平台,大力促进全社会开发利用开放数据的热情。大赛围绕长三角一体化、金融安全、碳中和等社会发展的热点领域开辟 4 个赛道,通过数据要素的开放创新应用,面向全球征集数字化解决方案。苏州市试图以大赛作为数据治理的催化剂,提升数据治理体系与治理能力;通过大赛促进数据进一步整合利用,得到更广维度、更深领域的综合运用;发掘一批优秀数据人才和团队,吸引海内外大数据人才在苏州集聚,为数字经济和数字化发展提供强大动能;加快建设数据要素市场,带动大数据发展产业化提升。

2021 年 10 月全国大众创业万众创新活动周常州分会场暨常州健康医疗数据开放创新应用大赛正式启动。此前 7 月初,常州健康医疗数据开放

图 2.11　江苏省大数据开发与应用 SEED 大赛①

创新应用大赛面向全社会公开招募"智慧医疗""辅助决策""产业服务"三个赛道的参赛队伍，最终筛选出资质符合大赛要求、方案切合赛道、数据需求符合实际情况的 67 支参赛队伍，其中不少参赛队伍是拥有项目孵化与合作需求的医疗健康企业。此次大赛旨在进一步提高政府数据开放能力，推动医疗与健康大数据创新应用，促进学术科技创新发展，激发大众创业、万众创新活力。庞大的开放数据规模是本次大赛的最大亮点。大赛提供了诊疗项目、服务设施、处方用药、医疗费用等信息和医保消费信息等共 45 亿余条医保数据，涉及近 500 万人。这些数据脱敏后，在钟楼区国家健康医疗大数据（常州）中心封闭环境下供参赛队伍使用。

　　2021 年 11 月 19 日，由扬州市大数据局、市工信局、市政务办联合主办的"2021 扬州公共数据开发应用创新大赛"颁奖仪式在创新中心成功举办。本次大赛以"数聚扬州好地方，共享创新事好办"为主题，旨在进一步加强数字政府建设，提升公共服务、社会治理等数字化智能化水平，促进公共数据开发利用，优化提升营商环境。大赛共有 179 支团队报名参赛（其中案例类62 支队伍，创意类 117 支队伍），共收到作品 192 个（其中案例类作品 105个，创意类作品 87 个）。参赛选手 350 人，其中案例类赛道主要面向本市，创意类赛道的选手分别来自本省以及安徽、四川、湖南、山东、湖北、福建等二十多个省份。本次公共数据开发应用创新大赛，受到了全市各相关单位、驻扬高校乃至全国大数据领域的高度关注。

　　开放数据为在线协作提供了基础，使得各种组织和个人可以通过共享

---

　　① https://www—jseedata—com—be08f88pd.3pco.ourwebpicvip.com/#introSection.

和访问数据来实现协作,同时在线协作使得各种组织和个人可以快速、高效地共享信息和知识。通过协作,数据可以被更广泛地应用到各种场景中,从而实现更多的价值。

正如上文所提及,协作需要更多的主体参与进来,尤其应该包含更多公民的参与,相对于在数据公开与互动参与过程中取得的成就而言,政府在促进协作方面还有更大的发展空间。协作的过程确实是一个极其复杂又难以成功实现的过程,即使在很早就开展了开放政府和在线协作的英美等国,协作创新也不是那么普遍又容易实现的。但近几年地方政府一体化政务平台及开放创新竞赛的不断发展,显示了我国无论是在制度层面还是在技术等层面,都有深厚的基础和条件能够在未来做得更好。

第三章　数字治理时代电子参与的内涵

第一节　公民参与的哲学内涵

一、亚里士多德式的传统

古老的共和主义传统事实上是比较宽泛的传统,这一传统起源于古罗马,是与罗马共和制度同时诞生的,它将公民参与看作一种高尚的"公民精神",被用来论证这些制度的合法性并影响其塑造。共和主义思潮最早可以追溯到亚里士多德的思想中,亚里士多德古典城邦理论中的自然性学说主张整体无条件地优于各个部分,认为一个有机共同体的成员只有顺服于整体的善才有好处。德行存在于与他人一起的统治和被统治的合作关系中,公民自身和他人一样在道德上都应是自治的,完美的合作关系给完美的公民身份施加了义务,因而德性表现为出色的政治品质,与其说是自我牺牲,不如说是作为一个公民的参与是德性的内核。而只有当个体作为一个自觉和自主的参与者,参与到一个自治决策的共同体及城邦或共和国之中时,个体自我完善之取向的发展才有可能。

（一）"积极自由"与共和主义的公民参与传统

与共和主义的参与传统密切相关的是古代人的"自由观",罗马人的自由首先在于,不能成为一个奴隶,或者说不能服从于任何人的支配,但是李维、塔西佗和西塞罗似乎都同意,自由在政治中也需要一种共和制度的保障。① 贡斯当在《古代人的自由和现代人的自由》中提到了古代人的自由是属于一个民族自治共同体的自由,伯林称之为积极自由,而贡斯当所说的现代人的自由是一种无干涉的自由,伯林称之为消极自由。② 当代关于

---

① 刘训练. 共和主义与自由主义:一个思想史的考查[J]. 学海,2006(5):30-46.

② 程同顺,张国军. 以赛亚·伯林自由观的悖论:在多元与一元之间[J]. 南京师大学报:社会科学版,2012,(4):5-13.

自由主义和共和主义的探讨一直受到以赛亚·伯林关于消极自由和积极自由(negative liberty and positive liberty)的影响。以赛亚·伯林认为将共和主义和自由主义区分开来的根本是,自由主义信奉的是"消极自由",而共和主义则倡导一种"积极自由"①。伯林在托马斯·霍布斯、杰里米·边沁、约翰·斯图尔特·密尔这些英国古典政治哲学家,孟德斯鸠、贡斯当、托克维尔这些法国启蒙运动大师那里发现了消极自由;而在赫尔德、卢梭、康德那里,在雅各宾派、共产主义者的政治思想家那里看到了积极自由。②

　　所谓消极自由就是个体在追求自己的目标时免遭他人故意设置的阻碍,是一种干涉的阙如,这种"自由就等于没有人干涉我的活动,即我享有不受阻碍和限制的选择权";而积极自由要求的不仅仅是干涉的阙如,还需要行动者采取积极的行动以实现自我控制或自主,因此积极观点的自由意味着实现"自我控制,它暗含着一个人与自己的对抗与分裂",换句话说,他们所认同的自我必须能够控制潜藏的个体身上低级的或狭隘的自我。③ 自由不仅仅是无干涉,更是人们可以去过自己愿意过的那种生活的可行能力,这种可行能力不仅意味着一个人在给定的社会境况中所能享有的机会,还包括个人确保行动和决策自由的过程。④ 积极自由表达了一种期望,即人们为自己设定目标并依此行事。这种愿景是相当诱人的,但是如果将它和政治理论及实践结合在一起,则会经由家长式威权主义走向极权主义。那些以古代的方式谈论自由的人所关注的几乎都是民族的成员身份、公民参与以及由这些归属感所带来的满足感,这些在古代罗马公民身上可以说完美地实现了。在罗马共和国,我们熟知法庭辩论、广场热议等形式是公民参政的常态,西塞罗曾说过,根本上来说,最好的公民美德的就是管理国家,因此公民应该关心并积极参与公共事务。⑤ 古典共和主义的一个特点就在于它是由公民德行维系的政体,可以理解为是一种基于道德力量的政体,将政治广泛地规定为满足善的生活或完美德性的所有要求,这与洛克认为政府之存在只是为了保障权利的观点大相径庭。

　　在文艺复兴时期为了反对封建君主制,共和主义的价值再次彰显,马基

---

① 注:当然这个观点也是存在诸多争议的。
② 佩蒂特.共和主义:一种关于自由与政府的理论[M].刘训练,译.南京:江苏人民出版社,2012:20.
③ 伯林.伯林文集:自由及其背叛[M].赵国新,译.南京:译林出版社,2019:201.
④ 森.以自由看待发展[M].任赜,于真,译.北京:中国人民大学出版社,2002:53-55.
⑤ 刘训练.马基雅维利与古典共和主义[J].政治学研究,2011(4):8.

雅维利被认为是现代早期共和思想的首要设计师。① 马基雅维利的部分动力在于建立大众的和强有力的共和国,他在《论李维》中表达了对古罗马的一种深切的热爱,他极力赞成自由等同于不受支配的观点。马基雅维利认为,人民对自由的热情就来自不受统治的欲望,只有通过以共同善为导向的政治体制公共生活中的成员身份才能获得这种无支配,这样一种政治体制具有法治、分权和阶级代表等罗马制度的特征。② 在马基雅维利这里,可以发现一种包含了政治参与的诸多理想以及公民德性的自由观念。如果一个人去践行公民德性并且服务于共同善,那么这是为了保障他自己有一定程度上的个人自由,从而使自己能够追寻自己的目的。③ 马基雅维利最关心的问题是寻找保护政治体,这意味着国家的公民有能力追求公共利益,尤其是免受支配,对政治体的自由构成威胁的既可能来自外部也可能来自内部,为了使国家能足够强大以抵御外敌,并时刻警惕国内有野心的利己主义者,国民必须“用强有力的公民美德意识来武装自己,面对贿赂能不为所动,面对强迫能坚守原则,绝不因此让国家的公共利益稍受损失”。④

更为晚近的代表则是卢梭,卢梭反对现代早期的社会契约理论,尤其是霍布斯的学说。洛克和霍布斯都认为维护个人自由是签订契约的主要动因,其结果是臣服于主权者,不管这个主权者是霍布斯设想的国王,还是洛克设想的“多数人的政府”。卢梭质疑:“如果强力和自由是每个人自我保护的主要手段,那么如何才能在不伤害自身利益的情况下兑现它们呢?”显然,他认为自由和服从很难统一起来。他关注的是,处于自然状态中的个体在同意服从于任何形式的政府权威之前,应该采取何种行动。他说他需要寻找的是“一种社会联合形式……在其中,尽管每个人都融入了整体,但是他服从的只是他自己,并且仍然像以往一样的自由”。⑤ 卢梭认为,“正如主权是不能转让的,同样主权也是不能代表的”。⑥ 为了使契约具有合法性,必须经过全体一致同意,而人们则必须放弃他们所有的权力来实现这一目的。因为一旦有任何权力遗漏在公共控制之外,它必然会要求其他权力也免于

---

① COLISH, MARCIA. L. The idea of liverty in Mchiavelli [J]. Journal of the history of ideas,1971:349.

② 袁继富. 马基雅维利政治学说论析[J]. 理论研究,2007(5):50-53.

③ 普劳考斯耐克. 历史地研究政治理论:昆廷·斯金纳访谈[J].黎汉基,黄佩璇,译.政治思想史,2014:167-182.

④ 斯金纳.近代政治思想的基础上卷[M].奚瑞森,亚方,译.北京:商务印书馆,2002:217-246.

⑤ 卢梭.社会契约论[M].李平沤,译.北京:商务印书馆,2011:13-14.

⑥ 卢梭.社会契约论[M].李平沤,译.北京:商务印书馆,2011:125.

从公,如此,通过契约建立公共权威的目标则终将落空。因此契约的合法性和有效性要求其中每个人都放弃他们所有的权力,将其转交给整个集体。① 共同意志对于个人来说是一种道德律令,它促使人们推进公共利益,卢梭声称这种方式行事的律令是他们自身意志的体现,因此每个人都将权力交给集体以推进和维护他们的共同利益,他们则同时互相约束而且得到了自由。卢梭秉持共和主义传统,认为公民应该首先关心公共利益,当他们如此行事时,他们是联合而不是聚合。民主的集体决策就是为了发现并推进公共利益,而在形式上,民主决策并非投票者之间的竞争,而是一种构建共识的努力。在卢梭这里,与民主一词相对应的行政机构往往只有一种可能的形式——全体人民既是立法者又是法律的执行者,而显然按照这样的民主方式来施行法律是很难的,而且国家越大实行起来越困难。② 卢梭的共同意志是多数人的意见,但仅当公民投票表达的是他们关于方案是否与共同意志保持一致的看法时,或者当多数人的意见体现了共同意志的所有特性时才成立。③ 卢梭认为最大的善就是自由和平等,平等就要求没有一个公民可以富得足以购买另一个人,也没有一个公民穷得不得不出卖自身,人们要发现共同体的公共利益,也就是他们要找到什么东西能使他们每个人都能平等地受益。

共和主义的遗产在17、18世纪的英国产生了重大影响,早期的英国共和主义者是反君主制的,但后来他们接受了只要君主服从法律并接受议会权力的制约,那么一个自由的国家可以是君主制的观点。共和主义者一般并不反对君主制,除非君主寻求绝对的权力并侵犯自由,这也是为什么他们其实很乐于接受18世纪英国发现的那种立宪君主制,在当时的英国,"共和国隐藏在君主制的形式之下"。④ 17世纪的时候,普通法和法庭已经从中世纪的英国发展起来,并且产生了法律之下的人权这一坚定的假设,这使人们产生了一种生活于一部宪法之下,生活在一个法治帝国中,拥有一种无可置疑的身份的感觉。这种法治背景为独立的共和主义思想提供了极为有利的氛围,这意味着共和主义始终具有司法上的特征,它将权利观念作为抵御绝对权力的壁垒。⑤

① 卢梭. 社会契约论[M].李平沤,译.北京:商务印书馆,2011:15.
② 卢梭. 社会契约论[M].李平沤,译.北京:商务印书馆,2011:63-65.
③ 卢梭. 社会契约论[M].李平沤,译.北京:商务印书馆,2011:106-107.
④ 刘擎. 反思共和主义的复兴:一个批判性的考察[J]. 学术界,2006(4):50-60.
⑤ 佩蒂特. 共和主义:一种关于自由与政府的理论[M]. 刘训练,译.南京:江苏人民出版社,2012:25.

遵循着那些经典文本,我们不难发现古典传统的共和国不是从属于一个人,而是其公民的共有之物,即"公共之物"。共和主义的核心不是对代议制的渴望,也不是对君主制的反对,而是一种认为政府是由公民成员自己管理的公共之物的理念,换句话说,"公共性"和"自治"乃是共和主义的基础,因而公民参与至关重要。

(二)宪政及公民参与

在欧洲,古代宪法强调其古老性,即古老的习俗是唯一合法权威。[①]"古老的根本法来自王国最初的体制和宪法,因此议会、国王和臣民拥有各自的权力和权利。"宪法的古老性学术看来有点是以现世术语对亚里士多德宪法自然性观念的一种表达,即宪法本身不只是它们各部分的总和,尽管它们生成自先在的各个要素,但它们不能被分解为各个部分。[②]

宪法中的任何要素或部分都不优于整体,自然也不存在整体的起因问题,任何优于宪法的事物是完全地外在于宪法的,本质上与宪法无关,正如伟大的奠基者推动宪法形成,但并不是宪法的一部分,代表宪法的只能是整体。总而言之,只有万古长存的宪法拥有权威。混合政体形成于亚里士多德,而西塞罗、波利比乌斯和其他人勾勒了它的轮廓,其后在欧洲得以流行。混合政体与古代宪法关注的主体略有不同,古代宪法的关注点在于"古老",而混合政体关注的是宪法的公正有力。宪法在此不只是一种继承,甚至不只是先于部分的有机整体,而是一个特殊的制作精良的整体,通过明智而审慎的改革可以被制作得更好。[③] 混合君主制主张通过分立但共享的权力来服务于公共利益,亚里士多德之后的古典共和主义者将古罗马的这种混合政体视为基本的政制主张。不过,不论是古代宪法还是混合政体都没有描绘政治世界中的自然权利、同意和革命权。

共和主义者赞同国家的政府形式应该是宪政。宪政首先意味着法治(the empire-of-law condition),即政府应当依据法律来运作,而不是视情况而定,尤其是应当依据满足既定约束的(普遍的、精确的、正式颁布的)法律来运作。其次是分权的约束,政府的权力应当分散而非集中,因此它支持立法、行政和司法功能的分离,也支持其他形式的分权。最后,政府应当通过各种方式,从支持普通法的推定到宪法保障的约束等,使多数人的意志至少

①　POCOCK J G A. The Machiavellian moment[M]. Princeton:Princeton University Press,1975:21 - 36.

②　亚里士多德. 政治学[M]. 吴寿彭,译. 北京:商务印书馆,1982:317 - 320.

③　扎科特. 自然权利与新共和主义[M].王崇兴,译. 长春:吉林出版集团有限责任公司,2008:66 - 73.

在变更某些基本法律领域方面变得更加困难。① 它拥护的是混合均衡政治体制的模式，是法治政府而不是人治政府，所有占据权力位置的人都服从法律并且法律要不分个人关系地得到运用。②

当然，不管宪政体制受到怎样的约束，它都得为政府留下自由裁量权（discretion），立法者作为法律的制定者理所当然是拥有自由裁量权的，同时行政和司法领域的官员也应该拥有自由裁量权，因为对法律的解释从来都不可能完全受制于立法。共和主义民主的理想不是基于人民的所谓同意，而是基于人们对政府所作所为的"可议性"，保证政府行为必须经得住民众的讨论和质疑。它必须为不同领域中的抱怨保留一种恰当的申诉权，恰当的申诉并非必然是民众的申诉。共和主义民主观强调关键在于为法律创造一个经得住检验的选择环境，而不是要求法律的制定必须得到一致同意，人民作为主权者的真正含义在于人们有权质疑和定制具有专断特征的法律。

宪政民主制度被认为是旨在减少政府中独断决策的设计，即使在人们都具有公共精神的情况下，宪政也是必需的，而考虑到现实中存在人性的不完善，共和主义者认为必须采取必要的措施来制约那些执政之人。可行的制度安排包括奖惩人们行为的可能以及筛选合适的行动和选择方案的可能，用以减少独断意志的宪政民主经常会提供能够起到重要规制作用的机制，以及基于尊重的奖惩。实现共和国形式的制度化以及建立规制性控制的法律想要真正发挥作用，需要得到共和主义公民规范③的支持，需要广泛的公民美德（civil virtue）和公民性（civility）的支持，换句话说，法律的共和国需要成为一种公民现实。同时人们必须拥有足够的美德来提出恰当的主张，以使共和国可以对人们的利益及观念保持敏感。

19 世纪以后，共和主义似乎是在一夜之间消亡了，直到二战后共和主义的观念又在汉娜·阿伦特那里得到复兴。新共和主义从根本上说是主张人人平等的，每个拥有人性的人都被承认是权利的拥有者，都是拥有给予和要求价值的存在物，都是拥有尊严的存在物，因此个人也必然应该在政治过程中享有各项参与的权利。20 世纪 70 年代后，面对凯恩斯主义的失灵

① 佩蒂特. 共和主义：一种关于自由与政府的理论[M]. 刘训练，译. 南京：江苏人民出版社，2012：307 - 308.
② 卡诺凡. 阿伦特政治思想再释[M]. 韩震，陈高华，译. 北京：人民出版社，2012：208.
③ 公民规范，即 civil norms，一种行为模式在某个群体中成了一种公民规范意味着几乎每个相关的参与者都遵循它，都对服从表示赞赏对背离表示鄙视，并且这种赞赏和鄙视将有助于促进或维护这种行为模式，而且它通常意味着这些条件在该群体中是一种共同意识。

与弊端,自由主义再次崛起并充斥在世界各个角落,而为了回应自由主义的支配地位,一些理论家开始重新投入共和主义模型的怀抱,并将此看作一个更具吸引力的替代方式。

与其他私人部门利益相关者相比,公共管理者必须处理财政绩效、组织生存和社会价值的失调。私人企业可以只关注其自身的财政绩效,就此能够保证自身的生存和产出的社会价值。但对于公共管理者来说,只关注财政绩效是远远不够的。马基雅维利视角给人们的暗示是,通过开放数据或群众外包策略来实现透明、参与和协作的开放政府必须基于其对政府影响的结果进行的评估。在《道德的形而上学基础》一书中,康德提出了一个道德和政治之间关系的专业见解。他描述了保留合法性和权力这两个政府目标的两个不同战略。一方面,政治道德家(political moralist)关注于让人们以特定的结果作为目标来行事,允许一个权力的掌控者玩弄权术、欺骗公众来达到特定的结果,如和平或社会稳定。另一方面,道德政治家(moral politician)则与此不同,他们认为要达到道德的结果必须要道德的行动和过程。康德认为,(诚实的)道德政治家的地位必须高于政治道德家,因为道德的偏离需要经验条件允许待实现的结果能够假设是存在的。因此,由于通过非道德途径实现有益结果具有不可预测性,政治行为对道德的偏离并不是合理的。康德对政治和道德的观点产生的规范性影响在于,如果合法性和权力的保留是决策者的核心目标,那么公民参与则应该是公共行政的绝对必要之事(categorical imperatives)。①

二、笛卡尔式的哲学叙述

法律可以创造自由的共和主义观点在 17 世纪受到霍布斯的挑战,霍布斯指出自由不是无支配而是无干涉,自由人指的是"在其力量和智慧所能办到的事务中,可以不受阻碍地做他所愿意做的事情的人"②。在新的自由主义传统中,不干涉的自由观(也就是伯林所认为的消极自由观)取代了共和主义的思想。在现代西方社会中,自由主义民主已经发展成为一种最具活力的政治体系。它拥有多种多样的形式,作为一系列具有相同倾向的思想的汇总,它对公民参与的思想和行为都产生了深远的影响。

(一)"消极自由"及自由主义的参与传统

道德科学可以还原成一种与几何学相联系的并且奠基于同样是确定无

---

① 张盾."道德政治"谱系中的卢梭、康德、马克思[J]. 中国社会科学,2011(3):52-68.

② 霍布斯.利维坦[M]. 黎思复,黎廷弼,译.北京:商务印书馆,1985:163.

疑的原则上的体系。自由主义民主理论也依赖于某种关于政治认识特性的假设,这种假设是笛卡尔式的,即(假设)存在着某种可以认知的独立基础或第一前提,依据这种第一前提通过简单的推导而得出政治生活的各种概念、价值、准则和目的。① 对于自由主义者来说,这个第一前提就是自我所有权。

简单地说,自由主义民主来自洛克式的自由主义传统,而洛克思想的核心就是私有财产权。② 洛克指出:生命、自由和财产的自由权利至关重要,以至于任何政府都无法剥夺它们,这些权利不是政府或者法律的产物,它们从某种程度上而言是先于政治的自然权利,甚至早于任何政府的建立,依附个人而存在。私有财产权之所以兴起,是因为我们是自己的主人,拥有自己的劳动,我们将劳动付诸无主的事物,所以取得了这些东西的产权。正如洛克所说:我们对自己具有某种所有权,除我们自己之外任何人都没有这种权利,而自然法赋予了我们这种权利……自然状态有种所有人都应遵循的自然法起着支配作用,它教导我们——人人都是平等而自由的,因此任何人都不得侵害他人的生命、自由、财产和健康。一个人的生命、自由、劳动及其所得都是其私有财产,根据自然法,我们不能剥夺他人的生命、自由和财产,同样也不能随意放弃自己的生命、自由和财产。自然状态乍看十分良善,实则非常野蛮,每个人都能行使自然法,都是执行者,都是法官,而当人民在审理自己的案件时往往会失去理性,渐渐地,所有人的自由、生命和财产都得不到保障。这时我们需要同意,即同意放弃执行权而建立一个政府或共同体,设置立法机关制定法律,任何加入的人事先都要同意遵从大多数人的决定。那么一旦进入社会,自然法赋予我们的权利又会发生怎样的变化? 洛克指出,即使政府建立了,自然法依然会延续。我们都同意合法政府是建立在"同意"的基础上的。只有经过同意才能进入社会,脱离自然状态,被法律所管辖,法律合法的唯一前提就是尊重我们的自然权利,尊重我们不可剥夺的自由、生命和财产权,即使是多数人掌权,也不能侵犯任何人的这些权利。洛克以契约论来阐述政府的起源,证明政府并不是一开始就存在的,而是通过自然状态下人们基于"同意"订立契约才建立起来的,"所以政府的权力来源于契约的授权或者更直白地说,来源于公民的让渡,因此政府的最大职责和最终目的就是保护公民的各种权利和自由,而政府的权力和职能必然是有限的,为了限制政府的权力,必须保证政府公开、透明,时刻接受公民的审

---

① 巴伯.强势民主[M].彭斌,吴润洲,译.长春:吉林人民出版社,2006:55-56.
② 张航.新自由主义经济伦理及其对中国社会保障的启示[D].南京:南京大学,2012.

视和监督"。① 并且"一个亘古不变的经验就是任何拥有权力的人都容易滥用权力……要防止滥用权力就必须以权力去约束权力",因此孟德斯鸠在洛克的基础上进一步提出了立法权、司法权和行政权三权分立的学说。② 托克维尔则认为"民主制度下谁也对抗不了多数,民主政治的本质在于多数人对政府的统治是绝对的",而要克服这种"多数人的暴政",不仅要以权力制约权力,还需要以社会(公民社会)制约权力。③

自由主义的自由观被看作是一种"消极自由"。自由主义者认为,政府应旨在保护消极自由,而非促进积极自由。保护消极自由要通过尊重被保护者的个人氛围及在满足他们偏好的道路上少设障碍来实现,政府的主要功能是防止强制保证每个人都有权在与他人自由交往的条件下过自己的生活。而防止强制的唯一办法还是强制,因此政府的强制对于自由也是一个必要的限定。为了避免更大的危害,为了防范和减少社会中出现更多的强制,政府保留强制权力是必要的,政府的这种强制权的存在是为了整个社会中的强制能够被减少到最低限度。正如哈耶克所说:"一个自由的社会之所以能起到一种有益的作用,更大程度上依靠的是那些自由生长出来的制度。"④"现代人"所关注的东西是一个变动的、更加个人主义的社会所带来的成果,这样的社会放弃了公共参与的理想而支持一个私人活动领域的理想,换句话说,虽然自由主义的哲学表现出对民主参与的支持,但那并不是其将民主参与本身视为一种价值,而是因为它在保护个人自由方面发挥了有效的作用。

古典自由主义的价值观在 20 世纪初的经济大萧条中备受质疑,在经历了凯恩斯国家干预主义的洗礼后,新自由主义在 20 世纪 70 年代后重新登上舞台。亚当·斯密认为,互利并不一定是相互利他的结果,而往往只是人们各自追求自己利益的结果。斯密的观点预示了里根和撒切尔时期"新自由主义"思潮的盛行,以及苏联和东欧共产主义失败后"新自由主义"思潮的复兴。

布坎南在《同意的计算》中论述了经济学与传统的政治理论之间的差异,经济学家假定贸易是具有不同利益的个人彼此合作的方式,意在解释这种合作是如何发生的,而政治学家假定在政治中存在某些真理,尤其关注关于普遍的公共利益的真理,并努力寻找民主的决策方法以发现和促进这些

---

① 洛克. 政府论下篇[M]. 叶奇芳,瞿菊农,译. 北京:商务印书馆,1996:6-29.
② 孟德斯鸠.论法的精神(上篇)[M].张雁深,译.北京:商务印书馆,1978:154.
③ 托克维尔. 论美国的民主(上卷)[M]. 北京:商务印书馆,1988:282.
④ 哈耶克.自由宪章[M].杨玉生,冯兴元等译.北京:中国社会科学出版社,1999:44.

利益。和熊彼特一样,布坎南和塔洛克否认可以通过合作来获得什么超越于互利之上的公共利益,因此他们建议模仿经济学,按照耦合模型来构建政治理论,而无需预设某种社会目标。① 政治理论的主要任务是处理"宪政问题",即构建合作的规则。对于熊彼特、布坎南这样的公共选择理论家来说,这意味着确定理性个体在特定环境下应该选择何种投票规则——在作出一项有约束力的决定时,是需要少数服从多数、一致同意还是比例制的投票规则。哈耶克将自由市场描述为"耦合秩序的游戏",对于任何一个参与者而言,结果均由"能力"和"运气"共同决定,耦合游戏是一种创造财富的游戏,而不是零和博弈。原则上人人都能有所斩获,并且在任何情况下人们获得的机会都好于干预主义盛行的民主国家。即使干预是为了矫正运气——如对出生卑微的不幸命运进行干预——也会造成不良影响,因为干预会逐渐增多,而且即便是这样干预也会影响到自由市场的运作。哈耶克认为,如果放弃根据整体的公共利益对各种公共政策选项进行排序,那么政府的角色就应该被定位为促进个人追求自身利益的工具。个人的利益只有在允许市场自由运作、免受国家干涉的时候才能得到最好的实现。②

自由主义多数同意的概念成就了近代民主制度,并建立了监督与制衡机制,将权力划分至几个不同的系统以限制政府的权力。这种设定下的政治体系对国家的功能和调节范围进行了严格的界定,目的就在于防止国家的行政权力过多地侵入私人领域,侵蚀个人权利。③ 丘吉尔的一句名言常常被用来形容自由主义和民主之间的关系:在尝试过其他形式皆行不通的时候,自由主义民主是最不糟糕的政府形式。托克维尔认为:"民主政府虽然仍存在许多缺点,但它无疑还是一个最能够使社会繁荣的政府。"④

在现实的政治实践中,国家和公民社会之间并不容易得到很好的协调,自由主义的观点认为,民主进程的作用在于根据社会上的不同利益来安排国家和政府,在自由主义民主模式中,国家和政府都是作为保护个人权利而存在的,从属于公民社会和个人权利。⑤ 对自由主义者而言,民主及参与并非他们追求的终极目标,更多的是一种保障和实现自由的手段。

(二)代议制与公民参与

自由主义的政治观超越了全体公民进行集体行动这样一种不切实际的

---

① 布坎南.同意的计算[M].上海:上海人民出版社.2014:19.
② 坎宁安.民主理论导论[M].长春:吉林出版集团有限责任公司,2010:146.
③ 诺齐克.无政府、国家与乌托邦[M].北京:中国社会科学出版社,1991:330.
④ 托克维尔.论美国的民主(上卷)[M].北京:商务印书馆,1988:256.
⑤ 哈贝马斯.包容他者[M].曹卫东,译.上海:上海人民出版社,2002:279.

假定,其所要达到的目标是政府最终可以输出一种充分考虑社会利益的政策,也就是说其取向不是政治意志形成过程这种输入,而是总体上成功的政府行动这种输出。①"自由主义的矛头指向的是妨碍私人间自发社会往来的国家权力造成的分裂可能。"②这既有赖于宪法所规定的基本人权以及政党政治对国家的限制和推动,也有赖于民主过程对选民利益的反映。亚历山大·汉密尔顿、詹姆斯·麦迪逊和约翰·杰伊将代议制民主加到共和国的定义中,但他们还是坚持公民参与应该是有限的,民主的代议制仅仅是增进"公民自由"的诸多方式之一。

密尔在《论自由》和《代议制政府》中阐述了他的自由民主观点,他主张"对于文明群体中的任一成员,所以能够施用一种权力以反其意志而又不失为正当,唯一的目的只是要防止对他人的危害。"③人们应该免于受到他人,尤其是国家的干预,无论这种干预是家长式的还是其他形式的,④密尔几乎没有给出任何有关如何保护自由的细节,但是总体上他认为应该留给公民一些空间免受政府的控制,并且应该用法律限制立法,即使是民主政府的立法亦不能例外。显然,他赞同在私人领域与公共领域之间划出一道界限,并且支持法治。只不过,虽然能够充分满足社会一切要求的唯一政府是全体公民参加的政府,然而由于在面积和人口超过一个小城镇的社会中,所有人亲自参与公共事务是不可能的,因此一个完美政府的理想类型一定是代议制政府。⑤

众所周知,"代议制民主"是自由主义民主的一个典型形式。密尔在《代议制政府》中指出:"如果个人感到他自己除自然法则或他参与规定的社会授权外不受任何其他的外部限制,而且如果他认为这种授权是错误的,就可以当众表达不同的看法并积极行动力图改变,那么在这种地方,人的能力状态将截然不同……反之,一个人若被排斥于政体之外,必须从门外向控制自己命运的主宰者乞求,而不是能到里面进行协商,这是很令人沮丧的。"⑥并且,托克维尔担心在一个民主国家中,一个人的文化倾向甚至于政治信仰,如果不能与多数人保持一致,他就有被边缘化的可能,或者那些持有不同政治观念和文化品位的多数可能会不公正地对待他们,密尔及其继承者们极

① 陈晓律.从古典民主到大众民主:兼评理查德·伯拉米的《重新思考自由主义》[J]. 南京大学学报(哲学·人文科学·社会科学版), 2004,(02):20-28.
② 哈贝马斯.在事实与规范之间[M].童世骏,译.上海:三联书店,2003:370.
③ 密尔.论自由[M].许宝骙,译.北京:商务印书馆,1959:10.
④ 密尔.论自由[M].许宝骙,译.北京:商务印书馆,1959:17-18.
⑤ 密尔.代议制政府[M].汪瑄,译.北京:商务印书馆. 1982:256.
⑥ 密尔.代议制政府[M].汪瑄,译.北京:商务印书馆,1982:53.

力倡导反对这种多数暴政。尽管自由主义的约束无法保证这些人能免受非正式的排斥,但至少在理论上反对并禁止对他们公然的歧视。密尔指出:"理论上最好的政府形式①是这样一种政府:主权或作为最后手段的至高控制权力归属于社会整个集体;任何一个公民不仅对行使这种最终主权有发言权,而且至少在某些时候被要求能在政府参政议政中发挥作用,亲自履行某种公共职责。"②换句话说,"代议制就是全体公民或大多数公民通过定期选出他们的代表并行使最后的控制权,这种权力存在于每一种政体中。全体公民或大多数公民必须完全把握这个最后的权力,那么他们就是驾驭政府一切行为的主人"。③

每个国家的行政机构是政府的一个分支,它与公众打交道,拥有直接的权力,个人则对其抱有直接的期待和恐惧,政府的好处、恐怖和声望都主要通过行政机构呈现在公众面前。因而除非负责监督行政机关的权力机关得到了这个国家中有效的舆论和情感支持,否则行政机关总是有办法把它们晾在一边或强迫它们服从。民众会更加尊重受到普遍认可的法律(如经民主程序批准的宪法),而不是强加给他们的法律。④ 同时,限制公共权力制约官僚系统,不仅能够保护公民的自由,还能保证公民能够充分发展各种技能,在这个意义上自由能够强化民主。⑤ 一方面只有当每个人有能力并且会自发地保护他们的权利和利益时,他们的权益才不会有被忽视的危险;另一方面,能促进普遍繁荣的个人能力愈大、愈多样、愈丰富,就愈能实现高度的普遍繁荣。代议制要想持久,必然要依靠人民在它们处于危险境地时能上前为之斗争。⑥ 代议制政府最终的控制权并非在政府手中,而是在全体公民或大多数公民手中,政府则必须要对人民负责。近代政治生活中的代议制民主正是在密尔的理论阐释中得到进一步发扬,可以说密尔是将自由主义民主的理论与实践相结合的典型代表。虽然在如何才能更好地保护公民的自由或改善代议制民主制度方面仍有大量的空间可以供人们讨论,但是几乎没有人愿意对密尔所界定的民主和自由主义作出实质性的修改。

---

① 这里"理论上最好的政府形式"并非指这种政府形式在所有的文明状态下都是实际可操作的或适宜的,而是指不论从当前还是长远看,它在实际可操作的和适宜的条件下将导致有益后果最大化,它既比任何其他整体更有利于提供优质的管理,又能增进较好的和较高形式的民族性格的发展。

② 密尔.代议制政府[M].汪瑄,译.北京:商务印书馆.1982:43.

③ 密尔.代议制政府[M].汪瑄,译.北京:商务印书馆.1982:68.

④ 密尔.代议制政府[M].汪瑄,译.北京:商务印书馆.1982:80-81.

⑤ 密尔.代议制政府[M].汪瑄,译.北京:商务印书馆.1982:82-83.

⑥ 密尔.代议制政府[M].汪瑄,译.北京:商务印书馆.1982:57.

自由主义民主思想通常认为时代的许多病态来自不加节制的民主——或者源于奥尔特加·加塞特所说的大众的反叛,或者源于沃尔特·李普曼口中的多数暴政,或者源于密尔、尼采、托克维尔所说的庸人的统治与平等主义的水平效应(leveling effect),或者源于哈耶克所担忧的实施社会计划的奴役,或者源自米尔顿·弗里德曼所担心的大政府的幽灵。[①] 从根本上来讲,代议制民主将人民权力的"名义归属"和"实际行使"分配给了不同的群体——人民和人民代表所组成的政府,因此"代表"如何行为直接影响到民主的实现或实现程度。[②]

三、现实主义民主之悖论

密尔、托克维尔这些哲学家出于对自由的信奉将其推向了民主,但他们并不赞成亚里士多德那种把人看作是天生的政治动物的公民理想,几乎所有的伟大政治理论都倾向于精英统治论。孟德斯鸠说过:"掌握着最高权力的公民们应该做他们自己所能做好的一切事情,而那些自己做不好的事情就应该委托给他们的代理人去做。"[③]密尔也曾经说过:"我并不把平等投票本身当作是件有益的事情……赋予受教育的人和未受教育的人同等的投票权的民主是有害的,它无异于宣告赋予无知的人和有知识的人同样多的政治权力。"[④]对一般民众的不信任,使得他们相信精英力量才是现代政治活动中的支配和核心力量。

(一)精英式民主的参与悖论

熊彼特在对卢梭的古典民主模式进行反思批判,并在继承了帕累托、施密特、马克斯·韦伯等自由主义人士思想的基础上,提出了竞争式精英民主理论,这是一种由各个政治力量通过争取群众选票的竞争来获得政治上的决定权的制度,并且他认为公民参与应仅限于投票,从某种程度上来看精英式民主与公民参与之间存在天然的悖论。

熊彼特指出:"民主的本质在于为政治决策提供一种制度规定,在这个民主制度内,个人可以通过激烈的竞争争取人民的选票,以获取决策的权力。"[⑤]由于现代社会的多元化,没有一种代议制能真正充分代表每个人的

---

① 巴伯. 强势民主[M].彭斌、吴润洲,译.长春:吉林人民出版社,2006:115.
② 张翠.民主理论的批判与重建:哈贝马斯政治哲学思想研究[M].北京:人民出版社,2011:12 页.
③ 孟德斯鸠.论法的精神(上)[M].张雁深,译.北京:商务印书馆,1961:9.
④ 密尔.代议制政府[M].汪瑄,译.北京:商务印书馆,1982:138 - 140.
⑤ 熊彼特. 资本主义、社会主义和民主[M].杨中秋,译.北京:电子工业出版社,2013:269.

意愿。熊彼特指出，对于民众来说，要想既不陷入无政府状态又不至于盲目地听命于不负责任的官僚，唯一的出路就是服从于拥有一定程度公众支持的政治领袖的权威。熊彼特重新对民主进行了界定，抽掉了以往主流民主理论中的两根支柱：人民主权和公共利益。与密尔不同，熊彼特不赞成密尔那种认为各种殊异的偏好（particular preference）会自然地趋向于共同的、在道德上值得追求的目标，或者能通过理性的说服而汇聚于共同目标的看法。他认为："一项政策即使得到了多数的赞成，仍是异质性，因为其中的个体或群体往往是出于各不相同的动机去支持某项政策的。"在一个社会中，如果民主普遍承认"公意"所具有的这一特性，就没有人会宣称自己是在代表"全体人民"，因为公民们不相信有什么东西需要代表。因此公共利益也许压根无迹可寻，投票的结果中并不存在所谓公共利益，因为不同的人是出于不同的动机投下他的那一票的。熊彼特指出，我们需要一种能反映现代社会民主实际运作状况的民主理论，他将民主约化为一种遴选公职人员的方法，并简明地将其界定为："为作出政治决策而实行的制度安排，在这种制度安排中，一些人通过争取人们的选票而取得决策的权力。"①按照这种定义，任何有自由选举的政治社会都该一样民主，但是熊彼特认为不同的民主社会仍存在程度上的差别，因为不同国家对民主成功运行满足的条件是不同的，这些条件包括：优秀的政治领袖，对公共事务进行决策的专家具有专业知识和才能，一支训练有素的公务员队伍，公众的宽容能为政治家创造相对自由的环境等。②

精英式民主是一种制造民意而不是执行民意的机制。政党组织与企业相似，必须保持高效才能争取选民以确保其候选人能够脱颖而出。对于熊彼特而言，经济的市场和选举的市场反映的都是民主的需求，后者以更间接的形式来反映，而满足民众的需求和愿望只是企业家和政客分别追逐自己利润和权力的副产品而已。他相信这种民主制度在自由和效率之间保持了一种平衡，以一种减弱了但又现实的形式保留了反映民意和自由辩论的自由主义优势。民众也许不能发起理性的争辩，但是一个能言善辩的政治阶层会为他们提供一系列理性的选项，通过这种方式，社会复杂性被人为地减少了，以至于双方一致同意的决策成为可能，这样，即使政府未能实现转瞬即逝的民意，它的统治也能获得民众的支持。但是精英主义却又认为公民的参与范围应该局限于政治投票，这与时代发展下公民不断增长的参与需

---

① 熊彼特.资本主义、社会主义和民主[M].杨中秋，译.北京:电子工业出版社,2013:288.
② 熊彼特.资本主义、社会主义和民主[M].杨中秋，译.北京:电子工业出版社,2013:302.

求和参与能力是不相符的。

（二）多元主义民主的参与悖论

多元主义是现代民主的一个至关重要的特征。随着整个社会的发展，自由的观念越来越赞同价值的多元化，价值多元的事实表明了价值多元主义以及自由社会的重要性。伯林声称多元主义"包含着消极自由的因素"。① "如果存在许多具有冲突的笃定的价值观，一个社会倾向于单一价值的程度越大，则其忽略或压制的价值观就越多，在这种情况下，越多一定意味着越好"②，由于自由社会中的基本自由允许公民选择不同的价值，多元价值似乎就为自由社会提供了独一无二的支持。

多元主义观念基础在于其认为价值是多元的，存在着"本质上根本不同的善……而它们彼此之间不可通约"，它接受了自由主义理论传统中合法的冲突和必不可少的共识之间的持续紧张对立关系的必要性。人们在不同文化中推崇的不同生活理想，无法被融入一种可以囊括一切的善，这不仅是源于人的本性，也是因为某些美德之间本质上是互斥的。虽然这些美德中的一些只能是冲突甚至对立的，但每一种美德都为理智的人们所追求。多元主义者强调不同的价值和善都有其客观的价值，而不仅仅服务于特定的个人和社会，不应对善和价值的多重性进行等级排序，并且善和价值的多重性之间可能经常存在冲突。冲突的存在本是所有公共生活的一个基本事实，社会由互相冲突的集团组成，各个集团都会运用各自的力量来伸张自身的利益。③

从某种意义上来说，多元主义哲学不是以理性共识的幻想或一种合理异议的观念为指导理想，而是以在那些总是会歧异的生活方式之间寻求"权宜之计"为指导理想。④ 当代国家面临的一个中心问题是，是否可能在尊重公民信仰及利害关系多样性的基础之上，去协调其多种多样的活动，并在公民中间形成具有集体约束力的约定，从而赢得他们对国家的信任和忠诚。⑤ 多元主义民主理论从经济自由主义中汲取了竞争的思想，和熊彼特不同的是，熊彼特传统的着眼点是政党之间的选举竞争，而多元主义关注的是社会中的各种"利益集团"，它们公开表明组织的存在是为了促进解决其成员所

① 伯林.自由论[M].胡传胜，译.南京：译林出版社.2011：188.
② 曹文宏.多元主义与自由主义的内在统一性：伯林论题之考辩[J].浙江社会科学，2013(3)：57－62.
③ 达尔.多元主义民主的困境：自治与控制[M].长春：吉林人民出版社.2011：5.
④ 达尔.多元主义民主的困境：自治与控制[M].长春：吉林人民出版社.2011：35－36.
⑤ 贝拉米.重新思考自由主义[M].南京：江苏人民出版社.2005：279.

共享的某些共同利益之间的冲突。在人民主权的问题上，多元主义的核心思想是，人民主权的基础是为数众多的社会和政治力量，尤其是各种政党和团体的作用被证明是完全合理的，掌权者的合法性是得到行使权力的对象同意的。[①]

多元主义的代表罗伯特·达尔在其《民主理论的前言》中，通过对麦迪逊的点评，介绍了多元主义民主理论的核心理念。他继承并强调了麦迪逊政治文化观中对民主赞赏有加的价值倾向，尤其是麦迪逊对宪法规定的制衡体系的阐述——立法、司法、行政之间的相互制衡和国会两院之间的相互制衡，他认为这些制度可以确保中央政府的权力不被滥用。并且达尔还特意指出相互竞争的各个集团的成员应该在这方面达成共识。他将权力的来源分为四种主要类型——社会地位、财富、分配政治特权的能力和对信息的掌控，他认为一个集团通过某种来源而获得的权力并不能让该集团获得全面的权力，也不能使该集团自动地获取其他权力，在一个民主社会中，获取权力的渠道是高度分散的。[②] 正是这种权力的离散性加上支持民主的政治文化，使纽黑文（在美国康涅狄格州，耶鲁大学坐落于此）成为一个达尔所能期盼的最民主的政治社会。权力首先是属于集团的，每个集团都有自身独特的利益，集团会利用它们所掌握的权力来实现这些利益。但集团之间存在相互冲突的危险，为了防止破坏性的冲突，它们会放弃一部分权力，将其交给国家，让国家来维护集团之间的和平，这符合一种霍布斯式的场景及其威权主义的政治构想。不同的是，多元主义既想要控制冲突，又要防止某些集团将国家的权力据为己有。很多人担心有权势的利益集团会努力确保宪法的安排能于己有利，这一担忧不是没道理的。在《民主及其批判者》一书中，达尔列出了有助于多头政体[③]产生的各种条件：较高的财富和经济增长水平、高度分化的职业、大量的城市人口、数量庞大的利益集团、多元主义的政治文化、没有敌视多元主义的国外势力的干涉，以及其他一些因素。[④] 达尔认为只要具备合适的条件，一个利益集团便很难操纵民主的游戏规则以满足一己私欲，并且此时利益集团试图进行操控的动机也比不具备这些条件时要微弱得多。同样地，也有很多人怀疑利益集团中的政治领袖会利用他们的角色为自己或为其代表的集团谋取私利。对此，达尔表示以权谋私的现象

---

① 迈尔. 民主社会主义理论概念[M].重庆：重庆出版社，2012：303.

② 达尔.谁统治？一个美国城市的民主和权力[M].范春辉，张宇，译.南京：江苏人民出版社，2019：5.

③ 注：达尔所谓的多头政体即多元主义民主。

④ 达尔，夏皮罗. 论民主[M].北京：中国人民大学出版社，2020：18.

确实会出现,但以政治为志业的人(political entrepreneur)身上有一种内在的抑制因素可以防止他们滥用职权。"政治家最重要的资源就是他可用的工作时间……没有政治野心的普通公民在维持生计之余有大量闲暇时间,但大多数人不会把这些时间花在政治追求上,因为对普通公民而言,政治不过是人生大戏中的过场……在一个社会中,几乎每个公民都有未被使用的各种政治资源,尤其是那些闲暇时间,而政治家们明白,若是公民们不满意,便会把这些时间用到政治上。"①19世纪英国的放任主义和罗斯福新政前的多元主义常被看作实践的范例:在某种程度上自由市场是真实存在的,政府是地方分权的、积极有为的并且顺从公民的,公民则是分散且活跃的,立法机关更多的是讨价还价和交换的支配体系的输出。

可以说,民主的多元主义模式是通过在"自由市场"中讨价还价和以交换的方式解决冲突来界定的。多元主义者相信公众对政治一定程度的冷漠是不可避免的,因为政治活动和政治参与是需要投入时间和精力的,然而并不是每个人都愿意或有能力对此投入。只要那些有投票能力的民众能被动员起来去参加投票,那么从民主的角度讲,公众的冷漠就是可以接受的,甚至有些多元主义者和熊彼特一样认为,广泛的政治参与会给政治精英带来不必要的限制,并对社会和政治的稳定造成威胁。虽然多元理论的关注点是集团,但大多数多元主义者都强调领袖在其中的关键作用,他们并不对全民政治参与充满期待,也认为普通民众可以是消极被动的,只要他们能支持民主的价值观即可,重要的是一部分政治积极分子能在民主价值的激励之下投身政治活动。但是,这样的公民参与是否是民主论坛的有效药方还值得商榷。

四、超越自由共和之参与

(一) 参与式民主

1960年,阿诺德·考夫曼提出了参与民主的概念,②在西方社会,学生运动、妇女运动、民权运动恰好在这个时段发生,这是因为社会成员发现现行的代议民主制度已经无法为社会成员就其所关心的问题提供有效的政治表达渠道。这些运动成功地将他们所倡导的理念传递给大众,促成了私人领域和公共领域的一些制度变革。

---

① 达尔.谁统治? 一个美国城市的民主和权力[M].范春辉,张宗,译.南京:江苏人民出版社,2019:306-309.

② MANSBRIDGE J. Does participation make better citizens? [J]. The good society, 1995, 5(2):1-7.

科尔被视为现代参与理论的先驱,他建立了参与民主理论的基本框架。科尔的政治理论深受卢梭理论的影响,他们都同意志是政治、社会组织的基础。参与民主理论的构建基于一个核心观点,即个人和其所处的制度无法割裂,人们必须在团体中合作以满足其需求。参与民主理论中参与的主要功能是教育功能。科尔认为,民主意味着个人必须能够参与到与其相关的各种活动中。并且与密尔一样,他也认为参与的教育功能是很重要的,通过参与,公民能够获取学会民主的技能和方法。参与"政治"的范围需要延伸至政府以外的领域,而工业领域是实现参与的教育功能的绝佳之地,工业领域本身就是一种政治体系。工业制度在很大程度上造成了政治民主的悖论,被赋予了选举权的人们实际上却最大程度地被卷入一种上级和下级的关系中,接受关于服从的训练,而这种"奴役"又不可避免地反映到政治领域中来。科层制的这种"奴役"要转化成对民主方法的一种教育机制,要求个人必须能够有自我管理的机会,从而形成适应有效的大规模民主所必要的"民主个性"。民主的社会化需要在政治领域之外的其他领域中进行,通过参与让民众形成民主必要的品质和态度,才有可能实现最大程度的公民参与。参与能够培养个人获取民主技能和相关的心理教育,参与滋养了民主制度所需要的品质,形成一个良性循环机制,公民个人的参与愈深入,愈具有更强的参与能力。[①]

参与民主以最大程度地促进公民参与作为民主的主要任务,并希冀以此来打破政治冷漠。参与民主理论很少关注权利问题,在霍布斯和洛克的框架中,权利占据着显赫的地位,但是在卢梭的思想中恰恰相反。当社会冲突必须通过诉诸"权利"来加以解决时,这不仅表明该社会仍然不能算是一个真正的共同体,而且表明其深层原因在于人们根本就不想将其建成一个真正的共同体,因为在以权利为核心的政治文化中,人们相互将对方视为潜在的敌人,并将权利作为保护自己的盾牌或攻击对方的武器。参与主义论者认为政治冷漠也是代议民主的去政治化所造成的,那样的民主孕育了一种相互敌视的政治文化,不像参与民主那样追求共识,反而是加剧冲突。当人们提出一些替代性的民主模式来取代以竞争性选举为特征的代议民主时,他们关注的是民主的另外一些问题,其中之一就是非理性问题。对于参与民主论者,这一问题的产生完全是由于人们简单地将民主等同于投票——自利的公民利用投票来制定公共政策、选举政府。在这个意义上,解决非理性问题的方法之一就是将自利的个体转变为具有公共精神的公民,

---

① 佩特曼.参与和民主理论[M].陈尧,译.上海:上海世纪出版集团,2006:39.

扩展民主,使之不仅仅是投票而是要有达成共识的集体努力。①

"民主的未来取决于强势民主,这是一种与现代社会兼容的公民制度,一种非集体主义的共同体形式的复兴"②,这里的强势民主指的就是参与民主。代议制民主建立在熊彼特的模式之上,在这里人们通过与自身利益相关的契约联系在一起,公民身份只是一个法律问题,人们之所以缔结契约是因为预期它有利于促进自由利益,因此普通公民对政治持有一种消极冷漠的态度,巴伯将自由主义的这种民主称为"弱势民主"。而古典共和主义理想中的"全民一致性民主",其基础是共同体价值的实质性共识,人们通过血缘或者其他亲密关系联系在一起,在政治生活中人们服从集体,这种共识先于政府而存在,并为个体提供身份认同。参与民主被认为是一种"强势民主",并且参与民主并不必然是全民一致性民主,其共识基础是创造性的,产生于相互之间的对话、共同的决策和共同的工作中,公民积极而持久地参加各种共同活动,通过创造共同的意识和政治判定来化解冲突。③ 巴伯认为弱势民主会导致人们一味追求自我利益,全民一致性民主以摧毁自主性和个性为代价创造出一个共同力量,只有强势民主中的个人既能追求公共利益,又保持了自身的自主性。④ 强势民主可以定义为:"在缺乏独立根基的情况下,通过参与立法和创造共同体,将个人的和局部的利益转化为公共利益,从而解决冲突。"⑤

代议制民主体制下存在的一个问题是,政府经常无视民众的需求或敷衍了事,违背其在竞选中所许下的承诺。因此激进的参与民主论者反对任何形式的代议民主理论,他们心中激荡着卢梭的思想:"主权不可被代表","统治者与被统治者之间不存在契约"。⑥ 民主就是公民管理自身事物,这种观念暗示着人民和政府之间存在一种连续性的关系,当政府被视作人民的代表时,这种连续性的关系也随之遭到破坏。再往前迈一小步,政府就会被看作一个掌握权力并拥有私利的实体。⑦ 这一点在卢梭的思想中即有反映,他认为只有一个契约并且它创造了政治实体,而统治者和被统治者是同

---

① 坎宁安.民主理论导论[M].长春:吉林出版集团有限责任公司,2010:175-176.
② 巴伯.强势民主[M].彭斌,吴润洲,译.长春:吉林人民出版社,2006:180.
③ 巴伯.强势民主[M].彭斌,吴润洲,译.长春:吉林人民出版社,2006:224.
④ 巴伯.强势民主[M].彭斌,吴润洲,译.长春:吉林人民出版社,2006:232.
⑤ 巴伯.强势民主[M].彭斌,吴润洲,译.长春:吉林人民出版社,2006:181.
⑥ Freeman S. Deliberative democracy: a sympathetic comment[J]. Philosophy & public affairs, 2000, 29(4): 371-418.
⑦ 坎宁安.民主理论导论[M].长春:吉林出版集团有限责任公司,2010:166.

一的:"当它是被动时,它的成员就称它为国家;当它是主动时,就称它为主权者。"①公民们最主要的事务就是公共服务,并且"一个国家的宪法越是完善,公民个人就越是关心公共事务"②。

当然,有很多人批评参与民主是一种脱离现实的乌托邦,对于参与民主论者来说,现实主义所提出的一个更难应对的挑战是规模问题。参与民主有效实施的前提是,群众规模必须足够小,以保证面对面的互动得以进行。对于这个问题,麦克弗森设计了一种"金字塔式的委员会系统"(pyramidal council system),其起点是面对面的讨论,根据所达成的共识或少数服从多数的方式作出决策。它首先在基层的社区或工作场所中展开,然后再从中选举代表组成较高一级的、范围更大的委员会,如城市中的市镇、选区或行政分区,以此类推,直到国家层面为止。这个系统在形式上十分类似于苏联的苏维埃制,但是"金字塔式的委员会系统"并没有被一个唯一的政党所垄断,而是包容了相互竞争的政党,并且这些政党本身也是开放又民主的。巴伯则列举了他认为在美国要实现参与民主这种强势民主必须具备的制度措施,包括社区委员会、抽签式的地方选举、工厂民主以及其他类似的措施。③

当然,有时候参与民主也会选择其他路径,如"社团民主"。乔舒亚·科恩和乔尔·罗杰斯在其报告中创造了社团民主这一术语,旨在说明在地方层次上存在各种志愿性的自治团体,加强它们的自主性有助于克服党派纷争的危害,提高国家政策的开放程度和合法化程度,促进社会正义,从而推进国家的民主化进程。"对于参与民主来说,最大的难题不是如何实施,而是如何实现。"④巴伯为传统的自由主义民主政策对抗性的决策伦理寻找替代品,一种模式是"联合决策模式"(consociational model of decision-making),它建立在友好协商的基础上,另一种则被称为"可信赖的解释",即用会议主席对会议的理解来代替投票,并使围绕相互冲突的利益而形成派系的需要消解于无形。

这些实践为我们指出了一条通向参与民主模式的道路,在这里,决策并非在限定的个人偏好条件下做出正确的选择,而是为了保障人民能够进入一个以共识为基础的世界。⑤ 不少人认为,参与民主不必放弃诸如自由、平

---

① 卢梭.社会契约论[M].李平沤,译.北京:商务印书馆.2011:15.
② 卢梭.社会契约论[M].李平沤,译.北京:商务印书馆.2011:93.
③ 巴伯.强势民主[M].彭斌,吴润洲,译.长春:吉林人民出版社,2006:307.
④ 坎宁安.民主理论导论[M].长春:吉林出版集团有限责任公司,2010.183.
⑤ 巴伯.强势民主[M].彭斌,吴润洲,译.长春:吉林人民出版社,2006:199-200.

等、正义等得以界定的民主价值就能够超越代议制民主的局限。正如佩特曼所言,一种现代的、富有生命力的、以参与理念为核心的民主理论,能够指引着我们走向更加开放的政府。

（二）协商式民主

价值多元化的客观性使得人们体验到道德冲突,也驱使人们作为一个个体或者某个特定社会的成员在道德和其他价值或利益之间做出选择,以及在不同的道德要求以及人类活动的不同领域之中做出选择。相对于将一种选择凌驾于其他选择之上的激进抉择,另一种可能就是在它们之间达成一种妥协。而如果要将这些妥协区别于某一方的无条件投降,那么达成妥协时就必须要求所有人以某种相互都能接受的方式调整各自的立场,而要做到这一点就必须进行协商。

协商民主（deliberative democracy）的核心维度是由尤尔根·哈贝马斯阐发的,很多人都将他看作是协商民主理论的哲学之父,他认为合法的决策和制度应该通过民主的决策程序得到大家的同意,而所有公民都可以以自由而平等的身份参与到作为意志形成机制的民主决策程序中来。[①]哈贝马斯曾试图借助"话语政治"（discourse politics）来克服和防止政治合法性危机,后来他又强调在宪政国家中,协商性政治是整个生活各个维度的关键手段,包括实用的、道德的和伦理的维度。[②] 有学者认为审议民主是一种替代性的民主理论,它所替代的不仅是以达尔为代表的民主程序主义,也包括以罗尔斯为代表的宪政主义。哈贝马斯认为以"话语理论"（discourse theoretical）取向来阐释民主可以在自由主义和共和主义之间找到一条出路,他还详细地说明了协商民主超越民主理论中这些对立传统的途径。在共和主义看来,民主就是由人民来行使主权;而在自由主义看来,民主就是按照宪政程序和约束来进行投票。与共和主义和自由主义的民主观相比,这样的民主观更关注差异和复杂性。

哈贝马斯对自由主义和共和主义的区分方式有些类似于巴伯对弱势民主和强势民主的区分,自由主义将政治视为一种行政管理活动,其对象是具有排他性消极权利的公民们互相竞争的私人利益,共和主义则努力在法律和政府的道德价值方面营造积极的共识,并推动公民间的团结。哈贝马斯将他所提出的替代性方案,即从协商性的角度来观察民主政治,与自由主义和共和主义的观点进行了比较。[③] 首先,协商民主不是像自由主义将法律

---

① 哈贝马斯.在事实与规范之间[M].童世骏,译.北京:生活·读书·新知三联书店,2014;86.
② 哈贝马斯.在事实与规范之间[M].童世骏,译.北京:生活·读书·新知三联书店,2014;4.
③ 哈贝马斯.在事实与规范之间[M].童世骏,译.北京:生活·读书·新知三联书店,2014;21－30.

视为对竞争进行调节的方法，也不像共和主义将其视为对社会团结的表达，宪法的主要功能是使协商式沟通所需的条件制度化。其次，对于自由主义来说，民主的作用是使政治权力的使用合法化，对于共和主义来说，民主的作用则是将社会变成政治共同体。而对于协商民主而言，在使国家行政行为合理化方面，民主的作用要比自由主义设想的强，又比共和主义所设想的弱。最后，自由主义的人民主权观仅仅意味着以适当的方式使国家权威的运用合法化，而共和主义的人民主权观寓于人民的共同意志之中，协商民主则将人民主权看作一个进行中的互动，合法而制度化的意志形成与文化的民众动员之间的互动。①

哈贝马斯认为，当人们对自身进行反思时，工具理性帮助我们进行规划以便找到实现目标的恰当方法，但工具理性不是唯一的更不是首要的指导人们思考和行动的方法，当工具理性变成一种支配性力量的时候，人们往往不再批判性地拷问目标本身，而是努力去操纵他人的行为甚至强迫他人，因此，他试图以"实践理性"作为一种替代性的思考路径，而与这种理性对应的行为类型他称为"沟通行为"。② 沟通行为的目标是使人们就关于世界的事实和社会互动的规范达成共识并成功实现互相之间的理解，人们在追求个体目标时的一个前提条件就是其各自行动计划之间能够实现和谐，沟通行为是通过旨在互相理解的各种行为来进行协调，而非以自我为中心的算计。③沟通行为本身就预设了一些原则，如参与者都是自由而平等的个体，这些原则是合法的道德评价标准的先验保障。按照理想的沟通情境(ideal speech situation)的要求，参与者不仅愿意，而且有能力按照语言所蕴含的规则来进行论证，对道德判断进行评判的标准是看它能否被理想沟通情境下参与对话的人所接受。

对于协商民主论者而言，只是同意还不够，因同意大多出于各种不同的动机，包括消极的默许或是自利的算计，而这正是他们所反对的民主画面。他们认为只有当民主过程允许并鼓励对特定议题，或对话程序的规则及其应用方式等方面进行理性商议时才是合法的。协商民主的理论核心是希望将"互惠性"(reciprocity)植入其中，不同于投票过程并不会改变人们的偏好，审议过程要求每个人都要给出自己为何偏爱某个政策的理由，并试图说服他人接受自己的观点，因此个人的偏好和价值要做好准备受到质疑并发

---

①　哈贝马斯.在事实与规范之间[M].童世骏，译.北京：生活·读书·新知三联书店，2014：295-302.

②　哈贝马斯.合法化危机[M].刘北成，曹卫东，译.上海：上海人民出版社，2019：140-141.

③　哈贝马斯.交往行为理论(第1卷)[M].上海：上海人民出版社，2018：285-286.

生改变。陈述理由并将其提交到公共论坛的过程会迫使个体认真思考,对于所有参与者而言,究竟怎样的理由才算是一个好理由。①一般来说,好的理由与纯粹自利的论证是不相容的,因为好的理由必须表明你所希望的结果是对所有人都有利的。② 协商民主相信人民能够本着理性而审慎的态度来进行协商,它要求公民能够在公共论坛上相互陈述自己的理由,公共性迫使他们去面对并聆听他人的论证,并进一步反思互相尊重的重要性。罗尔斯认为,在政治道德理性中有各种以道德直觉为基础发展起来的理论,进步是通过对这些理论的检验来实现的,检验的目的是无论是道德直觉还是这些理论,当被应用于案例中时,能在互相之间的作用中作出调整。③ 协商民主对此表示认同,他们认为若没有什么观点是确凿无疑无须证明的,而对这些观点的论证如果是基于对特定情况的成熟思考,并为民主政治的理论与实践提供了一种具有操作性的思考路径,那么协商就会促进理性的发展。真诚的民主协商应激励公民们在共同利益的问题上寻找共识,但是协商民主论者也承认即使在理想条件下也不能保证共识性的理由能被提出来,因此必要时仍需要诉诸投票等手段。不同的是,通过协商过程的投票,投票者曾经试图寻找能说服所有人的理由,最后的结果与那些没有那么做过的投票所产生的结果会有所不同。只要人们真诚地通过相互努力陈述理由的方式来寻找共识,即便最终因为种种原因失败了,这种寻找的过程也会发生一些积极的作用,如鼓励人们以文明的方式来相处,开阔大家的视野,使得人们之间变得更加宽容,在承认道德分歧的基础上抑制不道德的冲动以及帮助民众认识他们的真正利益所在,等等。

协商民主的主要优点非常近似于参与民主和公民共和主义民主,即通过鼓励公民寻求共同目标,协商能培育和塑造公民的偏好,以促使他们更好地相互合作、推进平等和相互尊重。参与民主支持直接民主和地方民主,而协商民主则认为如果试图在地方层次上就某些区域性议题展开协商,政党是最佳的舞台,同时立法机构和法院、媒体、企业、家庭、专业协会、文化机构等等也被视为合适的论坛。哈贝马斯赋予政府制度的一个最重要的作用是保护和推进宪法,这与参与民主是大不同的。在协商民主的设想中,人们不仅会对特定政策议题进行商议,而且会对各种正式和非正式的民主决策程序进行协商,也会对值得宪法保护的价值本身进行协商。协商民主试图为

---

① 李龙. 论协商民主:从哈贝马斯的"商谈论"说起[J]. 中国法学,2007(1):31-36.

② FISHKIN J S,劳洁.实现协商民主:虚拟和面对面的可能性[J].浙江大学学报(人文社会科学版),2005,35(3):22-31.

③ 杜英歌,娄成武.西方协商民主理论述评[J].国家行政学院学报,2010(5):60-64.

现实的协商模式创造一种理想的沟通条件,方法有些类似于罗尔斯在《正义论》中对社会契约的描述,即将社会契约视为一种在理想条件下的虚拟"同意",如此其产生的政治建议就很少反映的是公民们实际具有的各种意见和偏好,而是他们充分发挥其理性潜能而所应该具有的意见和偏好。如果民主协商是在其所要求的理想条件下进行的,那么参与者将支持亲协商民主的制度和政策,而这些制度和政策建议都是以人民的名义制定的。[①]

面对现实中扭曲的对话形式,协商理论的任务就是从实践的角度倡导能走向真正对话的各种条件,诸如为协商创造有效的公共空间、制定能促进自由和平等的政策等。哈贝马斯也指出,协商民主应该被限定在各种正式的程序和宪政规则中,因为人们正是根据它们在如何实现共同利益、解决冲突等问题上寻求共识。[②] 这要求人们能拥有充分而平等的信息条件,并在没有任何强制的情况下参与政治,为了实现这些目标,每个人都应该享有自由以及各种必要的机会。

第二节　公民参与的现代内涵延展

一、公民参与的现代内涵

在今天,公民参与往往分为直接参与和间接参与,直接参与包括面对面的互动,间接参与包括选举等形式。公民参与包含影响政策决策的意图,但是并不表示他们能够直接与政策决定者联系,质疑管理者的决策可以被视为少量参与,而真正影响管理者决策或重新选择管理者被认为是大量参与。

没有设定任何判断参与的绝对标准,人们可以使用任何他们喜欢的定义和标准来评估这些项目,很多时候这样的参与可以被认为是"假参与"。我们在现实生活中对"参与"这一术语的广义使用,包括了哪怕是最低程度上人与人交往的情况,因而这种"参与"仅仅意味着个人在集体活动中的存在,真正的参与表现为决策活动中的参与。参与在提高效率方面是有效的,但是很多时候参与只是管理者用来说服公众接受和服从决策的手段,局限于成员如何支持管理者作出的决策,让公众进行讨论只是为了让其接受既

---

① 坎宁安.民主理论导论[M].长春:吉林出版集团有限责任公司,2010:222－223.
② 哈贝马斯.在事实与规范之间[M].童世骏,译.北京:生活·读书·新知三联书店,2014:158－159.

定目标,不是真正参与决策,这样的参与是一种"假参与"。①

　　另一种参与被称为"部分参与"。在参与民主理论中,政治平等是指拥有平等地影响和决定政策结果的权力,这里的权力是指决策活动中的参与机会。参与被定义为一种利益相关的各方在政治决策过程中互相施加影响的过程。这里的"影响"与"权力"虽紧密联系,但还是有区别的,影响是指个体 A 对个体 B 发生作用,但 B 的意志不服从于 A。② 双方或多方意味着存在对立关系,即管理者和被管理者。被管理者可以参与,但只是影响决策,没有决定政策结果的平等权力,管理者才拥有最终的决策权。佩特曼将弗伦奇、伊思雷尔和阿斯的定义修正为"部分参与是指利益相关的各方虽在决策过程中互相影响,但只有其中一方拥有最终的决策权"。③ 部分参与可以在所有管理层次上进行。还有一种参与被称为"充分参与",在此过程中利益相关的各个成员都享有平等地决定政策结果的权力。

　　政府扮演的角色总是存在各种各样的问题,埃莉诺·奥斯特罗姆指出,斯堪的纳维亚国家的政府表现出将公民变成被动的观察者的中央集权倾向。④其实,奥斯特罗姆描述的这一现象并不限于斯堪的纳维亚国家。公民对政府的信任度日渐弱化,客观上要求公务人员具备更强的责任性。公众对公共管理的参与已经是一个不可逆的事实,它促使公共管理人员转变职责内容,随着公民参与的诉求越来越强烈,公共参与必将会成为未来政府管理者无法回避的现实。而政府也不能再把公众排除在公共决策过程之外。有学者呼吁治理过程的转型,从而找到一种可以跨越传统公共行政本身固有缺陷的方法。斯蒂夫斯将这种业已转变的相互关系称为"积极责任"——政府必须立足责任性来获取合法性根源,政府的责任性呼吁建立一种共享价值观的解释体系,而这必须依靠政府和公民在真实世界的情景中共同孕育。简而言之,拥有合法性的政府必须扎根于公民参与的积极文化之中。⑤

　　发展中的公民参与是一个社会过程,它能够带来权力关系的平等尊重、发言的机会、聆听的义务以及影响议程的机会。在现代社会,公众可以通过

---

　　① 托马斯.公共决策中的公民参与[M].孙柏瑛,译.北京:中国人民大学出版社,2015:20.

　　② PARTRIDGE P H. Some notes on the concept of power[J]. Political studies, 1963, 11(2): 107 – 125.

　　③ 陈炳辉,李鹏. 古典民主理想的复兴及其困境:卡罗尔·佩特曼的参与式民主理论研究[J]. 南京社会科学, 2010,(02):70 – 76.

　　④ 罗云恒. 社会资本对公共政策过程的影响[J].上海行政学院学报, 2008(1):109 – 111.

　　⑤ STIVERS C. Active citizenship and public administration [J]. Refounding public administration, 1990: 246 – 273.

不同方式在不同水平上进行参与,但公民参与在公共行政中的作用和角色一直是一个充满矛盾的问题。一方面民主政治体系具有一种维护公民权利和利益、反映并尊重公民意志的能力,另一方面它又具备确保国家政治和政府行政过程免受过度活跃的公民活动干扰的功能。正是在这种政治情境的规约下,行政领域中的参与活动具备了现代意义的内容。

二、社会主义民主的内蕴

社会主义不仅是一种政治思潮,也是指其所追求的社会制度。社会主义一词来自拉丁文中的"socius",意为同伙,中世纪和近代早期人们在使用与"社会"有关的词组时都是指社会领域,以区别于单纯的私人领域。针对资产阶级自由主义的个人主义,社会主义者提出了一种集体的新原则作为其政治社会模式的出发点。社会主义在其发展过程中存在诸多流派,20 世纪 30 年代,德国社会学家桑巴特曾说过社会主义流派有 187 种,而且还在不断增多。[①]

19 世纪 40 年代,资本主义制度已经在西欧得到确立和发展,工业无产阶级形成并开始走上政治舞台,马克思和恩格斯正是在这一社会背景下创建他们的政治学说,一般认为科学社会主义的概念是由马克思和恩格斯共同留给子孙后代的。马克思的政治学说的核心主要表述于《黑格尔法哲学批判》《论犹太人问题》《路易·波拿巴的雾月十八日》《1848 年至 1850 年的法兰西阶级斗争》《法兰西内战》《哥达纲领批判》《巴枯宁〈国家制度和无政府状态〉一书摘要》中,但其中并没有对他所指的政治、国家或共产主义社会作出详细的描述。[②] 马克思正式使用"科学社会主义"的概念,是在《巴枯宁〈国家制度和无政府状态〉一书摘要》中,但只是要将其与空想社会主义相区分,因此如果不是特意强调与空想社会主义的对立,一般也把科学社会主义简称为"社会主义"。[③]

在发展了的马克思主义经济学理论的影响下,合作社的空想在德国工人运动中逐渐被排除,并且被社会化集体所有制的理想所取代,工业大生产的社会现实对社会主义的未来规划的中心从小范围结构向大范围结构的转移起到了决定性的作用,但同时马克思并没有摆脱通过集中制手段来贯彻社会主义的观念,马克思在德国的弟子们在反对现存国家制度的斗争中同

① 迈尔.民主社会主义理论概念[M].重庆:重庆出版社,2012:2.
② 迈尔.民主社会主义理论概念[M].重庆:重庆出版社,2012:4-5.
③ 童星.科学社会主义的理论与实践[M].南京:南京大学出版社,2014:3-4.

样视这种集中制是在夺取政权后消灭统治阶级的唯一可能手段。[①] 在《共产党宣言》中，传统马克思主义的社会主义被理解为这样一个联合体，在那里，每个人的自由发展是一切人自由发展的条件。

中国特色社会主义始终坚持人民当家作主，一直以来公民参与都是中国特色社会主义民主建设的关键内容，党的二十大报告把发展全过程人民民主确定为中国式现代化本质要求的一项重要内容，对"发展全过程人民民主，保障人民当家作主"作出全面部署、提出明确要求。在新时代国家治理体系和治理能力现代化的背景下，社会主义民主与诸多新理论的碰撞，又进一步要求将公民参与放在更重要的位置上，成为社会主义民主建设之内蕴。

（一）善治之内蕴

自 20 世纪 90 年代初以来，"善治"作为可持续发展和减贫所必需的概念得到了广泛的国际认同。[②] 1990 年前后，当世界银行将善治作为向发展中国家提供贷款的一项条件时，善治的概念在对发展中国家的捐助讨论中取得了突出的地位。[③] 起初，这一概念相当不涉及政治，主要侧重于提高公共部门管理的效率和质量。到 20 世纪 90 年代中期，大多数善治概念则已经扩大到包括透明度、问责制和参与等范畴。[④] 在 20 世纪末的金融危机之后，可预测性也被加入其中，呼吁以善治改善公司治理和国际金融市场的稳定性。

善治是社会治理的至高境界，其主要特征是合法性、回应性、法治性、有效性、责任性和透明性。[⑤] 善治把新公共管理和自由民主的主张结合起来，是当代公共管理追求的最佳状态。[⑥] 善治展现了一种存在于政府、社会和市场之间的新颖关系，展现了一种政府与公民对公共生活合作管理的状态。善治所包含的远不止国家权力或是政治意愿的力量，还包含法治、责任、参与、透明、回应等要素，它们不仅仅是与行政过程或制度设计有关的技术问题，更是民主化进程的必然结果。政府开放则意味着利益分配的规则、考量

---

① 迈尔. 民主社会主义理论概念[M].重庆：重庆出版社，2012：166.

② Department of Economic and Social Affairs. Poverty reduction and good governance：report of the Committee for Development Policy on the sixth session[R]. United Nations，2004：9.

③ 在《联合国千年宣言》中，世界各国领导人决心"在国家和全球两级创造一种有利于发展和消除贫穷的环境"，并指出"能否成功地实现这些目标，除其他外，取决于每个国家内部的善治"和"国际一级的善治以及金融、货币和贸易体制的透明度"（见大会第 55/2 号决议，第 12、13 段）。

④ WEISS T G. Governance，good governance and global governance：conceptual and actual challenges[J]. Third world quarterly，2000，21(5)：795 - 814.

⑤ 黄健荣. 论公共管理之本质特征、时代性及其它[J]. 公共管理学报，2005，2(3)：23 - 30.

⑥ RHODES R A W. Understanding governance：ten years on[J]. Organization studies，2007，28(8)：1243 - 1264.

的因素、各个环节以及最后的结果都要公开透明,实现充分的民主参与。对每个人开放的权利人人平等,利益相关者或公众能够提出不同的诉求和意见,政府则必须尊重和考虑这些意见和诉求。同时,开放政府可以强化公众对政府的监督和问责,对政府决策者及执行者的自由裁量空间进行压缩,从而减少腐败和徇私舞弊的可能。

事实上,一般认为公共行政追求的善治依赖于透明和公共问责机制。这一过程将信息通信技术作为一个重要工具,明确地将目标定位于使公众满意并加强公共决策的公民参与。公共行政采取这些新科技手段来满足新公共管理的目标,从而直接有效地满足社会需求。数字政府为政府提供了一个高效有力的提高内部行政和外部服务的渠道,从而增强了透明度并催生了更高程度的信任。作为达到目的的手段,善治被认为具有服务可持续增长、社会平等和公民参与等目标的工具价值。

(二) 协作治理之内蕴

现代治理理论的一大内涵就是强调参与者之间地位的平等,政府无法单方面地作出决策,政府制定政策要受到各方面的约束,丧失了传统意义上对决策的控制权。在集体行动的语境中,奥斯特罗姆将"治理"看作一个共同确定旨在规范个人和集体行为的典章制度的过程。① 宾汉姆等人将"治理"定义为对影响私人、公共和民间部门决策和行为的过程的引导。② 更确切地说,治理是一系列维持合作伙伴关系或合作制度的协调和监控行为。③要想就如何解决集体行动的问题达成普遍的共识,涉及一个协商的平衡过程,在此过程中参与者之间的竞争和冲突仍然不可避免,但是被锁定在了一个更大的能够确保合作环境的由大家共同确定规则的协议框架内。要实现这种平衡,跨界协商合作势在必行,公共管理者需要理解其参与到合作中时伴随而来的责任共享。

麦奎尔指出"共同管理"(shared administration)被认为是政策执行研究的起点。府际关系理论和网络理论助长了对横向网络管理和协同公共管

---

① OSTROM E. Coping with tragedies of the commons[J]. Annual review of political science, 1999, 2(1): 493-535.

② O'LEARY R, GERARD C, BINGHAM L B. Introduction to the symposium on collaborative public management[J]. Public administration review, 2006, 66(s1): 6-9.

③ BRYSON J M, CROSBY B C, STONE M M. The design and implementation of cross-sector collaborations: propositions from the literature[J]. Public administration review, 2006, 66(s1): 44-55.

理的研究。① 博弈论则帮助学者将注意力进一步集中于以利益为基础的协商和双赢谈判,以及对各种公共政策中的替代性纠纷解决方案、冲突管理、建立共识等问题的预测。公共部门的权力下放运动(devolution revolution)和一些其他试图增强公共部门效率和责任的努力,也加强了政府与公众、非营利组织间的协作关系。协作治理的理念在公共管理的学科领域引起了很多共鸣,然而对此并没有一个统一的视角或定义。巴达克将协作定义为,两个或两个以上机构试图通过合作来增加公共价值的共同活动。缇娜等人将"协作治理"概括为:为实现公共目标,让公众积极跨越公共机构、政府层级以及公共、私人、民间领域界限的公共政策决策及管理过程。② 在此理论上,不少学者将协作治理的概念与对政府间合作的研究相结合,③一些美国学者则回到美国联邦主义的起源中追本溯源,认为美国联邦主义是解决合作型问题最持久的模型。协作治理同样与本特利的利益集团理论、奥尔森集体行动的逻辑、囚徒困境和博弈论以及奥斯特罗姆的公共池塘资源理论密切相关。阿格拉诺夫、麦奎尔、奥利瑞和宾汉姆都认为,协作治理是在跨组织安排(multiorganizational arrangements)中促进和管理一些特定问题解决的过程,这些问题通常无法由某个组织单独解决。协作治理往往意味着在跨界的多部门和多行为主体的关系网络中,基于互惠主义的价值观,通过合作实现某个或某些共同目标,其尤其强调参与式治理,即要求公民对政府决策的积极参与。④ 协作治理不仅包括组织之间的合作,也很重视治理中公共和公民的角色。

协作的制度安排常被用于处理与多个公共和私人主体利害攸关的复杂问题域。⑤ 这些问题域大多分散并缺乏组织化,在这种意义上,由于缺乏其他行为主体的配合与合作,某些(公共或私人)主体试图单独解决这些问题的行动大多以失败告终。协作治理的制度安排可以将各种行为主体整合到这一多方决策的过程中。协作治理可以定义为,一个或多个公共机构让非

① AGRANOFF R, MCGUIRE M. Big questions in public network management research[J]. Journal of public administration research and theory, 2001, 11(3): 295 - 326.

② EMERSON K, NABATCHI T, BALOGH S. An integrative framework for collaborative governance[J]. Journal of public administration research and theory, 2012, 22(1): 1 - 29.

③ AGRANOFF R, MCGUIRE M. Big questions in public network management research[J]. Journal of public administration research and theory, 2001, 11(3): 295 - 326.

④ O'LEARY R, GERARD C, Bingham L B. Introduction to the symposium on collaborative public management[J]. Public administration review, 2006, 66(s1): 6 - 9.

⑤ ANSELL C, GASH A. Collaborative governance in theory and practice[J]. Journal of public administration research and theory, 2008, 18(4): 543 - 571.

国家行为体(non-state actors)直接参与以管理公共项目或公共财产为目标的集体决策过程中的制度安排,并且这些集体决策是建立在合意和协商基础上的正式决策过程。① 协作治理既不是自上而下也不是自下而上的,而是一种横向管理。

协作治理包含了赋权、包容性、代表性、公正性、审议性和透明性在内的民主理念:

1. 赋权,意味着让参与者影响政策结果。民主暗示了公民产生影响政府的权力。如果一个协作过程不能对公共政策或私人利益相关者的行为带来真正的改变,那这一过程必然不是高度民主的。② 在实践中,由于不同水平的权威和影响,协作过程的变化也很大。协作管理只是以收支平衡和多种渠道的吸引力所区分的更大的治理系统中的一个方面。一个赋权的过程不仅仅能够成功影响困难的决定,还能够监督决策的执行。正如梅多克罗夫特所说,民主不仅仅是关于讨论和决策,更是关于责任和行动。那些做出决策的人同样应该在决策执行和结果评估中扮演某些角色。③

2. 包容性,赋权的过程从最开始的阶段就应该将公众包含进来,而不是等到一个完整的项目计划被公布了之后再让利益相关者们去表示他们的关心。包容性,意味着对参与几乎不设置任何限制条件,包容性是评估一个协作过程的简单原则。限制某些利益相关者的参与,将某些相关群体排除在外会滋生对合法性的怀疑。限制参与的协作过程会轻易地复制和强化社区中业已存在的权力不平衡状况。而传统的诸如公共听证这样包容形式的公共参与则倾向于更多的协商过程。从实践角度来看,限制参与也会导致问题处理的整体上的低效。④ 从另一方面讲,一个包容过程如果代表各个团体的人数不平衡,则可能危害代表性。一个实现包容性的代议制的混合路径,需要首先将所有利益相关者基于某些共享的目标聚集到预选会议中来,然后在每个利益团体的预选会议中分别选举一个或多个代表参与到协作过程中去。即使不是所有的利益相关者都能最终参与协作过程,但这一

① ANSELL C, GASH A. Collaborative governance in theory and practice[J]. Journal of public administration research and theory, 2008, 18(4): 543-571.

② DELEON P. The democratization of the policy sciences[J]. Public administration review, 1992: 125-129.

③ MEADOWCROFT J. Deliberative democracy [M]//Durant R F. Environmental governance reconsidered: challenges, choices, and opportunities. Cambridge, Mass: MIT Press, 2004: 183-218.

④ DAKINS M E, LONG J D, HART M. Collaborative environmental decision making in Oregon WatershedGroups: Perceptions of effectiveness [J]. Journal of the American Water Resources Association, 2005, 41 (1): 171-180.

路径允许所有利益相关者参与到进程设计中来,同时能够控制协作的规模,在逻辑上更具有吸引力。

3. 代表性,意指一个确保所有利益相关者不论是通过个人还是通过代理人都能有效提出主张的代表过程。麦迪逊指出代议制民主的概念是指每个社会集团都能在政府中拥有自己的声音。很多时候,即便参与的机会向所有人开放,资源的限制也可能妨碍特定阶层的参与。协作中也许最昂贵的资源就是参与者的时间。另一个在利益相关者之中差异巨大的资源是报酬。如果参与的个人成本对一个或多个利益相关者而言太过高昂,协作过程的代表性将会变差。同样的情况也存在于一个或多个参与者缺乏足够的能力进行有效的参与时。这些能力的范围包括从技术知识到演讲的自信。

4. 公正性,意味着协作应该是一个平等看待所有当事人的公平过程。平等主义思潮是很多民主理念的基础,它要求公共决策过程必须努力平等地对待所有人,即使代表不同种类的组织和利益相关者在个人技能和行使的政治权利等方面存在不平等。协商过程通过给予每个人平等发言权、投票权和否决权而实现对每个人的公平。利益相关者对决策过程中公平的感知会影响他们对决策的满意程度以及遵守的意愿。①

5. 审议性,意指允许参与者集思广益,批判性地审视各方的观点,明确共同利益以及建立一个基础共享知识和社会资本的过程。根据商议民主理论,政府的合法性部分来源于支撑投票者、立法者和管理者决定的信息和分析的质量。② 在协作治理中建立更多的协商可以通过建立互动教育的周期性协商以及发掘建立在实质承诺之上的协商来实现。③ 通过共同实施发现、共同事实确认(joint fact finding)的方法,利益相关者能够对问题进行定义,明确数据缺口,追求通过新研究或分析处理这些缺口的战略。集体学习和集体决策一样都是民主的基础。此外可以创造一个相对非对抗的环境,让各种新颖的想法在被审议前能够得到逐步发展。真正的对话和协商要求利益相关者具有良好的沟通能力、开放的态度和幽默感。若没有建立在信任和尊重基础上的充分的工作关系,利益相关者将很难相互学习,也很

---

① HIBBING J R, Theiss-Morse E. Stealth democracy:Americans' beliefs about how government should work[M]. Cambridge:Cambridge university press, 2002:5.

② GASIIL J, LEVINE P. The deliberative democracy handbook:strategies for effective civic engagement in the twenty-first century[M]. San Francisco:Jossey-Bass, 2005.

③ KATHI P C, COOPER T L. Democratizing the administrative state:connecting neighborhood councils and city agencies[J]. Public administration review, 2005, 65(5):559-567.

难找到一个能够满足各方基本利益的解决方案。①

6. 透明性,意味着整个协作过程应该是公开透明的。管理参与、讨论和决策的规则必须是清晰的、易观察的。所有利益相关者应当拥有关于管理协作过程的程序规则信息。利益相关者只有清楚地了解各项程序,才能更有效地参与进来并判断参与是否可能是为了他们最大的利益服务。由于公共政策危如累卵,普通公众有权利去找寻与一个给定协作过程有关的信息。推举出的官员也需要了解诸如谁来参加、讨论什么、由谁买单等基本信息,通过立法程序处理相关的问题。在向政府机构提供建议的设计过程中,利益相关者需要精准地了解机构打算如何使用他们协商的产物。在少数情况下,高级官员会在一开始就许诺坚定贯彻任何生成的建议或协议。支持协作理念的学者往往倡导一种雅典式的民主。

人们进行协作是因为他们试图达成某些特定目标。这些共同的目标将不同的组织引到了桌前,其管理结构需要从治理向行动转变,这是因为协作活动的焦点更少关注制度支持而更多关注执行和管理,即做什么来实现目标。协作的执行(如共同决定)是很复杂的,不仅是因为这里的参与是一种自愿行为,还因为传统的合作机制如官僚制、标准化和常规化,在这种充满自治和半自治行动者的情况下缺乏灵活性。为协作建立一个有效的操作体系是一件困难的事情,包括明确的角色和责任、增强合作的沟通渠道、完善相关监督机制等。即便是一个分权的管理结构仍然需要一个中心位置来协调沟通、组织和发布信息以及提醒合作伙伴对管理合作关系的规则保持警惕。② 弗里曼认为协作治理包含五个组成部分:1. 问题解决导向;2. 所有阶段的决策过程都包含利益相关者的参与;3. 临时解决方案服从于持续监控、评估和修改;4. 超越治理中传统的公共和私人角色的问责;5. 一个灵活参与的政府机构。③ 库伯等人将协作治理理解为,促进和运行积极的公民参与和多组织的安排,基于互惠的价值基础去合作解决单个组织无法解决

①　FORESTER J. Policy analysts can learn from mediators[M]//Adaptive governance and water conflict: new institutions for collaborative planning.London:Routledge,2010,2005:157.

②　FREITAG M, WINKLER I. Development of cooperation in regional networks: mechanisms of coordination and support measures [J]. Collaborative strategies and multi-organizational partnerships, ed. T. Taillieu, 2001:68.

③　FREEMAN J. Collaborative governance in the administrative state [J]. UCLA Law review, 1997, 45(1):16.

的问题的过程。①

要贯彻好协作治理,一个关键的部分就是积极的公民参与。② 我们可以将决策过程中的公民参与定义为以公众为中心的协作治理过程,各方主体和利益相关者共同参与集体行动,而公众处于一个中心的位置。分散的组织结构易造成相互之间理解的壁垒,导致对"真正的问题究竟是什么"的冗长争论,以至延误或阻碍有效的决策。多样化组织中因各种不同的想法、世界观和规范造成的摩擦和冲突,为人们制定创新解决方案提供了潜在的可能性,即假定多主体的参与可以应对这种变化。并且将不同的组织连接成一个联合的结构,可以激发其参与集体行动的动机和承诺。数字治理语境下的协作治理,强调利用数字政府、各种网络平台和工具,通过对话和协商等让公民、企业、社会组织和政府共同合作,参与到公共决策中或公共问题的解决过程中。它是公民参与的一种创新方式,是公民参与发展的一个趋势,也是数字治理发展和完善过程中迫切需要的。

(三)开放创新之内蕴

创新是在公共管理领域反复出现的一个主题,它被用来制定公共部门组织的转型框架,以提高公共价值创造过程的有效性、效率和合法性。作为未来社会的新一代基础设施,大数据已经成为国家治理创新的催化剂,人们对于利用开放政府数据实现大数据创新,并进一步提升政府治理抱有高度的期望。

尽管学者对于创新在公共治理方面的积极作用存在一定程度的共识③,但不同学科和领域对"创新"都有不同的理解和定义,而对于公共部门在其中的具体作用也还未能达成共识。更重要的是,随着时间的推移,公共部门经历了不同的行政改革浪潮,其创新的方式在不断发生变化。④ 墨格尔特别指出了公共部门的三种不同类型的创新:封闭式、外部化和开放式创

---

① BINGHAM L B. Legal frameworks for governance and public management[M]//Bingham L B and O'Leary R. Big Ideas in Collaborative Public Management. New York: ME Sharpe,2014: 247 - 269.

② COOPER T L, BRYER T A, MEEK J W. Citizen-centered collaborative public management[J]. Public administration review, 2006, 66(s1): 76 - 88.

③ See Walker, 2014; Borins, 2014; Hartley et al., 2013; Brown & Osborne, 2013; Damanpour et al,2009.

④ OSBORNE S P, STROKOSCH K. It takes Two to Tango? Understanding the co-production of public services by integrating the services management and public administration perspectives[J]. British journal of management,2013:S31 - S47.

新。数字治理时代的公共组织迫切需要发掘不同层面的开放式创新。①

开放式创新被定义为"利用有目的的知识流入和流出来加速内部创新,同时扩大外部市场对创新的使用"②。与传统的封闭式创新相比,开放式创新提倡打破组织的边界,虽然它通常是与有形产品的研发相联系,但其实也适用于对无形服务的研究与发展。③ 服务创新过程中又有两种互补的类型,一种是"由内到外(inside-out)",指的是组织从创意、过程或技术等方面对外部创新的影响;另一种是"自外向内(outside-in)",指的是允许外部相关方对其知识和创新元素产生影响从而提高服务。开放协作创新往往意味着与创新相关的所有信息具有非竞争性和非排他性,因此是一种公共物品。最近关于开放式创新的研究将这一现象定义为"基于一定目的且跨越组织边界的托管知识流,使用金钱或非金钱机制的分布式创新"。④

全球数字政府对开放式创新的应用吸引了大量的管理者和学者的兴趣和研究。而开放数据则日益被视为一种重要的创新战略,这是一种由内而外的创新战略,创新的基本前提是内部数据的免费公开释放,在此基础上鼓励人们去使用数据并实现产品创新。⑤ 公共数据的开放,使得个人、企业及其他组织能够利用这些数据去创造增值的产品和服务,它可以是为了商业利益也可以是为了公共价值。类似这样的行动能够提高政府服务的供给,提供工作就业机会,推动社会创新。⑥ 公共部门为了实现开放创新绞尽脑汁,但近年来一个特别受欢迎的路径就是投入开放数据的怀抱,通过鼓励数据使用提高公共服务、促进公民参与和协作创新。这一路径在许多国家和地区已经获得成功。⑦ 尽管开放式创新起源于私营部门,但不少学者认为,

———————

① MERGEL I, DESOUZA K C. Implementing open innovation in the public sector: the case of challenge.gov[J]. Public administration review, 2013, 73(6):882-890.

② CHESBROUGH H. Bringing open innovation to services[J]. MIT Sloan Management Review, 2011, 52(2):85-90.

③ CHESBROUGH H. Bringing open innovation to services[J]. MIT Sloan Management Review, 2011, 52(2):85-90.

④ WEST J, SALTER A, VANHAVERBEKE W, et al. Open innovation: the next decade [J]. Research policy, 2014, 43(5):805-811.

⑤ LEE S M, OLSON D L, TRIMI S. Co-innovation: convergenomics, collaboration, and co-creation for organizational values[J]. Management decision, 2012, 50(5):817-831.

⑥ BOGERS M, ZOBEL A K, AFUAH A, et al. The open innovation research landscape: established perspectives and emerging themes across different levels of analysis[J]. Industry and innovation. 2017(1):1-33.

⑦ NAM T, SAYOGO D S. Government 2.0 collects the Wisdom of Crowds[C]// Springer Berlin Heidelberg. Springer Berlin Heidelberg, 2011:51-58.

通过诸如开放政府和开放数据等举措，公共部门开放式创新存在重要机遇。[①] 对于所有的数字政府网站而言，要实现开放式创新的前提不仅仅是数据的公开，更重要的是公民对开放政府数据的参与和协作。[②]

第三节 电子参与的新意蕴

一、走向电子参与的必然

（一）数字治理的应有之义

政府与社会之间的联系并不是简单单一的，制度和决策过程的变化以及社会行动体的影响，为政府与社会的关系带来了新的复杂性。

政府的运行模式经历了从统治到管理再到治理的转变。根据马克思主义的观点，国家是阶级矛盾不可调和的产物，是阶级统治的工具[③]，在国家与政府尚未分离的农业社会，国家采用家长制的"统治"管理模式，以命令和强制作为管理国家的主要手段，其行政管理所承担的是统治职能，贯彻的是统治者的意志，其目的是维护社会的等级秩序。步入工业社会以后，政治和行政开始分化，国家的统治和管理职能此消彼长，随着社会以工业生产为主导，社会成员开始掌握更多的知识与权利，国家行政告别了传统的统治行政走向现代管理行政，政府作为管理的主体仍然居于核心地位，个人、企业和各种社会组织是被管理的对象，对政府举措的参与和影响十分有限，政府对社会及经济生活的介入以诸如预算、税收、发行公债和银行利息等"宏观管理"的方式进行，以实现对整个社会的影响。

到后工业社会，在知识经济时代，信息的传递和知识的传播成为推动社会发展的最重要动力，社会成员的主体地位得到大幅提升，有意愿并有能力参与和影响决策，权力的运行已经不能以无视个人、企业和组织的存在为条件，而必须关注个人、企业和各类组织的多元需求和意愿，这样的治理方式需要政府与个人、企业及组织的合作共治，而不是单方面发出命令让其服从。20世纪最后的30年，我们讨论政府和冲突的方式也在不断进化。诸如环境恶化、城市经济发展、公共卫生等棘手的问题对官僚结构的政府运作

---

① CHESBROUGH H, BOGERS M. Explicating open innovation: clarifying an emerging paradigm for understanding innovation[J]. Social Science Electronic Publishing, 2014:3-28.

② 张航，庞绍堂. 公共价值范式的开放政府评估系统研究[J]. 华侨大学学报（哲学社会科学版），2017(2):113-126.

③ 马克思，恩格斯. 马克思恩格斯选集[M].北京:人民出版社,1995:170.

能力提出了挑战。传统科层制的命令—控制管理战略面对这些问题的处理显得越来越力不从心，尤其是对于全球问题、跨国问题、跨区域问题以及跨部门问题，官僚制表现出完全的失败。由此产生了治理的概念，治理强调政府掌舵而非自上而下的指挥。

而随着数字治理成为指导性的概念，政府的制度和政策越来越被理解为是环绕在"政府—社会"网络关系周围所形成的。社会并非让政府简单地作用于其上的，而是已经主动地形塑政府活动的行动和结果。在政府形成政策的过程中，社会各个行动体对政策利益相关者的关切回应、相互之间的竞争激励、其贯彻政策的有效实践等，其实与内部官僚的考量一样，发挥着同等重要的作用。治理更强调协商和合作的原则及过程，依靠的也不仅仅是自上而下的权力运行，而更多的是政府与公众的互动、共同参与和平等协商，①这些要求政府更加的透明开放，而在数字时代实现公民的电子参与是政府数字治理的应有之义。

（二）公共管理的困境使然

随着公共行政不断发展，现代科层制暴露出了愈来愈多的弊端，其固有的局限性和非理性的消极影响与之俱来，组织的僵化、效率低下、繁文缛节等问题日益凸显。对科层制的批判在 20 世纪 70 年代达到顶峰，此后全球范围内兴起的新公共管理运动力图进行科层制的"去官僚化"改革，走向一个更加扁平化的网状组织形态。② 20 世纪 80 年代开始，公共部门现代化转变的一个途径就是人们所熟悉的新公共管理路径。③ 新公共管理是一个将大量私人部门因素，如分权、自治、顾客导向等，整合进公共部门以创造更高效的公共行政的路径。

新公共管理运动从实践上着重于解决三个问题：一是重新调整政府与社会、市场的关系，开放政府，提倡放权，力求弱化政府角色，提倡政府"管得少但管得好"；二是尽可能地实现社会自治，利用市场和社会提供公共服务以及实现合作生产；三是改革政府内部的管理机制，引入竞争以提高效率和效力。④ 新公共管理最显著的组织特征是从传统的金字塔结构走向一种网状扁平的组织形态。

---

①　俞可平.治理和善治[M].北京：社会科学文献出版社，2009：5-6.

②　敬乂嘉.政府扁平化：通向后科层制的改革与挑战[J].中国行政管理，2010：105-111.

③　FISHENDEN J，THOMPSON M. Digital government，open architecture，and innovation：why public sector IT will never be the same again[J]. Journal of public administration research and theory，2013，23(4)：977-1004.

④　罗德刚.论服务型地方政府模式的结构要素[J].中国行政管理，2003(9)：9-12.

政府的扁平化是对企业扁平化趋势的学习和应用，主要表现为组织内部层级的减少。组织的网状化则表现在政府内部组织之间，以及政府与外部组织（包括企业、非营利组织、公民和其他组织）之间形成平等对话和互动的网络关系，共同协商解决公共问题。传统的科层组织结构中，层级繁多且分明，中间层往往起到上行下达的作用。但网络时代的发展使得技术的变革速度加快，信息的传递速度加快，要求政府组织能够快速做出反应，而传统科层制的等级制度严重影响了组织的反应和决策速度。越来越多的政府行动超过了组织原有的职能界限和能力，公共问题的迅速解决往往涉及一系列的合作及交叉知识的运用，这就要求突破原有的各种界限，包括部门、等级界限和组织规制的约束，建立一种广泛的横向合作。现代信息技术的发展则为组织结构的网状扁平化提供了一种可能，它使得行政管理能够实现自动化和简单化，组织层级的减少能够极大提高组织的反应能力，增强政府的回应性和效率。组织的网状扁平化是公共管理发展不可逆转的一大趋势。

与组织的网络化和扁平化密切相关的理论则是由奥斯特罗姆夫妇等人提出的多中心理论（Polycentricity），这是在 20 世纪 70 年代以来的公共管理改革浪潮中发展起来的重要理论。奥斯特罗姆等人认为随着社会的不断发展，公众的需求趋于多元化，传统的以政府为中心的体系在日益增长的巨大需求面前缺乏回应性和效率的问题彰显。而多中心理论支持权力分散、管理交叠以及政府市场和社会的多元共治，能够满足公众的需求，提高公共服务的质量和效率。"多中心"意味着政府不再是单一的主体，在多中心治理中包括政府、企业、公民、第三部门等组织在内的利益相关者们形成一种网络关系，他们都可以成为治理的主体，政府只是其中的一个主体，甚至在很多情况下多中心治理认为政府不应成为治理的中心主体，而应放权给市场和社会，让其实现自治。多主体合作共治的理念要求政府改变管理方式，进行放权，同时要求多元主体共同承担责任。这一理念推动了世界各地的公共管理改革，具有巨大的前瞻性，但是在实践中面临很大的困境。

在某种意义上，多中心就意味着无中心，这就使得公共管理多元主体合作共治在实践中面临无中心的困境，导致多主体在治理过程中职责不清，互相推诿，难以实现有效问责。多元主体的网络组织带来了互助和互惠的流动问责，也带来了悲观的问责真空，对责任的强调不可避免地导致了对使用者和地区社区的问责趋势。只要是权力共享的地方，必然存在责任的碎片化和逃避性。因此，即使公共管理的实践架构能够建立，很多公共管理学者依然认为政府还是应当发挥主导的作用，这恰恰是公共管理向公共行政的一种回归。公共行政将代表性、参与性、回应性和社会责任感视为最重要的行政价值。[①] 由于受到罗尔斯作为正义的公平观念的影响,公共行政强调应当把"社会公平"作为公共行政所追求的目标。[②] 公共行政的特性在于"公共性",包含政府对公共利益的回应,政府与公民的双向互动,强化公民精神和服务理念,它是建立在信念和价值之上的。这不仅要求政府的行政活动应是透明公开的,公众有知情的权利,同时也有在知情前提下的问责权利和义务,还要求公众有权并能够参与到行政活动中来,这种参与表现为公众对政府决策的参与和影响。当前的治理理论尤其强调参与式治理,即要求公民对政府决策的积极参与,但是也强调政府应该在多元主体中起到一个主导的作用。由此可见,面对各种实践困境,努力实现和创新公民的电子参与是目前公共管理的必然趋势。

(三)民主政治的题中之义

首先,民主政治的诸多功能,如政治参与、反腐、知情决策、提高公信力等,均要求政府不断增强透明度与参与度。[③] 要实现开放政府首先必须要做到政府信息和数据的公开,保证公众能够随时访问和获取这些信息。

从透明的角度而言,民主体制下公民对政府透明的诉求,是政府无法忽视的力量,对于政府开放数据而言,这既是压力也是动力。[④] 说是压力,因为政府是民选出来的,有绝对的义务来推进政府的透明化进程,而在大数据的时代背景下,这一进程必然需要通过开放数据得以实践;而说是动力,则是因为政府及官员为了迎合公众对政府透明的需求,开展政府数据的开放,能够极大地提高公众对政府及官员的信任,提高政府公信力,并为官员赢得政绩和民众选票,对于政府和官员而言这都是极大的动力。

其次,公民参与是所有有关民主定义中的核心要素。民主和参与生而是不可分的,不论是何种形式的民主,无不以广泛的公民参与作为其内涵。纵观整个民主的发展,民主除了强调法治,最重要的特点就是强调公民对国家公共事务的管理,这也是公共参与的雏形。"参与"在从古到今的民主理

①　梁莹. 公民行政参与下的草根民主[J]. 公共管理高层论坛, 2005(1):130-142.

②　黄健荣.公共管理学[M]. 北京:社会科学文献出版社,2008:64.

③　SHULER J A, JAEGER P T, BERTOT J C. Implications of harmonizing e-government principles and the Federal Depository Library Program (FDLP)[J]. Government information quarterly, 2010, 27(1): 9-16.

④　高丰. 开放数据:概念、现状与机遇[J]. 大数据, 2015(2):9-18.

想中总是占据中心的位置。直接民主追溯到古雅典时期,这种共和主义传统下的民主要求全体公民的参与和表决。但这种意义上的民主,即所有人最大限度参与的人民统治只被视为一种理想,古雅典的这种全民参与的民主制度在历史上并非常态,也被证明是脆弱的难以长久的民主。近代以来政治共同体越来越庞大的公民数量,使得这种民主形式在实际操作中的可能性几乎为零,即便是捍卫人民民主的卢梭也承认这样的民主只适合小国寡民。随着文艺复兴和启蒙运动的兴起,民主思想的发展使得人们意识到自身的价值和权利。到19世纪初,自由主义民主兴起,此时的民主渐渐被看作让公民选举出代表,并让选民代表来参与决定集体意志事项的过程。作为深具可行性和责任性的体制,代议制民主有望在巨大的领土和时间范围上实现长治久安。在此基础上,民主政府的理论和实践开始寻求这种将大众参与和精英统治相结合的代议制民主,而逐渐摆脱了从前与小国寡民的联系。公民社会对民主治理的贡献,最著名的论述可以追溯到19世纪托克维尔对公民自助及结社倾向的高度评价。① 公民参与提供了某种形式的社会教育,让公民从中学会信任和共事,从而为实现共同的目的而更好地协作。

之后的民主理论基本可以分为两大取向:一是共和主义的,二是自由主义的。前者主张由公民直接参与公共事务的决策,强调直接民主和参与民主,后者主张施行代议制民主,即由选举产生的"公民代表"坚持"法治",并通过行使"代表"权力来"代表"公民主张或利益。② 自由主义民主所主张的参与,被视为一种使精英统治获得合法性的基础,和共和主义民主传统所主张的公民参与大相径庭,其政治参与以扩大选举权为核心。选民无法经常地控制他们的领导者,除了在选举时投票选择其他候选人,因此参与并没有很重要或有特殊的地位,只被当作一种保护性的工具,关键是要有足够的公民参与选举以保证这一制度安排可以令人满意地运行下去。③ 密尔则认为参与具有教育公民的作用,教育赋予了决策过程中直接参与更大的活动空间,参与活动能够培养人们一种"积极的"性格。通过参与活动能够帮助公民学习和培养出必要的技能和品质,来对民选代表的活动进行判断、辨识、监督与问责。④ 一个健康民主的核心特征就是公民对社区及政府制度和运行的参与。正因为公民参与对政府有深刻的影响,所以它是必不可少的。

---

① 托克维尔.论美国的民主[M].董果良,译.北京:商务印书馆,2017:313.
② 胡伟.民主反对参与:现代民主理论的张力与逻辑[J].天津社会科学,2015(1):99-107.
③ 熊彼特.资本主义、社会主义与民主主义[M].北京:商务印书馆,1979:272.
④ 佩特曼.参与和民主理论[M].陈尧,译.上海:上海世纪出版集团,2006:3.

公民在社会决策中的平等参与是一个民主社会的支点。理论上，所有公民的平等参与要求政策制定者在决定如何去优化资源的时候要充分考虑这些公民的需求、经验和意见。公民参与是对弱势群体和边缘化社区的赋权，它之所以重要是因为赋予了这些人在关键决策中能够合法建言的权利。丰富的公民参与反映了决策中所有公民表现的民主价值。[①]

（四）"主体间性"认知哲学的本质要求

认知是人类对外界的认识过程。认知结构是思想和意识所依托的一个活动平台，且思想和意识源于认知过程中的思维活动。

生活中人们普遍遵循的主流认知模式是一种"主体—客体"间的主体性认知模式。出于呼唤理性精神的历史需要，近代西方的认识论哲学高度弘扬理性精神，对主体性给予了充分肯定，主体性是近代哲学的命题。[②]"我思故我在"的笛卡尔哲学命题开始将存在的根基转移到主体性上，康德进一步通过先验范畴对客体（客观世界）的塑模确定了精神活动的主体性，马克思主义哲学则认为认识是实践基础上主体对客体的反映，任何认识都是主体在与客体的相互作用中对客体的反映。主客体间的主体性认知模式表现为以主体自我为中心，以外部世界作为思维的客体，不断地对主体自我与客观世界的各种关系（如与人、与社会和与自然之间的关系）进行调整和改变。然而主客体间的主体性认知模式本身有一个巨大的缺陷，即建立在主客体对立基础上的主体性认知模式将生存活动视为主体对客体的征服和改造，而这往往会导致唯我中心论和人类中心主义。也正是这种认知模式导致了人类对自然的过度改造，忽视了人与自然的和谐共处，引发了一系列复杂的全球问题。

为了摆脱唯我论的困境，现代哲学走向一种主体间性的认知模式。主体间性的认知模式是人类对现代社会所面临的各种环境资源问题以及各种异化现象进行反思的结果，它是对主体性的现代修正和积极扬弃。[③]主体间性的认知模式不是将生存活动视为主体对客体的征服和改造，而是将其看作主体与主体间的交互共存，看作是与其他主体一样的共在。主体间性的认知模式包含着一种相互平等、相互尊重的情感在其中。最早涉及主体间关系的是胡塞尔，他以先验自我为前提提出主体间性哲学，他认为要彻底

---

① LOMBE M, SHERRADEN M. Inclusion in the policy process: an agenda for participation of the marginalized[J]. Journal of policy practice, 2008, 7(2-3): 199-213.

② 杨春时. 文学理论：从主体性到主体间性[J]. 厦门大学学报（哲学社会科学版），2002(1): 17-24.

③ 虎小军，张世远. 主体间性：哲学研究的新范式[J]. 宁夏社会科学，2007(2): 119-123.

说明意识现象就必须将它与物质世界相区分,经验意义上作为自我的认识对象的"自我"只是同自然世界无异的外部事物,"先验自我"照亮自身也照亮他物,但这种主体间性谈论的并不是认识主体与对象世界之间的关系,而只是认识主体之间的关系。① 海德格尔指出,胡塞尔的主体间性哲学依然是本我在范畴内出现,这种推导在本质上并不能称之为"主体间性",基于本体论的主体间性应是一种存在于主体与主体之间的交往、理解与对话关系。② 伽达默尔继承了海德格尔的存在哲学基础,解释了人与世界的存在论关系,认为对话就是主体之间的"视域融合",它本身通过改变各方主体的观点而达到主体对世界的共同理解。③ 哈贝马斯则认为,"个体对幸福的追求是要造就某种社会关系,并且互相共存在其中占主导地位,而不是为了追求对物质财富的积累"④。他以主体间性为基础构建了自己的交往理论,主体间性在哈贝马斯这里被看作一个突出的社会历史和现实问题。在哈贝马斯看来,人与人在交往过程中的关系是互为主体,而并不是传统认为的互为客体,交往的主体在对话和理解的过程中需要以语言为中介,而理解、规范和语言等只能存在于主体间性之中,换句话说,交往是通过主体间的互动来达成共识的。从本质上而言,主体间性要求将包括精神现象在内的对象世界看作主体。对象世界只有被看作主体而不是客体时,才得以通过对话和交往被真正把握,并实现和谐相处。"主体间性"哲学对主体与主体关系的关注,要求确立自我主体与对象主体之间的交流关系,并遵循平等性和共生性的原则。

在传统的主客体间的主体性认知模式下,政府和公民之间的关系是一种"主从关系",政府服务是对公民的单向输出,公民总是处于被动的地位。这种认知模式的指导下,政府与公民的关系日趋紧张。反之,主体间性的认知哲学要求政府和公众摒弃唯我中心主义,以交互原则取代主从原则,进行平等的交流与协商。因此,主体间性的认知哲学从本质上要求实现一个开放的参与式政府。

二、电子参与的语境

大多国家在当今的公共治理过程中具有一种主动强化公民参与的强烈

---

① 宋雅萍. 论主体间性[J]. 马克思主义哲学研究,2008(1):198-207.
② 伽达默尔. 真理与方法[M]. 上海:上海译文出版社,1999:328-330.
③ 宋雅萍. 论主体间性[J]. 马克思主义哲学研究,2008(1):198-207.
④ 张再林. 关于现代西方哲学的"主体间性转向"[J]. 人文杂志,2000(4):9-15.

倾向。① 在一个民主社会中,公民参与的核心就在于让政府更多地通过创造一种积极的公民参与,制定出各种反映多元价值偏好且能得到广泛支持的公共政策。更多的公民参与政策制定对于加强民主、促进管理的回应性和透明度具有内在价值。有学者指出,对公共参与的讨论,更应该围绕的是何种类型的公民参与过程是最好的。②

　　传统的公民参与存在诸多"虚假参与"和"部分参与"的现象,而对于数字治理实现真正的参与,人们抱有很大的期待。有效的参与应当是真实的、深入的、持续的发展过程,所有的参与者都具备影响现实情景的潜力。真正的参与是影响决策制定过程的能力和机遇。也有人认为,当人们对影响自身生活的决策感到满意时就意味着有了良好的参与。真实参与包含的关键要素是关注、承诺、信任以及开诚布公的讨论。公民的有效参与的一个关键因素就是决策制定者的关切之心,他们能够认真倾听人们的声音,人们需要知道他们的意见是重要的而且在决策时会予以考虑。要达成这些目标,公民和行政人员需要形成合作伙伴关系。基于对共同议题的敏感和关心,他们应该逐渐走到一起。真正的参与要求政府及其人员同样看重参与的过程和结果。真正的参与意味着,从政策议题的确定到最终做出决策,公民能够参与完整的协商过程。在决策方案确定之前,公民有机会发表意见是非常重要的。公民必须有足够的时间了解相关信息,然而在现实中仍然有很多虚假的参与活动。要打破这种虚假的参与模式,需要行政人员成为发挥解释功能的仲裁者,他们必须跳出手边的专业技术问题,使公民真正参与到辩证交流当中,在政治对话中与公民实现磨合,而不仅仅是单方面地获取公民的意见。这样,行政人员就会成为合作治理的参与者,协助公民考察他们的利益并且与其共同制定决策,把公民纳入真正的、有效的、公开的协商讨论中。正如哈贝马斯所说:"参与者都拥有平等的对话权,且任何一方都没有特权能够控制任何另一方,这才是真正的公民参与的核心。"③真正的参与将公民置于紧贴议题的位置,行政系统和过程则处于相对远的地方。公民紧贴中心议题,从而能够有机会公平迅速地产生对政策过程和结果的直接影响,行政人员通过其专业技能和其与公众的亲密关系获取并扩大影响力,

---

① NYLEN W R. Testing the empowerment thesis: the participatory budget in Belo Horizonte and Betim, Brazil[J]. Comparative politics, 2002: 127-145.

② M. KONISKY, THOMAS C. BEIERLE D. Innovations in public participation and environmental decision making: examples from the Great Lakes region[J]. Society & natural resources, 2001, 14(9): 815-826.

③ 王远河, 刘慧芳. 从民族的民主到后民族民主:哈贝马斯民主理论析论[J]. 当代世界与社会主义, 2014(2):156-162.

而行政人员与公众的互动和联系过程让行政制度和过程得到进一步的界定,由此形成的真正的参与,促使政府和公众走向真正有意义的参与治理过程。

数字治理时代强调通过电子参与来推动公民参与的数量和质量。公共参与依托于先进的信息通信技术是十分必要且值得期待的,在当前实践中的主要问题在于它没有发挥出实际的效能,必须找到更好的参与组织路径使得各方均能获益。各国政府都试图通过信息通信技术的使用来加强公民参与,扩大群众基础加强信任建设。公民可以针对更多问题与政府机构及官员进行更为频繁的互动,进行包括协助公共服务的设计、参与服务的交付、针对复杂的问题和挑战提供更为连贯综合的解决方法等活动。换句话说,数字治理背景下的电子参与不仅要求人们能针对政府作出的决定和提供的服务提出观点,还能影响行动。

三、电子参与的界定

"公民参与"的概念并不新,但技术对这一概念有了新的认识,从而产生了电子参与的概念。"电子参与"(e-Participation)一词由两个要素组成:"电子"和"参与"。参与可以被理解为"加入",无论是参与公共讨论或活动,还是参与具体的决策过程。有学者将电子参与定义为,在社会民主协商过程中,以信息通信技术尤其是互联网工具扩展和转变参与方式,以最新的科技发展支持积极公民权,增强参与的机会和途径,以提高社会和政府的公平和效率。① 尽管有许多涉及参与的理论讨论(例如参与式管理、参与式经济学、参与式设计、社区参与、参与式行动研究),但是"电子参与"通常与某种形式的政治审议或决策相关联,它可以在正式的政治过程(例如投票、公共政策)或非正式的政治过程(例如政治活动)进行,也可以出现在非正式场合。

互联网的广泛使用为公民参与开放了前所未有的巨大可能性,政府采取了多种多样的电子参与形式,包括在线论坛、可视化洽谈室、电子法庭、电子投票等,努力通过新科技让更多的公民参与到政策制定和评估中,并为公众和政府之间提供更多的信息交流。当我们思考科技促成的计划如何与现有的民主制度安排相联系时,可以先考虑将市场、科层和网络三种治理模式相结合的方式。我们会发现,根据不同的民主模式,参与归因于不同的价

---

① MACINTOSH A, WHYTE A. Towards an evaluation framework for eParticipation[J]. Transforming government: people, process and policy, 2008, 2(1):16-30.

值。例如,代议制传统表现出对公众个人自由的偏好,人们的意志通过选举或普通投票等类市场化机制进行聚合。议会模式强调积极公民的政治参与,他们聚集在一起形成一个追求相互理解的社区。商议传统坚持要形成独立于政府,又受到国家保证的批判性的公共意见,公正决策的公共氛围被看作是政治的核心,这种氛围通过沟通结构产生的程序得以保证。① 研究表明,信息通信技术的发展和电子参与之间具有紧密的联系,互联网平台不断地演进和改变来满足客户的需求,各种类型的媒体也为议程设定和政治参与提供了不同的途径。通过提供信息帮助公众理解政治问题,信息通信技术能够促进公民参与。

电子参与具有双重含义:一方面是政府发起的服务,另一方面是公民发起的服务。在智慧城市中,最受欢迎的政府主导的参与方法是参与平台,这些在线平台允许公民提交他们自己的想法,投票给他们喜欢的想法,并相互讨论这些想法。公民通过平台参与,政府可以从相关信息中受益,以设计和改进他们的智慧城市项目。然而,公民和公务员在开发和使用这些平台的过程中遇到了一些挑战。事实上,目前的平台并没有十分符合公民的要求,也不符合行政管理的现实和公务员的要求。

联合国将电子参与定义为"通过信息和通信技术让公民参与政策和决策制定的过程,以使公共行政具有参与性、包容性、协作性和审议性,从而实现内在和工具性目的"。②联合国提供的定义强调了公民参与和电子参与对于可持续发展和应对当前全球挑战(如气候变化、不平等、贫困以及政府和非政府行为者之间的合作)的重要性。电子参与是提高公民参与数字治理和促进更高效社会的战略因素。③ 联合国提出的三级电子参与模型:电子信息、电子咨询和电子决策,把电子参与从与信息访问和透明度相关的更加"被动"的角色逐渐转变为基于审议、决策和共同创造的更加"主动"的角色。

新科学技术的出现为公民参与带来了大量新的内涵。借助于现代电子通信技术工具的创新,包括计算机、互联网等,信息可以更加简单、完整和快捷地传输,促成了各种新的沟通方式,过去那种要把各方集中在一起进行面对面讨论的形式,已经完全可以通过双向的电子通信技术得以实现。在若

---

① PLAMENATZ J. Electoral studies and democratic theory.[J]. Political studies,2010,6(1):1-9.

② PEÑA-LÓPEZ I. UN e-Government Survey 2014. E-Government for the Future We Want[J]. Unpan,2014:61.

③ 陈万球,石惠絮. 大数据时代城市治理:数据异化与数据治理[J]. 湖南师范大学社会科学学报,2015,44(5): 126-130.

干新的通信技术中,交互式网络直播是一个优秀的范例。通过交互式网络直播,人们可以密切关注公民会议或公共讨论的进程,同时不用亲临现场就可以参与讨论并提出自己的看法。这创造出了一种很有前景的民主形式,即电子民主(E-democracy),其他包括电话、语音、邮件系统、多媒体平台、社交媒体等在内的新技术,向公民提供了各种了解政府信息整合的途径,公民也可以向公共部门提出各自的请求和提议。巴伯说过:"新兴技术提供的知识和能力可以被用于加强公民的教育,保证公民有平等的机会获得信息,能够把个体和组织结成网络,使他们超越相隔遥远的空间来参与讨论和争论。因此,我们有机会在问题出现的第一时间创造虚拟的公民会议,让那些以前从未交流的人们直接参与进来。"①融洽的协调和商议的政治过程造就了一个平衡的网络,很多国家的政治实体期望通过使用信息通信技术来解决代议制民主内在的问题。如 2007 年的美国大选中,候选人奥巴马运用社交网络服务(SNS)作为散播其政治信息、筹集资金、团结支持者以及征集政策意见的平台。如此多样化的参与技术引起公民积极的政治参与活动。信息通信技术强化了现有的公民参与模式,调动了那些原本对公共问题漠不关心的公民的参与积极性。互联网还滋生了一种全新的交流体系——自媒体交流系统,它打破了传统大众媒体的单向性特点,使得多向交流成为可能。它允许个人建立自己的交流网络,实行自传播,有潜力对现有的权力关系做出深入调整。

一方面,新技术强化了以信息为目的的公民参与手段,政策制定者和公共管理者能够更好地从公民那里获取信息,同时不必分享其决策影响力。另一方面,如果公民不必费什么力气就能够与政府便捷地沟通,那么他们自然也会更乐意向政府提供信息,参与政府活动。大量事实证明,一个具有高水平技术基础设施的国家,能够增强公民电子参与的水平,反之,在低技术水平的国家,公民参与公共问题则存在更大的障碍。② 因此,先进完善的技术和网络基础设施是保证有效电子参与的基本前提。但是,我们也不应夸大新技术在推动公民参与过程中所起到的作用。一方面,很多政府无力支付安装并维护新技术设备并使其适应公民参与需求所需的大量资金,很多技术确实很昂贵,而许多政府官员认为,公民参与是一件很麻烦的事情,为此花费高额费用并不值得。另一方面,新技术会给公民参与的传统方式造成一些问题,从而困扰公民参与。尤其是,很多管理者发现,与传统公民发

---

① 巴伯.强势民主[M].彭斌,吴润洲,等译.长春:吉林人民出版社,2006:274.

② JHO W, SONG K J. Institutional and technological determinants of civil e-Participation: Solo or duet? [J]. Government information quarterly, 2015,32(4):488-495.

起的接触方法相比,公民借助于新技术表达的观点并不那么具有代表性。很多时候正是由于沟通变得更加便捷,在网络上的言论变得更不负责任,公民传递的信息和表达的观点缺乏足够的思考和说服力,只停留在抱怨的层面上,这与公民参与的初衷相违背。本书认为,电子参与由三个关键条件促成:1.强调官方的政策、决策和管理实践,确保其对人们的需求做出了回应;2.强调交互的手段,即人们应当通过各种沟通渠道建立联系,表达自己,以平等的身份和伙伴关系与政府部门进行沟通;3.强调公民与政府互动过程中的内容,确保电子参与成果的质量和合法性。电子参与,是指通过科技媒介建立公民与政府的对话,以确保公民在整个政策循环序列中的有效参与,也可理解为公民使用信息通信技术来参与公共事务和民主进程。电子参与的主体众多,但是书中偏重于分析"公民"层面的参与,这里的公民不仅包括公民个体,也包括公民组成的团体或组织。而电子参与的优势有以下几点:1.公众能够更便捷更迅速地获得公共问题的相关信息;2.减少了公民参与的社会压力成本,公众足不出户就能够参与公共问题的讨论;3.个人可以通过线上平台呼吁他人参与,也可以通过社交网络发布信息;4.互联网促进了全球规模的行动主义的发展,有效地补充了当下合作治理行动的社会技能。

第四章　数字治理时代电子参与的系统创新

第一节　公民电子参与的结构分解

一、政策循环中的电子参与

公共政策是指政府为解决问题和改善公民生活所采取的行动和决策,[1]这意味着政府声明它选择做不做的事情及打算如何解决公共问题。公共政策包括与公众和国家有关的社会经济和文化事务的行动方针、监管措施、法律和财政资金事项,[2]往往是通过几个步骤建立的,我们称之为政策制定流程或政策制定生命周期(简言之,政策生命周期)。这些包括问题定义和议程建设阶段、政策制定阶段、政策决策阶段、政策实施阶段、政策评估阶段。

尽管技术进步促进了公民参与政策过程,但挑战在于如何实现更有意义的公民参与。也就是说,公民参与为政府提供了收集公民意见和不同观点的机会,但政府对所收集的数据、所做的事情以及为反映或放弃意见所做的讨论或决定并不总是透明的。这是从公民到政府的单向互动,其中关于政策改进或实施计划的最终决策仍然是公民的黑匣子。更好的选择是在公民和政府之间进行双向互动,以便政府向公民提供内部政策生命周期的数据,这样公民就可以在政策生命周期的所有阶段更有意义地参与,从而给予他们共同决策和政策制定伙伴关系的力量。

(一)政策循环中电子参与的基本原则

显然,如果我们要创建有效的电子参与和数字民主系统,我们首先需要确定其基本原则。一般而言我们需要确保以下基本原则:

---

[1]　陈庆云. 公共政策的理论界定[J]. 中国行政管理,1995(11):26-29.

[2]　KILPATRICK D. Definitions of Public Policy and the Law[EB/OL]. (2018-09-20)[2021-02-04]. http://www.musc.edu/vawprevention/policy/definition.shtml.

1. 网络化原则

这个原则看起来是显而易见的,在虚拟网络上的会议与在一个现实房间里开会是不一样的,钢筋混凝土的房间和网络技术的房间有巨大的区别。视频会议可以以某种方式重建房间环境,但我们更感兴趣的是异步使用网络来支持小组决策。网络上的交互可以在空间和时间上分散,在线讨论可以是异步的或同步的。

在网络会议中,互动的时间顺序要少得多,而且更多的人可以同时"发表讲话"。在某种程度上,每个参与者至少可以按照自己的顺序探索材料,而在面对面的现实会议中,所有参与者都能听到并以相同的顺序看到相同的交互。通过网络,参与者可以多次回读讨论,并可以按照自己的进度移动和学习。在网络会议中,几乎每个人都有一台计算机在他们面前,因此他们还可以对问题进行侧面分析,或者使用网络收集会议中没有的更多信息。计算机显示器可以在网络会议中本地定制,以便更清楚地向个人用户显示字体或颜色,那些为面对面决策会议制定的程序、议程等将以一对一的方式简化为电子参与活动的流程、议程等。从二十世纪六七十年代以咨询主导的离线决策分析,转向近年来与利益相关者共同讨论的决策分析进程是意义非凡的。如果我们要以同样有效且合理的方式发展电子参与,那么层级的逻辑、试验等都需要重复或重新审查。

大多数技术都是建立一个网站来运行电子参与流程,并提供我们所需的算法和工具。但这并不意味着它可以立即建立,这将是一个非常复杂的站点,涉及大量程序和技术复杂的接口。它需要一个决策分析软件系统,需要模型管理系统去解释参与者的判断如何导致结论,还需要进一步的谈判、讨价还价和仲裁的工具,需要灵敏度和鲁棒性工具,最后至少还需要复杂的安全机制。

2. 人口多样性原则

在线决策会议是为了支持面临共同问题的决策者群体。这些决策者群体不仅仅是随机形成的,他们是由于一些共同的兴趣、偏好已经聚在一起或已经在一起工作的人们。就像虽然董事会中可能存在着许多人的不同观点,但它们都将与确保公司营利能力的一般共同目标相关联。即使在作为公众参与过程的某些利益相关者研讨会中,参与者的目标通常也不像整个社会那样多样化。电子参与活动将吸引来自社会各界的参与者,他们会进行自我选择,且不太可能有共同的利益。诸如当讨论一个旨在考虑医学研究资金的电子参与活动时,动物权利保护者不太可能与制药公司的代表分享任何关键目标。简而言之,参与者目标的多样性在电子参与方面可能比在现实会议中更大，而且更难以达成共识。

不论是种族还是社会文化都变得越来越多样化，带来了深远的影响。众所周知，不同的文化对不确定性的态度和理解有很大不同，这种差异可能发生在决策会议上，但之前合作的经验通常会使边缘变得柔和。文化背景会影响人们对文字和图像的理解。一些电子参与的探索中正在使用与 GIS 相关的界面，然而有学者指出，对地图的文化理解会影响基于 GIS 决策的有用性。不同文化对文字的选择可能会无意识地产生冒犯，在面对面的接触中，肢体语言可以帮助预测和识别这些问题，但在大型网络会议中这种问题可能会凸显。例如，一些东方文化对事件的预定论有着与西方截然不同的观点。因此，围绕特定形式的决策分析方法构建电子参与可能有利于某些公民和利益相关者。

3. 交流与理解原则

关于公众参与的大部分工作已经确定了解决沟通问题的重要性，特别是在风险方面的沟通。建立共享心理模型意义上的真正沟通是困难的，当一个人在听众和演说家之间交替传递各种线索时，面对面的交流是很困难的，而在网络讨论中，它则变得更加困难。电子参与需要更好的数字展示。网络本质上是图形化的，但只需要随便看几个政府网站就可以发现我们使用它的能力有多差。而政府需要改进的不仅仅是在数据表示方面。虽然大多数政策分析家擅长向受过良好教育的受众解释分析政策及报告的内容，但究竟如何将决策分析简单明了地传达给公众仍然是一个尚未解决的问题。其次，文字可能具有一些参与者不理解的地方或文化含义。在面对面的讨论中，词语的含义是通过谈判达成的，但如何在网上实现这一点还远未明确。

4. 合法性与信任原则

假设上述所有问题都得到了成功解决，并且可以创建一个电子参与过程，公众是否会认为它合法并信任它？我们应该考虑几个层次的信任。他们会相信网站上的所有互动都是真实的吗？他们是否认为网站上的分析反映了一系列公民信念和偏好，或者他们会认为系统扭曲或过度简化了他们的观点吗？在现实中的研讨会上，参与者可以看到和听到所有的互动，并可以对不同观点和偏好进行计算——网络参与是否能够给予公众相同的保证？任何民主制度都有玩弄权术或战术投票的风险。[①] 公民是否会信任其

---

① HODGE J, KLIMA R. The mathematics of voting and elections: a hands-on approach [M]. American Mathematical Society, 2005.

他公民能够诚实地揭示他们的偏好？现实中面对面的互动提供了许多支持信任的线索，而这些是网络无法保证的。

即便能够正确实现算法意义上的信任系统，依然存在信任问题。即使在相对简单的计票领域，电子投票文献中的诸多辩论也表明，保证系统透明并准确地计算选票是一项非常不平凡的任务。当系统利用复杂概率和效用结构去解决一个影响力重大的示意图时，它的精确度会有多少？需要什么质量控制来确保结果可信？电子代码是否需要在某种意义上给予发布？开源代码在这里显得意义非凡，但它们需要时间来编写和保证质量。

我们还需要考虑政治家是否也会信任电子参与系统。首先，他们必须接受政治权力结构的变化，这些变化将导致电子参与制度的应用。即使社会在反映参与者的审议意见的情况下对参与过程表示信任，也不一定表明他们认为在反映整个社会的意义上它是合法的。其次，还有数字鸿沟的问题：并非每个公民都可以轻松访问网络。事实上，任何参与过程都存在这样的问题：如何让公民平等地获得它。许多面对面的现场互动过程使农村社区处于极为不利地位，因为这些互动现场通常位于交通便利的城市。而在假期、旅行费用和机会成本方面，任何会议都是有不小的成本的。因此，如何通过网络轻松参与当然是一个意义非凡的问题，但所有的参与过程都有类似的问题，例如与"公平"代表性有关的问题以及压力集团"劫持"电子参与过程的可能性。最后，当局有可能积极寻求通过网络吸引公众和利益相关者，这里需要确定成功激励公众参与耗时活动的机制，从而使整个过程合法化。

参与通常会从对问题科学的讨论转变为对价值观的讨论。过去，许多政府机构已向公众提供专家评估，让其了解如果采用这一政策可能会发生什么，但他们更少强调辩论中的价值判断问题。政府及决策者依赖于根据"最佳科学"提出决策要求，然而参与辩论的范围越广，就越会有价值问题进入辩论。随着电子参与带来更广泛的参与，我们期待这种趋势延续下去。

5. 有效性原则

一些学者讨论了电子参与过程有效性的问题，指出诸如构造有效性之类的概念并不能完全转化为公众参与的背景，并且它们只涉及与有效性有关的一些问题。电子参与涉及信息系统的使用，并且有许多关于评估信息系统的不同模型和指标的讨论。关于电子参与过程与合法性、代表性等民主原则的关系问题还有待深入研究，还有一些政治问题涉及电子参与过程与社区的一致性和公众参与的发展问题。简而言之，为了评估基于决策分析的参与过程是否有效，需要解决的问题非常广泛。

（二）政策循环中电子参与的角色功能

1. 提高政府效率

不论是从政治学、经济学、法学还是管理学的角度来讲,有用的信息才是经济资源,也是经济生活中必不可少的要素,仅有技术或其他物质资料却没有信息支撑是不可能产生效率的。透明被认为是通过公开的执行公共事务或以其他方式服从公共监督以提高政府产出、行政效率、管理效率及政策效应的工具。① 很多关于提高善治的文献都注意到透明度的增加能够导致政府责任和效率的增加。而一个建立在精心建构的参与和代表制度之上的过程,能够强化执行和提高效率,并且更具有合法性。② 政府机构应当互相合作并与非营利组织、企业和个人合作,让其参与到政府工作中来。通过公共参与,可以提高政府的效率和效能,集体的知识和专业技能则能帮助提高决策的质量。政府部门之间的协作可以减少项目管理和服务提供中的多余流程和手续以提高效率,通过整合提供服务,能够节约时间和资源,提高政府办事和服务的效率。

2. 增强政府回应性

人们越来越接受这样的观点,即政府机构必须对公共需求作出回应,对公众予以及时准确的回应已经成为现代政府治理实现善治的重要手段之一。对公众而言,他们更关切的是其与政府官员的交涉是否得到回应,并且这些回应是否能够满足他们的需求。③ 回应要求政府机构及人员必须对公民的要求作出及时负责的反应,并主动地定期向公民征询意见和建议,解释各种政策并回应其不解、不满和质疑。④ 因此,尽管政治领域的电子民主和行政领域的电子政府过去基本上被分离,现在,开放政府却把这两个领域的活动合并了起来。利用新科技技术去支持、加强或复兴民主实践并不是什么新奇的事情。21世纪的媒体展现给人们的是,新通信技术一如既往地对民主过程和实践产生激烈的思辨。对使用新科技可以完成怎样的政治活动的乐观期待勾勒出了开放政府的理念,它吸收了部分哲学和开源编程运动的方法。正如开源软件允许用户改变并编写其源代码一样,开放政府意味着公民不仅拥有访问政府信息、文档和会议记录的权利,还能以一种有意义

---

① BIRKINSHAW P. Freedom of information and openness：fundamental human rights? [J]. Administrative law review, 2006：177 - 218.

② WOODS N, NARLIKAR A. Governance and the limits of accountability：the WTO, the IMF, and the World Bank[J]. International social science journal, 2001, 53(170)：569 - 583.

③ 格拉伯.沟通的力量：公共组织信息管理[M].张熹珂,译. 上海：复旦大学出版社,2007：247.

④ 俞可平. 治理和善治[M]. 北京：社会科学文献出版社, 2009：10.

的方式参与进来。开源运动的倡导者将其特征描述为透明、参与和协作,这些特征同样是代表民主理论的政治价值,直接与广泛的投票、政策选择等公民行为过程相联系,如今也是政府部门日常行为的应有之义。电子参与的发展使得公民必须能够获取问责政府的信息,并且渴望参与到行政机构的决策过程中来,这从根本上扩展了政府的回应性。

3. 及时纠错纠偏

公众的电子参与要求政府的各项政策和行动得以公之于众,实现透明化,公众的知情监督有利于对这些政策行动进行及时的纠错纠偏。2016年,我国的政府工作报告中明确提出,要健全容错纠错机制,给改革创新者鼓励支持。"容错机制"暗示着在改革发展过程中要对"探索性失误"采取宽容的态度,减轻领导干部的思想压力,不断提升执政能力和水平。对容错机制的鼓励,不但能够转变一些公务人员"多一事不如少一事"的心态,还能够营造良好的氛围,更有利于改革创新。但"容错"并不意味着"一容了之",允许试错并不是放任错误,不纠偏纠错。反之,我们必须严守容错底线,积极"纠偏纠错"。开放政府要求对政府政策和行为的透明化,有利于公众及时发现政府政策和行为的偏差错误,及时调整,纠偏纠错。纠错的目的也不在于追究责任,而在于当偏差、失误初现端倪时,能够得到及时纠正,避免错误的放任,造成更大损失。还需要指出的是,容错纠错仅仅适用于领导干部在改革创新过程中的"探索性失误",并不包括少数干部独断专行、盲目决策、谋求私利的原则性错误。通过开放政府,能够及时厘清是非对错,纠错纠偏,从而体现制度的刚性和政府的公信力。

4. 加强公共问责

电子参与的过程必须是公开、诚实且易被理解的,整个过程的发起、目的、设计,以及决策者如何应用结果都应该是清晰而透明的。[①] 一个政府的透明度越高,公众和媒体就越容易获得信息,追寻"真相"的成本就越低,对政府及其官员政策和行为的监督也就越有效。问责被认为是只能由公众提供的公共物品,政府能够通过相应制度的落实来允许公民使国家公仆负起责任,但是要实现问责,公民必须参与到这些制度中来。问责制要求政府相关官员必须回应公众的要求,提供充分的信息和证据对其行为进行解释,一个好的政府往往需要常规性地对公众的疑问做出回应。而当政府官员滥用权力或者与指令不符时,公民可以通过委托机构对其依法实施制裁。因此,

---

① AMSLER L B. Collaborative governance: integrating management, politics, and law[J]. Public administration review, 2016, 76(5): 700-711.

开放政府的实现过程也是一个不断强化问责的过程。

5. 提升政府公信力

进入新世纪之后,互联网尤其是新媒体的普及对公权力的运行提出了更高的要求和更大的挑战。随着民主法治的建设和发展,威权和保密主义只会引发公众的抵触跟质疑,影响权力运行的效果,并无法带来公众的信任。而公共权力的可视化与公众的可参与性却能够实实在在地提高其对政府的信任。信息社会的公众,其获取知识的能力和知识水平不断提高,公众有能力也有意愿了解和参与政府过程和决策,他们变得不那么好糊弄,也更容易对政府的行为及决策提出各种质疑。在这种情况下,权力行使者必须具有能够对瞬息万变的社会作出迅速回应的能力,做到最大限度地向公众提供有效的信息,以信息的公开透明来提升自己的权威,博得公众信任。维持公众对公权力的信任感,除了要求权力行使者要言必信、行必果,不可朝令夕改之外,还要求其确保自身行为的公开透明和沟通渠道的畅通,并能够让公众积极参与到政策过程中。促进公民电子参与成为提升公共权威和政府公信力不可或缺的方式和途径。

6. 促进国家治理体系和治理能力现代化

随着信息时代的飞速发展,世界民主化进程不断加快,公民社会迅速崛起,政府、市场与公民社会的关系发生极大的改变,善治的理论和实践也随之兴起,并成为各国政府竞相追求的目标。善治是社会治理的至高境界,其主要特征是合法性、回应性、法治性、有效性、责任性和透明性。[①] 善治把新公共管理和自由民主的主张结合起来,是当代公共管理追求的最佳状态。[②] 善治展现了一种存在于政府、社会和市场之间的新颖关系,展现了一种政府与公民对公共生活合作管理的状态。善治所包含的远不止国家权力或是政治意愿的力量,还包含法治、责任、参与、透明、回应等要素,它们不仅仅是与行政过程或制度设计有关的技术问题,更是民主化进程的必然结果。政府开放则意味着利益分配的规则、考量的因素、各个环节以及最后的结果都要公开透明,实现充分的民主参与。对每个人开放的权利平等,利益相关者或公众能够提出不同的诉求和意见,政府则必须尊重和考虑这些意见和诉求。同时,电子参与可以强化公众对政府的监督和问责,对政府决策者及执行者的自由裁量空间进行压缩,从而减少腐败和徇私舞弊的可能。

事实上,一般认为公共行政追求的善治依赖于透明和公共问责机制。

---

① 黄健荣. 论公共管理之本质特征、时代性及其它[J]. 公共管理学报,2005,2(3):23-30.

② RHODES R A W. Understanding governance:ten years on[J]. Organization studies,2007,28(8):1243-1264.

这一过程将信息通信技术作为一个重要工具，明确地将目标定位于使公众满意并加强公共决策的公民参与。公共行政采取这些新科技手段来满足新公共管理的目标，从而直接有效地满足社会需求。数字政府为政府提供了一个高效有力的提升内部行政和外部服务的渠道，从而增强了透明度并催生了更高程度的信任。数字治理所带来的电子参与是善治的基本要求，实现电子参与的过程不仅是走向善治的必然之路，也是实现我国国家治理体系和治理能力现代化的有效之路。

二、"知情—咨询—赋权"的纵向层级结构

数字治理时代的公民参与有不同的程度，人们可以以多种方式、不同程度参与公共决策和服务交付。人们可以获知政府决策、服务的可用性，也可以就某些决定发表观点，还能够参与决策。我们可以从三个不同层次把握电子参与的特点，第一个层次是电子信息，即提供在线信息，实现知情；第二个层次是电子协商，即组织在线公共咨询和协商；第三个层次是电子决策，即赋权公民直接参与决策过程。首先电子参与需要通过信息的释放达到电子启动；其次电子参与通过咨询，能够让公民做出更大的贡献、支持政策问题相关的慎重辩论；最后通过支持电子参与达到电子赋权，促成自上而下的观点对政治议程的影响。① 因此，电子参与可以被分为三个层级，如图 4.1 所示。通过对电子参与这三个层级过程的有效设计，能够实现政府与公民的双向沟通。

图 4.1　电子参与的层级结构

这个方法的特点是首先提供信息，其次进行公告协商，最终以电子参与对决策产生真正的影响。然而电子决策的参与程度并不总能真实推动政策

---

① LEE C，CHANG K，BERRY F S. Testing the development and diffusion of e-government and e-democracy：a global perspective[J]. Public administration review，2011，71(3)：444－454.

和决定的直接制定,而是在很大程度上取决于所用工具的类型以及使用工具的人的意图。而具体的电子参与工具的存在也不总意味着人们的意见和输入会自动转换成实际的政策。①

电子信息是电子参与的第一个层次。通过信息通信技术渠道,政府能够为公众提供信息,帮助人们在下一阶段的协商中作出明智的选择。电子信息之所以重要,是因为如果没有公众对信息的知情权,那么参与就不再是以证据为基础的、完全相关的或显著的。访问信息的权利是有效电子参与的先决条件。除了中非共和国、科摩罗、朝鲜、厄立特里亚、瑙鲁、帕劳、索马里、南苏丹和图瓦卢九个国家,剩下 95% 的国家都在线发布包括金融、劳工、环境、卫生、教育和社会保障等关键领域的信息,如图 4.2 列举了 2014年和 2016 年提供与不提供环境领域存档信息的国家数量。国家的收入水平一般不会影响政府在线分析公共部门基础信息的能力,只会影响他们提供特定信息和数据的能力。利用移动技术访问归档信息还不是一个普遍做

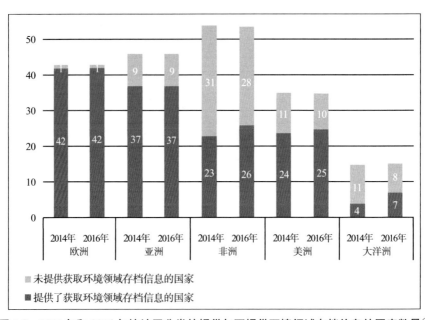

图 4.2　2014 年和 2016 年按地区分类的提供与不提供环境领域存档信息的国家数量②

① 张航. 公民参与的新阶段:"知情—协商—赋权"的电子参与过程[J]. 学习与实践,2017(3):62 - 71.

② Department of Economic and Social Affairs. The United Nations E-Government Survey 2016:E-Government in Support of Sustainable Development[M/OL]. New York,2016:64. [2016 - 09 - 30]. http://workspace.unpan.org/sites/Internet/Documents/UNPAN96407.pdf.

法,32%的国家提供通过电子邮件或短信订阅劳动相关信息的更新或提醒服务,47%的国家在金融领域做到了这一点,开放性政府数据技术的使用比移动应用和平台的使用更先进,超过183个国家在线发布开放性政府数据集。总体而言,发达国家和发展中国家之间的差距依然很大,95%的欧洲国家在线共享信息,而只有48%的非洲国家和33%的大洋洲国家这样做。①

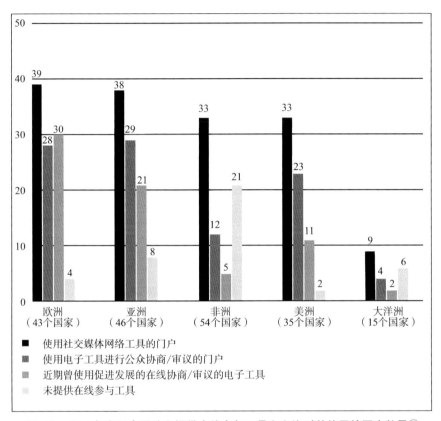

图 4.3　2016 年在门户网站上提供在线参与工具和允许对其使用的国家数量②

　　电子参与的第二个层次是电子咨询或电子协商。换句话说,对于特定的服务、政策或项目,政府会征询公众的意见。社交媒体的互动特质对于在线咨询和其他方式下无法达到预期支持的协商很重要。如今,社交媒体触

---

　　①　Department of Economic and Social Affairs. The United Nations E-Government Survey 2016：E-Government in Support of Sustainable Development[M/OL]. New York,2016:55. [2016 - 09 - 30]. http://workspace.unpan.org/sites/Internet/Documents/UNPAN96407.pdf.

　　②　Department of Economic and Social Affairs. The United Nations E-Government Survey 2016：E-Government in Support of Sustainable Development[M/OL]. New York,2016:55. [2016 - 09 - 30]. http://workspace.unpan.org/sites/Internet/Documents/UNPAN96407.pdf.

手可及,对于政府来说,其成本仅仅是连接互联网和雇佣内容管理员的价格。许多国家为了从这样的机会中受益,都在社交媒体上建立了网页来增进互动网络及公众的沟通,这对那些没有专门的门户进行在线公众协商和审议的国家尤其重要。社会媒体的兴起加快了电子协商的发展,五分之四的国家都在政府门户网站上设有社交网络功能,例如脸书(Facebook)、推特(Twitter)、新浪微博、微信公众号等链接。图4.3列出了到2016年能够在门户网站上提供在线参与工具和允许对其使用的国家数量。地区之间也鲜有差异,这是电子协商的重要趋势,是社交媒体推动公共参与的另一种表现形式。电子工具和社交媒体治理,诸如投票工具、请愿工具、网络论坛等,为发展与问题相关的在线公众协商提供了机会。

图4.4显示了2014年和2016年采用在线协商的国家数量,从图中可以看出,自2014年以来,在关键领域采取公民在线咨询和协商的国家数量几乎增加了一倍。人们在线最常讨论的是有关环保、医疗和教育的问题,相对而言有关就业和社会福利的问题较少被讨论。一方面,以网络为基础的功能能够衡量人们对在线服务的满意度;另一方面,它可以寻求公众的意

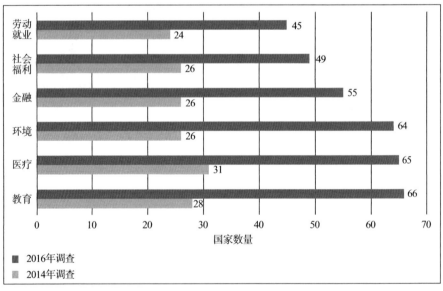

图4.4 2014年和2016年采用在线协商的国家数量(按领域划分)①

---

① Department of Economic and Social Affairs. The United Nations E-Government Survey 2016: E-Government in Support of Sustainable Development[M/OL]. New York, 2016:67. [2016 - 09 - 30]. http://workspace.unpan.org/sites/Internet/Documents/UNPAN96407.pdf.

见,提高政府提供的公共电子服务的数量和质量。要确保电子参与的好处是为公共利益服务,这就需要创造可信的环境,让政府和使用电子协商工具的人们自身能够将其看作平等的伙伴。就目前而言,许多在线协商工具都未得到充分的应用,原因是人们可能不了解或不相信这些工具。有意义的参与是一件耗费时间和精力的事情,因而是需要慎重使用的公共资源。政府需要证明其是认真地看待此类协商,并公开透明地承认公众的贡献。电子咨询和电子协商的兴起是公民以更积极的双向互动模式进行参与的一个重要标志。制定政策选择和文件的公开协商意见成为电子参与的主要支撑和驱动运输。然而不论是通过社交媒体还是通过专用的在线协商工具,电子协商工具的部署仅仅是迈向更广阔、更有意义的公共参与的第一步,而下一步是确保决策的各个阶段都应用了这些真正的决策和公众协商的参与性电子工具。

电子参与的第三个层级是电子决策,目前而言,这个层次依然是个严峻的挑战。电子决策意指公众为决策过程提供观点的过程。虽然决策是之前公民参与活动的一个逻辑顶点,但提供信息和有效协商同样是宝贵的参与形式。随着科技的发展,愈来愈多的新兴软件工具正创建复杂而精密的在线系统,政策讨论也因此得到了特别的关注。与公众讨论政策和决定正在成为日益普遍的做法,而参与性决策进程和公众协商的进程密切相关,电子决策领域的加速发展很大程度上是电子协商活动持续上升的作用,全面的电子参与方法能够扩大参与性决策的范围和含义。英国的政府门户网站Gov.uk 将三个电子参与领域整合而一,是一个典型的例子。从出版政策草案、提供相关文件和资料,到征询公民意见并允许可靠的建设性的反馈,再到公布收集的市民反馈决策并解释提议的政策选择中的所有变化,强调了何处纳入了考虑、何处没有纳入并解释了原因,这一选择是协商的结果。

2016 年的调查显示,联合国 193 个成员国中只有 20% 的国家通过电子协商的结果促成了新的决策、法规或服务。更多的国家至少在某些特定发展领域采用在线咨询工具,只是这些协商并不一定催生出实际的变化或促成新规定的采用,只有十分之一的国家真的根据针对发展重点的公众协商做决定,同样在教育、医疗和环境领域方面的决策协商显著增加,而在就业方面相对滞后。不难看出,虽然在线协商日益增加,但大多数的协商在决策过程中尚未充分制度化。① 很多情况下,对于在线公开辩论是如何规划执行

---

① Department of Economic and Social Affairs. The United Nations E-Government Survey 2016:E-Government in Support of Sustainable Development[M/OL]. New York,2016:67.[2016 - 09 - 30]. http://workspace.unpan.org/sites/Internet/Documents/UNPAN96407.pdf.

的、其目标和结果如何并不明确,同时工作的反馈也很稀缺和罕见。可以说大部分的在线协商仍然处于一种自组织的起步阶段,尚有大量潜力待开发。

电子通信技术的使用,包括社交媒体在内的创新开放政府的提升,促进了电子参与更为广泛的传播,较之从前也更加普遍。人们可以针对更多问题与官员进行更为频繁的互动,包括协助公共服务的设计、参与服务的交付、针对复杂的挑战提供更为连贯综合的解决方法等。换句话说,电子参与要求人们不仅针对政府作出的决定和提供的服务提出观点,还能促进行动和影响行动。政府若想真正发挥出开放政府的参与功效,必须明确目标人群和地区,将采纳的协商和决策程序相关的说明作为补充,确立明确的规则和程序处理所收集到的意见,并有足够的分析能力进行审查和处理,汇报协商结果以及其对政策制定程序的影响。总之,制定清晰的电子参与策略,通过"知情—咨询—赋权"的过程打造双向互动渠道,保持电子信息、协商和决策领域三个层级间的平衡是开放政府参与流程再造的关键。①

三、"政府—公众"关系的横向互动结构

21 世纪以来人们都在充分地重新思考公众参与的传统方法,调整现有的管理流程、提升公民积极性成为新的关注焦点,网络交互式数字媒体为这些目标的实现提供了有力支持。电子参与活动在全球范围持续发热,一方面是借助数字渠道,尤其是开放性数据格式和政府所持信息量的不断增长驱动;另一方面则是受各级政府部门承办的大量电子协商活动所驱动,而这得益于社交媒体上互动交流机会的稳步上升。前文提到开放政府流程强调的电子参与涉及"知情—咨询—赋权"的过程,即电子信息、电子协商和电子决策的层级过程。政府与公民的双向互动必须考虑这三个层级的电子参与,与此同时也要考虑不同主体主导的不同方向的参与。

社会系统的基本要求被定义为是至少两个个人或系统角色的对话。与此相一致的,公民和决策者之间的互动行为以及相关概念应该被视为一个社会系统。从这个视角考虑,电子参与的综合模型如图 4.5 所示,模型将电子参与的路径分为两种:一种是传统的由政府主导的电子参与,一种是新型的由公民主导的电子参与。这两个路径都存在电子信息、电子协商和电子决策的层级过程。根据结构化理论,这两种形式同时维系了公众和决策制定者之间配置性资源和权威性资源的动态分布。公民贡献于政策制定的合

---

① 张航. 基于电子"信息—协商—决策"结构的公共参与治理创新[J]. 管理世界,2017(4): 176-177.

法性和重要性直接通过政府发展的动态能力得以加强,这种动态能力导致明确的认可、考虑,以至随后的采用。实现综合电子参与框架的核心能力包括:1. 适应能力,包括动态资源分配和获取,规则再生产和改造流程;2. 吸收能力,包括持续的监控过程,参与塑造过程和公民信息服务;3. 创新能力,包括灵活的监测过程和无处不在的电子参与。这些能力确保了公民之间、公民和决策者之间连续自省的对话和讨论。电子参与使用了一个协商的过程,在一个特别的背景之下拥有一个特别的结构和性能。电子参与由三个关键条件促成:1. 强调官方政策、决策和管理实践,确保它们对人们需求做出了回应;2. 强调交互手段,即人们应当通过沟通渠道建立联系,表达自己,以平等的身份、平等的伙伴关系与政府部门沟通;①3. 强调公民与政府互动过程中的内容,确保电子参与成果的质量和合法性。

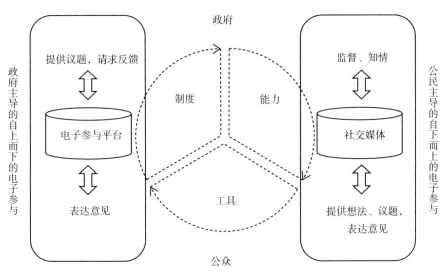

图 4.5　数字治理时代电子参与的互动结构

　　常见的电子参与工具和活动包括开放政府数据在内的在线信息提供、电子竞选、在线研讨、电子投票、电子选举、公共政策论述、合作生产和协作式电子环境等。② 电子参与工具的成功不仅取决于总体监管环境的支持度,还取决于政府是否采取足够的措施将公民参与机构新实践制度化,从而将电子参与工具投入实际使用。同样,此类政策和技术的有效性很大程度上取决

　　①　MACINTOSH A. EParticipation in policy-making: the research and the challenges[J]. Exploiting the knowledge economy: Issues, applications and case studies, 2006: 364 – 369.

　　②　PANOPOULOU E, TAMBOURIS E, TARABANIS K. E-Participation initiatives: how is Europe progressing[J]. European journal of ePractice, 2009, 7: 15 – 26.

于人们是否愿意更积极、更多地使用这些工具,以及他们是否具备有效使用这些工具的必要数字化技巧和基础知识。政府和公民之间新的互动形式将那些无法上网之人排除在外,因此有必要扩大信息通信技术,尤其是宽带网络和服务的适用范围,缩小数字鸿沟,在更大程度上发挥电子参与的潜力。

电子参与活动政策的制度化是一个迫在眉睫的问题。第一,政府要深入到社会各个群体中,明确公众参与的宗旨,分析何种参与工具最适于实际情况,从而能够实现预期结果。第二,要保证电子参与活动的有效性和影响力,必须确保政策制定过程是开放和包容的。ICT 可以通过提供信息、促进协调以达到更具包容性机构人群的要求,从而改善治理。第三,必须树立公职人员为人民服务的心态,这要求公共部门组织文化的转变。同样需要对公务人员进行数字扫盲,学习新的包括社交媒体在内的电子工具参与技能。第四,需准备好预测并面对采取新技术所可能出现的不可避免的新挑战。很多时候仅仅将数字技术看作一种工具已经越来越困难,因为引入新技术解决了老问题后,问题本身也会发生变化。① 第五,促进有效的公民参与需要创建多个线上线下渠道,重新利用传统方式组织的管理机构连接网络公民社会。网络关系的普及创造了新的民主问责制模式以及对公民功效的期望,这需要调整、改变和创新政府与人们及所有利益相关者的互动方式。第六,必须培养公众的信息素养,有质量地利用信息通信技术对于充分发挥电子参与的作用很重要。第七,必须有政治意愿和流程,确保这些电子协商有助于决策。② 传统意义上的决策是受公共管理进程约束的政府独营事务,如今正向着开放的协作过程转变。

一般而言,由政府部署的电子产业供给的实际使用是不易测量的,设置对于质量评估更具挑战性的在线电子参与的做法有助于提升参与式治理水平,对更好地理解影响电子参与成功与否的因素显得尤为重要,同时必须全面地看待决策生命周期的每一个阶段,关注政府主导的参与和公民主导的参与两个不同路径的电子参与层级结构,制定参与式民主决策的制度性框架,从整体上推进电子参与。

---

① J. BACH, D. STARK, United Nations Research Institute for Social Development. Technology and transformation: facilitating knowledge networks in Eastern Europe [EB/OL]. United Nations Research Institute for Social Development 2003. [2016 - 10 - 11]. http://www. unrisd.org/80256B3C005BCCF9/(httpPublications)/35352D4B078518C0C1256BDF0049556C? Open Document.

② DE CINDIO F, STORTONE S. Experimenting liquidfeedback for online deliberation in civic contexts[C]//International Conference on Electronic Participation. Springer Berlin Heidelberg, 2013: 147 - 158.

第二节　数字治理时代电子参与创新的核心要素

电子参与作为数字治理的一种创新形式，其本身亦需要实现不断的创新。过去的实践表明电子参与的潜力并未被全部激活，对电子参与的研究往往过分限定于"E-participation"的研究领域，在无意识间将其看作一个孤立的过程，事实上电子参与和其他一些过程紧密联系在一起，需要被看成一个系统过程。参与的前提是透明，只有透明才能发现和凸显问题，继而要解决问题就需要公众行动起来，积极参与和协作。因此"透明—参与—协作"应该是电子参与的一个连续统一问题。而电子参与的创新亦需要这几个核心要素环境的创新。

一、电子参与创新的前提——开放政府数据

透明被视为善治的一个基石，是政府议程的核心。[①] 自 20 世纪 70 年代以来，政府透明就成为学者们关心的一大问题。[②] 近年来对透明越来越强烈的关注则在很大程度上受到新公共管理的启发。[③] 在公共管理领域，透明是一个意在使政府的决策和行为能够对公众负责，并减少政府机密的革新概念。它可以提高决策，遏制腐败，增强问责，孕育出更具理解力又消息灵通的公民。[④]

有关透明的文献显示出了其概念上的多样性，过去关于政府透明的研究主要聚焦于增强公开性所带来的政治和社会利益上，很多关于善治的文献都注意到透明度的增加能够导致政府责任、效率和公民参与的增加，并且能够通过遏制腐败提高政府的公信力，[⑤] 近年来的研究则聚焦于透明的增

①　HOOD C. Accountability and transparency: siamese twins, matching parts, awkward couple? [J]. West European politics, 2010, 33(5): 989-1009.

②　LASWAD F, FISHER R, OYELERE P. Determinants of voluntary Internet financial reporting by local government authorities[J]. Journal of accounting and public policy, 2005, 24(2): 101-121.

③　GRIMMELIKHUIJSEN S G, MEIJER A J. The effects of transparency on the perceived trustworthiness of a government organization: evidence from an online experiment[J]. Journal of public administration research and theory, 2012: 137-157.

④　COOK F L, JACOBS L R, KIM D. Trusting what you know: Information, knowledge, and confidence in social security[J]. The journal of politics, 2010, 72(02): 397-412.

⑤　GRIMMELIKHUIJSEN S, PORUMBESCU G, HONG B, et al. The effect of transparency on trust in government: a cross-national comparative experiment [J]. Public administration review, 2013, 73(4): 575-586.

加如何刺激经济增长,公众对政府数据的再利用被认为能够带来经济和社会价值从而刺激增长①。

"政府透明"这一术语涵盖了从信息获取、立法到数据公开政策的一系列行为。透明表示公民有能力访问政府信息,公共行政政策及行动的透明是核心问题,②格里姆力凯森将透明定义为对一个组织或行动者信息的可获取性,它允许外部行动者对其内部工作或绩效进行监督。③霍利等人进一步发展了这一定义,认为政府数据收集和传播是政府透明的一个特定范畴。④鲍尔声称透明是对一系列现存腐败问题的解决方式:通过数个机制向公众提供信息可以保证政府官员和决策更具责任性,尽管透明不能完全保证问责或消灭腐败,但是至少它使得这些更具可能性。⑤它允许个人通过多样的信息揭露机制去搞清楚政府内部到底发生了什么。⑥伯金肖认为,透明是通过公开地执行公共事务或以其他方式服从公共监督以提高政府产出、行政效率、管理效率及政策效应的工具。⑦对伍德来说,透明不仅仅是纯粹地访问政府信息,还要求这些信息被证明是可被理解的。⑧也有学者将透明理解为,包含使得公共行政信息可以被国内政治体系内外的行动者成功获取的法律、政治和制度结构。梅耶尔则认为透明是指外部利益相关者在多大程度上被赋予常规访问公共部门运行信息的权利。⑨通过对政府信息的揭露提高透明,一个关键目标就是增强公众对其政府正在做什么及其

① LINDERS D, WILSON S C. What is open government?: one year after the directive[C]// Proceedings of the 12th Annual International Digital Government Research Conference: Digital Government Innovation in Challenging Times. ACM, 2011: 262-271.

② PIOTROWSKI S J, VAN RYZIN G G. Citizen attitudes toward transparency in local government[J]. The American review of public administration, 2007, 37(3): 306-323.

③ GRIMMELIKHUIJSEN S, PORUMBESCU G, HONG B, et al. The effect of transparency on trust in government: a cross-national comparative experiment [J]. Public administration review, 2013, 73(4): 575-586.

④ HOLLYER J R, ROSENDORFF B P, VREELAND J R. Measuring transparency[J/OL]. Political analysis, 2014.[2015-08-20]. http://ssrn.com/abstract= 2113665

⑤ BALL C. What is transparency? [J]. Public integrity, 2009, 11(4): 293-308.

⑥ ELLIS C J, FENDER J. Corruption and transparency in a growth model[J]. International tax and public finance, 2006, 13(2-3): 115-149.

⑦ BIRKINSHAW P. Freedom of information and openness: fundamental human rights? [J]. Administrative law review, 2006: 177-218.

⑧ HOOD C. Transparency in historical perspective. In Hood C. & Heald D. Eds. Transparency: The key to better governance? [C]. Oxford, UK: Oxford University Press, 2006: 3-23.

⑨ MEIJER A. Understanding the complex dynamics of transparency [J]. Public administration review, 2013, 73(3): 429-439.

原因的理解。对政府这种改进的理解被认为会使公众产生更大程度的政府信任以及造就更具回应性的公共组织。为了让公众更精确地明白政府正在做什么,公开披露的信息就其触及的有关政府行为的问题必须全面。

总的来说,有关透明的文献大多建立在对代理理论和合法性理论解释的基础上①。根据代理理论,我们可以发现公共行政中的委托关系在于,当选的官员代表公众利益实施行动,在这种关系中信息的不对称会滋生大量的问题。当选官员并不会和公民保持利益一致,因而根据其职责所产生的行为必须负起相应的责任。自发性的和强制性的提供信息已经成为信息揭露、监控官员行为的一个重要途径。② 因此,高度的透明能减少信息不对称、增强公众信任、减少公民和公务人员之间的冲突,提高政府决策和行为的透明度也会提高民主和公民参与的程度。③ 另一个解释透明的理论则是合法性理论,④萨奇曼将合法性定义为一个一般性的认知或假设,即认为任何个体完全地或恰当地在某些特定标准、价值和信念的社会建构体系中的行为都是合意的。组织行为的透明是判定组织合法性的有效路径,如果组织的合法地位受到威胁,组织则会通过信息揭露的方式来努力提高组织的合法性。信息的传播也许会用来恢复公民的信心,并试图改变公民对组织功能的认知。同时,回应总体压力、提供一种善治的形象也是保卫合法性、增强政府信誉的一个办法。⑤ 人们在很大程度上相信,更高程度的透明会促进更大程度的政府信任,公众能获取的政府客观信息越多,越能够明确地认识政府。⑥ 从广义上讲,公民对政府的信任之所以重要,在于其反映了公民和政府之间关系的质量。并且,透过行政的镜头来看,公民信任对提高公

---

① SUCHMAN M C. Managing legitimacy: strategic and institutional approaches[J]. Academy of management review, 1995, 20(3): 571-610.

② LASWAD F, FISHER R, OYELERE P. Determinants of voluntary Internet financial reporting by local government authorities[J]. Journal of accounting and public policy, 2005, 24(2): 101-121.

③ FUNG A. Infotopia unleashing the democratic power of transparency[J]. Politics & society, 2013, 41(2): 183-212.

④ RODR IGUEZ BOL IVAR M P, ALCAIDE MUÑOZ L, LÓPEZ HERNÁNDEZ A M. Determinants of financial transparency in government[J]. International public management journal, 2013, 16(4): 557-602.

⑤ PINA V, TORRES L, ROYO S. Is e-government promoting convergence towards more accountable local governments? [J]. International public management journal, 2010, 13(4): 350-380.

⑥ BUELL R W, NORTON M I. Surfacing the submerged state with operational transparency in government services[J]. Harvard business school marketing unit working paper, 2013: 14-34.

共部门效率和效能有重要贡献。① 举例来说，政府公信力低的地方，政策执行的成本偏高，公众参与公共机构的意愿偏低，公共服务行业中招聘积极有才干的人才的挑战也更高。② 相反，政府公信力高的地方，公众更可能自愿地服从公共政策。③ 公共服务的协同生产能得到有效提高，④公众对民主进程的支持也更加普遍。⑤

电子参与语境下的透明与开放政府数据（Open Government Data）直接联系在一起。英文"Openness"对应中文的"公开"，在《现代汉语词典》中"公开"有两条解释：一是不加隐蔽的，这是一个形容词；二是使成为公开的，这是一个动词。从这个层面上则可将政府信息理解为，一来"公开"是政府信息的本质属性，二来政府信息公开是一个行为过程。数据公开，不仅仅是单向公布信息，告知信息只是强调在信息传递过程中政府需要主动公布信息。除此之外，公开政府数据还包含着政府与公民的互动和合作。政府与公民的互动突出了政府信息的双向流动，政府也需要通过各种民意调查、公民听证会等让公民提供信息。更高层次的政府公开则需要政府和公众的合作，尤其是在政府决策过程中。

政府数据公开作为民主的一种表现路径，建立在人民主权和知情权基础之上，目的是保证公民在了解政府信息的基础上实现对政府事务的监督和参与，建设一个透明的更具开放性的政府。政府持有的信息属于国家财产，在与法律政策保持一致的同时，政府应当披露其掌握的信息供公众获取和使用，开放政府数据是实现开放政府透明过程的重要政策。政府机构应当互相合作并与非营利组织、企业和个人合作，让其参与到政府工作中来。通过大量有效的公民参与，可以提高政府的效率和效能，集体的知识和专业技能则能帮助提高决策的质量。向公众开放数据应当被视为政府信息共享行为的一部分。总的来说，从政府角度来看，各国开放政府数据的创新途径都与信息通信技术紧密联系在一起，最常见的手段就是构建开放政府数据

---

① YANG K，HOLZER M. The performance-trust link：Implications for performance measurement[J]. Public administration review，2006，66(1)：114-126.

② VAN DE WALLE S. Context-specific images of the archetypical bureaucrat：persistence and diffusion of the bureaucracy stereotype[J].Public voices，2004，7(1)：3-12.

③ IM T，CHO W，PORUMBESCU G，et al. Internet，trust in government，and citizen compliance[J]. Journal of public administration research and theory，2014，24(3)：741-763.

④ CUTHILL M，FIEN J. Capacity building：facilitating citizen participation in local governance[J]. Australian journal of public administration，2005，64(4)：63-80.

⑤ MISHLER W，ROSE R. What are the political consequences of trust? a test of cultural and institutional theories in Russia[J]. Comparative political studies，2005，38(9)：1050-1078.

平台,即建立一个综合的开放数据门户网站。

开放政府数据通常将公众有权利获取信息理解为:1. 信息的主动披露;2. 以互联网为披露的主要媒介;3. 获取和使用信息是免费的;4. 信息是计算机可读的。并且,公布于众的数据应该符合以下几项原则:1. 数据须是完整的。数据是电子存储的记录,包括数据库、转录本、文档、各种录音和视频记录,但不仅限于此。公共数据是指那些不属于有效私人的,未受到任何安全或特权限制的,也非其他相关法律规定的不允许公开的数据。2. 数据必须是基础的。数据通过最合适的粒度水平而不是以聚合模式或改良模式搜集起来作为源头。3. 数据必须具有时效性。必须尽可能快地得以获取信息以确保数据的价值。4. 数据必须是可及的。不论出于何种目的都应在最大范围内确保公众对数据的获取。5. 数据必须是计算机可处理的。数据应拥有合理的结构允许进行自动化处理。6. 对数据的访问必须是无差别的、非歧视性的。数据应该是向所有人开放的,不要求强行登记注册。7. 数据格式必须是非专利的。可以获取的数据格式,没有任何实体具有排他的控制权。8. 数据必须是免费许可的。数据不隶属于任何版权、专利、商标或商业机密规则。在有特定法律规定的情况下,允许数据存在合理的隐私、安全和特权限制。[①]

开放政府数据的计划和举措不可避免地会遭遇社会性和技术性的障碍,尤其是有风险规避倾向的组织,基本默认选择不开放数据。开放政府数据也有自己的阴暗面,它可能使政府机构因为潜在的消极后果而勉强参与到相关行动中。[②] 当向公众开放数据时,政府机构不可避免地要放弃某些控制权,同时要面对一些技术上、组织上、文化上和立法上的阻碍。让公众使用政府数据来提高社会和经济价值,恰当的信息战略在其中扮演了重要的角色。

二、电子参与创新的核心——网络参与平台

我们可以从两个视角来看待公共参与:一是政府积极地与公众建立对话关系或直接让公众参与到决策过程中来;二是公众通过提供的相关信息

---

① OpenGovData. Eight Principles of Open Government Data[EB/OL].(2007 - 12 - 03)[2015 - 09 - 03].http://www.OpenGovData.org.

② ZUIDERWIJK A, JANSSEN M. The negative effects of open government data-investigating the dark side of open data[C]//Proceedings of the 15th Annual International Conference on Digital Government Research. ACM,2014:147 - 152.

以及政府体系中现有的机制积极参与到决策中来。

在一个日益全球化的世界中,政府及其公务人员正忙于应对众多越来越复杂的非程序性事务,尽管许多行政人员将自身与公民的紧密关系视作必要的和值得期待的,但他们中的大多数人却不会积极地倡导公民参与,即便那样做了,他们也很少会把公众意见用于行政决策。凯特琳基金会的研究显示,公民有被隔离于政府行政过程之外的感觉,尽管他们关心社区和国家相关的公共事务,却感觉自己被拒绝在了公共议程之外。公民对政府的不信任持续上升,这种不信任降低了公民参与的热情,还会导致政府管理无能的现象。还有激进的公民认为,只有进行有组织的激烈反抗,政府部门才会正视其诉求。邻避组织(NIMBYs, not in my backyards)近年来一直在各种不同的公共议题上质疑行政决策,给政策执行者制造了无尽的麻烦。抗议者们坚信行政人员是出于"私利"而作为,根本不关心公民们的公共利益,因此他们的参与活动往往带有很强的反抗和抵触情绪。

无论是政府还是公众都需要真正的参与,有效的参与应当是真实的、深入的、持续的发展过程,所有的参与者都具备影响现实情景的潜力。真正的参与是影响决策制定过程的能力和机遇。也有人认为,当人们对影响自身生活的决策感到满意时就意味着有了良好的参与。真正的参与包含的关键要素是关注、承诺、信任以及开诚布公的讨论。公民有效参与的一个关键因素就是决策制定者的关切之心,他们能够认真倾听人们的声音,人们需要知道他们的意见是重要的而且在决策时会予以考虑。要达成这些目标,公民和行政人员需要形成合作伙伴关系。出于对共同议题的敏感和关心,他们应该逐渐走到一起。真正的参与要求政府及其人员同样看重参与的过程和结果,意味着从政策议题的确定到最终做出决策,公民能够参与到完整的协商过程。在决策方案确定之前,公民有机会发表意见是非常重要的。公民必须有足够的时间了解相关信息,然而在现实中仍然有很多虚假的参与活动。要打破这种虚假的参与模式,需要行政人员成为发挥解释功能的仲裁者,他们必须跳出手边的专业技术问题,使公民真正参与到辩证交流当中,在政治对话中与公民实现磨合,而不仅仅是单方面地获取公民的意见,数字化技术能够有效促进这一过程。这样,行政人员就会成为合作治理的参与者,协助公民考察他们的利益并且与其共同制定决策,把公民纳入真正的、有效的、公开的协商讨论中。

正如哈贝马斯所说,"参与者都拥有平等的对话权,且任何一方都没有特权能够控制任何另一方,这才是真正的公民参与的核心"。① 真正的参与将公民置于紧贴议题的位置,行政系统和过程则处于相对远的地方。公民紧贴中心议题,从而能够有机会公平迅速地产生对政策过程和结果的直接影响,行政人员通过其专业技能和其与公众的亲密关系获取并扩大影响力,而行政人员与公众的互动和联系过程让行政制度和过程得到进一步界定,由此促使政府和公众走向真正有意义的参与治理过程。

互联网平台不断地演进和改变来满足客户的需求,各种类型的媒体也为议程设定和政治参与提供了不同的途径。② 通过提供信息帮助公民理解政治问题,信息通信技术能够促进公民参与。一个高技术设施水平的国家能够增强公民电子参与的水平,相反,在低技术水平的国家,公民参与公共问题存在更大的障碍。③ 总的来说,新通信技术极大方便了公民和政府之间的交流沟通。利用新技术,一方面政策制定者能够在不分享决策权的情况下从公民那里获取更多更有用的信息,另一方面,如果公民不必费什么力气就能够与政府便捷地沟通,那么他们自然也会更乐意向政府提供信息,参与政府活动。

在数字治理的背景下,公共参与依托于先进的信息通信技术是十分必要且值得期待的,电子参与的核心正是一个个网络参与平台。大多数技术都是建立一个网站来运行电子参与流程,它提供我们所需的算法和工具。但这样的网站平台将是一个非常复杂的站点,它涉及大量程序和技术复杂的接口。至少,它需要用于构建流程的决策分析方面的多个组件。首先从本质上讲,它需要一个决策分析软件系统,例如 DPL4、@Risk5、VISA6 和其他程序集合在一起,这一系统将需要更加专注于用户的启发界面。平台可以在易于使用和理解之间寻求妥协,由于大多数用户无法解释政策分析的输出,特别是对于其驱动因素的定性理解,平台需要有模型管理系统,使得电子参与系统受益于自动解释模块,利用此模块解释参与者的判断如何导致结论。网络参与平台还需要进一步的谈判、讨价还价和仲裁工具,以及灵敏度和鲁棒性工具。除此之外,还需要针对广泛用户的培训和软件手册。真正的电子参与网站将提供工具,以便参与者可以构建自己的模型,以反映

---

① 哈贝马斯.合法化危机[M].刘北成,曹卫东,译.上海:上海人民出版社,2019:68.

② BALNAVES M, MAYRHOFER D, SHOESMITH B. Media professions and the new humanism[J]. Continuum:journal of media & cultural studies,2004,18(2):191-203.

③ JHO W, SONG K J. Institutional and technological determinants of civil e-Participation:solo or duet? [J]. Government information quarterly,2015,32(4):488-495.

他们的看法。目前已有一些工具可以帮助解决这个问题,但这些工具需要更新和补充。① 围绕这一决策,将需要分析核心工具来促进讨论,以提醒政府部门关注潜在的激烈争论领域。此外平台仍然存在安全问题,越来越复杂的互动无疑还需要更复杂的安全机制。

三、电子参与创新的驱动——在线协作治理

公民协作是公民参与的一种创新方式,是公民参与发展的一个趋势。协作的制度安排常被用于处理与多个公共和私人主体利害攸关的复杂问题域。② 这些问题域大多分散并缺乏组织化,在这种意义上,由于缺乏其他行为主体的配合与合作,某些(公共或私人)主体试图单独解决这些问题的行动大多以失败告终。协作治理的制度安排可以将各种行为主体整合到这一多方决策的过程中。协作治理可以定义为,一个或多个公共机构让非国家行为体(non-state actors)直接参与以管理公共项目或公共财产为目标的集体决策过程中的制度安排,并且这些集体决策是建立在合意和协商基础上的正式决策过程。③ 协作治理既不是自上而下也不是自下而上的,而是一种横向管理。

政府与公民的协作关系似乎与官僚制的本质相冲突,马克思·韦伯通过官僚制的理想类型清晰地描述了行政组织的一般性组织特征。虽然公共组织在 20 世纪历经诸多变迁,但它们仍然继承了韦伯的知识遗产——严格的上下级等级制、命令—服从关系、正式的组织结构、僵化的沟通渠道、权力的向上集中等。协作治理的理念与之大有不同,扁平结构、合作参与、共同协商、公平互助、创新等是它的题中之义。在治理的协作关系中,公共部门和管理者都普遍接受了为人民服务的理念及对应的角色内容,并致力于持续满足公众的需求、维护公众的利益并为公众谋福祉。④

公共行政的发展过程中,一个不间断的变化趋势就是不断利用新型战略来对政府与公民的协作关系进行重新构建。实事求是地说,政府与公民

---

① CHEN J Q, SANG M L. An exploratory cognitive DSS for strategic decision making[J]. Decision support systems, 2004, 36(2): 147 - 160.

② ANSELL C, GASH A. Collaborative governance in theory and practice[J]. Journal of public administration research and theory, 2008, 18(4): 543 - 571.

③ ANSELL C, GASH A. Collaborative governance in theory and practice[J]. Journal of public administration research and theory, 2008, 18(4): 543 - 571.

④ 伏燕. 提升政策执行有效性的途径:建构"参与型"行政组织文化[J]. 山东行政学院学报, 2014(6): 12 - 16.

的协作不是什么新鲜事物：汤普森、坦克雷德和基西尔系统地研究过政府如何与第三部门实现更加广泛的合作①；施耐德研究过政府与私人部门开展合作，启动旨在支持社区可持续发展的各种公共服务，例如社区安全、交通和社区教育等②；艾蒂安鼓励中央和地方市政当局在民主教育、公民参与等领域开展有效的创新，鼓励中央政府向地方政府及公民转移一定的社会发展权力等。但从许多方面来看，由利益集团、政党、法庭以及其他民族社团引导的持续发展的公民参与活动在某种程度上只能起到干扰政治家和政府行政人员政策公众的负面作用。对于民选政治家和经任命的政府官员来说，太广泛的公民参与被看作是对他们日常工作的干扰，公民的自由言论权常常因为政客和官员的统治需求而遭到限制和漠视，所以说，工作实际上缺乏足够的表达诉求和发挥影响力的自由权利。虽然直接民主制度能够将上述协作发展的阻滞因素拒之门外，但代议制民主的存在又给它们开了一扇窗。代议制能够弱化公民与政府开展协作治理的行为动机。很多国家的政府因为诱导公民消极参与并设置参与障碍，越发地受到公民的疏远、不信任和讥讽。③

　　共享裁量权是协作治理的标志，它有效地强化了政府的灵活度和解决公共问题的能力。但是共享裁量权也要付出代价。权威会变得模糊，战略复杂性会加强，并且问责的失灵也会激增。政策的关键问题在于，相对于赋予裁量权的收获，什么时候代价比较小，什么时候代价比较大。当代价较小的时候就应当共享裁量权，而当代价较大的时候，就应当严格限制裁量权的分享。协作治理很多时候是一件临时决定的事情，由具有创造力的实践者们在试错的基础上凑在一起完成，很少有关于协作的特定例子从任何一个普通例子中吸取教训或是为其提供教训。因此，协作治理的结果往往喜忧参半，通常运行得相当好，但有时候却又比较糟糕。当协作治理获得了成功，它会产生显著的公共利益。但是通常，协作治理会被用在不该用的地方，或是当它应该被运用的时候却被忽略了。即便是当协作治理被用在正确的情况下，也可能会因为程序设计不当而使之无法产生更多的益处。并

①　THOMPSON A A, TANCREDI F B, KISIL M. New partnerships for social development: business and the third sector[J]. International journal of public administration, 2000, 23(5-8): 1359-1385.

②　SCHNEIDER D, SYNTETA P, FRÉTÉ C. Community, content and collaboration management systems in education: a new chance for socio-constructivist scenarios[C]//Proceedings of the 3rd Congress on Information and Communication Technologies in Education. 2002: 175-184.

③　EISINGER R M. Questioning cynicism[J]. Society - new brunswick, 2000, 37(5): 55-60.

且,当协作治理被误用或是在实施过程中被搞砸了,可能会造成严重的损失。政府建立在习惯基础上,出于方便或是仅从意识形态出发,将裁量权赋予政府之外的参与者,而没有对裁量权应该如何使用以及可能会被如何滥用进行过系统的思考。在进行具体的电子参与流程设计时,必须考虑协作所面临的这些困境问题,避免不恰当的协作和无效的协作。

而随着科技的发展,尤其是网络信息技术的发展,协作也可以通过互联网来实现,产生了在线协作(E-collaboration)。我们常常可以看到这样一种现象,即不同的个体和利益相关者通过电子通信技术进行协作来完成一个共同任务,这一过程就被称为在线协作。伴随现代科技发展起来的协作包括纯虚拟协作、半虚拟协作或混合虚拟协作、全球虚拟协作,以及面对面协作。虚拟协作由一组在不同地区工作的成员组成,他们主要的沟通方式是电话和电脑,与面对面的协作相比,虚拟协作减少了社会情境线索,具有相对较低的社会控制水平,参与者展现了与个人信任联系的较低水平的行为发生率。半虚拟合作团队允许个人在独立的时间和地点进行工作。在某些情况下,合作组成员必要的时候也可以相互进行面对面的交流。这种形式的协作同时结合了面对面协作和虚拟协作的特征,并且要求一种更高水平的信任来确保协作工作的效率。① 而在全球虚拟团队中,文化问题是需要重点考虑的。

共同的任务将在线协作分成了几个类型。电子邮件、群组软件、聊天工具、电子会议等不同的技术都在在线协作中得到应用。有些技术甚至在1990年万维网出现之前就被使用,如电子邮递、群体决策支持系统、协作书写工具、网络论坛和文件交换系统等。万维网的发明是在线协作发展史上的一个关键事件,特别是在线同步聊天技术的出现彻底变革了整个协作系统。协作的过程可以分为同步的和非同步的。在同步的系统中,使用者同时使用系统,就一个共同任务真实地进行合作。而在非同步的系统中,使用者一起为一个共同的任务工作,但分别在不同的时间点进行工作并非同时工作。同步系统最典型的例子就是视讯聊天,而非同步系统的一个典型例子就是电子邮件。不同的在线协作技术可以通过一个矩阵进行分类,如表4.1所示。

---

① CHENG X, YIN G, AZADEGAN A, et al. Trust evolvement in hybrid team collaboration: a longitudinal case study[J]. Group decision and negotiation, 2016, 25(2): 267 - 288.

表 4.1 在线协作技术的分类

	传统的	基于互联网的
同步	群组支持系统 协作式创作工具 电话	视讯聊天 电子会议
非同步	电子邮件 邮件用户清单服务	讨论组 文件交换 基于网络的电子邮件

一些在线协作工具的开发商,如微软公司、IBM 等,一直强调其对网络电子会议的技术支持。群组支持系统是一个使用同步环境的传统在线协作技术,可以被看作是一个电子和非电子技术产物的组合,对个体或同地协作的共同行为或成员分散的小组产生影响。简单而言,一个群体决策支持系统就是一套软件工具,它用来聚焦并构建群组协商,同时减少交流和信息获取的认知成本,为实现目标而进行的共同努力。[①] 群组支持系统可以被分为两大类,一个是群组决策支持系统(GDSS),一个是群组交流支持系统(GCSS)。不论是群组决策支持系统还是群组交流支持系统,其技术产物支持群组成员在群组没有开会的时候就完成许多的工作。在群组决策支持系统中,成员在一起是为了支持和讨论决策过程和信息共享,工作组能简单地根据规定格式机械性地设想和实施其计划。而一个群组交流支持系统则是支持交流过程并减少沟通壁垒。在线协作成为沟通和决策的一个重要工具。

排他的虚拟社区、虚拟团队可以并且已经是协作性的。这些社区和群组已经被发现对物理上分散的虚拟社区的线下集会具有积极的影响,[②]在一些情况下,不见面会损害"弱关系"(weak ties),而视频会议工具,如Skype、Google Hangout、QQ 等,能够改善这种情况的发生。知识型组织发现,缺乏面对面互动的分散的虚拟团队会导致一种以社区利益为代价的个人利益以及桥接社会资本的损失。对于地理上分布的组织而言,进行在线面对面的互动是保证成员更加亲密团结的重要方式。此外,面对面的互动

---

① DAVISON R M, BRIGGS R O. GSS for presentation support[J]. Communications of the ACM, 2000, 43(9): 91-97.

② SESSIONS L F. How offline gatherings affect online communities: when virtual community members 'meetup'[J]. Information, communication & society, 2010, 13(3): 375-395.

交流能够分解或创造出新的关系,例如,内向的人在社交媒体上会比在面对面的互动中表现得更合群。① 在线社区能够从面对面的会议中获益,因其满足了使用者多种多样的需求和动机。离线的聚会能够促进相互之间的信任,这通过在线互动带来的实质性改变已经显得很明显,例如将一些公开发布的信息转变为与其他使用者的私信。② 一个基于事件的社交网络不仅包含在线社交互动,还包括有价值的离线互动。③ 协作是由同质度、亲近度和熟悉度促进的,而这些能够通过面对面的以及社交媒体为基础的互动得到加强。例如,通过推特、脸书、新浪微博、微信等社交媒体软件的状态更新能够潜在地增强日常的社会同质性和熟悉度,还能够检测到同质水平(诸如我们是否拥有共同的爱好、兴趣和朋友等)。④ 综上所述,通过科技强化了的各种关系可以成为协作过程更好的基础。

第三节 "三位一体"的电子参与创新系统

一、作为可能解决方式的数字政府

早期的数字政府被看作是政府利用电脑和网络等现代通信手段为公民、私人部门、第三部门和其他组织以及政府内部机构提供自动化的信息及服务,从而构建一个无缝隙的、高效互动的政府。信息通信技术的发展、创新和应用,为政府的变革创造了巨大的机遇,越来越多的国家致力于通过信息技术的应用建立这样一个高效无缝隙的数字政府。数字政府的问题已经成为政治议程中最重要的问题之一,并且这一个概念显然也在不断地发展。⑤

---

① CORREA T, HINSLEY A W, DE ZUNIGA H G. Who interacts on the Web?: The intersection of users' personality and social media use[J]. Computers in human behavior, 2010, 26 (2): 247 - 253.

② MCCULLY W, LAMPE C, SARKAR C, et al. Online and offline interactions in online communities[C]//Proceedings of the 7th international symposium on wikis and open collaboration. ACM, 2011: 39 - 48.

③ LIU X, HE Q, TIAN Y, et al. Event-based social networks: linking the online and offline social worlds[C]//Proceedings of the 18th ACM SIGKDD international conference on Knowledge discovery and data mining. ACM, 2012: 1032 - 1040.

④ CUMMINGS J N, KIESLER S. Who collaborates successfully?: prior experience reduces collaboration barriers in distributed interdisciplinary research[C]//Proceedings of the 2008 ACM conference on Computer supported cooperative work. ACM, 2008: 437 - 446.

⑤ JAEGER P T. The endless wire: e-government as global phenomenon[J]. Government information quarterly, 2003, 20(4): 323 - 331.

大多数国家的数字政府都已经历了第一章中提及的前两个阶段的演变，开始向第三阶段甚至第四阶段演变。数字政府是电子参与最重要的载体，它能够以一个传导机制发挥作用，一方面能够减少致力于重复任务的行政成本和时间[①]，另一方面在加速公共行政分权的同时提高政府监督主要活动的能力[②]，并且由于互联网一周七天一天二十四小时都可使用，因此极大拓宽了人们对政府服务的访问权。尽管关于政府在多大程度上使用科技提供信息以及其互动能力能在多大程度上提高治理，一直缺乏系统的实证分析[③]，但公民看起来似乎对电子提供信息的方法普遍表示满意[④]。

数字政府要求政府通过贯彻一系列业务流程和潜在的信息技术能力，实现信息在政府部门间的无缝流动，利用大数据能更加直观地为公众提供高质量服务项目。在政府从电子政府向数字政府转型的过程中，开放数据起到了关键性的作用，公民参与更是不可或缺。[⑤] 大数据背景下数字政府的要素包括整合、创新、以公民为中心、创造力、效力、效率、社会公平、企业家精神和科技悟性，而其核心是电子参与。

• 整合。智慧创新需要深层次的信息和知识共享与整合。信息技术对政府改革的潜力甚至要强于组织边界的消除。跨越组织和应用的管理互通性是跨部门信息知识整合的关键，也是信息通信技术传递政府转型的希望所必需的。[⑥] 越来越多的政府转向以跨组织互通性作为一个战略来实现信息价值的最大化。实现跨越政府部门界限和层级界限的互通性，需要恰当的跨界设定、网络和治理的领导能力。政府信息整合能够减少信息的重复收集，帮助各级政府变得更加高效和透明，并能传递更高质量的服务。信息

① WONG W，WELCH E. Does e-government promote accountability? a comparative analysis of website openness and government accountability[J]. Governance，2004，17(2)：275 - 297.

② MA L，CHUNG J，THORSON S. E-government in China：bringing economic development through administrative reform[J]. Government information quarterly，2005，22(1)：20 - 37.

③ MUSSO J，WEARE C，Hale M. Designing Web technologies for local governance reform：good management or good democracy? [J]. Political communication，2000，17(1)：1 - 19.

④ WELCH E W，HINNANT C C，MOON M J. Linking citizen satisfaction with e-government and trust in government[J]. Journal of public administration research and theory，2005，15(3)：371 - 391.

⑤ RUBEL T. Smart government：creating more effective information and services[J/OL]. 2020 - 10 - 03.2014. http://www.govdelivery.com/pdfs/IDC_govt_insights_Thom_Rubel.pdf.

⑥ NAM T，PARDO T A. Smart city as urban innovation：Focusing on management，policy，and context [C]//Proceedings of the 5th International Conference on Theory and Practice of Electronic Governance. ACM，2011：185 - 194.

分享和互通能够带来各种组织、技术和政治上的利益。① 跨组织信息整合应该包括从社会到技术方面要素的连续统一,包括可信的社交网络、共享的信息、整合的数据以及互通的技术基础设施。可信的社交网络涉及协作并相互信任的行动者网络,共享的信息是文档、对话或电子邮件等形式的知识共享,整合的数据关注数据要素和相关标准的整合,互通的技术基础设施则指互相交流的硬件或操作系统。这些要素受到政府环境下的政治决策和制度矛盾的影响。② 跨部门协作和信息整合并不是件简单的任务,尤其是在政府背景下。其复杂度和互动性水平随着界限的不同类型也不同,它们可以是特定规划项目,也可以是整体解决方案。③ 互相交流的对象包括数据、信息和知识,而互动行为可以是共享、交流或整合。如果考虑到社会和技术层面,就有必要考虑到协作会发生在不同的水平,并伴随着不断变化的信息、业务流程、系统、价值属性、资源、文化、任务、实践和专业。至于组织政治和文化,往往越是需要整合的地方也越难实现整合。政府信息整合是一个包含技术、组织、制度、政治、经济和社会因素的复杂多维现象。④ 政府跨组织信息整合和共享可以实现更好的交流、回应、协作,为公众提供更好的服务,实现更加开放的政府。

· 创新。创新可以简单地理解为投入使用的新点子。⑤ 这一简短的定义不仅强调一个新点子,还有新的实践。数字政府是基于信息通信技术的政府部门创新,因此其本身就含有政府创新的意义。它为提高操作效率、管理效率,以及提高人民生活质量的长期实践提供支撑。创新能够发生在产品、服务、过程、战略、治理等方面。很多创新项目的失败是由于规划不周

① GIL-GARCIA J R. Towards a smart State? Inter-agency collaboration, information integration, and beyond[J]. Information polity, 2012, 17(3, 4): 269 - 280.

② MEIJER A, ZOURIDIS S. E-government is an institutional innovation[M]//In Bekkers V J J M, Van Duivenboden H, Thaens M. Information and Communication Technology and Public Innovation: Assessing the ICT-driven modernization of public administration. IOS Press, 2006: 219 - 229.

③ PARDO T A, Burke G B. Government worth having: a briefing on interoperability for government leaders[J/OL]. Center for technology in government, university at Albany, SUNY Oct, 2008. 2020 - 10 - 05. http://www.ctg.albany.edu/publications/reports/government_worth_having/government_worth_having.pdf.

④ FOUNTAIN J E. Bureaucratic reform and e-government in the United States: an institutional perspective[M]//Chadwick A, Howard P N eds. Routledge handbook of Internet politics, 2009:1 - 9.

⑤ MULGAN G, ALBURY D. Innovation in the public sector[J]. Strategy unit, cabinet office, 2003: 1 - 40.

全、缺乏管理技巧、组织或政治障碍等非技术方面的因素。① 一个政府的技术包含多种多样的要素，包括互通的电脑网络、无处不在的系统、虚拟技术，尤其是服务型架构。创新，通过不断结合新的或改进过的方式提供服务、实施政府操作，让政府走向更加智慧型的政府。创新要素与人力资本的元素相联系，一个数字政府也可以看成是许多"智慧人"的聚合。人、教育、学问和知识被看成是创新的核心能力。创新被认为是数字政府的关键驱动力，过去的二十年，政府已经对其文化基础设施和创新经济进行了大量的投资，创新成为城市复兴、经济发展和社会融合的手段。政府的干预可以实现创新，政府也能够通过鼓励和促进创新的环境，培育出智慧公众的多样文化。

• 以公民为中心。很多有关电子政府的发展和政府信息技术使用的研究都采取了一个供方的视角，电子政府往往被看作是用以用户为中心的方式让公民参与到政府事务中来的承诺。以用户为中心的电子政府意味着，政府会根据用户（公民、住户、政府雇员等）的需要提供量身定制的服务和资源。从最基础的水平来讲，数字政府意味着其操作和服务做到真正以公民为中心。② 成功的创新往往都是通过关键利益相关者的参与来实现的。③ 由政府单独驱动的政策是不充分的，必须加以需求方的视野来进行补充。数字政府的政策需要在供给和需求之间进行平衡，鼓励多元的、社交网络和跨部门的创新。以用户为中心意味着数字政府的焦点是公共价值。公共价值框架确定了公共组织应该追求除了效率之外的更高的价值，越来越多的数字政府研究开始采用公共价值的视角。从某种意义上讲，数字政府技术为公民参与和协作决策提供了渠道。在这里，"以公民为中心"意味着政府要知道公民想要的是什么，并能通过使用信息通信技术满足公民的需求，提供个人化的信息和服务。

• 效力。数字政府带来的一大好处就是提高了政策效力。人们越来越意识到，政府使用信息通信技术能够以更小的成本实现目标，甚至能够提供更高质量的服务。信息通信技术帮助教育、健康等主要的政策领域实现重要的结果。与政府绩效相关的一些好处，包括进一步升值的政府政策目标、

---

① NAM T, PARDO T A. Smart city as urban innovation: focusing on management, policy, and context[C]//Proceedings of the 5th International Conference on Theory and Practice of Electronic Governance. ACM, 2011: 185-194.

② IBM. Smarter thinking for a smarter planet[J/OL]. 2020-10-14. http://www.ibm.com/smarterplanet/global/files/us__en_us__loud__ibmlbn0041_transtasman_book.pdf.

③ HARTLEY J. Innovation in governance and public services: past and present[J]. Public money and management, 2005, 25(1): 27-34.

更多的公共问责、更多的综合公共信息整合计划和服务供给等。① 一个数字政府的建设绝不仅仅关注科技,更在意于建立重要的管理和政策支持,尤其政府不能在没有规范基础的情况下进行创新。数字政府为我们带来的好处包括提高效力、提高公共服务、更强的问责、基于绩效信息的交流、更多的协作和知识共享等,政策和项目的效率与其他好处一起能够以多种方式实现概念化和测量。事实上,一种思考政府效力的方式就是考虑政府政策和项目的投入和产出。这些结果与其他维度的好处相关联,大多时候代表了政府行动对社会的真实影响,以及它们在多大程度上通过解决复杂的难题提高了公民的生活质量。总之,政府效力超越服务供给,能够通过涉众的政策解决复杂的问题,提高公民的生活质量。

·效率。信息时代的政府一开始就与效率紧密地联系在一起。信息通信技术的使用,自然而然地就为政府带来了更高的效率。这其至也是政府投入电子政府怀抱,进行公共管理改革的一个大原因。② 许多数字政府的举措都与效率紧密关联,经济合作与发展组织等国际组织呼吁政府使用信息通信技术来减少资源的限制,如减少总支出等。使用信息技术能够减少数据收集、处理、存储的重复,减少繁重的文书工作和数据处理成本,并且还能够缩短决策过程,拓宽专业网络,增强合作,提供更高质量的服务。政府面临着五种公共服务领域的挑战,包括交通、公共安全、健康和社会服务、应急回应和管理、文化旅游和娱乐。效率意味着政府需要以更少的资源来提供更有价值的服务。③

·社会公平。社会公平是一个经久不衰的话题,无论社会发展到什么程度,政府都无法回避这个问题。高度的贫穷和社会排斥会导致"利益既得者"和"利益未得者"的矛盾,引发各种冲突和社会安全问题。信息通信技术的使用被认为可以减少社会和地理不公平现象。④ 同时不同的信息通信项目能够赋权公众和不同规模的社区,促进社区赋权和社会融合。各种创新

① MACINTOSH A, MALINA A, FARRELL S. Digital democracy through electronic petitioning［M］//McIver Jr W J, Elmagarmid A K, eds. Advances in digital government: Technology, human factors, and policy.MA: Kluwer Academic Publishers, 2008:137－148.

② OECD. The e-government imperative［J］. Paris, France: Organisation for economic cooperation and development, 2003:28.

③ GIL-GARCIA J R, PARDO T A, Nam T. What makes a city smart? Identifying core components and proposing an integrative and comprehensive conceptualization［J］. Information polity, 2015, 20(1): 61－87.

④ GRAHAM S. Bridging urban digital divides? Urban polarisation and information and communications technologies (ICTs)［J］. Urban studies, 2002, 39(1): 33－56.

科技,如移动设备等能够逐步消除与地区和社会规范相联系的规范约束。[1] 先进的科技能够促进高水平的交流以及对信息的获取,确保公众拥有获取信息、教育、培训、服务的公平机会。[2] 使用信息通信技术、数据和恰当的战略能够帮助减少社会排斥,促进社会正义。

·企业家精神。数字政府的经济成分涉及高科技产业、创新产业的发展,以及一个利于商业运作的亲商环境。数字政府促进数字媒体等创新产业的发展,创造更加亲商的环境来吸引投资。对数字政府的研究不但聚焦于科技手段和"智慧"渠道,还关注城市竞争、福利、成长、教育、健康、交通、交流,以及使用科技创新促进公民参与和城市治理。[3] 这些维度是招商引资以及提高公民生活质量的先决条件。对知识型创新导向的经济发展的广泛关注,促进了一个良好的商业环境,能够增加一个政府、城市和国家的吸引力。

·科技悟性。大量研究强调智慧项目和举措的科技方面,政府的科技水平是衡量其"智慧"程度的核心。与科技相联系的要素包括无线虚拟技术、广域网、基础设施、移动设备、宽带、互通的计算机网络、服务导向的架构等。在全世界范围内,新兴科技不断地打破政府的行政壁垒。[4] 各级政府及其分支都在采取各种工具和应用进行重组再造,以应对快速变化的环境。[5] 开放政府衍生出各种新兴的信息资源、技术和战略,大数据、社交网络、微博、移动政府、智能手机应用、信息聚合反馈等得到了广泛的使用。[6] 从移动设备到社交媒体,今天信息技术的使用促进了前所未有的政府透明、公民参与和协作。新技术的展露同时带来了机遇和挑战,科技悟性为政府提供了必不可少的知识和能力,它要求关注能够促进政府更加"智慧"的不断演变的关系、各种各样的流程和千变万化的结构。

包含了以上要素的数字政府的建设是可持续的,也因大数据的到来变得更加便捷和高效。数字政府建立在一个有效的数字治理制度框架的基础

---

① HATUKA T, TOCH E. The emergence of portable private-personal territory: Smartphones, social conduct and public spaces[J]. Urban studies, 2014,53:2192 - 2208.

② YIGITCANLAR T, O'CONNOR K, WESTERMAN C. The making of knowledge cities: melbourne's knowledge-based urban development experience[J]. Cities, 2008, 25(2): 63 - 72.

③ GABRIEL,PURON, CID, et al. Smart cities, smart governments and smart citizens: a brief introduction[J].International journal of e-planning research, 2015, 4(2):4 - 7.

④ 汪玉凯. 城市数字化转型与国际大都市治理[J]. 人民论坛·学术前沿,2021(zl): 40 - 45.

⑤ NAPHADE M, BANAVAR G, HARRISON C, et al. Smarter cities and their innovation challenges[J]. Computer, 2011, 44(6): 32 - 39.

⑥ CRIADO J I, SANDOVAL-ALMAZAN R, GIL-GARCIA J R. Government innovation through social media[J]. Government information quarterly, 2013, 30(4): 319 - 326.

之上,通过降低时间和经济成本来改进政府内部工作方式,合理有效地利用各种资源,实现资源优化整合,最终形成可持续的发展方案。

二、"三位一体"的创新系统模型

电子参与的创新是个系统而非孤立的过程,它涉及开放政府数据、实现网络参与和促进在线协作的连续统一问题,因此我们对这一系统的考虑首先涉及上文分析的三大要素。此外,考虑到这些功能的实现都需要依托一些载体,我们认为电子参与的创新系统应当包含三个层面的子系统:开放数据门户子系统、社交媒体平台子系统和移动政府平台子系统。而这三个子系统之间相互联系相互促进,并且分别融入了电子参与创新的三大要素,共同形成了"三位一体"的电子参与创新系统,如图 4.6 所示。

图 4.6 "三位一体"的电子参与创新系统

(一) 开放数据门户子系统

开放政府数据不仅是民主政府发展的必然趋势,更是电子参与的前提。开放数据门户子系统是电子参与创新系统的重要子系统,这一子系统往往依托于专门的政府数据门户及社交媒体平台。

在大数据环境下,为了能够更好地促进政府数据的广泛利用以实现公民有效参与的目的,各国都建立了专门的数据门户网站,在开放数据的同时为公民提供更多更好的服务。开放政府数据离不开政府门户网站,尤其是专门公开政府数据的门户网站。很多国家设立了专门化网站进行数据的分享,它们大多在网站上列出了公开的政府数据目录,即所有可利用的数据集,这些数据集依据政府部门或主题(如医疗、环境、法律等)进行分类。联合国的电子政府调查报告显示,到 2016 年,成员国中有 106 个国家建立了政府数据开放电子目录,而 2014 年这一数据只有 46 个。联合国 2016 年的调查显示,193 个成员国中,有 128 个国家开放了政府支出的数据集。① 联合国对各国门户网站开放数据的评估显示,分数高于 66.6% 的国家中有86% 是高收入和中高收入国家,印度、萨尔瓦多、格鲁吉亚、摩洛哥、摩尔多瓦共和国和斯里兰卡是其中的中低收入国家,而肯尼亚是唯一的低收入国家。共享政府开支数据是最常见的信息开放行为,在这一领域,众多的非政府组织,如"开支公开"组织、"预算公开"组织,都推动了这一趋势的发展。② 财政预算可问责的重要支柱之一就是预算的透明度,公众需要了解预算信息,并有机会参与到预算中去,这将有助于提升人们对公共支出的信任度,一系列证据都在表明,类似的财政制衡在公民中,尤其是弱势群体中,产生了更好的效果。③

虽然数据的开放并不能代表公众在预算制定过程中的参与程度和监督效能,但这仍然意味着世界上过半的国家都能通过提供政府支出的开放数据变得更易参与和问责。并且在网上公开政府预算信息,毫无疑问对人们参与预算制定、实施和监管财政支出都是至关重要的。政府在门户网站公布的数据应该保证:第一,具有合法性,数据符合法律的相关规定并由官方许可公开;第二,数据的格式具有机器可读取性,便于用户对其重新使用,进行分析、集成、混搭、可视化、关联数据及开发应用软件等创新;第三,实现数据多样化,包含 csv、zip、pdf、xml、txt、html 等多种格式。

数据分析的工作十分专业且复杂,提供真实的数据这一行动本身就能够缓解数据分析的阻碍和压力,而通过门户网站以开放的标准来大量提供真实有效的数据,更能够加强公众参与的积极性,强化政府的透明度。一些国家,如爱尔兰、卢森堡、秘鲁、阿根廷和泰国,虽然并没有建立专门的开放政府数据网站,但是仍然能在政府门户上访问和获取各种数据集,可见信息的数字化和集成化其实已经在这些国家得以实现。相反,诸如加纳、斯洛伐克、马耳他、印度尼西亚等国家,虽然开设了专门的开放政府数据目录,但是这些门户网站并没有更多的政府机构参与进来,未能形成多样的且电脑可

① Department of Economic and Social Affairs. The United Nations e-government survey 2016: e-government in support of sustainable development [M/OL]. New York, 2016: 60 - 62. [2016 - 11 - 30]. http://workspace.unpan.org/sites/Internet/Documents/UNPAN96407.pdf.

② Department of Economic and Social Affairs. The United Nations e-government survey 2016: e-government in support of sustainable development [M/OL]. New York, 2016: 60 - 62. [2016 - 11 - 30]. http://workspace.unpan.org/sites/Internet/Documents/UNPAN96407.pdf.

③ 郎友兴. 科技当向善:数字时代的弱势群体及其解决之道[J]. 浙江经济,2020(9):8 - 11.

以处理的数据集。

从数据目录总体情况来看,各国负责开放政府数据的部门不尽相同:奥地利由联邦财政部负责,澳大利亚由金融管制部门负责,以色列由会计部负责,哥伦比亚由信息技术和通信部负责,西班牙由财政部、公共管理部、工业部、能源部和旅游部门负责,新加坡由财政部与资讯发展局负责,法国由专门机构 Etalab 负责等。尽管不同的国家都指定或设立了不同的机构专门负责开放政府数据,但通常还需要首席数据官来进行统筹管理。政府中,尤其是地方政府正在逐步产生首席数据官。在美国,联邦通信委员会在每一个主要的单位都指定了首席数据官来强调这项工作的重要性,包括国家安全局、消费者与政府事务处、执法与公共安全管理处等部门。随着科技的发展和进步,人们得以获取数据的格式和类型也在不断变化,同样不断处于变化之中的还有对透明的定义,因而各国都倾向于设立类似于"首席信息官"的做法也就不足为奇了。2014 年有 82 个国家设有首席信息官或类似职位,首席信息官这一领导角色为在线服务提供了指导,并保证了在线服务的可持续发展。在公开首席信息官信息方面,欧洲居首位,其次是亚洲,非洲则最末。①

开放政府数据需要来自政治上和上层管理部门的支持,以此来确保各部门的互相协作和配合。丰富的想象力与深思熟虑的政策需要相互补充。那些在开放政府数据中取得进步的国家已经有很多良好的政策,不少国家的开放政府数据政策通过数据公开门户网站发布数据集,旨在提高工作和私人部门的参与度,让每个人都可以开发网络和手机应用程序来提高政府透明度和公众参与度。相关政策的制定需要将政府数据看作一项资产进行妥善管理,分享非敏感数据,来提高透明度、互通性和参与性,并需要对系统和信息提供恰当保护。基于电子政府平台的公民参与和协作,已经不仅限于选举投票,而是延伸到了公共决策制定、公共服务提供等方面,这在过去是不可想象的。当政府门户网站提供各种电子决策工具时,如公民获取政府信息的权利、公开的网上电子决策政策、网上公众参与事件日程、网上政府采购公告、新政策服务或决定中的公众参与,就说明政府已经开始增加公民的权能,使其有效参与公共政策的制定,共同提供公共服务。

大多数的政府门户网站都提供了各种信息定制功能以及专门的信息交流服务等,以此来鼓励和加强公民参与。如美国、加拿大和欧盟门户网站的

① Department of Economic and Social Affairs. The United Nations e-government survey 2016: e-government in support of sustainable development [M/OL]. New York, 2016: 60 - 71. [2016 - 11 - 30]. http://workspace.unpan.org/sites/Internet/Documents/UNPAN96407.pdf.

信息都可以通过 Twitter、Facebook、google+等社交媒体工具分享到其他网络社区,英国则设有专门的博客和讨论频道可以分享信息。在大多欧美国家的政府门户网站上,用户都可以利用 RSS 或手机应用进行消息定制,实时接收相关信息。如美国、加拿大和澳大利亚还在网站上设立专门的网页提供在线咨询、讨论、申请和投诉服务等。据 2014 年的数据,联合国有超过一半的国家在门户网站上设立了公众反馈的平台,76 个国家运用了电子采购公告,22 个国家提供新政策或服务的反馈,37 个国家有电子参与日程。此外,发展和建立一站式门户网站的国家有 71 个,而大多数国家的门户网站都有各部门的链接,有地方政府网站链接的政府门户网站有 105 个,通过将政府门户网站与地方政府网站相连,极大地鼓励了公众使用国家级服务的同时也使用地方级服务。此外,越来越多的政府门户网站都提供在线采购平台和竞标公告,具体如表 4.2 所示,这意味着政府与企业之间的关系已经从政府单方提供服务和信息,向政府—企业双方互动合作提供信息和服务转变。① 政府既可以利用现有的电子政府政策,包括基础社会与相关电子服务等,也可以制定新的电子参与政策,总而言之,随着公众积极参与到决策中来,开放政府数据使得协作治理更加有效。

表 4.2 联合国成员国中门户网站提供在线采购平台和竞标公告的政府数量(2014)②

	国家数量	占国家总数百分比
政府门户网站提供在线采购平台或为招标公布在线采购公告的链接	63	33%
政府门户网站提供采购/招标结果的信息	55	28%
政府门户网站提供现有采购合同监管和评估的任何信息	33	17%
政府门户网站提供在线追踪系统,追踪申请政府资助、政府许可的交易信息	54	28%

① Department of Economic and Social Affairs. The United Nations e-government survey 2014:e-government for the future we want[M/OL], 2014:67 - 86.[2016 - 11 - 20]. https://publicadministration. un. org/egovkb/Portals/egovkb/Documents/un/2014 - Survey/E-Gov_Complete_Survey - 2014.pdf.

② Department of Economic and Social Affairs. The United Nations e-government survey 2014:e-government for the future we want[M/OL], 2014:88. [2016 - 11 - 20]. https://publicadministration. un. org/egovkb/Portals/egovkb/Documents/un/2014 - Survey/E-Gov_Complete_Survey - 2014.pdf.

门户网站在整合在线服务方面具有重要的作用,它将大量的信息和服务汇集到一个网站。公共部门提供的服务内容五花八门,人们愈来愈关注的是其如何提供各种各样的物品和服务。为了满足大众的多元需求,很多政府也致力于开发各种各样的个性化服务并对其进行整合,对门户网站进行后台的整合和转变。在最基本的层面,这可能是当地政府或其他机构的名单和链接,水平高一些的是建立专门的门户网站,通过从单一的登录口进入便可以获得综合的服务。

如在丹麦,通过一个统一的登录口,公民就可以使用政府门户所提供的个性化信息服务。同时新西兰等国家正采用"全面政府"的方法,建立云计算及所谓的政府云,这些云计算项目将对整体政府方案直接产生效益,并可能成为该领域的新趋势。在巴西,巴伊亚公民援助服务中心(SAC)将500多个联邦、州及市级机构聚集在一起,便于公民获取各种政府服务,其便利程度可与购物商城相媲美。韩国的 DBAS 系统通过连接所有公共部门的财政信息,整合管理着从预算制定到会计核算的完整财政过程,连接了几十个中央地方政府和外部系统,增强了公共资金使用的透明度。这个一体化金融管理信息系统是整体协作政府建设的一个典型案例。新加坡国家环境局运用智能技术与政府机构和公众分享空气质量、公民健康等环境数据,并与公众和私人社区合作,保证公众对新加坡环境的更大所有权。新加坡国家环境局为政府数据中心完善了 86 个环境数据库、17 个空间数据库,促进了部门间的数据分享,这些数据库包括空气质量、天气预报、气温趋势、灾难预警、垃圾回收位置等。国家环境局也为政府打造了一站式门户网站,服务提供了 75 个数据集、8 个地图图层以供公众访问和使用。[①]阿联酋 ID 机构的生物识别是国家身份注册项目的一部分,被认为是世界上最好的生物识别项目。阿联酋 ID 机构收集本国 15 岁以上所有公民和合法定居者的指纹。居住在这个国家的每个公民必须在国家认可注册处登记。由于阿联酋移居国外者约占总人口的 90%,人口构成比较独特,因而将生物识别作为所有侨民强制性健康认证的一部分,对其而言十分便利。目前在数据库中登记的指纹和掌印超过 1.05 亿,面部识别超过 1500 万个。识别最佳的两个指纹存储在安全加密的智能卡片里,可以进行生物识别和鉴定来证明一个人的身份。卡片通过一个加密容器来保证安全,这个容器只能通过国家验证网关接入。所有的生物识别、数据传输和门户网站都遵循 ANSI 或

---

① http://www.data.gov.sg.

ISO标准。① 在新西兰,政府计划在2017年之前将所有新服务实现在线获取,包含个人信息,如构建内嵌安全与隐私法则的系统解耦股、提升安全与隐私意识、明确从基层到领导层的职责以及对政府信息的定期审计,在2017年之前都将成为《政府信息和通信技术战略与行动计划》的核心内容和建立公共服务公信度的重中之重。新西兰以信息主管的强力领导为支撑,各部门通力合作对政务处理服务网络化至关重要,并作为国家转变公共部门信息和通信技术计划的核心纲领。② 再如法国,政府建立了一个官方政务网站,将各种服务和使用分门别类。公众、企业或其他组织通过登录账号,就可与政府进行实时互动,不仅可以进行公共咨询和讨论,也能提出自己的意见和建议。所有的行政管理信息都在三个板块中简单清晰地呈现出来:第一个板块是公民的权利和办事流程,包括约200个文件夹、2500个数据集、常见问题解答、上千个链接、各种表格、在线流程、参考文本、公共网站等;第二个板块是协助行政流程的服务,如在线服务、计算模板、可下载表格、信函、求助中心和短信服务等;第三个板块是政府服务目录,包括11000种国家级服务、70000种本地民政服务,以及进入欧盟、欧洲机构及国际组织主要门户网站的链接。这一官方政务网站通过整合各种在该网站上的有效资源,简化了获取行政管理信息的流程,满足了公众的需求。这些成功案例都十分值得思考和借鉴。"透明投票箱"(urna de cristal)的在线公共咨询网站、多个政府部门开放数据的公布等,使得哥伦比亚的透明行政创举在拉美地区尤为出名。③ 美国通过"开放竞赛"的活动,让政府机构提供奖金,鼓励公民参与到一些迫切性的公共问题的解决中来,并鼓励公民使用政府开放数据进行创新。澳大利亚政府举办各种基于开放数据的应用程序开发竞赛,用丰厚的奖金吸引和鼓励公民参与,通过这种方式不仅大力推广了公众对政府开放数据的使用,还进一步创新了增值和应用。

《2022年联合国电子政务调查报告》对国家电子政务门户网站的电子参与指数进行了调查,结果显示尽管大多数国家都承诺改善在线服务的提供及用户体验,但是政府为公民电子参与而采取的措施仍然非常有限。自2020年以来,由于受到新冠疫情的推动,政府在提供在线服务时优先集中在健康、教育和社会保障领域。疫情形势提高了数字化转型的重要性,大大

---

① http://www.id.gov.ae/en/id-card/id-card-benifits.aspx.

② https://www.ict.govt.nz/assets/Uploads/Government-ICT-Strategy-and-Action-Plan-to-2017.pdf.

③ http://theredddesk.org/countries/plans/national-development-plan-2010-2014-colombia-prosperity-all.

推动了相关领域的数字化治理进程,这主要是因为政府必须能够在存在物理互动限制的情况下提供各种公共服务,并努力触及偏远的、边缘化的等其他弱势群体。

这一子系统并不意味着要重新构建所谓的互动参与平台,更合适的方式是依托开放政府数据平台(或政府门户网站)延伸相应的互动参与功能以实现目的,防止资源浪费和重复建设。因此这一子系统在很大程度上体现为第一个子系统功能的延伸。

(二)社交媒体平台子系统

除了开放政府数据门户,还有一个有力的路径就是利用社交媒体实现电子参与。公共管理部门对社交媒体的使用是一个迅速扩张的跨学科现象。虽然使用社交媒体并不是电子参与的先决条件,但常常被认为是电子参与的榜样,其基础原则是以公众为中心,施行信息透明化,促进公民参与和协作。

电子参与是一个社会—科技行为[①],它需要线上和线下活动的支持和协作才能取得成功。诸如协作编程"Hackathons"这样的线下行动对于聚集感兴趣的个人而言十分重要,而 Twitter 这样的社交媒体网络平台则成为沟通和传播信息的积极渠道。开放政府数据群体已经成为近些年来活力扩张的群体。[②] 这一群体由个人、企业、组织、学界和政府组成,力图建立一系列原则来减少公民参与的壁垒,增加经济增长,激发一种数据再利用和数据公开的文化。[③] 美国联邦网络管理委员会将社交媒体定义为一个包含了各种各样整合了科技、社会互动和内容创造行为的涵盖性术语,可以使用许多技术和形式,诸如维基百科、照片和视频分享、博客、社交网络、混搭网站和虚拟世界。社交媒体应用在政府信息和沟通基础设施之外的第三方平台上运行,这些平台的共同特征是都有一个涵盖个人资料的个人主页,有用户的照片、视频,有私信或评论的功能。在过去的二十年,社交网络已经成为网络行为的一个突出方面,数据显示,人们访问最多的前五名网站中有三个

① SADILEK A, KAUTZ H A, SILENZIO V. Modeling spread of disease from social interactions[C]// Proceedings of the Sixth International AAAI Conference on Weblogs and Social Media, 2012: 322 - 329.

② TINATI R, CARR L, HALFORD S, et al. Exploring the impact of adopting open data in the UK government[J]. 2012.

③ CAMERON D. Letter to government departments on opening up data.[EB/OL].(2010 - 05 - 31)[2021 - 02 - 05]. http://www.number10.gov.uk/news/statements-andarticles/2010/05/letter-to-government-departments-onopening-up-data-51204.

是社交媒体网站。

社交媒体为用户提供分享信息、意见和兴趣的机会,促进用户之间互动的网站和在线工具,近年来被大量地用于公布政府信息和组织公民参与。这是一个在数字环境下制造和分享信息的新型工具,公共部门的社交媒体实践包括使用在线社交网络服务,如脸书、推特、微博、微信、Youtube 或其他电子媒体共享网站,来支持组织的任务、服务供给和关系管理。①

社交媒体的主要功能包括:1. 让用户创造社会内容,它允许用户上传各种信息内容,其他人可以访问、评价以及评论;2. 构建社交网络,社交媒体用户通过加入线上社区,能够查阅其联系人的相关信息,分享数据内容或进行更进一步的互动;3. 协作,用户能够加入对话,共同创造各种内容,合作解决问题,以及发起协作行动等。这些功能最初由私人部门发掘,后来也开始被政府机构接纳和使用。

社交媒体包括多种多样的社交网络应用,最著名的就是社交媒体网站(social network sites,SNSs),它是一个在分享兴趣、行为、背景或真实生活的人们之间建立和维持社交关系的平台。社交媒体允许用户通过加强线上和线下的互动,拓展其社交网络,从而积累社会资本。大量文献强调了社交媒体在政府公共管理中的角色,它能够提高政府工作效率、透明度、问责、公民参与、信任和民主。② 社交媒体的文字内容虽然限制字数,但是表现形式呈现出多元化和多样性特征,它可以是文字、链接、图片、视频、音频的各种组合形式。当政府的公众号受到很多关注,其发布的信息就会有很高的转发量,那么就能够扩大官方账号在社交媒体空间内的话语权,提升影响力。社交媒体上的信息并不都是真实的,存在很多虚假信息,而政府部门借助工作流程的正规性,所发布的信息的权威性是无法比拟的,因此社会对官方社交媒体账号的公信力是存在认可和期许的。政府入驻社交媒体后,坚持正确的导向,建立完善的审核机制,避免错误信息传播,搭建良好的信息收集、审核及迅速反应的平台,建立良好的公众互动和参与,就能够打造无与伦比的公信力,而这种公信力不仅仅停留在社交媒体上,更会扩展到现实中来。

新科技重塑了传统的公民参与组织结构。微博和微信为人们交流和参

① MERGEL I. "A mandate for change": diffusion of social media applications among federal departments and agencies[C]//Public Management Research Association Conference, Syracuse, NY. 2011.

② PICAZO-VELA S, GUTIERREZ-MARTINEZ I, LUNA-REYES L F. Understanding risks, benefits, and strategic alternatives of social media applications in the public sector[J]. Government information quarterly, 2012, 29(4): 504 - 511.

与提供了新的方式,他们不仅为人们交流和联系提供了一个捷径,还为信息的传播提供了一个平台。社交媒体被视为大数据的一部分,它是大数据最重要的一个来源。据统计,全世界90%的数据都是在过去两年内收集到的,而其中80%的数据则是通过社交媒体这种非结构化资源获取的。① 如果将大数据比作从水龙头涌出来的水,那么社交媒体就是流出这些水的水库。正是社交媒体中不断汇入的内容,使得过去的数据分析膨胀成"大数据"。社交媒体上的内容就是信息,同样的,观点、赞、踩、分享、关注、转发、评论、下载的数据也是重要的信息。社交媒体以一种迄今为止难以想象的方式让人们得以洞察到生活的方方面面,为政府提供了一个实现更好的公共治理的方式。对政府而言,社交媒体已经不仅仅是个选择,而是获取成功的必备条件之一。

政府部门如今利用社交媒体来开放数据、降低成本、增强透明和协作、提升服务质量、刷新自身的形象赢取公众的好感和信任。利用社交媒体,政府可以为公众提供信息,同时在与公众的互动中获取意见和反馈,还能通过大数据对公众的态度和观点进行长期追踪和监测。社交媒体能够帮助政府部门及官员迅速与公众形成合作伙伴关系,共同提供信息和服务,公众不再仅仅是被动的接受者。在很多国家,公众积极利用社交媒体来了解政府信息,这些社交媒体缩小了不同社会经济群体之间使用电子政府的差距,从而有助于促进社会融合。社交媒体不仅实现了政府与公民的实时互动,还提供了新的公共服务供给和公共问题解决的渠道。② 正如舒尔曼等人所说,公共机构能够通过使用社交媒体实现电子参与的要求。③

不同国家的政府都在尝试使用社交媒体,也在努力寻找开展社交媒体行动的最佳路径。现有的研究显示,公共机构最开始投入社交媒体的怀抱是在2009年,对社交媒体的适应往往是出于政府内部早期使用者的非正式尝试,随后才有使用社交媒体标准和协议的定义,在一些案例中,社交媒体的使用直接导致了政府的制度变迁。④ 公共部门使用社交媒体往往期待产

---

① The impact of big data on social media marketing strategies[EB/OL]. (2016 - 01)[2017 - 06 - 23]. http://tech.co/impact-big-data-social-media-marketing-strategies.

② MEIJER A J, CURTIN D, HILLEBRANDT M. Open government: connecting vision and voice[J]. International review of administrative sciences, 2012, 78(1): 10 - 29.

③ CHUN S A, SHULMAN S, SANDOVAL R, et al. Government 2.0: Making connections between citizens, data and government[J]. Information polity, 2010, 15(1): 1 - 9.

④ MERGEL I, BRETSCHNEIDER S I. A three-stage adoption process for social media use in government[J]. Public administration review, 2013, 73(3): 390 - 400.

生直接的或间接的社会、政策和管理目标，换句话说，贯彻这些技术的目标对政治、社会、管理层面的强调远大于技术层面。例如，奥巴马在《透明和开放政府备忘录》中明确了三个目标——透明、参与和协作，2009 年美国政府颁布的《开放政府指令》就明确指出，鼓励政府各部门和机构使用 Twitter 和其他社交媒体工具，来提高政策透明度，让公民参与部门的决策过程，并提高部门间协作。并且，最近的社交媒体政策战略和用户指南鼓励政府使用社交媒体，并对其预期达到的目标进行定义，这些目标包括公开、透明、公民参与、政策效率、管理效率、成本节约、善治、公民满意度等。①

全世界的公共部门都出于不同的目的，开始在日常活动中使用社交媒体，它们利用社交媒体传播有用的信息、促进大规模协作、执行法律和法规等等。② 不同的标签被用来描述公共部门对社交媒体的使用，如政府 2.0、协作政府、平台政府等，无论贴上什么标签，公共部门利用社交媒体的一个主要目的是让政府变得更加透明、公开和可及。不同于电子政府由内而外的战略（如利用信息通信技术转变政府内部资源来提供服务），基于社交媒体的政府使用的是由外而内的路径（如社交媒体提供和群众外包），政府部门和机构利用外部资源和专门技术来为公众服务。

大多数国家将社交媒体当作向公众分享信息的又一个重要渠道，同时寻求利用社交媒体资源来提升服务和公众沟通。大量的社交数据流需要经过筛选，得出对政府真正有用的信息。社交媒体表现出了及时界定危机管理、改善公共安全和普通生活质量中的问题并对其进行回应的潜力。社交媒体在早期的事件定位上十分高效，回应时间甚至比官方资源更快。例如，自然灾害、游行示威、暴乱等事件能够通过社交媒体迅速得到传播和管理。与公共安全及人民的生活息息相关的问题，能够通过分析社交媒体数据流进行数据模式和趋势的监测，被及时发现、监测和缓和，如图 4.7 所示。通过对一段时间内社交媒体数据流模式和主题的监测，政府官员能够洞察社会群体的观念及情绪，而由于种种原因这是官员无法通过传统途径获取的。

公共管理使用社交媒体有三个可能的战略：陈述、参与和网络协作。陈

---

① CRIADO J I, ROJAS-MARTÍN F. Social media and public administration in Spain: a comparative analysis[C]//In SALLEH M A M. E-Government Success around the World: Cases, Empirical Studies, and Practical Recommendations.IGI Global. 2013. 276 – 284.

② KHAN G F, SWAR B, LEE S K. Social media risks and benefits a public sector perspective[J]. Social science computer review，2014，32(5)：606 – 627.

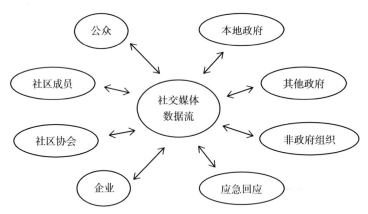

图 4.7 提升服务和公众沟通的社交媒体数据流

述是一个沟通战略,又被称为"推送战略",是一个政府单向推送信息的过程,要求政府在所有潜在的互动渠道中都有代表自身的账户,目标是以一种发布新闻的方式,在这些公众日常频繁出现的社会空间中迅速与其建立联系。这一战略并不存在互动,而是与开放政府的透明维度相挂钩,起到公布政府数据和信息的作用。参与战略,又被称为"拉动战略",是一个由公民推动的双向对话过程,让政府和公共行政部门认识到,相较于阅读政府报告或是官员备忘录,他们的关注者更希望以一种更加自然和知情的风格与其进行互动。政府机构主动积极地鼓励其关注者利用各种社交媒体应用软件进行合作创造和分享。网络协作战略是一个高度互动和多边对话的战略,它聚焦于倾听公众的声音,从社会公众那里获取有价值的意见和建议,同时允许用户对政府信息和知识进行重新使用,积极创新。① 尽管涌现出了许多关于社交媒体促进公民参与的成功案例,但是实证研究同样显示出最常见的互动方式仍然是推送模式。② 更近的一些研究专注于发掘社交媒体消息的个体特征,及其促进公民参与的能力,这些结果显示,包括图片、照片在内的消息参与度更高,更能够接收到公民"喜欢""转发"或评论等回应。③

目前来看,政府机构使用社交媒体发布的信息,大多是已经公布在门户

---

① MERGEL I. Social media adoption and resulting tactics in the US federal government[J]. Government information quarterly,2013,30(2):123-130.

② REDDICK C G,NORRIS D F. Social media adoption at the American grass roots:web 2. 0 or 1.5? [J]. Government information quarterly,2013,30(4):498-507.

③ BONSÓN E,ROYO S,RATKAI M. Citizens' engagement on local governments' Facebook sites. an empirical analysis:the impact of different media and content types in Western Europe[J]. Government information quarterly,2015,32(1):52-62.

网站上的信息,主要目的是通过频繁发布在线信息增强公众对政府运作的信任。这一新的陈述形式被认为是最低程度的公众参与,不应与真正的公众参与相混淆。从公共参与的角度来看,社交媒体工具具有整合公众协作和商议行为的能力,这是其他传统技术所不具备的。公共参与涉及公民追求共同关切、解决社区共同难题的行为。大量研究都表明,社交媒体的使用与公民参与具有正相关的关系①,互联网沟通背景的特征以及特定的沟通目标和需求,操纵着数字媒体对公民参与的影响。社交媒体的崛起使得传统的基于组群的公民参与,向由生活方式和身份问题支配的灵活的问题网络的转型。社交媒体的使用同时还与一种背景的瓦解相联系,这就使公共和私人的界限变得越来越模糊,很多从前分离的社交圈子则互相交织在了一起。② 这样的情况就会导致来自各种渠道的信息流不断增加,从而为公共事务提供多元冲突的信息揭露。③ 社交媒体能够在短时间内调动公众的力量解决问题,尤其是有关恐怖袭击、社会犯罪和食品安全等问题。例如,利用大数据,政府能够提前对很多问题进行追踪并预测未来趋势。美国就在利用大数据帮助警方监测犯罪分子和恐怖袭击的苗头,试图利用大数据预测恐怖犯罪行动,以便提前做出反应。其次,利用大数据共享可以改善信息不对称的问题,让公民参与到解决社会问题的建构中来,诸如来自微博、微信等社交媒体渠道的寻人信息、对腐败官员的人肉搜索和公共危机数据得到了广泛应用。在预算不足的年头,社交媒体更被视为一种本轻利厚的公共参与工具,并且其结果还可以进行量化。这种参与方式不仅能够实现信息量最大化,还能够最小化公众的时间和机会成本。④ 从某种意义上来说,大多政府和非政府机构都力图使用社交媒体平台,鼓励和收集公民的反馈,从而进一步加深对彼此的了解。以脸书网为例,脸书网的使用显示了公

①　BARGH J A, MCKENNA K Y A. The internet and social life[J]. Annu. Rev. Psychol, 2004, 55:573-590.

②　DAVIS J L, JURGENSON N. Context collapse:theorizing context collusions and collisions[J]. Information, communication & society, 2014,17(4):476-485.

③　KIM Y. The contribution of social network sites to exposure to political difference:the relationships among SNSs, online political messaging, and exposure to cross-cutting perspectives [J]. Computers in human behavior, 2011, 27(2):971-977.

④　EVANS-COWLEY J, GRIFFIN G. Microparticipation with social media for community engagement in transportation planning [J]. Transportation research record:Journal of the transportation research board,2012(2307):90-98.

众在地方政府事务中的高度参与,尤其是它提高了公众的发帖数。①

总之,社交媒体能给政府和公众带来很多有利的改变。首先,社交媒体能够给政府部门和机构提供重要的机会,在政策发展、执行和评估中为公众提供一个讨论的空间,增加民众在政策制定过程中的参与;其次,社交媒体能够为政府机构和公众发展设计合作提供公共服务;再次,通过发掘公共知识和才能,社交媒体可以为群众外包和其他社会问题的创新提供解决办法;此外,社交媒体还能够提高透明和问责,通过社交媒体曝光政府开支和行动能够强化公民监督,减少腐败;最后,社交媒体还能够增强政府内部机构的信息和知识交流。因此,利用社交媒体的大数据不仅能够帮助我们实现一个更加透明的政府,更能够推动政府治理过程中的公民参与和协作。

(三)移动政府平台子系统

长久以来,人们都相信信息通信技术能给政府带来基础性改变,不仅是在政府发挥功能的方式上,更是在政府与社会、企业、其他组织和个人的关系上。无论是在组织内部制度安排、组织外部行动,还是在与公众的关系方面,信息通信技术都为政府创造了巨大的机遇和能量。而移动网络技术的发展,推动了组织形态的变革,促进了政府创新形态的嬗变,为创新公共管理提供了新的挑战和机遇。霍华德·莱茵戈德(Howard Rheingold)曾经说过,当移动互联网真正来临时,人们不仅仅可以边移动边做事,更可以做以前从未做过的事情。移动终端正开始成为政府向公众和企业发布信息、实时互动,并让公众参与到公共事务中来的重要手段和途径。

使用移动设备的用户在以飞快的速度逐年增长,移动手机已经成为人们日常交流、购物、游戏、拍照、收发邮件和上网的必备工具,更成为提供和获取政府服务的一大渠道,移动政府服务在持续升温。移动政府(mobile government)又被称为移动电子政府,主要是指政府利用手机、蓝牙、Wi-Fi终端、无线网络等无线通信和移动技术,为公众提供信息和服务。它被定义为,政府使用所有类型的无线和移动技术、服务、应用和设备来提高公共服务的效率和效力,进一步提升政府的回应性,增加所有电子政府用户的福祉。

很多公众发现在了解政府信息以及与政府互动的过程中,与电脑相比,手机和平板电脑等移动设备使用起来更加方便和快捷。与传统政府和电子

---

① BONSÓN E, ROYO S, RATKAI M. Citizens' engagement on local governments' Facebook sites. An empirical analysis: the impact of different media and content types in Western Europe[J]. Government information quarterly, 2015, 32(1): 52-62.

政府相比,移动政府具有很多特别的优势,具体如表4.3所示。

表4.3　传统政府、电子政府和移动政府的概念比较一览表

	传统政府	电子政府	移动政府
原理	繁复的官僚过程 纸质形式 电话 传真	使用信息技术(电脑、互联网)的流程工程	通过移动设备的无缝整合和联结
服务时间	一天8个小时,一周5天	一天24个小时,一周7天	一天24个小时,全年无休
服务空间	亲自到场、手机或传真	任何可以使用电脑和互联网的地方	任何地方
服务形式	拜访政府办公室	点击网络门户网站	一次性获取需要的服务

电子政府聚焦于通过互联网门户网站提供服务,但在处理政府的移动性和整个社会流动性时无疑是失败的。与移动商务不同,公共领域具有非常复杂的目标结构,公共任务通过法律描述并以政治过程为背景。法律规范是政府和行政部门交流的标准载体。很多时候标准规范只建立了一个为解释和情境决定留有余地的框架,共识建立和协商以辅助模式发挥作用。政府机构通过一个合作行动主体的复合组织进行运作,行政文化和僵硬的结构会对各种变革造成阻碍。移动政府的支持者们认为,它可以帮助公共信息和政府服务不受时间和地点的限制得到实现。使用移动设备,人们就可以随时随地关注政府动态、获得政府信息和服务、参与政务讨论,这是传统的电子政府所无法做到的。移动设备已经成为人们普遍拥有和使用的设备,它创造了一种无处不在的氛围。手机、个人数字助理、无线网、4G网等电话和无线技术的发展,为移动政府的提高创造了潜在的机会,移动政府是传统电子政府结合移动通信平台的产物,被视为未来电子政府的一大趋势。①

移动政府的特点包括:1.移动性。移动性是移动政府最基本的特征,这里的移动性包括空间移动性、时间移动性和内容移动性②,对移动技术和设备的广泛使用促进了移动政府的产生和发展,移动技术和设备使得政府跳出了时空的限制。2.持续在线。与传统的电子政府相比,移动政府的使

---

① 张航.从电子政府走向移动政府的理论与实践探索[J].电子政务,2017(12):72-81.

② PEINING Y, XIAOWEI Z, YI Z. The value analysis of mobile government[M]//Information and business intelligence. Springer Berlin Heidelberg, 2012:180-186.

用者可以持续在线,及时沟通。持续在线在这里不仅包括移动用户还包括移动设备。3. 低成本。与大规模的电脑使用相比,移动设备的成本更低,移动网络能够同时向众多用户提供信息和服务,此外移动政府的移动性缩短了人们获取信息和服务的时间,减少了人们的时间成本。4. 迅速。传统的电子政府需要服务供给者和使用者真实在线,无法立即更新信息或进行互动,但是移动政府不同,它可以提供及时互动。一方面,用户能够使用移动网络和设备随时随地传递信息;另一方面,即使没有固定网络,政府也能够更新管理数据,操作服务过程,实现及时的管理和服务。5. 个性化。移动设备往往与一些固定用户相匹配,这能够帮助政府区分不同的用户,并记录用户的使用习惯等,从而针对性地提供信息和服务。6. 广泛性。移动手机和其他移动设备在发达国家和发展中国家中的使用率已经超过了电脑,因此移动政府具有极大的渗透能力。7. 易使用。与电脑相比,移动设备操作起来更加简单和便捷,用户体验也更加出色。8. 大量附加信息。与键盘输入、声音输入等传统方式相比,移动设备能够携带大量附加信息和输入输出渠道,如照相机、触摸屏、GPS定位、蓝牙及其他近距离无线通信技术,进行存储和交换信息。

移动政府能带来的好处包括:1. 减少数字鸿沟。移动政府能够让信息和服务覆盖到更多的人群和不同的群体,不论是高收入还是低收入人群,不论是否接受过信息技术培训,不论是生活在经济发达地区还是经济落后地区,人们都能够相对简单地通过移动政府获取想要的信息和服务,因此移动政府对一国之内数字鸿沟的消除具有重要的意义。2. 降低管理粒度。移动政府能够将传统电子政务中无差别的管理转化为精细化管理,从而降低管理粒度。根据不同的情况,不同的用户能够采取不同的管理手段来增强管理效率。3. 提供个性化服务。移动设备能够加载更多的附加信息,诸如地点、身份、工作、访问记录、兴趣偏好等,公共服务的提供者能够通过这些附加信息为用户提供量身定制的个性化服务,从而提高用户感受和满意度。4. 提供主动性服务。享用电子服务的用户再也不是一个无差别群体,而是可识别的,政府能够通过额外信息分析用户的潜在需求,从而主动提供服务。5. 提供实时的信息和服务。与传统的电子政府相比,移动政府能够直接并快捷地向公众传递信息和服务。6. 提供现场的服务和管理。不同于传统电子政府受到时间和空间的限制,移动政府能够消除信息和行政过程的分离,如人口登记、交通事故、城市管理、文件检查、税务检查、投票等。7. 减少行政成本和使用成本。移动政府能够直接减少电子政府的行政成本,又通过减少时间空间成本间接地降低了使用成本。8. 高效的公共管理

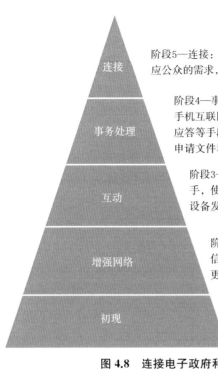

阶段5—连接：最成熟的阶段，政府成为一个连接的实体，回应公众的需求，公民参与政府决策过程。

阶段4—事务处理：政府和公民之间形成双向互动，使用手机互联网、短信、交互式语音应答、交互式语音视频应答等手段，公众能够使用移动设备进行支付、注册、申请文件和服务等。

阶段3—互动：从互动的门户网站和新的在线服务着手，使用地图、视频等多媒体和社交媒体，使用移动设备发布信息和警报，主要关注公众使用的便捷性。

阶段2—增强网络：提供更多的公共政策和治理信息，利用更多渠道分配基础信息，让公众能够更轻易地访问政府数据、表格、报告等信息。

阶段1—初现：开始出现网上业务，政府向公众发布静止的单向的信息，几乎不存在互动。

图4.8　连接电子政府和移动政府的五阶段模型①

服务。由于移动政府不受时间空间的限制，信息和服务能够在需要的时候立即得到传输，尤其是诸如犯罪防卫、疾病防控、自然灾害等突发事件，政府能够极大缩短反应时间。②

　　各个政府都在努力推进移动政府服务，试图以此途径推送政府信息，提高政府服务的效率，并增强公民参与。移动政府服务可以通过四个系统性的方式增强电子政府，这些增强的功能可以与已经存在的政府电子服务相联系，也可以指使用移动技术带来的全新的独一无二的移动服务。因此，移动政府并不是简单地将电子政府转移到移动平台那么简单。这四个系统方式包括：1. 将电子政府服务直接转移到移动平台上。这意味着将电子政府门户网站上适宜的服务转移成合适的移动政府服务，让这些传统的基于电脑网络的服务也能在移动平台上获取。2. 以公民为中心的独特的移动服务。这意味着这些独特的服务是移动政府依托移动信息技术所独有的，传

---

　　①　此图参考 Department of Economic and Social Affairs. The United Nations E-Government survey 2010：Leveraging e-government at a time of financial and economic crisis［M］. United Nations：New York，2010.

　　②　PEINING Y，XIAOWEI Z，YI Z. The value analysis of mobile government［M］// Information and business intelligence. Springer Berlin Heidelberg，2012：180－186.

统的电子政务网站无法提供,例如对公共交通或停车进行手机支付、提供手机定位服务等。这里强调独特二字,意在说明这些服务只有通过移动技术和设备才能得以实现。3. 为公务人员提供移动服务并实现灵活工作。这是指为政府工作人员(尤其是应急服务和检测服务人员)装备移动设备和技术,使其在远离办公室时依旧能够实现办公自动化,并可以进行漫游办公。

联合国经济和社会事务部提出了一个"连接政府"(connected government)的想法来实现电子政府和移动政府的连接,明确了连接政府的五个阶段。如图 4.8 所示,当政府经历这五个阶段的时候,用户可以在每个阶段得到如下体验:在第一阶段,政府开始使用一个基本的网络向用户告知其功能,并对频繁提出的问题进行回应。这有点像政府办公室的接待处,政府接待员传递信息或对信息咨询电话给出回答。在第二阶段,用户能够下载各种申请表,进行打印、填写,最后提交给政府或者使用邮政寄给政府部门。在第三阶段,政府门户网站变得越来越互动,用户能够获得更多的政府详情,进行公共咨询、在线提交各种申请等。在第四阶段,政府和公众的互动更近一步,政府能够提供各种申请状态、事务处理状态的双向全面可见度,政府政务处理达到更高的透明度。在第五阶段,连通性的势头增大,政府变得愈来愈富有机动性,人们获取政府信息和服务的渠道更加多元和便捷,通过移动政府实现了大范围的公共参与和协作。政府到达这一阶段则可以被认为是实现了成熟的电子政府,并被认为是实现了向移动政府治理状态的转型。

与电子政府相似,移动政府有四个主要的传递模式:政府—公民模式(MG2C),政府—雇员模式(MG2E),政府—政府模式(MG2G),以及政府—企业模式(MG2B)。[①]

MG2C 和 MG2E 聚焦于个人用户,而 MG2G 和 MG2B 则面向于组织用户。MG2C 模式是目前为止使用最频繁、影响最深远的模式,大多移动政府服务遵循的都是 MG2C 模式,手机 app 使得政府能够及时推送各种信息和警报、处理事务并提供互动服务。这一模式的服务又具体分为四类:1. 推送服务。这一分类包括通过短信或手机互联网等形式向公众传递和发布信息。2. 互动服务。公众可以向特定公共机构发送问题、服务要求或意见,参与政府对话,由此政府可以实现一对一的服务,而非传统的一对多。3. 事务服务。这涉及政府与公众的双向互动,公众可以在方便的时候直接通过手机办理政府业务。4. 治理和公共参与。包括选举、投票等服务以实

---

① NTALIANI M, COSTOPOULOU C, KARETSOS S. Mobile government: a challenge for agriculture[J]. Government information quarterly, 2008, 25(4): 699 - 716.

现公众参与。MG2E 模式以政府雇员为受众,政府工作人员是政府重要的资本,他们的合作、参与和持续沟通对一个善治的政府尤其重要。移动政府提供了一个活跃的渠道,鼓励其工作人员对重要的政策决定提出建议,真实地反映其宝贵的经验,帮助政府工作人员直接与用户进行互动并提供服务。一个 MG2E 的移动应用能够促进政府工作人员更高效地完成工作,他们可以不受办公室和上班时间的约束,通过手机或平板电脑接收用户提问,接受工作任务,并能为用户提供一对一的服务。MG2B 主要涉及私人部门,私人部门是政府主要的税收来源,几乎也是政府各种项目的执行者。政府越来越寻求私人部门在公私伙伴关系中的参与,并试图让其参与到政府每个阶段的发展中来。移动政府能够有效地监控各个项目,营造一种企业友好的氛围,以此带来更多的投资和提高总体的经济发展。至于 MG2G 模式,移动政府的互通性不仅存在于横向的政府与部门之间,也存在于纵向的层级区划之间,它能够提高政府内部的沟通和参与,帮助减少数据重复,并实现部门内部的协作。尤其是在一些突发事件发生时,移动政府能够提供一个通用作战视图,极大地提高政府间协作的效率。

过去几年,不少政府将不同机构和部门发起的移动应用都整合到了一个单独的门户网站,随着越来越多的移动服务能够在不同的平台上获取,门户网站充当了方便个人和企业辨认政府移动服务的一站式网站,大多门户网站都将移动应用进行了分类,通过支持的操作系统和搜索功能,用户能够快速找到他们需要的应用。如,新加坡在 2011 年发起了移动政府网站①,在此列举了 150 个移动应用,用户可以直接用手机进行访问。这一网站将手机浏览器、原生应用程序、短信移动服务结合起来,让个人用户、企业和其他组织能够通过搜索功能快速定位政府提供的移动服务。例如,用户能够获取交通信息、住房问题信息、地图信息、旅游信息等。包括英国、美国、新加坡等在内的一些发达国家和地区,他们政府部门的应用程序领跑全球。美国的政府门户网站②目前为止提供了总计 337 个应用程序,美国移动政府实践社区还创立了"Making mobile gov"的项目,帮助联邦政府发现、讨论和设计以公民为中心的移动政府服务和信息路径。这一项目旨在帮助联邦机构合作共事,创造一个更加开放创新的政府以符合 21 世纪公民的期待。③如表 4.4 列出了部分国家的移动政府计划、相关信息和移动应用。

---

① http://www.egov.gov.sg/egov-programmes/programmes-by-citizens/mgov-sg.

② http://apps.usa.gov/.

③ https://www.digitalgov.gov/2011/06/21/making-mobile-gov-project/.

表 4.4　部分国家的移动政府计划及相关信息

国家	移动政府计划	时间	网站	部分移动应用列举
新加坡	mGov@SG	2011	http://www.mgov.gov.sg	MapSYNQ,这是一个全景交通app,提供高速公路即时影像、事故、电子道路计价、多路程选择等信息。My TransportSingapore,一站式的陆路运输服务,提供基本的旅行信息和变更选择。Police@SG,定位离用户最近的警察局,查阅附近的犯罪统计,阅读最新的犯罪新闻、寻人启事和警察呼吁。OneMap,这是新加坡地理空间合作环境计划的第一个主要应用,可以搜索地址或者寻找行车路线。OmySCDF,由新加坡民防部队发起,让公众参与报告消防安全违法行为或火灾,人们可以在地图上放置大头针并上传照片。同时还对如何操作灭火器提供了图示指南。
阿联酋	M-government initiative	2013	http://tra.org.bh/	iDubai,通过 GPS 定位迪拜的兴趣点,找寻最近的药店,对药店的服务进行评价,同时提供天气、强浪以及最近的教育机构信息。Makani,基于阿联酋国家电网的定位和导航目的,这一软件使用了能够被互动地图识别的 10 位数字来定位任何地方。同时还提供路线和邻近的服务中心,如医疗、教育、地标等信息。Wojhati Dubai Journey Planner,这一软件帮助人们使用公共交通计划他们在迪拜附近的出行。Smart Taxi,这一软件允许人们使用手机预订出租车,软件能够定位用户的位置以及最近的出租车服务。CityGuard,报告和投诉迪拜邻近的阿布扎比发生的各种事故和事件,自动向政府联系中心提交事件,方便政府指派相关部门解决问题。AcoidJam,这是一个地理位置悬赏app,允许报告一个交通堵塞并通过社交媒体进行分享。

国家	移动政府计划	时间	网站	部分移动应用列举
巴林	Mobile application	2013	https://apps. bahrain. bh/ CMSWebApplication/ action/ AppStoreAction	Fix2Go,这一应用允许公民和巴林的住户报告各种道路故障、交通信号灯服务、卫生投诉和举报道路违法行为。 eGuide,为公众、住户和旅客提供巴林王国的总体概览,包括商业、旅游业、健康等方面。 Health Locator,由卫生部开发,提供互动搜索工具,政府、私人医院、健康中心和药店的地图,并且还提供药品搜索、BMI 计算器等服务。 GEObituary,这款应用记录死于道路事故的人员档案、图片和地点定位,帮助受害者家庭通过应用接受捐赠和慰问,主要目的是警告司机在事故黑点谨慎小心,安全负责地驾驶。
印度	National mobile government initiative	2013	https://apps. mgov. gov.in/index.jsp	MC CRAMAT,允许报告道路坑洞、垃圾、失灵的交通灯等公共问题,允许上传照片并在地图上进行定位。报告信息会即时传送到相关部门,用户会收到报告号码的短信通知,随后可以用此号码在应用软件上实时追踪处理状态,处理结束后还能够提供反馈。 Rakshak,这是一个以妇女和老人为主要对象的安全应用,当出现紧急情况时,用户只需一键按钮就能够向当地的四个亲友发送短信,并能够提供手机实时定位。 ERAHAT,这是加尔克汉德邦的综合实时应急系统软件,应用于包括医疗救护、火警、自然灾害等。 Hospital Tracker,为旅行者提供附近医院或诊所定位和联系方式。 Accident/Incident Reporting,由班加罗尔交警部门发起,为汽车司机和乘客提供实时交通更新,报告道路事故。用户也可以报告各种交通情况,如交通堵塞、道路瓶颈、车辆故障、意外事故、道路坑洞等。

国家	移动政府计划	时间	网站	部分移动应用列举
				DiseaseNotification,这是孟买发起的以便医生向中央政府报告新的肺结核患者的应用。它直接与Nikshay——一个全国所有肺结核患者监控和研究的集中式数据库——相连线。
美国	Making Mobile Gov	2011	https://www.digitalgov.gov/communities/mobile/	NASA App,提供各种太空信息、正在进行的任务信息、高分辨率的太空图片等,用户可以定制新闻类型。Ask Karen,由农业部发起,你可以问Karen与食品有关的问题,如食品安全标识、停电后食物可以储存多久、如何分辨餐厅的鱼是否进行了充分的烹饪等。National cancer institute mobile,这是所有癌症术语、名称和最新的研究资讯的详解字典,对用户相关的癌症诊断提问提供有益建议和新的治疗计划。USA Jobs,这是人事管理局开发,为有意愿为政府工作的人们提供指南。Science.gov Mobile,这是能源部门开发的,提供1990年以来的所有科学数据,人们可以提出一个科学问题并委托政府进行研究来获取答案。My TSA,这是一个提供与旅行相关问题的应用。

　　随着数字治理改革的不断推进,产生了大量为公众提供政府信息的手机应用,大量政府通过手机传递信息,除了政府部门开发的移动应用,不少政府还鼓励公民、企业或第三部门使用政府开放数据进行创新,开发基于手机应用的增值服务。典型的例子就是美国一款名为SeeClickFix的软件,它由一位美国公民所发明,并在2008年3月面世。利用这个程序,人们可以简单地通过手机拍照举报各种扰乱公共秩序的不道德及违法行为,如胡乱涂鸦、交通灯损坏及排水管堵塞等问题,这些投诉会被自动发送到公共事业部门,让相关问题得以快速解决。自面世以来,这一应用程序已在美国上千个城市使用。相似的手机应用在英国叫FixMyStreet,通过这个软件,人们可以利用手机实时举报各种街区问题,如乱停车、乱写乱画、乱倒垃圾、破碎

的地砖、路灯损坏等,这些问题被反映后往往能迅速得到解决,公民可以对政府的反应速度、处理情况等进行进一步反馈。除了对各种基础设施损坏及城市问题的举报,很多政府还开发了各种手机应用程序提供城市及旅游信息。

政府应用程序作为政务服务的一大创新形式大大提升了政府的服务能力,它极大地扩大了政府的服务范围和服务对象,拓宽了政府服务的渠道,是政府充分把握移动互联发展的新趋势的有力表现。相较于社交媒体而言,移动政务应用的作用不可取代,一方面是因为应用客户端信息发布与推送自由度高,不受字数和推送次数的限制,二是应用客户端可以实现粉丝数据的全面留存与分析,形成政务大数据,为政策制定和服务提供参考。移动政府带来的机遇和活力告诉我们,一个国家的信息化氛围越活跃,越能更好地利用人力资本和信息通信技术来改善电子政府和数字治理。

第五章 数字治理时代电子参与的流程创新

第一节 流程创新的设想

一、流程创新的挑战

将信息技术融入电子参与的流程面临几个方面的挑战，包括采纳信息通信技术的挑战、应用信息通信技术的挑战以及管理信息通信技术的挑战。

首先，很多因素都会限制技术创新的采纳。一般而言，中央政府层面会比地方层面做得更好，而经济发达的地区又会比经济落后地区做得好，主要原因涉及政府对新技术的投资能力。因此对不同地区和部门而言，除非科技基础设施能达到同样的水平，否则新技术的施行很难能达到一样好的效果。公共行政的规范基础是影响信息技术采纳的另一个因素，20世纪的政府改革运动具有民主和高效的双重目标，但实践表明这两个目标之间并不总是相容，如果电子参与的流程再造要继续使用信息通信技术让公民更方便快捷地参与公共决策和服务供给，为基层管理人员提供更多的自由裁量权，那么必然会为管理者看中的"效率"带来问题，这也是采纳信息通信技术面临的一个现实挑战。

其次，不少研究表明对新技术的应用存在两种态度。具有信息通信技术背景的公共管理者倾向于关注 IT 应用的技术要求，每当一个新技术被采纳他们都希望所有的行政人员能够通过培训项目获取新技能。很多组织发现当采纳了一个新设备之后组织内部却缺乏技术专家，具有信息技术背景的公共管理者在此时就会从外部雇佣专家，但他们往往会忽视发展一个战略计划将阶级整合到组织职能和运作中来的需求。没有信息技术背景的公共管理者则更关心管理问题而不是技术问题，他们会看中战略计划的必要性。除了让行政人员为新技术做好万全准备，一个组织还需要辨别技术需要应用的领域，获取可测量的进程和收获，例如更加多产高质量的公共服务。

最后,电子参与的流程再造需要转变公共管理的哲学和实践,从官僚中心转而以公民为中心,特别是当一个新技术已经被采纳并部署来帮助进行流程再造的项目时。不少研究表明,一个新技术的采纳往往需要组织的再造让技术被组织吸纳及恰当使用。流程再造有两个维度,制度上的和人事上的。制度维度包括组织结构的变化,很多组织会设立新的部门来管理信息技术。由于这些部门必须与其他部门一起工作,跨部门关系就成为使用技术的一个关键因素。不幸的是,现实中 IT 部门和其他部门之间的关系并没有想象中那么乐观,关系的恶化会适得其反。流程再造的认识维度必须解决行政人员对创新的态度。人们对新技术的抗拒常常来自对工作岗位削减、工作环境变化、工作量增加以及权力资源转换的恐惧。

电子参与的流程再造需要克服这些问题和挑战,因而对政府的能力建设又提出了更高的要求。

二、流程创新的能力

要建立一个有效的电子参与机制面临诸多挑战,取得成功的一个关键因素是政府是否为此做了充足的准备。流程的再造强调对政府能力的建设,那么关键的问题就是利用数字政府实现电子参与,政府究竟需要具备什么能力? 总的来说,这些能力可以概括为技术能力、组织能力和技能,如表5.1 所示,流程再造必须强化政府在这些方面的能力建设。

表 5.1　建立电子参与平台的政府能力概述①

分类	次分类	能力	定义
技术能力	基础设施和促成技术	硬件及软件	需要的一般性信息技术基础设施(包括工具和设备)
		数据分析	数据搜索、发现和发掘的技术(软件和工具)
		数据输出/可视化	显示数据分析见解的技术,包括可视化和报告技术
	信息技术战略	计划	信息系统项目组合管理、知识管理,构架
		数据管理	数据生命周期管理、技术数据操控
		数据治理	过程和政策,包括数据质量和可使用性
		数据安全	系统和数据安全过程与机制

① ECKARTZ S, VAN DEN BROEK T, OOMS M. Open data innovation capabilities: towards a framework of how to innovate with open data[C]//International Conference on Electronic Government and the Information Systems Perspective. Springer International Publishing, 2016: 47 - 60.

分类	次分类	能力	定义
	互通性	标准	互通性标准
		系统整合	系统整合,信息技术整合
组织能力	战略	领导	高层管理支持
		治理	数据驱动的政策和决策
	战术	多学科	整合能力,多学科团队
		协调能力	跨界提高认识、资源分配、资产编配
		过程	跨越整个组织的数据驱动的过程、基于数据的绩效管理
	操作	企业家导向	意识到信息价值的能力、仿效竞争者的能力、将信息价值商业化的能力
		发展新想法	研究、发展、创新
	文化	创新文化	电子警觉、社会化交流(共享的意识形态和集体认同)
		灵活度	公私适应程度、变革管理、即兴组织能力
技能	硬技能	电子素养	电脑科技技术、架构技能、电子使用者技能
		数据素养	互操作性、万维网、关联数据技术
		编程技能	不同的编程语言、木马机器学习、自然语言处理、Mapreduce 编程模型
		数据分析	数据模型、清理、整合和分析知识
		研究技巧	研究和分析技巧和统计
		数据输出技术	交流技巧
	软技能	管理技能	电子领导技能、决策质量
		用户和服务导向	顾客导向的服务开通和接收
		跨学科合作	人员整合、管理知识、跨学科专业知识
		企业精神	积极主动性、电子商务、竞争行动

　　技术能力主要从三个方面影响数据开放和创新:① 基础设施和促成技术,包括需要收集、存储、分析和可视化开放数据的所有硬件和软件;② 信息技术战略,包括计划、数据管理、数据治理和数据安全的方法;③ 互通性,包括标准工作能力和系统整合的能力。表 5.1 显示了对各种能力的定义。

　　组织能力分为:① 战略能力,包括高层领导支持、改变决策的能力以及基于开放数据的政策;② 战术能力,包括组织条块分割中混合的学科、资源分配以及适应基于数据的组织过程的能力;③ 操作能力,包括企业家导向和发展新想法;④ 文化能力,包括一个聚焦于创新和灵活度的文化。

技能则分为两大类:硬技能和软技能。硬技能主要包括电子素养、数据素养、编程技能、数据分析、研究技巧、数据输出技术,而软技能更强调政府的管理技能、用户和服务导向、跨学科合作能力和企业精神的能力建设。这些能力是政府开展开放政府的透明、参与和协作流程所需具备的。

三、流程创新的假设

科技是电子参与流程再造的有力工具,其建立在一系列对信息通信技术的角色假设之上。假设对信息通信技术日益增长的使用不仅对电子参与的流程再造必不可少,还是成功的电子参与流程再造的指标,并且正如诸多的政府流程再造文献中对创新的描述,信息通信技术的使用被假设是不证自明且简单明了的。

政府改革进行的过程中,必须去除冗余工作并实现资源优化和规章制度合理化才能提高工作过程中的透明度。而为了提高行政责任明确度和效率,必须要求在所有机构、部门和事务处理自动化和信息数据库创建中运用IT技术。作为行政业务流程再造的一部分,必须实现跨部门的信息和项目整合,才能为公民提供一个服务电子交付和电子参与的联系点。开放政府的流程再造是一件复杂、耗时并痛苦的事情,它要确保所有站点都符合惯例并简化数据分析的过程,需要将那些不一致的、漫长复杂的手工流程重组到一个共同的平台上。

不断增长的对信息通信技术的使用对电子参与流程再造十分必要,这一点得到了很多实证研究的支持。一方面,使用先进的技术能够更加方便快捷及时地公布政府信息和数据,让公民知情并得以在此基础上进一步参与公共决策;另一方面,它让政府及其工作人员更有可能高效地完成工作,这意味着行政人员能够更好地处理公众的需求。信息通信技术让政府行政人员更可能提高处理外部环境的速度和灵活性,这也是流程再造的一个基本原则,只需要坐在电脑面前就可以发送或回复信息,使用电子数据包运行各种不同的预算方案,评估海量信息数据集等。

当然采用信息技术还需关心的一个重要问题就是使用和维护的金钱成本和其他成本问题。尽管过去 10 年计算机的硬件成本以及上网的成本急速下降,但硬件、软件和互联网依然需要消耗真实的金钱成本。由于对一些信息技术的熟练使用常被假设是个人已经具备的,或在短时间之内可以掌握的,对信息技术的培训成本常常容易被忽略。很多时候培训成本不仅真实存在而且相当昂贵。当一个政府机构或部门替换了新的内部预算系统，必须确保内部人员能够迅速使用新技术和新软件进行工作，但培训的时间、金钱等成本往往容易被忽略。

信息通信技术日益增长的使用是成功的电子参与流程再造的指标，这一点假设其实是悬而未决的。20世纪90年代的一些研究表明，20世纪末大规模的电脑化在财政监督、成本规避以及与公众的良好互动方面取得了显著的突破和成效。如果信息技术的使用是成功的电子参与流程再造所必需的，那它又怎么成为成功的电子参与流程再造的象征？这其实是一个循环论证，这其中的基本原理也很容易理解。流程再造让我们关注决定政府参与项目成功与否的输出方式，一些政府项目的输出方式很容易发展起来，而另一些则不然。发展信息技术贡献于流程再造的指标不仅仅需要关注政府机构使用电脑的数量，行政人员与公众建立网络连接的数量，或是信息技术的简单成本。

最后信息技术在电子参与流程再造中的角色被假设是简单明了、不证自明的。很多研究表明，外部环境、组织背景和个体属性决定了信息技术整合进公共组织的速度。一些因素会减缓这一过程或使之复杂化。事实上很多时候对新技术的采纳并不简单也不是不证自明的。组织内部工作人员往往会抗拒新技术的使用，因为这意味着他们原本掌握的技能很可能变得一无是处，如果不掌握新的技术或技能，他们很可能被取代，或者出于各种各样其他的原因人们担心新技术会给其带来负面的影响。因此，信息技术的接纳和采用往往会遭遇很多障碍，开放政府的流程设计需要克服这些障碍和问题。

第二节　流程创新的组织变革

一、组织结构变革

流程决定组织，电子参与的流程创新还要求制定与流程改进方案相配套的组织结构。政府组织的需求和竞争力随着组织的任务、能力、其在制度领域中的地位以及内部关系的安排而各不相同。电子参与的流程再造需要开放的组织结构，而开放的组织结构要求具有开放或疏松的边界，允许从内部和外部进行反馈交换。开放系统的管理者关注外部环境、内部环境、用户需求和反应。开放组织倾向于设计不止一种方式来实现目标或通过不同的条件和操作来达成类似的结果，这与封闭系统形成鲜明的对比。好的结构设计有助于促进争论、澄清及实施,从而为找到摆脱模糊问题的解决方案提供有用的工具。

由于电子参与尤其强调科技的作用,因此在组织设计上也必然更强调各种专业知识,尤其是 IT 知识的作用,技术选择是开放政府改革的一项重要内容。布莱克勒令人信服地研究了政府组织结构与知识之间有紧密的联系,他通过分析组织必须处理的是日常问题还是陌生问题,以及组织能力是取决于关键个人的洞察力还是集体的努力来对组织进行分类,从而将组织分为四种类型,并且发现由于特定的环境变化,组织的形式会朝着基于特征分析型组织,尤其是交流密集型组织的方向发展。具体如图 5.1 所示。

这些组织形式表达了源自现代化进程的反射性及动态变化特征的反射性的知识摄取。很可能这些会带来模糊性的变化将决定机构及组织的挑战过程,从而改变组织设计及知识过程的多个方面。整个社会的大潮流就是政治摆脱对体力型及嵌入型知识的依赖,而越来越取决于对智力型及文化型知识的创造和使用。因此开放政府的组织设计必须充分考虑这一趋势,顺应潮流的组织设计能够提高组织创造和利用新技术新知识的能力。

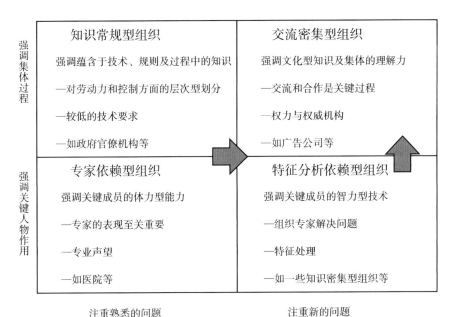

图 5.1　基于知识的组织拓扑结构①

①　GRÖNLUND Å. Electronic government: design, applications and management[J]. Online information review, 2002, 27(1):60-61.

在讨论电子参与组织流程的过程中所出现的问题具有不同的本质,一些是旧问题,这些问题在实现和使用信息技术系统的讨论中已经存在许久,但随着开放系统的影响越来越深入,例如公民更广泛的参与、组织间的合作、公私伙伴关系等,当开放系统进入新的使用领域或遇到新的用户以及遇到技术统一问题时,会产生出错的可能性并产生风险(如安全和保密)。除此之外,开放的政府系统还会产生一些新的问题,主要的困难是如何将等级结构组织的效率及稳定性与平面型的跨职能部门型组织的灵活性结合起来,这是一个调节由等级结构型结构与动态团队所产生的不同节奏的过程。

二、组织文化变革

政府拥抱电子参与,需要摒弃封闭的文化并创造开放的思维。开放在实践意识水平上为技术提供了意义,从而激发了生产和使用的中心模式。那么如何创造开放的文化? 政府需要让政府内部人员和公民们接受新的行政理念、新的技术、新的流程和新的组织形态。

我们需要灌输开放、透明、参与的意识,开展与这些计划相关的活动并激励人们努力实现关键目标,向各阶层的广大群众积极宣传和解释相关信息。虽然开放的思维革命既发生在政府内部也发生在政府外部,但是更多地影响到政府内部,毕竟公众往往对"开放"保持积极欢迎的态度,而政府内部却对"开放"有着强烈的抵触。"很多时候,政府的开放只有在组织内部人员及领导有这个想法时才能够做到。一旦合谋的封闭的文化取代了共享的开放的文化,组织内部的人就会围绕这些或新或旧的严苛规定找到对策。只有当领导者清楚地表明,开放是有价值的且有回报的,公开、透明和参与才能够得到推广。也只有政府内部的领导和人员坚持的时候,才能实现真正的开放。对于政府领导而言,在组织中开始信息自由流动和增进公民参与的最好方法就是以身作则,他们必须接受甚至欢迎那些令人不安的信息。"①开放和它所带来的政府组织上的本质转变成为政府不可或缺的公信力,带来公民对政府的信任,并构成政府的合法性基础。

技术的发展导致政府的领导和人员正在逐渐失去其对权力的垄断,极大地推动了权力的民主化。当我们谈论创造开放的文化时,也就暗指政府最终会控制这个过程,但即使政府内部再抗拒,在数据时代开放是不可避免的。我们生活在一个交流变得空前容易,也最为冷酷无情的时代,人们的经历以数字方式存储,强大的搜索引擎让网民能在几秒内从一个不断膨胀的

---

① 戈尔曼.数字时代需要透明的坦诚文化[J]. IT 时代周刊,2011(24):70 - 71.

档案库中挖掘出自己需要的资料，无处不在的信息科技让开放变得避无可避。

除了理念的灌输，开放的文化还意味着政府要去拥抱那些打乱规则的新技术，并且调整管理方式和组织架构。很多时候政府内部对新技术的采纳是一个艰难的过程。政府内部工作人员往往会抗拒新技术的使用，因为这意味着他们原本掌握的技能很可能变得一无是处，如果不掌握新的技术或技能，他们很可能被取代，或者出于各种各样其他的原因人们担心新技术会给其带来负面的影响。[①] 开放的文化要求政府克服这些问题和障碍，让组织人员认识到新技术会带来的潜在利益和好处，从而愿意积极主动地拥抱和采纳新技术。其次，开放的文化还需要组织转变管理方式和组织架构，成为能够"同时纳入内部和外部积极参与的群体的组织"。这一方面要求政府在内部各部门之间进行信息开放与分享，实现上下通透的沟通协调机制；另一方面要求政府实现对外开放，主动释放政府信息和数据，探寻公民的积极参与和协作。如果官僚机构的运作方式不发生实际转变，那么就很难实现真正的透明、参与和协作，但行政变革不是简单的事情，这需要对制度惯例和制度行为加以调整。

三、组织团队变革

电子参与的工作，尤其的业务流程的再造需要有专门的电子业务团队来承担，这个团队需要致力于具体的电子参与建设项目的选择和执行等工作，这对组织的高层行政人员来说是最具责任性的工作。花费巨大努力才制定的任务和愿景能否实现，在很大程度上都要取决于团队的组织和人员的选择。

简单来说，这个团队应该是小而精的，因为庞大的团队将会造成官僚作风，导致在自身管理上耗费很多时间。有研究表明，地方政府往往需要将五分之二的实践耗费在内部事务的管理上。而小团队的优势就在于可以凝聚力量，迅速反应，便于组织会议和开展成员间对话讨论，也较易培养成员间的相互理解和和睦关系。这个组织内部的层次结构应该尽量扁平，尽管如此，团队人员也应该至少包括三个层面：第一层是选择项目的总主管，他是整个项目的领导，链接项目所有权和项目成果交付两个环节。他必须能够掌握足够的业务和工程知识或信息以便能够做出明智的决定，还应该确保

---

① NORRIS D F. Leading edge information technologies and their adoption: lessons for U. S. cities[C]// Information Technology and Computer Applications in Public Administration. 1999: 137 – 156.

按时实现项目目标和交付实施项目的成果。第二层是选择项目经理,他们将在单个项目或针对项目中的某些部分所成立的项目小组中起到领导、管理和协调的作用。第三层是成立项目小组,直接负责所要求的产品或成果的交付。

挑选团队一般有两种选择方法,第一种是招募 IT 专业人才,不少国家都选择为部门的计算机化招募 IT 人才,这样既能确保政府从专家们的专业知识中获益,又能帮助支持起草本部门的计算机计划。但不利之处就在于,政府需要开出较高的薪资来吸引 IT 专家的加盟。第二种选择是从政府部门内部挑选成员。这种做法的显著缺陷是所选成员不是 IT 专业人才。由于世界信息技术的飞速发展,非专业人士很难真正了解现有的和新兴的技术以及这项技术相关管理知识。因此,在这种情况下,为了从 IT 项目中获得最大收益,人们越来越多地考虑业务外包。现在,像硬件选择和软件应用程序的编写等业务外包已经很普遍,此外在技术选择、业务战略开发以及需要交付的服务开发等工作也开始进行外包。通过电子政府开展开放政府的业务并不都是与 IT 相关,政府内部的雇员也可以做出很多贡献,他们更了解政府内部程序、规章制度以及用户情况,作为组织的一部分,他们更加清楚哪些改革容易进行,因此在制定和确定未来发展方向及愿景时能够起到更好的作用。

很多时候,政府更愿意选择由内部官员或雇员等非 IT 专家来承担 IT 工作,那这必然又会面临如何加强技术力量和如何进行人员培训的问题。要从 IT 项目中获得更大效益,部门可以委派一名专家来协助政府部门的工作。组织有责任保证开放政府团队成员或领导人的必要能力、才能和相关知识能够得到适当的发展和完全利用,并且政府必须考虑他们的培训需求并合理解决,为正常工作提供资源并给予他们适当的决策权力,实行奖励和激励机制,对其要求予以特别考虑。

电子参与过程的建设涉及大量的资金投入和人员部署,项目行动需要较长的酝酿期,因此也需要相关人员有更强的奉献精神,努力保证执行开放政府电子项目的团队能够得到必要的资源和高层领导的支持以如期完成工作。政府 IT 部门和非 IT 部门之间的定期对话将有助于更有效地开展工作。同样,项目管理的各个层面,从各个组成部门到与电子项目利益相关的人员,都必须形成一个制度化的反馈系统。在选择了一个正确的团队之后,组织的高层领导就必须相信这个团队并给她们机会制定自己的工作议程,就高层领导者来说,做项目的促进者要更加合适。在政府系统,官员调动是相当频繁的,来自跨部门的新领导总是想要简要的回报,这样开放政府电子项目团队就需要不断地"做简报",甚至于这可能实际上就是他们的主要工作了。在这样的过程中,电子项目就必然要遭殃,常常的情形是,监管部门的很多人员并不具备必要的 IT 知识、经验或资历,由他们执行监管工作实际上是一种浪费。因此,决策层的高层领导必须对 IT 监管制定连贯一体的战略,起到促进者的作用而不是成为妨碍者。

值得一提的是,一个有远见有激情的领导很关键,他知道要做什么、为什么以及大致该如何去做。尽管需要组织及调配一个专门的团队从事各部门的工作,但是应该由这位领导来推动整个过程。果断性、启发能力、适应性、智力等特征被视为领导者的普遍特征,但是开放政府项目还需要具备 IT 专业知识、更具创新性、勇于承担风险和较不保守的特质。事实上,在如今变化迅猛的时代,带个领导的价值、信仰、策略和制度化的思想意识很可能成为组织发展的障碍,领导者必须使用环境的变化,必须考虑到环境的需求经常彻底地改正组织。

在一些跨部门的项目中,做好部门协调至关重要。最初,各个部门的人员都只参与到本部门的电子参与项目中,但是随后他们就会认识到整合、数据完整性以及创造公众眼中的"数字政府"的必要性。不同部门的项目负责人必须坐到一起,讨论一系列问题并找出解决方案,这其实也是政府内部的一个协作过程。为了确保政府的"开放"形象展现在用户面前,各部门在整合技术基础设施时需要有共同的政策、标准、安全战略和系统。对电子参与的强调要求政府越来越多地利用 IT 技术,而这必将导致政府部门组织结构在未来的变化。政府很多部门甚至会以 IT 为主导,其中的高层人员要么是直接来自 IT 领域,要么是对 IT 有充分了解或者受到培训的人员,而随着 IT 服务的可见度增强,人们将更加努力从 IT 投资中得到更多利益,政府内部的改革工作也将得到进一步推动。

第三节　流程创新的理论模型构建

一、基于创新系统的试验性模型

电子参与计划被认为可以增强政府和公民之间的关系,通过透明、参与和协作的过程创造更多的公共价值。开放政府数据是电子参与创新的前提,但是政府需要了解公民的真正需求,就需要开放沟通渠道,这意味着更多的参与,最后参与并不是简单地接收信息和提供反馈就好,最重要的是政府要处理和采用公民反馈,那么这又需要政府与公民走向一种协作的模式。

电子参与流程的创新需要在遵循电子参与一般架构的基础上包含上述几个创新流程，一个试验性的电子参与创新流程模型如图 5.2 所示。

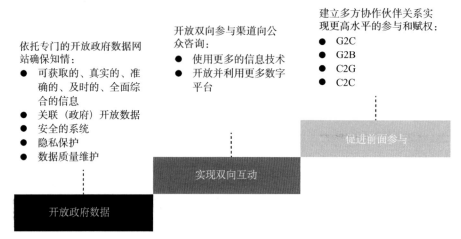

图 5.2　试验性的电子参与创新流程模型

二、不同阶段的流程创新分析

（一）开放政府数据阶段——确保公民知情的创新流程

与信息技术相结合的透明流程再造依托于一个专门的开放政府数据网站，不少学者都认为，一个更加直观的专门的开放政府数据网站设计对于电子参与的实现至关重要，它不仅能够更好地开放政府信息和数据，也能更好地鼓励公众与政府的互动与合作。[①]

开放政府数据能够帮助公众更好地了解政府正在做什么，做得怎么样，并且能使其对不恰当的行为或未实现的目标负起责任。尤其是当考虑到这些政府数据变得越来越容易获取，并且可以与其他信息资源共同被使用的时候。其次，除了增强政府透明以及公民对政府项目及行为的警觉，开放政府数据还能够帮助政府思考如何提高政府绩效。再次，数据公开被认为最终不仅能提高政府决策水平，还能够提高个人的决策水平。尤其是关于后者，公众能够使用政府数据来作出更利于自己的决策，从而提升公民自身的生活水平和生活质量。此外，开放政府数据是经济增长的重要资源，是企业家精神和社会创新的新形式。最后，获取政府生产和收集的信息是影响其他公民权利，诸如公民参与权等行使的重要前提条件，很多证据表明开放数

---

① ROBINSON D G，YU H，ZELLER W P，et al. Government data and the invisible hand [J]. Yale journal of law & technology，2008(11)：159-175.

据会带来更好的公民参与,不断增强的数据透明为公共参与和协作提供了有力的基础。

在开放政府数据网站上公布的基础的数据集,应当包括财政数据、经济数据、环境数据、健康数据、能源数据、教育数据、交通数据、就业数据、社会保险数据、人口数据、基础设施数据等。而这些开放的政府数据一般应当遵守八项原则:完整性、原始性、及时性、可获取性、机器语言可读性、非歧视性、公共性和免费授权性。完整性意味着所有公共数据都应是完整的;原始性意味着数据粒度(尺寸)小,细化程度高;及时性意味着信息需要及时发布以便使用;可近性意味着信息需要能够上网获取并以可利用的格式呈现;机器语言可读性意味着信息被再利用时能够以机器可读取的格式呈现;非歧视性意味着所有人都无需注册便能获取信息;公共性意味着没有任意一方能够对数据及其使用拥有独断权;免费授权性意味着这些信息不属于任何知识产权、商标或专利等。不完整的信息数据或是以非常规格式呈现的数据无法得以有效利用。

在开放数据的发展过程中,源于语义万维网概念的"关联开放数据"(Linked open data)被认为是促进数据传播和搜索的一个重要途径。人们期望通过使用资源描述框架和统一资源标识符的关联开放数据能使得数据混搭更简便,以便开放数据的使用者能够轻易将不同数据库和不同资源的信息连接起来。[①] 世界上很多政府管理在贯彻实施公开政府数据的过程中,已经采用了关联开放数据的标准。根据万维网联盟规定,政府关联数据开放应依据三个步骤:首先开放原始形式数据,并以普遍认知的格式公开;其次建立一个原始数据在线目录,可供民众使用并为数据添加信息;最后数据应是人性化的、可读的,并遵守可近性要求。而跨界信息共享,则被认为是电子政府向未来进化的一个重要推动器。通过跨界信息共享,人们期望政府机构能够为公众提供更综合、精确和创新的服务。不论如何,公共部门的跨界信息共享不应只限于部门间信息共享,政府机构同样可以与私人企业和非营利组织分享信息。

如果政府信息能够向开放政府数据的方向转变,将会释放出更多开放政府的潜能。要做到这一点,必须确立明确的保护隐私的标准和界限,并从法律、财政和技术方面解决所有对获取和再利用政府信息的限制。此外,开放政府数据举措的实施要能起到培养公众有效使用政府数据的效果,这些

---

① DING L, PERISTERAS V, HAUSENBLAS M. Linked open government data〔Guest editors' introduction〕[J]. IEEE Intelligent Systems, 2012, 27(3): 11-15.

数据必须要有相关性、易于获取、容易读取和理解并可以使用。对于数据的可用性、相关性和可获取性,政府需要不断地向公众寻求反馈。数据可获取性的提高能够保证政府内部机构,政府与私人部门、公民社会组织以及公众的协同合作。这将鼓励公共部门转向一种开放、透明、问责、共享、合作及参与的组织文化。

(二)打通双向互动阶段——提高公民咨询的创新流程

电子参与强调以新型电子工具拓展和创造新的潜在的、更广泛、更深入的参与机会,以电子参与推进公民参与的数量和质量。这一过程将在开放政府数据的基础上打通双向互动的参与渠道,进一步确保公众能够实现电子咨询,这需要借助更多的信息技术和网络数字平台。

在任何公共参与的过程中,公共管理者的首要任务就是要决定公共参与的程度。面对不同的问题,不同个体和组织进行参与的收益和成本权衡也会不同。很难笼统地说公民参与是适宜或是不适宜的,公民参与总是更适于某些政策问题,而却并不适于另外一些政策。当政策问题出现时,作为公共管理者首先要先确定公共参与的恰当范围,在此基础上才好决定应当选用何种方式吸引和组织公民参与,参与适宜度的确定取决于决策质量和可接受性两个需求之间的竞争。

界定公民参与的恰当程度必须权衡好政策的质量要求和可接受性之间的关系。前者是指诸如法律、技术、预算等与决策相关的任何管理或政策上的约束。这些要求具有绝对正当的理由来限制公民参与并保证最终决策的质量。"约束是公共部门的一种生活方式,为了有效控制政府人员的行为,管理者的自由裁量权被严格限制在一系列法律、规范和程度之内。"[①]在明确界定了政策质量的核心要求之后,则必须考虑政策的可接受性问题。通常来说,之所以让老百姓参与决策过程,是为了增强他们接受决策的程度。因此,参与大大提高了公民接受决策可能性,此外通过向老百姓传输一种决策的"主权"意识,又强化了成功决策执行的可能性。公共管理者需要对政策问题感兴趣的潜在个体或组织进行明确界定,通过公民参与的方式了解他们的想法,并使这种参与成为获取民众接受度的必要手段。时代的发展和进步要求公共管理者的决策不能无视公众,任何决策的成功执行都离不开公众对决策的接受,而缺乏参与的政策想让公民接受是难上加难。不同的公共政策对决策质量的要求和对公民接受的要求不同,某些政策要求更

---

① THOMAS J C. Public involvement in public management[J]. The age of direct citizen participation,2015,50(4):443.

高的决策质量,满足更高的法律标准、专业化标准和预算等要求,而另一些则可能需要更高的公众可接受度,也需要更大程度的权力分享和公民参与。管理者在制定完政策或法规后再与公众进行讨论,这只是满足公众的知情权,并不是真正的公民参与。政府理应让公众知晓一项决定或决策,但若将此伪装成公民参与的一种形式那并不合适。

很多时候,公共部门的管理者拥有一定的选择权来决定如何吸引民众进行参与,有时管理者需要就是否应该引入公民参与而进行抉择,但更常见的情况是公民参与是政府决策过程所必需的,不过究竟以何种方式在何种程度上引入公民参与并不是由公民自己说了算,而是由政府管理者决定。管理者一般可以在 3 种决策模型中进行选择:① 自主式决策,公民不参与也不影响决策,公众需求能否得到满足是一个偶然事件;② 协商式决策,公众参与政策制定过程,并可能影响决策过程;③ 公众决策,即管理者和公众共同制定政策,公众能够直接影响和决定决策。

很多时候,人们会不自觉地认为越广泛的公民参与能带来越大的公众对决策的影响力,但事实上这并不是必然的。"管理者需要向公众提供特定水平的影响力来获取与之相匹配的参与。"[1]一个常见的情况是,政府管理者吸纳公民参与到一些问题的讨论中来,却在最后决策的时候完全忽略公众的意见或意愿,参与的公众也会审慎考虑是否值得参与进来,总之无视对决策影响力的分享必然会使得公民参与过程面临失败的危险。因此打通政府与公众的双向互动渠道非常重要,这不仅能保证政府与公众更频繁的沟通,确保公众的需求和声音被政府接受,更重要的是能够增强政府的回应性,让公众的意见能够被真实吸纳,以确保公众参与的有效性和积极性。

(三)促进全面参与阶段——增强公民赋权的创新流程

协作是新型的公民参与形式,并已经在公共服务向新的产品和服务供给形式转型中,以及公共问题的新型解决办法中扮演了越来越重要的角色。开放政府对协作的流程设计强调政府与公民之间的 G2B、G2C、C2G 及 C2C 伙伴关系,力图通过政府与公民的协作生产来提供公共服务或解决公共问题。

政府能够通过详细辨别和审慎控制准公共物品的特征,来吸纳私人行动者并激发他们的兴趣。在很多城市,社区公共物品和服务的提供常常通过网络协作完成。[2] 一个提供公共服务的协作网络往往通过法规得以实

---

① 王立国,刘海燕. 我国公共项目投资决策模型研究[J]. 学习与探索,2007(1):174 - 177.

② PROVAN K G,MILWARD H B. Do networks really work? a framework for evaluating public-sector organizational networks[J]. Public administration review,2001,61(4):414 - 423.

施,并且往往由一个官僚合作机构进行设计和创立,政府在协作网络中依然起到主导的作用。政府采用协作的方式也面临着一系列挑战,如对解决可持续发展问题缺乏一致的目标和决心,协作领导力薄弱,固定僵硬的权力机构,组织分散的横向和纵向的不同模块,跨部门协作的问责机构不明确,缺乏合适的质量标准,部门和机构之间不信任以及对信息技术基础设施、数据隐私和安全缺乏信心等等。协作治理实际上是一种整体安排的特殊形式,这种关系的最简单形式就是以两方参与者为特征的"委托—代理"关系。文明社会的特色在于这些关系形成的一个复杂网络。在委托代理关系中,委托者的利益应当优先。但是委托者与代理人之间的利益存在有时细微、有时较大的分歧。当然,即便双方的利益出现分歧,如果委托者能够监督并控制代理人的行为,那么委托代理关系也不会有任何问题。问题在于,委托者需要对正在发生的事情有着清晰的认识,这往往不是那么容易的事情,即便委托者能清楚代理人实际上正在做什么,也并非总是能判断这在实际上是否是采取行动以推动其利益的最好途径。

协作生产在互惠互利原则的基础上提供了一个不同的公共服务视角,它意味着在专业人员、使用服务的人、他们的家庭和邻里之间以一种平等互惠的关系传递公共服务,这是一个专业人员和公众的合作行动。公共部门和公民通过协作生产能够更好地利用各自的资源和有利条件,来提高服务供给的效率或实现更好的结果。根据公共服务供给伙伴关系可以对协作类型进行分类,如政府到企业(G2B),政府到公民(G2C),公民到政府(C2G),公民到公民(C2C)等,如表 5.2 所示。G2G 是电子政府的基本模式,跨部门的信息共享是关键。G2B 和 G2C 模式,是非常经典的互动关系,涉及服务交付,政府信息由政府部门进行传播,在电子政府的背景下,这意味着政府向公众提供一站式的在线信息访问和服务。[①] 这种互动关系的创新在于让服务交付过程更加开放透明,允许使用网络信息技术与公众进行交流,从而提供资源、设定规则、调解纠纷,并允许公民、非营利组织和私人部门挑起重担从而实现赋权,释放社会创新能力,复兴民主。C2G 模式是一个介于 G2C 和 C2C 之间的协作框架。事实上,C2G 互动关系正是开放政府最赖以为基础的,它主要是关于咨询和构思,公众可以与政府分享其想法。[②] 政府将协作决策、参与民主及公民赋权看做公民民主权

① DORJI S. E-government initiatives in Bhutan: government to citizen (G2C) service delivery initiative-a case study[D]. Perth: Murdoch University, 2012:1-64.

② GASCÓ M. Special issue on open government: an Introduction[J]. Social science computer review, 2015, 33(5):535-539.

利,通过在线论坛、在线咨询等机制积极寻求公民对公共政策、法律制定以及民主参与决策的看法和观点,这从公共部门及机构的协作整合就可窥见一斑。C2G 也被定义为是"群众外包"(Citizen sourcing)①,换句话说也就是公众帮助政府提高公共绩效,更好地满足公民需求,甚至帮助政府执行服务。它包含 3 种交流形式:① 协作创新(Co-creation),让公众从高质量的创新的新服务中获益,通过政策和决策的协作创造创新的公共政策;②② 众包(Crowdsouring),一个网络或社区的公众的能力被描述为"crowd"③,这是一个新兴的强有力的问题解决机制,通过利用公众的想法和专业知识,以更多的创新和日益增长的围绕政府的"共同体中心"意识,来解决政府的各种挑战;④③ 协作供给(Co-delivery),公众协作传递政府服务提供了一个更具参与性的民主过程,让公众直接参与到政府活动来,帮助公共机构提供和执行日程的公共服务。C2C 服务是一个比 C2G 更新的服务范式,这一想法又被称为对等服务、自我政府或"自己动手政府"。⑤ 它认为公民或社区中的公民能够自我组织起来,替代传统的政府职责,让一个公民对另一个提出希望得到服务的公民的要求进行回应。这以服务互动是非正式的过程,公民为彼此提供服务不需要或几乎不需要政府有任何作为。⑥ C2C 的观念是依靠公民自己的技术和能力交换提供不同领域的服务,对服务提供者和服务本身的信任基于对等公民之间的社会关系。这一理念属于比较超前的理念,学者们仍在为对等服务供给探寻合适的相关模型。在数字治理语境下,协作流程的设计需要将上述 G2B、G2C、C2G 以及 C2C 的互动过程整合进来,从而实现一种全民的参与。

---

① LINDERS D. From e-government to we-government: defining a typology for citizen coproduction in the age of social media[J]. Government information quarterly, 2012, 29(4): 446 - 454.

② LEE G, KWAK Y H. An open government maturity model for social media-based public engagement[J]. Government information quarterly, 2012, 29(4): 492 - 503.

③ CHARALABIDIS Y, N. LOUKIS E, ANDROUTSOPOULOU A, et al. Passive crowdsourcing in government using social media[J]. Transforming government: people, process and policy, 2014, 8(2): 283 - 308.

④ BONSÓN E, RATKAI M. A set of metrics to assess stakeholder engagement and social legitimacy on a corporate Facebook page[J]. Online information review, 2013, 37(5): 787 - 803.

⑤ LINDERS D. From e-government to we-government: defining a typology for citizen coproduction in the age of social media[J]. Government information quarterly, 2012, 29(4): 446 - 454.

⑥ LINDERS D. We-government: an anatomy of citizen coproduction in the information age [C]//Proceedings of the 12th Annual International Digital Government Research Conference: Digital Government Innovation in Challenging Times. ACM, 2011: 167 - 176.

表 5.2　互动关系基础上的协作生产①

	政府内部协作 (G2G)	以政府为平台 (G2B、G2C)	群众外包(C2G)	公民自治(C2C)
设计	信息互通性	信息传递或好言说服(政府使用行为经济学设计政策和服务,鼓励社会最优选择,如通过数据挖掘技术)	公共咨询(如电子参与)	自我组织(如社区网站)
执行	跨部门数据共享	嵌入生态系统(政府人员公开地分享政府知识、基础社会和财产而成为社区的一员,如政府开放源代码)	众包和合作供给(试图以公共的知识和力量或个性化的服务来解决问题)	自我服务(政府提供有效框架,期望公民自己提供一项公共服务,如拼车是美国第二大的通勤交通系统)
监督	绩效评估,政府信息公开	通过门户网站开放政府数据(主动释放信息、授权公众以对政府问责,如 data.gov)	公民报告(公民向政府提供信息反馈,如 https://www. fixmystreet. com/)	自我监控(如各种形式的在线公民评价系统)

---

① LINDERS D. From e-government to we-government: defining a typology for citizen coproduction in the age of social media[J]. Government information quarterly, 2012, 29(4): 446 - 454.

第六章　数字治理时代电子参与的模式创新

第一节　基于开放数据的创新模式

一、电子参与过程中开放数据的定位

作为未来社会的新一代基础设施,大数据已经成为国家治理创新的催化剂,人们对于利用开放政府数据实现大数据创新,并进一步提升政府治理抱有高度的期望。近年来的公共政策领域将"开放政府数据"这一标签延伸到了几乎所有公共部门,它使得政府作为一个整体更加地开放和负责,换句话说,人们可以较轻易地利用政治中立的公共部门进行信息揭露以达到问责的目的。可以说,近年来兴起于全球范围内的开放政府数据运动,在本质上根源于各国政府及公民对提高公共问责的强烈需求,意在弥补传统电子政府对信息本身角色的怠慢。①

开放数据(Open Data)概念本身隐含了利用先进科学技术这一内涵,因而开放政府数据(Open Government Data)从最初就是置于电子政府语境下的概念。梅耶尔将互联网革命称为当代政府透明背后的驱动力,它允许政府在网络上广泛提供数据和信息。② 开放数据作为政府通过网络发布信息的结果,可以被视为一种与以实现政府透明为目标的制度和工具改革相同步的实质性发展。"开放政府数据"不同于传统意义上的政府信息公开,一般而言,它强调新技术的工具理性,要求建立一个统一层面的开放政府数据门户,实现各个层级各个部门之间的数据公开和数据协同,全面实现

---

① PELED A, NAHON K. Towards open data for public accountability: examining the US and the UK models[C]. [S.l.]: Social Science Electronic Publishing, 2015: 1 - 12.

② MEIJER A. Government transparency in historical perspective: from the ancient regime to open data in the Netherlands[J]. International journal of public administration, 2015, 38(3): 189 - 199.

数据公开、数据可获取及数据再利用。这意味着一方面信息传播应是免费的或成本最小化的，另一方面数据结构应该能够帮助发掘、理解和解释信息。

中国的开放政府数据及开放创新在整体上还稍落后于发达国家，但是当置于特定城市语境下情况也许会大大不同。不同于西方自上而下的趋势，中国的开放政府数据与开放创新首先是从地方上开展了起来。在中央政府层面还未全面开展开放数据之时，一些地方政府就已经走在了前面，先行一步开始了开放政府数据的实验。2012 年 6 月，上海上线了中国第一个开放数据门户"上海市政府数据服务网"（DataShanghai.gov.cn），而在这之后几年中，北京（data beijing.gov.cn）、浙江（zj.gov.cn）、贵州（guizhou.gov.cn）、武汉（wuhan.gov.cn）、无锡（wuxi.gov.cn）等也陆续推出了自己的开放数据门户网站。

2012—2015 年，上海利用 4 年时间打造了开放数据门户，但彼时数据开放在中国仍是一个极其小众的话题，开放数据的数量和质量远远落后于发达国家，只限于静态数据的积累，还未能围绕特定主题释放出高价值的动态业务数据。[①] 因此，一方面，上海的数据开放工作未能做到真正的需求驱动，能开放的数据往往都无法满足开发者的应用需求，而有价值的数据则找不到方式方法来开放；另一方面，中国推动数据开放的主要着力点在于刺激创新创业之上，讲究的是数据开放的效益产出和利益回报，这就与同期欧美主要从法律和政治角度来"硬性"推进数据开放，有着文化环境上根本的差别。从欧美的经验来看，基于开放数据的各类竞赛无一都是先有开放的数据，而后有大赛来侧重加值利用这些数据，但时下的上海并没有那么丰富的开放数据。在这样的背景下，如果完全照搬英国或美国的开放创新模式并不适宜，尤其是即使找到了优秀的创意，也会因为缺乏数据而无法让那些想法真正实现。因而，如何找到各个握有数据资源的机构的利益诉求，帮助他们在开放数据的同时获得回报，就成为中国推动数据开放的关键。

为了破解公共数据资源开放和利用的瓶颈问题，从 2015 年开始，上海连续举办"SODA 开放数据创新应用大赛"系列赛事。这一大赛的目的是通过公开政务数据资源，推进社会和企业层面对城市数据资源的深度开发和利用，可以说上海树立了一个在开放数据不那么成熟的条件下成功实现开放创新的典型范例。接下来我们基于 2015—2017 年上海开放数据创新应用大赛，试图去了解依托开放政府数据的开放创新在中国地方层面的发

---

① 郑磊，高丰.中国开放政府数据平台研究：框架、现状与建议［J］.电子政务，2015(7)：8－16.

展,通过对其发起、参与过程与产出收益等内容的分析,进一步把握其开放创新的生态系统,并总结目前模式的经验与问题。作为一个发展中国家,中国在政府行为以及民间社会和其他参与者参与决策过程方面存在重要的结构性局限,而上海这一颇为成功的案例可以为其他对开放式创新感兴趣的地区和国家提供经验和教训。

二、案例:上海"SODA"开放创新项目

2015 年上海举办了第一届 SODA 大赛,这届大赛以"城市交通"为主题,面向全国征集改善城市交通、便利市民出行、创新商业模式的应用程序和解决方案。大赛开放了 10 个赛专用数据集,包括有关交通事故、出租车轨迹、公交车运行轨迹、地铁运行、空气质量、气象预报、新浪微博等上千GB 的数据集,大部分数据集在国内属于首次开放。大赛吸引了海内外逾2000 多大数据应用爱好者报名,完成组队 817 个,提交创意作品 505 个,决赛选出 15 个优秀获奖作品。2016 年,SODA 大赛以"城市安全"为主题,总计开放 29 项大赛专用数据,除了 10 家政府部门,更联合电信号百、中国联通、申能集团、汇纳科技等企业加入开放数据行列。其中市公安局的出警记录数据、联通与电信的运营商脱敏标签数据、汇纳科技的每小时商圈客流数据等均为首次面向市场流通的数据资源。大赛吸引了全球超过 1500 余人参赛,收到涵盖社会治安、商圈安全、金融安全、食品安全等多个领域的高质量参赛作品累计 212 个,有广泛的影响。2017 年 SODA 大赛,开放政、企、事业单位数据集总计 23 个,其中摩拜单车、挚达充电桩、航旅航班等数据集首次在大赛中开放。96%的参赛者来自中国大陆地区,另有 4%的选手来自中国港、澳、台地区以及其他国家。参赛作品涉及"单车管理""食品安全治理""公共交通优化""消费者权益保护"等多个主题的数据产品和服务。[①]

基于开放政府数据的开放创新依赖三个关键要素:透明、参与和协作,[②]但不同于发达国家的开放程度高,由于其数据集在数量和质量上的约束,上海引用了数据众筹的方法来说服政府部门和企业参与赛事的数据开放。然而,要说服不同的部门和组织在这个过程中参与比赛数据的众筹并不容易。因此,SODA 建立了一套操作系统,可以使数据满足应用程序的

---

① 数创城市智慧| SODA 被选入 2016 上海市大数据典型案例集[EB/OL](2017 - 07 - 28)[2018 - 04 - 25].https://www.sohu.com/a/160656797_195788.

② WIRTZ B W, BIRKMEYER S. Open government: origin, development, and conceptual perspectives[J].International journal of public administration, 2015,38(5):381 - 396.

需求,同时确保数据只能在比赛中传播。这个系统实际上形成了一个"开放数据—开放式创新"的良性循环,如图6.1所示。

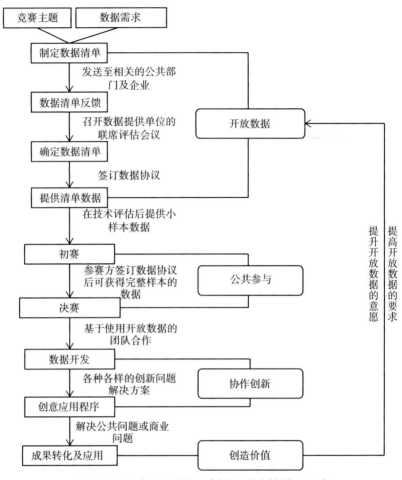

图6.1 "开放数据"与"开放创新"的良性循环系统

在赛事筹备时,组委会将根据年度赛事的主题和开发者反馈的数据需求来综合产出一份数据清单,这份数据清单则将提供给相应的政府机构或者企业,由他们结合自身数据基础判定哪些数据存在于信息系统中,再根据具体的安全规范确定哪些数据集可以面向赛事完整提供,而哪些数据集又只能提供部分字段。而当所有单位向组委会反馈了数据的情况之后,SODA会邀请数据提供单位召开数据安全的联席评估会议,确定最终的数据清单,并由数据提供单位和SODA签订数据协议。而数据提供单位所提供的数据汇总后,则将由SODA对数据再进行一轮技术评估,确保技术层面上数据脱敏已完成。考虑到数据开放和数据安全的问题,大赛设计了初赛阶段给予小样本方便选手了解数据结构和内容并构思创意,复赛阶段面向复赛选手分发真实的全量数据用于原型开发的流程。同时,SODA 组委会参考了知识共享协议、英国开放政府授权协议等数据授权协议范本,拟定了 SODA 大赛的数据授权协议,从权利上确保了选手可以充分自由使用数据,并且不限制使用目的。而在传播权利上,考虑到比赛数据仅面向复赛选手提供,因此对数据的二次传播进行了限制。

在上海的案例中,真实的问题需求被看作是链接数据开放和应用创新的纽带。这很容易理解,我们之所以需要应用创新找到新的解决方案,是因为真实问题的存在,而又因为应用创新过程中需要数据所以才会需要去推动数据的开放流通。问题、应用、数据三者实际构成了一个互相依赖和互相推进的三角。要满足不同利益相关体的诉求,必须思考如何围绕这三个要素设计赛事过程中的机制。SODA 与其说在经营的是一个赛事,不如说是在培育一个生态。这个生态的核心是开放,既是数据流通方式的开放,也是创新工作流程的开放,更是整个生态建设中多元主体协作方式的开放。它形成了一个"数据众筹、问题众治、应用众创"的开放创新生态系统来实现上述循环,具体见图 6.2 所示。

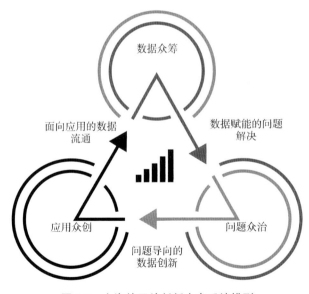

图 6.2　上海的开放创新生态系统模型

这一生态系统从实际问题出发,利用问题驱动型创新使其更具针对性,以便为数据提供者和赞助者直接创造价值。当创新是由实际问题驱动的时候,相关的开放数据流也将变得更加有意义和有意义,这意味着数据流正面临着应用创新。当数据能够更有效地传播时,将有助于进一步解释和理解问题,从而促进更好的创新。SODA 试图将三者联系在一起,而不是试图孤立地促进开放数据或数据创新或问题解决。然而,通过应用拉动数据流,通过数据流推进问题解决,再以更好地理解进一步推动创新,生态系统形成了一个闭合循环的资源链,从整体的角度推动了数据价值的实现。

三、数据驱动模式的电子参与创新

在过去的几年中,SODA 竞赛在开放数据和开放式创新方面取得了重大突破。通过竞赛,SODA 与 30 多个政府机构、公司和其他组织合作,共解锁了 62TB 数据集中的 7TB。在帮助企业和政府寻找问题解决方案的过程中,总共创建了 850 多个数据创新应用程序,横向覆盖了交通、金融、社会保障和食品安全等领域,共有近 4200 名数据创新人才提供帮助。此外,SODA 至少帮助一家英国和两家中国初创企业筹集资金,总金额超过 1000万美元。

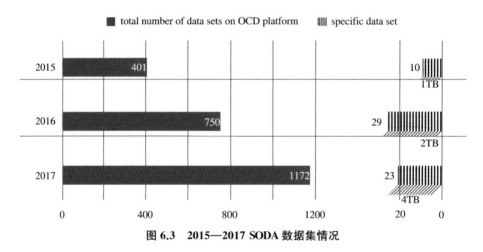

图 6.3　2015—2017 SODA 数据集情况

从图 6.3 我们可以看出,2015 年至 2017 年上海开放政府数据平台的数据集总数已经发生了很大的变化,数量在 401—1172。特殊数据集的规模从 2015 年的 1TB 增加到 2017 年的 4TB。然而,参赛者和球队数量明显下降,如图 6.4 所示。

根据对相关公共和企业负责人及一些参赛者的采访,我们了解到实际上参赛团队和可交付成果的总体水平每年都有提高,受访者基本同意竞赛存在逐年好转的情况。所以我们假设参与者数量的下降与奖金的下降有关(见图 6.5)。但是我们还没有验证这个假设,还需要未来进一步研究。

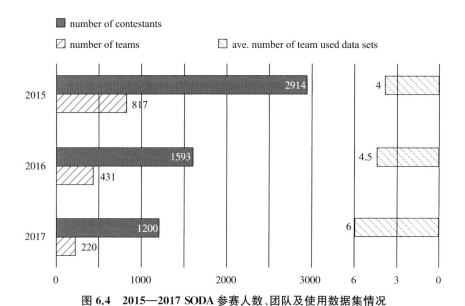

图 6.4 2015—2017 SODA 参赛人数、团队及使用数据集情况

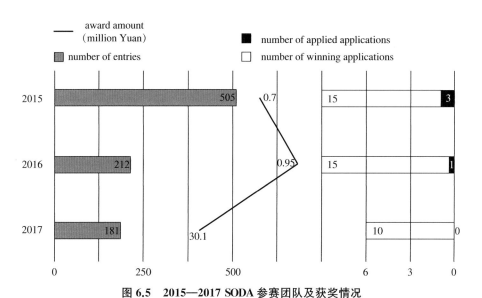

图 6.5 2015—2017 SODA 参赛团队及获奖情况

但是,开放式创新过程中存在三大问题。

一是数据众筹的局限性。这种模式可以在封闭的环境中以有限的数据形式进行数据共享。① 目前尚不确定这种模式是否适合数据提供商和应用创新者的实际合作。另外,由于它是封闭式的共享模式,因此无法使数据以长期有效的方式流动。这些限制将严重损害城市数据创新的长期发展。没有持续的数据供应,创新团队就无法持续使用和开发数据,更不用说让解决方案成为现实。

二是关于比赛的影响。虽然 SODA 近年来越来越好,但对整个社会仍然缺乏足够的影响力。据我们所知,大多数公众对比赛或公开数据知之甚少。上海需要扩大影响力,吸引更多的党派参加比赛。

三是创新应用程序的市场化问题。迄今为止,在 45 个获奖应用中,只有 4 个获得了融资或赞助,最终投入使用。关注社会价值的非商业项目在现实中更难实现。虽然投资周期需要时间,但数量远远低于预期。如果解决方案无法在现实世界中实现,那么整个创新过程就毫无意义。因此,如何改善数据应用市场应该是未来推动开放数据和应用创新的重要任务。

第二节　基于互动平台的创新模式

一、电子参与过程中互动平台的定位

我国一直以来坚持完善中国特色社会主义民主建设,自始至终强调实现协商民主和人民当家做主。协商民主要求所有参与者在互相尊重的基础上,都有足够的机会去发表言论、接收信息,并且对其他参与者的贡献作出评估。②这意味着公众在正式进入对政府官员"问责"的阶段之前,一个不可或缺的步骤就是资料搜集和事实调查。人们能搜集和使用到的信息的数量和质量,直接关系到其是否应该或是否能够提出"问责"。因而在任何一种情况下,政府透明都被视为公共问责实现的基本前提——没有透明就没有有效的问责,而透明必然涉及具体的信息和数据。

传统的行政透明机制是基于一种自上而下的政府—公民"两级模式",即政府人员声明哪种信息将被发布,以及通过哪些渠道和实现哪些目标。

---

① 锁利铭. 府际数据共享的双重困境:生成逻辑与政策启示[J]. 探索,2020(5):126-140,193.

② NABATCHI T, AMSLER L B. Direct public engagement in local government[J]. American review of public administration,2014,44(4):1-26.

换句话说,行政透明代表了特定公共政策的内容,旨在实现既定目标从而加强民主循环。透明旨在通过发布有关行政部门的决定及结果信息,来激发公共舆论,其目的是沿着民主控制公共权力的传统途径,如选举、参与机制、公共讨论等来确定反馈。在这种情况下,公众处于信息不对称的相对弱势方,关键信息的缺失会直接导致其无法有效发起并实现问责。

20 世纪 90 年代末的互联网大爆炸彻底改变了政府和公共行政,信息通信技术的飞速发展为政府透明和创新问责的实现提供了强有力的工具。新技术使得各种信息资源得到有效的开发和利用,它跨越时空的限制在全世界范围内自由流动,在对人们的生活习惯和思考方式产生影响的同时,也冲击着传统的政府管理模式,使其不得不加入改革和创新的全球浪潮中。信息社会前所未有地凸显了政府信息公开的意义和价值,公开透明也随之成为信息时代我们社会的主要特征,更成为信息时代政府执政的最基本要求。① 最初兴起的电子民主模式与电子政府的建设紧密联系,强调支持知情的公民参与公共决策和政策制定的过程中。同样的,我国一直以来都致力于电子政府的建设,试图依托互联网和电子政务平台不断改进问责的成效,人们试图借助网络等工具来强化问责的意愿亦日益强烈。② 然而尽管一开始对电子政务的定义考虑的是在平等的基础上提供信息和服务,但随后的很多评估模型,尤其是成熟度模型却更强调在线公共服务的作用。③ 在早期的这些电子政务模型中,信息的作用被掩盖了,未能确切地满足公共问责的真实需要。

事实上,开放数据不仅是实现政府透明的有效手段,更是日益被视为一种重要的创新战略,基于开放数据的参与和协作与公共部门的开放创新密不可分。莫格尔特别指出了公共部门三种不同类型的创新:封闭式、外部化和开放式创新,大数据时代呼唤不同领域的开放式创新,这种创新以开放数据为依托,并鼓励在此基础上的参与和使用数据,从而实现产品创新。④ 尽管开放创新是起源于私营部门的概念,有人认为,通过诸如开放数据的举

①　JUSTICE J B, MELITSKI J, SMITH D L. E-Government as an instrument of fiscal accountability and responsiveness: do the best practitioners employ the best practices? [J]. The American review of public administration, 2006, 36(3): 301 - 322.

②　阎波,吴建南. 电子政务何以改进政府问责:ZZIC 创新实践的案例研究[J]. 公共管理学报,2015(2):1 - 12,153.

③　LEE J. 10 year retrospect on stage models of e-government: a qualitative meta-synthesis [J]. Government information quarterly, 2010, 27(3):220 - 230.

④　MERGEL I. Opening government: designing open innovation processes to collaborate with external problem solvers[J]. Social science computer review, 2015, 33(5):599 - 612.

措,公共部门开放式创新存在重要机遇,它能有效推动公民参与和协作。①
公民参与则能够帮助加强政府问责,提高政府绩效,从而加强公民对政府的
信任和信心。

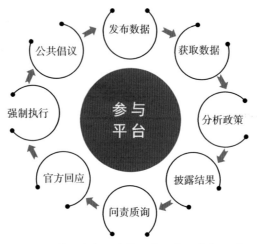

图 6.6　基于参与平台的政策评估及监督系统

遵循这一思路可以对传统的问责模型进行重构,如图 6.6 所示,"发布
数据"是这一循环的起点,它意味着政府在特定的开放政府数据平台上以特
定的格式公布各种符合《政府信息公开条例》的数据;"获取数据"意味着使
用者可以通过浏览门户网站或移动端网页阅读并下载各种数据,这要求门
户上公布的各种数据必须是可下载的;"分析政策"意为用户可以使用并分
析这些下载的数据,这又要求数据的格式需为可处理的格式;"披露结果"表
示用户基于数据处理和分析对结果进行披露,从而确定是否应该提出问责;
"问责质询"意味着当数据分析结果揭露出问题的时候,公众可以进行征询
和质疑,从而提出问责;公众可以直接在开放政府数据门户网站提出问责要
求,也可以通过媒体、社交媒体等其他路径提出问责,政府相关部门及负责
人据此需要进行公开的解释回应,"官方回应"可以通过开放政府数据门户,
也可通过其他路径;"强制执行"要求采取行政或司法手段对不当行为进行
依法制裁;在经历过一轮对公共权力的问责后,公众舆论压力会形成"公共
倡议",从而进一步推动政府的数据开放。这些过程均可以通过一个交互开
放式的参与平台得以实现。

---

① CHESBROUGH H, BOGERS M. Explicating open innovation: clarifying an emerging
paradigm for understanding innovation[J]. Social Science Electronic Publishing, 2014:1-28.

二、案例：意大利"公民参与马拉松"

2013 年，欧盟修订了"欧洲公共部门信息指令"（"European Directive on Public Sector Information"），这一指令意在鼓励和实现数据驱动的产品和服务创新，政策制定中的公民参与，以及更强的政府问责。欧洲结构和投资基金会（European Structural and Investment Funds，ESIF）则代表了欧盟的主要投资政策工具，基金会对各种不同的国家和地方发展政策进行联合融资，对新兴企业发展的资金支持、区域基础设施的发展建设，尤其对欧盟区域和国家之间发展的不平衡给予了强烈关注。投资基金会对欧盟的经济增长产生了真实的影响，但这些项目面临效率、效力、复杂的绩效评估的挑战。

意大利是欧盟国家中第二大的基金接受国，根据意大利国家透明网站信息显示，截至 2018 年 4 月 25 日接受了总计 761 亿欧元的基金支持，其中约 80％的基金被投资到了意大利南部地区。所有这些财政资金都可以通过国家开放政府数据网站（OpenCoesione）①被实时追踪到，这也是欧盟新法规下的意大利国家透明网站。在 2018 年 4 月，该网站公布了 948416 个项目的数据，这些项目总投资高达 963 亿欧元。这些项目大到价值几十亿的大型基础设施建设，小到学生的助学金投资。网站最初的目的是保证公众能够通过浏览网站了解有关每一个项目基金的具体数目、来源、大概位置、参与者、实施时间表等信息，并可以下载并分析元数据，从中发现并揭露问题，从而提出有效问责，同时也鼓励公众使用数据进行应用程序开发等操作。人们希望能建立一个更加包容的参与过程，让利益相关者、公民社会团体、最终受益人都能实质性地参与到政策中来，以提高政策的效率、效力和问责。

政府发动了不同的计划来刺激对数据库的使用或重新利用，例如发布数据分析、新闻，制作信息图表，创造交互式可视化工具，进行在线研讨会，以及各种研究机构的工作室和讨论会等。通过网站上的交互式工具，直接接收受助者和最终受益者的意见和建议。但并没有足够的资源直接管理公民参与行为，政府努力倡导各种公民技术团队的编程马拉松，以激发新的倡议和应用程序来搜集数据公开和项目结果的反馈。

然而这一网站公布的信息是否能够真正帮助公众和媒体实现有效问责？事实上，这一问责机制的确定经历了一些过程。事情的起因是，一组由记者、分析员、开发商和公民个体组成的团体，基于项目层面的政府开放数

---

① 网址：https://opencoesione.gov.it/it/.

据,通过采访项目实施的负责人,搜集视频和照片记载进程和结果,搜集了五个博洛尼亚(Bologna)地区学校建筑的翻修项目。但很快,他们意识到政府门户网站 OpenCoesione 对诸如是什么政策和决定促进了对这些项目的资金供给、在各个治理主体中谁来负责、谁是承包商和次承包商,以及他们的支出如何追踪的问题没有丝毫线索。最重要的是,政府网站对项目主体、行动、绩效数据、结果指标等基本信息的描述全都缺失,因此他们认为有必要对这些项目进行更进一步的调查。这一试验性的行动继而演变成了一个全国范围的公民监督行动,并发展成立了"Monithon.it"网站。"Monithon"这个词源于"monitor"和"marathon"的组合,意为"公民监督马拉松",其目的在于加强对地方层面欧盟基金项目的公民监督及问责。但"Monithon.it"并不是一个正式的基金组织,它主要依赖志愿者的努力,尽管发展和维持它技术平台的花费部分得到了非营利组织的赞助,但其仍然面临严峻的资金可持续问题。

这一行动牵引了许多公民和地方团体,越来越多的个体和组织加入公民监督问责的行动中来。不仅如此,2013 年 9 月意大利开放政府数据平台与欧洲委员会意大利代表办公室还合作发起了一个"OpenCoesione"网校,这是一个为了刺激数据使用和公民参与的大规模在线开放课程(Massive online open course)。教育部同样参与到了这一行动中,力图增强学生和老师的数据素养和 ICT 使用。网校使用了"Monithon"的工具和方法来组织公民监督问责行动,学生不仅要学习如何分析政策、行政资源,进行实地调查,还要学习如何使用与现实生活中的公共问题相关的复杂数据库。

公民监督问责行动以小组活动的形式组织起来,从而包含了很多跨学科的能力来进行实证研究分析项目绩效,包括对项目历史、潜在的政策动机、治理主体网络、项目实施者责任的考察等。这一举动的意图不仅是为了充实公众可以获取的数据库信息和收集数据质量的反馈,还为了现场采集来自最终受益者的对项目结果的建议和反馈。所有获得的新信息都通过一个标准的方式进行收集,包括问卷调查、访谈大纲、数据分析指导方针和实地调查,继而映射在"Monithon.it"这一开放平台上。通过各种反馈信息不但刺激了各种各样的解决问题方案,更实现了对各个项目的有效问责。

（二）事件影响

在 2014 年 3 月,行动的一年之后,"Monithon.it"平台上公布了 55 个公民监督报告,覆盖了包括交通、文化遗产、城市政策、教育、社会融合等方面,网站显示到 2018 年 4 月这一数字增加为 475 个。大约 40% 的项目包含了基本的信息,加上一些有关进程和结果的证据,其他的 60% 可以被称为深入调查，包含了有关项目历史、动机的详细信息，相片和视频浏览，以及项目和政策文件的链接。

2015—2016 年，"OpenCoesione"网校招收了来自全国的 120 个学校和2800 个学生，每个学院基于"OpenCoesione"的开放政府数据选择一个项目进行分析。学生组织活动宣传结果，创造了进一步的机会，提升了公民意识，并加强了与非营利组织和欧洲委员会地方代表的对话。所有的这些活动都是公开的，并且在某种程度上表现为一种"问责论坛"，学生与负责项目实施的地方团体、政治领导和政府行政人员得到有效的互动，并提出解决问题的建议。

"Monithon. it"平台上发布的信息，作为开放政府数据可以被行政管理机构、记者、研究者、非营利组织和公众使用，对各种基金项目的实施和未来政策行动的设计产生了深远的影响。在一些案例中，公民监督报告受到了地方新闻的关注，尤其在一些诸如资料日（Open data day）等特殊事件期间，新闻报道会产生对公共资金使用的电视问责及公共讨论。在另一些案例中，会推动地方组织和行政部门的协作。例如在意大利西北部的托里诺，皮埃蒙特（Piemonte）的公民监督小组发起了与埃及博物馆理事的对话，试图改进一个由欧盟结构与投资基金会赞助的改造项目。在巴里行政区，研究部使用公民对社会创新项目的监督结果来安排这方面未来的行动。在这些案例中，公民反馈在政策循环的监督和创建环节对国家和地方行政官员的决策都产生了影响。"OpenCoesione"和"Monithon. it"平台收集的公民反馈不仅包括数据本身和政策绩效，还通过告知机构对特定项目的责任为使用者指明了方向。

这些行动的直接后果就是引导意大利逐渐走向一种监控民主（monitorial democracy），并且培育了一种新型的公民——监控式公民。在这种民主机制下，公民的责任是监督政府、企业以及其他大型组织的行为，新媒体与新技术则大大扩大了监控民主的潜力，允许更多的公众去贯彻、记录以及分享他们的监督报告。

三、平台驱动模式的电子参与创新

（一）基于参与平台的政策评估创新系统

意大利的这一案例显示了基于开放数据和在线参与平台能够促成公民参与和多方协作，从而激发一个创新的政策评估和问责循环系统。正如上述案例所示，政府、非营利组织、企业、媒体、公民个体等多方主体都能够参与到政策评估、监督及问责的循环之中。这一协作关系依托"OpenCoesione"和

"Monithon.it"两个平台,前者是政府开放数据平台,后者为公民在线参与平台,它们互相促进互相补充,共同形成了政策评估的协作整合平台。

　　一个开放政府数据的提供者,如意大利政府,以一种被证明对公民个人和团体都受益颇多的方式,提供有关欧盟和国家公共投资项目的高密度信息,这个过程可以对应到图 6.6 模型中的"发布数据"阶段。而以市民、记者、企业、其他利益相关者或志愿者组成的公民志愿团体,一方面从开放政府数据平台"获取数据",另一方面以各种实证调查收集数据,并通过"分析政策"生成各种项目监督调查报告、公民反馈和建议等。这些数据信息之后被公布在"Monithon.it"平台,不仅达到了"披露结果"的效果,更形成社会开放数据,对政府开放数据进行了有效补充,实现了对政府数据的充实,加深了政府透明的程度。当信息的披露凸显出政府相关部门或官员的渎职、腐败或其他行为不当等问题时,问责被正式提上日程,它可以是通过网校学生团体开展的"问责论坛",也可以是通过在线的公共讨论,或以地方媒体"电视问责"的形式出现。相关项目的负责人继而需要对公共问责作出"官方回应",针对各种公共质疑解释其行为。当一个项目或问题受到了诸多公共舆论的关注,将会加快推进相关的司法、行政部门介入调查,并对确实存在的不当行为进行"强制执行",作出相应的惩罚与制裁。通过这一系列过程,问责并没有就此结束,出于对公权力滥用的进一步担忧,政府自身以及公民都会要求更高程度的政府透明,进一步倡导政府数据的开放,让更多的透明确保更有效的问责。基于上述分析,我们能够进一步以意大利的案例丰富上文的问责模型,构建一个更具体的面向数据的协作问责系统模型,如图 6.7所示。

　　这一问责循环的创新之处在于充分发掘了社会各界的力量,实现了多方主体协作问责。在这一系统中, 政府、相关企业和大型组织向全社会范围内开放数据,为透明和问责的实现提供基本条件;公民及社会团体发挥杠杆作用,发展公民技术工具和方法,来培养对项目结果进行系统性公民反馈收集的公民参与;由政府资助的网校"Scuola di OpenCoesione"(School of OpenCohesion),以公立学校为依托培养公民意识、社会资本和公民参与的技能;而其他营利组织,如意大利行动援助组织和意大利反黑手党协会同样致力于对公民技能以及使用重要的公共问题数据能力的培养,产生了大量的互动。

　　这些实践帮助克服了数字政府数据项目的一些典型缺陷,这些缺陷表现在很多开放政府数据项目倾向于仅仅提供与数据本身有关的参与,并且仅限于技术专家和数据中介团体使用数据。这主要体现在,对可机读模式

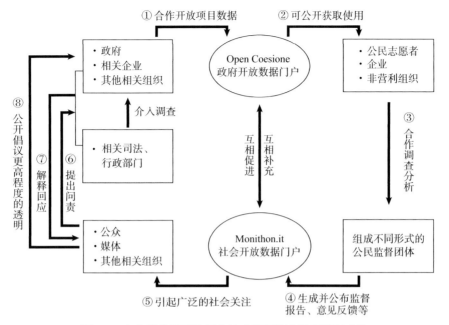

图 6.7　意大利基于网络平台的政策评估及问责循环系统

数据的处理能力依赖于特定的技术和资源，这并不是大多数公众具备的。尽管人们认识到数据不只是限于对开发者开放，但是同时大多数公众仍需依靠技术娴熟且资源丰富的个体或组织作为媒介，帮助他们获取合适的数据。从这个意义上说，对于普通民众而言，提供数据并不能简单等同于透明，很多时候只有当技术媒介为公众处理了相应的数据，透明的目标才得以实现。显然，意大利的这一实践模式有效克服了这一缺陷。

（二）结论和建议

意大利的案例表明，信息发布者（政府）和使用者（公民及社会团体）的互动能够刺激对数据内容的兴趣和数据质量的提高。尤其是社会群体和非营利组织的参与看来似乎能够对与数据打交道的政府和非政府主体产生促进作用。此外，非营利组织、各种协会和其他利益相关者在监督行动上的积极介入对促进参与式问责是至关重要的，尤其是当其各自目标的实现也依赖于公共政策的有效监督和问责时。这些交互作用为更强的政策问责及项目效率的提升提供了舞台。

2017 年，习近平在中国共产党第十九次全国代表大会上所作的报告，进一步从战略高度出发，对国家治理体系和治理能力现代化提出新的要求，这一治理体系要求不断"提高国家机构履职能力，提高人民群众依法管理国家事务、经济社会文化事务、自身事务的能力"。我国要推进中国特色社会主义民主建设,必须要紧握人民当家做主这条线,在不断增强政府透明的基础上切实推动公民参与及公共问责。虽然意大利与我国的国情存在较大差异,但是其推动政府透明和公民参与问责的目标是一致的。意大利的案例揭露出了探索问责治理创新的一些普适经验与问题,值得我国这样一个不懈追求开放创新的国家进行借鉴和思考,而在今后尝试利用这一路径来推动问责创新的过程中,我们需要特别注意以下问题:

1. 建立统一专门的开放数据平台并促进公民在线参与平台的发展

这是实现政策参与创新的首要前提和基础。数据开放的程度将直接影响公民参与和问责的程度,许多合作倡议均关注建设合作的基础设施或平台,合作生产项目的创造和评估需依靠网络基础设施来实现。政府需要依靠基础设施来创造协作项目并对其进行评估。现在,许多公共协作倡议关注建设协作的基础设施或平台,但是政府机构往往不能够清楚地处理其产生的项目以及如何据此来鼓励公民参与。从意大利的案例来看,公民反馈受到特定数据和附加的背景信息缺失的阻碍。过程透明的各项要素,如项目目标和行动、潜在的政策动机、决策、承包商、结果和输出指标都存在缺失,这导致获取的数据让使用者无法完整地了解不同行动者之间的责任链。目前在我国地方层面已经建立了 19 个开放政府数据平台,但中央层面的类似平台还没有实现。我国国务院在 2015 年发布的《促进大数据的行动纲要》中已经提出,竭力在 2018 年建立中央层面的统一的政务数据互动平台,这表明我国政府已经深刻认识到开放数据的重要性。无论如何,必须以开放数据平台为依托,参与和问责创新才有进一步实现的可能。同时,鉴于开放数据门户包含各个机构的数据集,拥有一个有凝聚力的统一治理模式尤其重要。政府机构之间以及机构内部各部门之间必须检阅和修订已有的政策和流程,加强数据管理,采取有效行动以确保一致性。恰当的治理实践能帮助政府机构之间互相支持和协作。此外,不仅各级政府之间需要相互协作,政府与公民、私人部门、非营利组织之间也需要进行有效协作,从而为问责提供最佳的机会。

2. 不断完善相关的法律法规机制

由于大数据、开放数据、众包等创新协作形式都属于新兴产物,与此相关的法律十分欠缺,虽然不少国家都鼓励和强化了对可能出现的相关违法现象的研究,但目前还停留在一些暂行管理条例层面,亟需不断完善相关的法律法规建设。意大利的案例表明,由于没有确切的法律机制能够确保行政机构必须考虑公民和非正式组织的意见反馈,公民团体需要劝说决策者倾听并协作。很多时候,决策者做最后决定的时候,依然不怎么考虑这些意见反馈,而且并不是所有的反馈都能正式提出问责,因而迫切需要完善相应的法律法规,实现这些系列过程的制度化。

3. 培养公民的专业知识和技能

专业技能和专业知识不仅要求能够理解公开的数据,还需要能够对额外的信息进行检索以搞清楚来龙去脉。所以,有效的公民监督和问责还需要专业的支撑来取得有意义的结果。没有这些专门的知识,政策问责及广泛的公民参与和协作都会受到不利影响。从上述案例来看,问责系统可持续性的一个主要挑战在于,需要创造持久的地方团体来做此种类型的工作,并且这一团队需要有具备充分动机的跨学科专家组成。基础的众包行为,如搜集照片和视频记载刚刚工作的进程相对而言比较容易,而更复杂的调查则需要具备了解各种政策机制、国家和政府行政程序、数据分析及可视化、实地调查、数据收集以及沟通调查结果等方面的专业技能。因此,必须通过各种方式提升公民的专业技能和知识,较为普遍的一个方式是利用政府、学校、非营利组织的合作加强对公民的培训。

4. 鼓励并支持开放数据的信息中介组织

社会系统的健康很大程度上不仅仅依赖于公民技术举措脆弱的可持续性,还依赖于开放政府数据的中介组织。在案例中,我们不难发现信息中介有时是为了其他目的由政府或非营利组织资助创办的,这种实体组织非常少,并且他们长期的资金前景都很暗淡。但是这些信息中介无疑扮演了十分重要的角色,它们代表了公众的利益或者帮助公众,因此关于这一功能的一个包含政府角色的持续商业模式看来是十分必要的。

5. 构建一个政府和公民之间真正的公共问题机制

这一机制的缺失,对政策循环中想要系统地整合公民反馈的努力造成了巨大的壁垒。实际上在意大利的案例中也同样存在这一问题,不论是欧盟结构和投资基金会法规或是国家法律框架都没有提供这种机制。政府内部鼓励和处理自下而上反馈的特定程序显得很疲软、不频发,很多时候甚至是缺失的。政策过程中的这一缺口也许是公民参与、协作和问责的最大障碍。

第三节　基于政策众包的创新模式

一、电子参与过程中众包的定位

我们首先要探讨众包在政策周期中扮演的角色,而这主要依赖对众包的分类、对不同众包模式的比较及对其在政策周期中适用情况的分析。

（一）政策众包的类型

众包通常用于寻求公众的想法、意见和解决方案，来作为制定政策时的额外数据点，而不是去探测公众对选择这一事先已确定议题的看法。与传统的政策过程相比，政策众包嵌入在一个更大的由发包者管理和控制的过程中，发包者为组织众包行动的政府，拥有对众包的控制权力，并且不需要分享决策权。政策过程中的众包往往以"自选择"（self-selection）为基础，它不同于民意调查、公民论坛、协商会议等此类形式的民主创新，这些创新形式旨在使用具有统计代表性的随机公民样本，通过所谓的"微型公众"（Mini-Publics）路径检测公共舆论。[①] 微型公众的目的在于复制大多数公众的偏好，而众包则相反，它针对某一政策或问题以自选择的参与群体为基础，目的在于获取多元化的信息，因此并不太可能成为较大多数群体意见的代表性样本。而政府采用众包的理由主要有两个：一是推动公民参与，二是寻找知识来制定更强有力的政策。政策众包作为参与式民主的一种方法，为审议民主提供了空间，是加强审议民主的一个途径，其目标之一就是让公民有效地参与政策过程，在政策众包中，公民被邀请对各种政策分享各自的想法、意见及知识，这些很多是从前他们几乎无法触及却又利益攸关的政策；[②]众包使人们有可能将分散的、往往较难被听到的大众知识和声音带入公共领域，这有助于决策者更加公平地考虑所有受影响的利益主体，从而更有可能制定出更符合公众利益和需求的法律或政策。总的来说，目前学界对政策众包的分类主要存在以下三种视角：

第一，从众包追求的目标来看，通常可以粗略地将其分为两种类型：创新型和解决问题型。[③] 首先，在过去二十年里，创意众包已被大量组织，尤其是企业广泛使用。很多企业都转而采用众包来吸引消费者参与，为其品牌找到新的创意来加速创新循环。而随着公共部门改革的不断推进，政府对创新的需求与日俱增，大数据时代的政策创新更加呼吁公共部门采取诸如众包此类的开放式创新。[④] 其次，众包使组织能够为各种问题和挑战找

---

① GOODIN R E, DRYZEK J S. Deliberative impacts: the Macro-political uptake of mini-publics[J]. Politics & society, 2006, 34(2):219-244.

② LEE D T, GOEL A, AITAMURTO T, et al. Crowdsourcing for participatory democracies: efficient elicitation of social choice functions[C]. Proceedings of the AAAI Coference on Human Computation and Crowdsouring, 2014.

③ PRPIĆ, J, TAEIHAGH A, MELTON J. A framework for policy crowdsourcing[J]. Policy & internet, 2015,7(3):340-361.

④ WEST J, SALTER A, VANHAVERBEKE W, et al. Open innovation: the next decade [J]. Research policy, 2014, 43(5):805-811.

出解决方案,此类众包的目标受众可能只是普通公众,也可能是一些特定领域的专业技术人员,他们会为特定政策或问题给出自己的看法见解、专业知识、建议等,从而为公共问题解决提供多种方案。

　　第二,从参与动机出发,将众包区分为有偿众包和无偿众包。① 一般而言,众包需要以发布任务的形式进行,一些任务是有偿任务,例如公共组织寻求向大量公众外包一些简单或容易执行的“微任务”,参与者可以通过回答问题,提出意见、方案以及其他方式完成任务并获得相应报酬。而有一些任务则是人们自愿参与的,完成任务后并无任何报酬。政策众包涉及的大多是自愿参与的无偿式众包。例如,“众绘”(crowdmapping)②就是一种典型的自愿性众包,它可用于收集目击者的评论和证明。众绘的任务是发送关于某个话题的信息,然后将信息定位在地图上,这些信息通常可以通过SMS或在线发送表单发送给地图发起人,所有的报告则通过在线地图进行收集。“众绘”是一种有效的众包方式,可以直观地显示某一现象的地理分布,无论是暴力,贿赂,暴风雪还是交通堵塞。在自然灾害发生后,政府机构经常使用这种众包方式以尽可能精确和快速地映射和绘制受影响地区的情况,例如 2012 年在美国飓风桑迪之后,美国地质调查局呼吁请求目击者提供沿海地区在飓风前后的照片比较并在地图上进行定位,从而及时映射和描绘飓风带来的后果。除此之外,政府也会开展一些部分有偿的众包,如上海等市近年来组织的开放数据创新竞赛等,以奖金的形式吸引公民参与政策创新和公共问题的解决,在此过程中并不是所有参与的人都能得到有偿回报,只有最终获奖的个人(或团队)才能得到奖金。

　　第三,以实现众包的不同途径为依据进行分类最为常见,它将其分为邀请赛、虚拟劳动力市场和开放协作三种模式,它们借助于不同的信息技术媒介来实现。③ 虚拟劳动力市场是一个以信息技术为媒介的市场,它依托于一些专门的微任务软件或平台开展组织提供的“微任务”(mircotask),并倾向于利用有偿众包来吸引公众参与。个人可以通过接受任务来从事现场劳动并获得报酬,此类平台诸如国外的“Amazon Mechanical Turk”、国内的“开源中国”众包平台等。目前,在这些平台上提供的大多数微任务都是重复性的,并且需要低到中等水平的技能,因此每项任务的补偿并不高。在虚

---

　　① AITAMURTO T. Crowdsourcing for democracy: a new era in policy-making[R]. Social Science Electronic Publishing, 2012.

　　② 由于目前对“crowdmapping”还没有权威的翻译,这里按其含义将其翻译为众绘。

　　③ PRPIĆ, J, TAEIHAGH A, MELTON J. A framework for policy crowdsourcing[J]. Policy & internet, 2015,7(3):340-361.

拟劳动力市场平台上,参与者通常无法形成团队或团体,而且他们和平台之间只有偶尔的交流。邀请赛模式的众包往往出于鼓励政策创新或解决公共问题的目的而开展,政府或其他公共组织将其需要解决的问题发布到专门的信息技术媒介平台或其内部自主平台上,借助平台举办一些淘汰赛或创意竞赛,为比赛设定条件、规则及奖项等。为了获得奖励,个人或团队(取决于 IT 平台的功能和比赛规则)会将他们的解决方案发布到适当的平台上,最后按照规则选出获奖的方案。开放协作模式的众包,往往意味着人们通过网络、社交媒体等信息技术平台自愿参与政府发布的问题和任务,且并未期望获得报酬或任何货币补偿,它可以通过诸如维基、知乎、微信、微博等各种在线社区、社交媒体平台,或专门的协作项目平台来实现。

(二)不同模式的比较

众包的决策支持过程通常遵循一个周期,其中众包供应商(即国家或地方政府),邀请公众参与一个或多个政策周期序列。政策周期各阶段对众包的使用,通过增加各种专业或非专业参与者的数量扩大了公众的参与水平和参与能力。不同形式的众包随着时间的推移不断普及,与传统的诸如政策研讨会或进行线下调查等方法相比,它大大增加了活动开展的速度和质量。

表 6.1 三种众包模式的比较①

	A. 虚拟劳动力市场模式	B. 邀请赛模式	C. 开放协作模式
目标	解决问题	创新、解决问题	创新、解决问题
酬劳	有酬,数量多变	部分有酬,数量固定	无酬,免费
准备时间	较短	中等	多变
持续时间	短暂(几小时—几天)	中等(几星期—几个月)	多变
任务的复杂程度	简单	复杂	多变
参与规模	大	小—中等	多变
参与者匿名度	高	低	多变

① 此表参考了 PRPIĆ J, TAEIHAGH A, MELTON J. A framework for policy crowdsourcing [J]. Policy & internet, 2015, 7(3):340-361; AITAMURTO T, SALDIVAR J. Motivating participation in crowdsourced policymaking: the interplay of epistemic and interactive aspects[J]. Proceedings of the ACM on human-computer interaction, 2017(1):18-22.

续　表

	A. 虚拟劳动力市场模式	B. 邀请赛模式	C. 开放协作模式
参与动机	利己主义、报酬等	奖金、自我肯定、声望、学习、事业等	利他主义、兴趣、好奇心、分享知识、社交、政治参与等
平台互动类型	信息、货币、虚拟货币等	信息、货币、虚拟服务等	信息

众包在政策周期各个阶段能够起到不同的作用,它往往需要通过虚拟劳动力市场、邀请赛或开放协作的途径来实现其特定目标,因此要分析众包在政策周期中的角色,则有必要对这三种众包模式展开进一步的比较和分析。

如上表所示,虚拟劳动力市场依托于一些专门的微任务平台或软件,它的众包规模较大,其发布任务所需的准备时间一般较短,多为一些简单任务,持续时间较短,参与者在平台上的匿名度较高,酬劳一般视各种情况而定,并不固定;邀请赛所需的准备时间往往高于虚拟劳动力市场模式,参与者一般为公开参与,匿名度较低,其发布的任务一般较为复杂,需要一定的专业支持,规模一般并不会太大,赛事持续的时间相对较长,往往会持续几个星期到几个月。相对于这两种模式而言,开放协作模式通常只限于信息层面的互动,然而由于它在其他方面具有更加多样化的选择性,适用范围也更广,因而在现实中最受欢迎。这三种模式的众包都有各自的特点和功能,它们作为政策工具可以适用于政策周期的不同阶段,并扮演不同的角色。

（三）政策周期不同阶段适用的众包模式

拉斯韦尔在早期研究中就倡导将政策制定简化为几个相互关联的阶段,包括信息、建议、法令、试行、执行、终止、评估七个阶段。虽然这一模型存在一些内在的缺点,如他假定政策制定的参与者只限于一小部分政府官员,以及政策评估放在事后评估等,[①]但此后各种各样对政治周期不同阶段分类的尝试皆以此为基础不断改进。

目前,最著名的分类由迈克尔·豪利特等人给出,他们将政策周期分为议程设置、政策设计、政策决策、政策执行、政策评估几个阶段,这些阶段以重复迭代的方式进行,众包的使用为这些阶段的实现带来了革命性的变革。这里基于迈克尔等人的分类对不同阶段所适用的众包模式类型进行分析,

---

① 豪利特,拉什米.公共政策研究:政策循环与政策子系统[M].庞诗,等译.北京:生活·读书·新知三联书店,2006:16-17.

如表 6.2 所示。

表 6.2 政策周期不同阶段所适用的众包模式类型

		A. 虚拟劳动力市场模式	B. 邀请赛模式	C. 开放协作模式
议程设置	问题定义			√
	提出议程			√
政策设计	调查	√		√
	意见征询			√
	方案征询		√	√
	意见或方案评估	√	√	√
政策决策		/		
政策执行	执行方案		√	
	政策落实	√		√
	政策监督	√		√
政策评估	事实评估	√	√	
	价值评估	√		√

议程设置是指议题从媒体议程向公众议程的传播,传统的议程设置一般是首先政府出台某项政策,然后媒体加以报道解读,接着公众理解并贯彻落实,也就是说媒体议程和公众议程主要是由政策议程所决定。互联网带来的网络参与改变了传统的议程设置过程,媒体议程和公众议程改变了过去的被动地位,越来越多地利用社交媒体等工具自主设置议程来影响政策议程。这表现在公众及各种团体通过社交媒体等其他平台,能够随时随地对发生的各种社会性事件或问题发布,公众通过关注、评论、转发等方式进行发散式传播,使其形成热点话题,成为公众的议事议程,并进一步影响政策议程。议程设置的过程越来越强调公众与政府环境之间的互动,在信息传播和政策问题定义的过程中使用开放协作模式的众包能够加速推动政策议程的设置。

政策设计需要广泛收集各种信息,众包能够更好地实现这一过程。政策设计需要产生竞争性的政策选择,虚拟劳动力市场所具有的巨大人群规模,很可能能够相对快速有效地产出替代性政策方案。邀请赛模式可以很容易地用于通过在网络媒体上的竞赛产生竞争性的政策选择,征集到多样化的创新政策方案。此外,利用虚拟劳动力市场雇佣参与者能够帮助完成大量的简单工作,如果一个特定的政策设计需要专门的技能或知识,也可以通过虚拟劳动力市场的资格预审来过滤工作人员。开放协作模式不仅能完成上述两项目标，还能够实现大量的意见征询。同时，这三种模式均可被利用开展对拟议方案的评估。

通常，众包并不适用于政策周期的决策阶段，这意味着即使公众参与了政策制定的早期阶段，政府官员和政治代表仍然在做关于政策的最终决定。众包的目标通常不是将决策权转移给人民，而是实现双重目标：寻找相关知识来改进政策并让公民参与政策制定。因此，众包并不能取代民主制度中的现有机制，它所起到的作用在于对这些机制进行补充并加强。① 但是政府有必要通过网站、社交媒体等工具公布意见和方案采纳情况的相关信息，包括是否采纳及其理由是什么，并发布最终的决策。

在政策执行阶段，鉴于虚拟市场的劳动力可以用于执行离线任务，它对于政策执行非常有用。类似地通过邀请赛，也可以产生执行政策的新型创新方法。利用社交媒体等开放协作平台能够对政策进行大量宣传和解释。在政策落实过程中也可以通过雇佣虚拟劳动力市场的参与者或者在开放协作平台上征集志愿者完成一些简单工作，或为识别和审查政策执行过程中出现的不当行为收集证据等，从而实现有效监督。

政策评估阶段同样可以选择多种众包模式，虚拟劳动力市场模式可用于驱动开展在成本或内容上的有效评估，既可对事实层面的政策目标、政策结果、政策成本、政策绩效等进行评估，也可以对政策影响进行价值层面的评估。邀请赛模式则可以发展用于对特定政策项目的评估，这种竞争可以用来请求这些人群中的求解者为政策评估产生新的和有用的指标。开放协作模式更适用于搜集政策反馈、公众评价等信息，通过价值层面的评估，全面了解公众的偏好和满意度。

总的来看，虚拟劳动力市场模式和邀请赛模式可作为政策设计，政策执行和政策评估潜在的有用途径，开放协作模式则可用于几乎所有政策阶段，其适用程度最高、适用范围最广。这在某种程度上也解释了为什么现实中的政府往往更乐于采用开放协作的众包模式。虚拟劳动力市场模式和邀请赛模式在政策设计和政策评估阶段，应该被挖掘出更大的潜力。如邀请赛式众包已经变得越来越受欢迎，它吸引了大量的专业人群，大大增强了其解决复杂任务的能力，随着此类平台的进一步发展，可以使用众包来完成更多

---

① HOSIO S, GONCALVES J, KOSTAKOS V, et al. Crowdsourcing public opinion using urban pervasive technologies: lessons from real-life experiments in Oulu[J]. Policy & internet, 2015, 7(2):203-222.

的任务。目前大多数研究重点关注的是众包在议程设置中的应用,①但事实上众包式的开放流程能够在(决策以外的)不同政策阶段得以实施,包括收集政策构想,对困难政策决策提供支持,甚至通过参与生成详细的计划和方案,以及对政策结果进行评估和反馈等。

二、案例:城市规划过程中的政策众包项目比较

这里主要搜集并整理了城市规划中应用众包的几个典型案例,具体包括新加坡、美国、印度和中国城市规划政策领域的众包案例进行比较分析。城市规划中的公众参与自20世纪60年代兴起,而大数据和信息技术的发展为感知民意、洞察政策实施的影响等拓展了渠道,可以说政策领域对众包的使用首先体现在了城市规划的过程中,一些城市政府率先将众包作为公民参与城市规划并帮助提高规划决策科学性和合理性的有力工具。

对新加坡、美国、印度和中国四个案例的选择考虑到以下几点:① 目前众包在政策领域的应用方兴未艾,相关的实践有限,而得以搜集数据资料的案例更为有限,相对于其他案例而言,这四个案例可以搜集到相关的有用数据。② 这四个案例几乎涉及众包得以应用于政策周期的所有环节,利于对众包的模式和应用进行较为全面的比较分析。③ 新加坡和美国都是率先使用众包的典范,且其应用众包的过程和结果有所区别,美国是较早开始在治理中使用众包的国家,自奥巴马总统提出"开放政府"战略之后,信息通信技术即被大量应用于国家和城市治理过程,众包更成为公民参与和协作过程常见的政策工具,但现实中很多众包在吸引了大量公众参与的前提下却不易获得令人满意的结果;新加坡城市规划中的公民参与传统由来已久,虽然其对众包的应用迟于美国,但是却有效地将众包应用于城市规划的各个政策阶段并且取得高度的公民认同和满意度。④ 印度与中国作为发展中国家的代表,其情况相近,但近年来印度的信息通信技术产业迅速崛起,在政策过程中更是率先使用众包,相比较而言,我国虽具有较好的信息通信基础,却在政策众包中缺乏拉力和推力,大大落后于新加坡、美国,甚至印度,亟需吸取他国和自身的经验教训,突破政策参与的现实困境。

文中涉及的基本案例资料以及众包投入的采纳程度、结果解释程度等数据多来源于相关网站信息和政策文件,而对公众参与意愿和满意度调查

---

① GELLERS J C. Crowdsourcing global governance: sustainable development goals, civil society, and the pursuit of democratic legitimacy [J]. International environmental agreements politics law & economics, 2016, 16(3):415 – 432.

则通过邮件访谈、基于社交平台或众包平台的网络访谈，及官方的相关调查结果来获取。基于这些数据进一步筛选和对比哪些因素或因素组合对政策众包结果、公众满意度和此后的参与意愿产生影响，以及产生怎样的影响。

案例1：新加坡城市规划①中开发指导计划（DGPs）的众包。"开发指导计划"可以理解为是新加坡地方层面的具体政策规划，它将新加坡划分为55个更小的规划区域，政府鼓励公众对城市土地利用情况、城市交通、环境等提出意见和建议。专业组织、开发商、企业家、利益集团、社会领导以及公众代表等均能够通过社交媒体等平台对计划发表想法和建议，而所有有用的意见最终将被体现到"开发指导计划（DGPs）"中。这些计划在成为新的指导开发的总体规划前还要被展示数次以获得公众的理解和认同。城市重建局还定期召开由公民和专业团体参加的交流会，讨论后期的开发监控政策方针，并通过网络等途径收集规划系统的各方监督及反馈意见。

案例2：2015年美国加州帕洛阿尔托市（后文中以帕市代替）的城市计划②众包。帕市有6万多人口，自2015年5月开始，该市一直在对其综合性城市计划（CCP）的更新进行众包反馈。③ 首先，居民被邀请在一个名为"开放市政厅"（Open City Hall）的在线平台上分享他们关于几个城市主题的想法。这一过程要求人们注册成功后才可进行在线参与；下一步，综合计划的早期版本在名为"数字评论员"（Digital Commenter）的网络平台上发布，并邀请居民对草案发表评论，允许用户注释草稿，在那里留下自己的想法和意见，也可评论其他用户的意见，这一过程居民可以用匿名或真实姓名进行评论；然后，来自数字评论者的众包投入将会被进一步分析、分类和整合，继而提供给公民咨询委员会④给出专业意见，并对综合城市计划进行修

① 新加坡的城市规划分为三级规划，首先是概念规划，这是由政府制定的一个广泛的战略规划，制定长远的发展目标和原则，不能代替具体的政策计划；其次是总体规划，它是在概念规划长期战略指导下的更详细的计划，它将新加坡划分为55个更小的规划区域；最后是第三级的"开发指导计划"（Development Guide Plan），可以理解为地方层面的规划，它以土地使用和交通规划为核心，提供一个地区的详细规划。

② 这一综合性城市计划是未来15年城市规划的基本蓝图，涉及城市管理的方方面面，涵盖交通、住房、基础设施等内容，据此这一计划被分为若干分项计划，每个分项计划代表一个主题以及该市将采取的方案和政策措施。

③ The Comprehensive Plan Amendment Process[EB/OL].(2018 - 05 - 10)[2019 - 06 - 24]. http://www.paloaltocompplan.org/about-2/process/.

④ 作为综合计划更新的一部分，该市还成立了一个公民咨询委员会（CAC），由25名帕洛阿尔托的当地居民代表组成，以帮助制定政策、评估搜集意见并将其纳入政策。政府鼓励居民积极申请公民咨询委员会的职位，最终由市政府选出的居民代表包括科研人员、城市设计师，分区专家和社区组织领导。公民咨询委员会每月召开一次会议，并聚焦于政策中的特定要素。

改;继而,根据公众及公民咨询委员会的初步意见和修订稿,市政府相关工作人员撰写不同主题的具体草案并依次公布在"数字评论员"平台上,继而重复上述循环,并由公民咨询委员会进一步提出修改意见,直到所有主题都修改完成,这一过程的目标是尽可能广泛地在政策中纳入公民意见;最后,政府将会对政策作出最终决定并公布。

案例3:印度普纳市智慧城市规划的众包。普纳市的智慧城市规划,通过众包邀请公众参与来产生想法,众包过程从2015年9月17日持续到2015年12月15日,共分为五阶段,一是设想阶段(9月17日—9月28日),邀请公众提出未来的城市愿景,咨询公众重点关注的城市区域,并公布结果;二是对话阶段(9月29日—10月9日),邀请公民就每个核心规划部分的发展机遇和问题,帮助确定最关键最亟须解决的问题,并公布结果;三是共创阶段(10月9日—10月23日),邀请公众对关键的城市问题提出详细的解决方法或方案;四是完善阶段(10月23日—11月15日),开放公共讨论平台与专家和公众就各种问题的解决进行深入讨论进而对问题进行完善;五是公布最终的政策方案并且以实名制的方式接受公开讨论和开放建议。

案例4:中国成都高新区民生项目工程的众包。成都高新区是国内较早利用社交媒体等开放平台进行民生项目工程意见征询的地方政府,初具政策众包雏形。[1] 大致分为三个阶段:一是居民被邀请在"成都高新"新浪和腾讯政务微博、"成都高新"微信平台上分享他们关于几个城市主题的想法,并就其迫切需要解决的城市项目领域进行投票。这一过程由于利用了微博、微信等平台因而公众可以使用真实信息也可使用昵称。二是将这些众包投入进一步分析、分类和整合,继而提供给政府相关部门和领导,由政府对政策作出最终决定。三是在网上公布决策及解释政策对群众意见的采纳情况。

三、众包驱动模式的电子参与创新

(一)不同国家政策众包的比较

在上述案例中使用众包的政策环节不尽相同。首先,四个案例在议程设置环节均使用了众包;在政策设计环节,新加坡和美国使用众包进行了意见和方案的征询和评估,印度在意见和方案的征询过程中使用了众包,而中

---

① 具体参见网页公告《成都高新区2016年民生工程项目意见征集》[EB/OL].(2016-01-20)[2018-05-15].http://www.chinahightech.com/html/2016/bxms_0120/272724.htm.

国则仅仅在意见征询环节使用众包；中国和印度的众包止步于前两个政策周期的环节，美国的案例止步于政策执行的方案众包，而新加坡则在除政策决策以外的环节均使用了众包，详见表6.3所示。

表6.3 众包在新加坡、美国、印度、中国案例中的应用情况

		A. 新加坡	B. 美国	C. 印度	D. 中国
议程设置	问题定义	√	√	√	√
	提出议程	√	√	√	√
政策设计	调查				
	意见征询	√	√	√	
	方案征询	√		√	
	意见或方案评估	√	√		
政策决策		/			
政策执行	执行方案	√	√		
	政策落实	√			
	政策监督	√			
政策评估	事实评估	√			
	价值评估	√			

由于不同案例中涉及的政策阶段不尽相同，因此其持续的时间、使用的众包平台等亦有所不同。新加坡城市规划的政策众包已经形成良好的政策循环，并且借助互联网平台得以不间断地持续进行；帕市在涉及议程设置、政策设计和政策执行过程使用了众包，从2015年5月起至2017年秋天持续两年有余；普纳市只在议程设置和政策设计阶段使用了众包，持续了3个月；而成都高新区仅在议程设置阶段使用了众包，聚焦于收集公众所提出的问题并据此形成政策议程，时间上仅持续了1个月左右。

表6.4 四大案例中众包过程的比较

	新加坡	美国帕市	印度普纳市	中国成都高新区
项目	开发指导计划（DGPs）	综合性城市计划（CCP）	智慧城市规划	民生项目计划
政策领域	城市土地利用情况、城市交通、环境等	城市交通、住房、人口、环境、基础设施、治安和经济发展等	城市饮水、卫生、交通、环境、治安、健康、教育等	城市交通、教育、就业、社会保障、扶贫、医疗、文化体育、基础设施、生态建设等

	新加坡	美国帕市	印度普纳市	中国成都高新区
众包主体	**发包方**:新加坡政府 **接包方**:在线市民、企业、其他团体	**发包方**:美国帕市政府 **接包方**:在线市民、公民咨询委员会	**发包方**:印度普纳市政府 **接包方**:在线市民、专家学者	**发包方**:成都高新区政府 **接包方**:在线市民
政策阶段	议程设置 政策设计 政策执行 政策评估	议程设置 政策设计 政策执行	议程设置 政策设计	议程设置
众包模式	开放协作 邀请赛	开放协作 虚拟劳动力市场	开放协作	开放协作
持续时间	不间断	超过2年	3个月	1个月左右
众包采纳程度	采纳程度高	采纳程度不明确,公众直观感受采纳度低	采纳度中等	采纳度较高
结果解释程度	较高:政府对政策设计及执行的众包结果进行详细说明并获取公众认可	低:政府对众包投入有无采纳的情况无具体说明	高:政府对各个众包环节的结果均给出详细的解释及回应	较低:政府对意见采纳情况仅有简要的数字解释
公众参与意愿	强烈	较强烈	较强烈	较弱
公众满意度	高	较低	较高	较高

通过表6.4,不难发现新加坡案例中的政策众包其过程和结果都明显优于其他案例,它不仅囊括了最多的政策阶段,涵盖了普通市民、企业和非营利组织等多方主体,还采用了更多样化的众包模式。从总体上看,新加坡案例中对众包投入的采纳程度很高,政府解释程度亦很高,公民参与意愿非常强烈,满意度也很高。公开和透明使投资者和公众对规划和执行政策的公平坚定了信心。[①] 印度与新加坡案例最大的不同之处,在于其采纳度相对较低但解释度却更高,在公众参与意愿较强的情况下,同样获得了较高的市民满意度。美国和中国的现象则比较有趣,在美国的案例中众包涉及的政

---

① 余敏江.“超前治理”:城市管理的范式革命:评《“花园城市”的“管”与“治”:新加坡城市管理的理念与实践》[J]. 理论与改革, 2017(4):127-135.

策阶段仅次于新加坡,公众的参与意愿亦十分强烈,帕市征集到的众包输入数据繁杂,且经历了一系列反复征集意见反复修改的过程。根据其公布的相关材料①整理发现,仅在交通这一子项计划中就收集到约 200 条公众意见以及约 700 条公民咨询委员会意见,就此估计整个众包过程中收集到的数据输入超过 1000 条,而公民咨询委员会共提交了 22 份不同子项和综合城市计划的修改稿,但是政府对于这些意见和方案的采纳情况并无说明,公民咨询委员会的意见和方案几乎没有被接受,公众(尤其是公民咨询委员会)对此表现出较大的不满。成都案例的情况则恰恰相反,众包只限于意见征询,公众参与的意愿亦不强,以 2015 年的数据为例,仅有几百个人参与到了在线众包的问题咨询过程。公众提出了 407 条期待解决的问题建议,其中 219 条被采纳,采纳率颇高,但官方的解释只是对采纳比例的公布和简单说明,在这种情况下,市民参与众包的满意度和对政策接受度却意外地颇高。

（二）发现与思考

众包无疑证明了其在推动公民参与及政策创新方面的诸多潜力。上述四个案例都是众包在政策领域方兴未艾之时的大胆尝试,有些案例其实很难简单地断言其是否成功,抑或哪一方表现得更加出色,但是这几个案例反映出来的一些现象的确很值得思考和借鉴。

首先,众包平台更易于公民直接参与政策过程。从上述两个案例来看,与普遍使用电子信箱来征集公众意见的做法相比,使用诸如微信、微博这样的社交媒体平台或者更专业的众包协作平台,一方面可以随时随地就某一政策议题实现在线讨论、在线调查、在线任务发布等;另一方面降低了公众参与的复杂性,具有更高的匿名性,大大增强了参与的友好程度。因而与传统的参与方式比,众包使得政策参与的过程变得更加简单和便捷,加深了公民参与的深度和广度。如果公众不必费什么工夫就能轻松参与到与其利益相关的政策过程中,那么参与的动机也会得到鼓励。

其次,应用多种众包工具有助于更好地实现公众参与。成都高新区运用微信、微博等社交媒体平台,帕市则应用了开放协作平台,为公众提供了多种参与工具,包括在线讨论、在线调查等,让公众充分分享想法、疑虑和建议,创造了一个鼓励参与和互动的环境。此外,帕市的案例证明了在政策设计阶段完全可以利用虚拟劳动力市场模式,诸如该市通过网络平台筛选公

---

① 具体资料详见网页 http://www.paloaltocompplan.org/cac/citizens-advisory-committee/#,2018-03-12.

民代表,组成公民咨询委员会来开展一些专业工作。公民咨询委员会旨在反映公众的意愿,同时利用他们的专业知识来过滤在线人群的意愿。通过对公民咨询委员会相关会议记录和文件的研究表明,在表达人群意愿方面,委员会并不是从公众需求的数量和迫切程度来总结公众意愿,而是按照主要类别(问题)的重要性进行排序,利用他们的专业知识来过滤人群的意愿,他们提出的建议往往比公众意见更加精要和以社区为导向,这表明他们能够利用专业知识来评判哪些问题应该纳入最终的政策。公众的参与意愿不断增加,很多公众表示希望能通过各种新的方式实现在线参与,让政府听到他们的声音。

再次,众包输入是否被纳入政策取决于公众意见的数量和情感。成都高新区根据网络票选出的问题关注度排名,有侧重性地设立具体民生工程。帕市根据公众和公民咨询委员会意见,对其重点关注的问题反复进行意见征询和修改。这表明当公民有更强烈的要求时,政府也更加关注相关问题。因此,公民的意见是否能转移到政策问题上来很大程度上取决于其投入的数量和情绪问题。当政府起草政策时,情绪较弱或数量较少的需求很容易就被过滤了,这一发现提醒了我们集体行动的力量。

最后,政府对众包输入的采纳程度和对结果的解释程度直接影响公民参与的满意度和政策的合法性。操作合理的众包一方面让公众更加清晰地了解到具体的政策过程,另一方面实现了公众对相关政策序列的有效参与,能够大大增强政策的透明度和参与度,让公民看到他们的意见在政策制定过程中得到了有意义的运用,从而对政府最终作出的决策表现出更大的认同。新加坡、印度和中国的案例体现了采纳程度和解释程度均高,或者有一方较高的情况下能够带来较好的满意度,如在成都高新区的案例中,通过搜索当时的留言并对评论用户随机发送私信调查,我们发现一些参与者指出对采纳程度很满意,亦有一些表示虽然意见并未被采纳,但经过这样一个参与过程他们对结果同样表示认同。而美国的案例则表明虽然公民具有较高的参与意愿,但如果缺乏采纳和解释,那么会激发公众更大的不满,从而损害政策的合法性。

当然,亦由于众包在政策过程中的应用仍属于探索中的新现象,上述四个案例也反映出一些问题与挑战,表现如下。

1. 政策众包的参与规模仍十分有限

虽然与传统方式相比,众包加大了公民参与的影响,但是目前政策众包的规模仍不理想。在成都高新区、普纳市和帕市的案例中,众包吸引的在线公众仅有几百人,这与城市巨大的人口基数相比微乎其微。当然,未必所有的政策都涉及大量的利益相关群众,也未必所有的政策都需要大量的参与者。但显然上述两个案例中所涉及的政策项目关乎几乎所有居民的利益,在这种情况下几百人的众包参与规模无疑揭示了其参与程度并不高的现状。那么如何吸引目标公众参与众包,充分调动其积极性则是迫切需要思考和解决的问题。

2. 反复的众包过程加大了政策参与的成本

一般而言,众包参与的规模越大,时间越长,成本也会越高,对公众而言,参与政策讨论或政府方案的设计需要耗费时间和精力,而如果这一过程太长无疑会给公众造成大量的时间精力成本;对政府而言,需要对各种众包输入进行统计、整理和分析,同样耗费时间精力成本,如果需要雇佣其他领域的专业人士从事专业工作则会给政府带来更多的金钱或物质成本。尤其是如果最终政府的决策并没有充分考虑或使用这些意见、方案,那么公众的付出将化为大量的沉没成本。帕市的案例在一定程度上说明了这一点,就一个政策进行了两年多的众包,这对公众而言无疑是一个漫长的参与过程,对公民咨询委员会而言尤其如此。委员会要将每次收集到的公共讨论结果进行汇总、分析、总结,并给出修订方案,政府雇佣这些公民代表更不是免费的,这意味着众包花费了大量的时间、精力和金钱,帕市的这一情况值得我们警惕。

3. 缺乏有效的众包数据分析工具

政府采用众包试图成功有效地推进日益复杂的政策问题,它让政府得以集思广益,也使得政策制定者在处理政策问题时往往不再面临缺乏选择的问题,在充分探索所有可行的选择。政策问题中考虑的政策选择的数量可能有成百上千个,因此对于政府决策者而言,应该做什么以及如何排序正变成一个越来越复杂的问题。此外,政府还面临的另一个挑战则在于,如何研究众包公众的声音在政策中的反映程度? 在成都高新区的案例中,公众的参与程度较浅,参与规模并不大,数据也不复杂,因而可以采取手工汇总和分析,其获得的分析结果也相对简单。而在帕市的案例中,公民参与的规模虽然不大,但是众包过程反复循环、持续时间长,因而产生了大量的数据,由于数据处理和分析的过程需要专业性支持,因此市政府将此工作外包给公民代表组成的有专业背景的公民咨询委员会,但即使是这样对于公众及公民咨询委员会的意见在最终政策中的反映也很难统计和辨别。

4. 最终的真实决策过程仍不透明

上述四个案例中,最终的决策都是由政府作出,公众对决策过程其实并不是很清楚。这并不意味着群众的想法应该适应政策,但至少在线参与者应该有权利听取政府作出最终决策的理由。新加坡和印度的案例至少在每个众包环节后都对结果进行了合理解释和公开讨论，但美国和中国的案例则表现得不足。在成都高新区的案例中，政府对意见采纳情况进行了解释，但是这些解释多为一些统计数据的汇报（采纳了多少条，未采纳多少条），人们很难明确汇总统计背后的推理和理由。换句话说，为了代表公众意见而进行的定量分析忽略了大部分定性数据，即公民的宝贵论证和讨论贡献。而帕市的情况则更不容乐观，政府直接作出了决策但并未给出任何解释。从最后公布的 2015—2030 帕市综合城市计划来看，政府关注了一些网络公众的意见，而公民咨询委员会的意见被无视。目前仍然不清楚为什么公众给出的某些建议会适应政策，有些则不适用。此外，公民咨询委员会的意见更少被政府所采纳的原因也不甚清楚。这将造成的潜在问题在于，如果公民不觉得他们的声音被政府聆听并考虑，这会极大削弱他们参与的意愿和对政策的接受程度。

第七章　数字治理时代电子参与的评估范式创新

第一节　评估范式现状及常见模型

一、电子参与评估研究的现状

评估可以被定义为"建立一个对预先设定的标准进行运用的成功的结构化过程,其标准要根据评估的目的进行选择标准,所采用的方法在效度和信度方面各不相同"。[①] 评估政策进程中电子参与的质量,不仅可以将参与的工具性作用置于具体背景下,对于了解其对治理的影响同样至关重要。

多年来,联合国、欧盟委员会等组织一直以竞赛、奖励和基准的形式对电子参与项目过程进行评估。自 2003 年以来,联合国公共行政和发展管理司每年都推出不同类别的联合国公共服务奖(United Nations Public Service Award,UNPSA)。"联合国公共服务奖"旨在奖励并推动世界各国发展专业、杰出的公共服务。该奖项表彰那些取得了创造性成就的公共服务机构,它们为世界各国实现更有效率和应对性的公共管理做出了贡献,联合国公共服务奖通过一年一度的竞争,促进公共服务力求尽职、敬业和透明。与奖励计划不同的是基准,因为他们试图根据预定义的标准对项目或国家进行某种评级。最著名的是联合国在联合国电子政务调查框架内编制的电子参与指数。自 2003 年以来,联合国经济和社会事务部定期进行电子政务调查,并审查所有成员国政府的网站,该基准是基于 21 个类别的电子信息、电子咨询和电子决策产品的维度列表,指数显示了网站提供这些功能程度的评估。但是每次调查的结果都会让人很惊讶,也引起了对测量方法可靠性

---

① FREWER L J, ROWE G. Evaluating public participation exercises: strategic and practical issues[M]// Evaluating Public Participation in Policy Making, Paris: OECD Publishing, 2005: 85 - 106.

的怀疑,评估电子参与指数的模型并没有详细披露。

学界的相关研究要显得更加复杂,罗和弗瑞尔进行了迄今为止最全面的审查,他们对 30 多个不同背景和国家的电子参与评估研究进行了述评,发现所有这些研究都应用了一些与过程相关的标准,但只有一半的研究应用了一些与结果相关的标准。① 在对现有评估研究的进一步回顾中,一些学者认为"过程评估"更容易,因为它涉及有一个起点,一组可定义的地点和参与者,并且可以为其定义一个终点。虽然与结果有关的评估,可以用来考察一个项目或方案是否实现了其目标或产生了预期的效果,但由于没有明确的终点定义,因此更难取得有效的结果。

由于电子参与可以作为一个民主创新概念下的特定形式,因此一些学者认为,评估民主创新的这些传统标准也同样与电子参与相关。盖塞尔提出了一个评估参与式创新对民主质量影响的框架,侧重于四个维度和相应的标准②。

- 投入合法性(包容性平等参与;感知合法性)
- 民主进程(协商质量)
- 有效性(确定集体目标;实现集体目标)
- 公民教育(提高知识水平;改善公民技能)

但无论如何,在电子参与的评估方面,目前学界还没有就其成功的标准和指标达成概念上的一致意见,也没有大量有效的实证研究来评估若干可比案例的预期效果,可以说对电子参与的评估研究依然处于初级阶段。哈泽尔和沃西评估了英国信息自由法的绩效水平,并将其与加拿大、爱尔兰、澳大利亚和新西兰相比较。③ 格里姆力凯森定义了一个与透明相关的电子政府模型,通过一个过程和事件模型来确保决策过程和政策结果的透明。④ 也有学者从开放数据视角对电子政府进行了案例研究,发现法律和政策以及跨多方面的信息共享对开放数据的施行具有显著的影响。⑤ 库切拉等人指出了开放政府数据带来的好处,包括提高政府服务、实现更大的透明度、

① ROWE G, FREWER L J. Evaluating public-participation exercises: a research agenda[J]. Science, technology & human values, 2004, 29(4): 512 – 556.

② GEISSEL B. Impacts of democratic innovations in Europe: findings and desiderata[M]// Evaluating democratic innovations. Routledge, 2012: 173 – 193.

③ HAZELL R, WORTHY B. Assessing the performance of freedom of information[J]. Government information quarterly, 2010, 27(4): 352 – 359.

④ GRIMMELIKHUIJSEN S G. Transparency of public decision-making: towards trust in local government? [J]. Policy & Internet, 2010, 2(1): 5 – 35.

⑤ YANG T M, LO J, SHIANG J. To open or not to open? Determinants of open government data[J]. Journal of information science, 2015, 41(5): 596 – 612.

获取更高质量的政府数据等，除此之外，开放政府数据也面临着侵犯隐私、公开不精确数据以及缺乏数据消费者等风险。① 罗德里格斯等人对哥伦比亚的数字政府实施框架进行研究。② 帕尔多和库克建立了一个开放政府数据的标杆模型，从质量、完成度、使用权、可用性和可理解性、及时性、价值和有用性以及粒度这几个方面分析了 data.gov 网页。③ 洛伦索从环境、政策内容、绩效指标和公共价值四个方面对开放数据政策进行了深度剖析，并且收集了所有数据正常和相关变量对其框架进行界定。他们认为开放数据政策非常重要，因其目的是确保长期的政府信息透明。④ 总的来说，现有的对电子参与的评估研究十分有限，更多还是依托电子政府的评估范式来对政府透明及公民参与的效果进行评估。

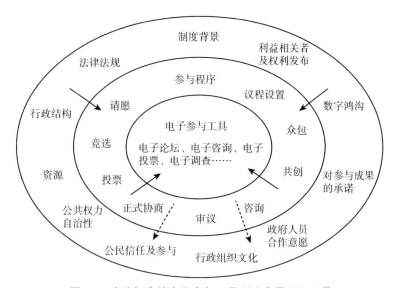

图 7.1　库比切克的电子参与工具制度背景及程序⑤

---

① KUCERA J, CHLAPEK D. Benefits and risks of open government data[J]. Journal of systems integration, 2014, 5(1)：30.

② PRIETO L M, RODRÍGUEZ A C, PIMIENTO J. Implementation framework for open data in Colombia[C]//Proceedings of the 6th International Conference on Theory and Practice of Electronic Governance. ACM, 2012：14-17.

③ SAYOGO D S, PARDO T A, COOK M. A framework for benchmarking open government data efforts[C]//2014 47th Hawaii International Conference on System Sciences. IEEE, 2014：1896-1905.

④ LOURENÇO R P. An analysis of open government portals：a perspective of transparency for accountability[J]. Government information quarterly, 2015, 32(3)：323-332.

⑤ KUBICEK H. The potential of e-participation in urban planning：a European perspective[J]. Handbook of research on e-planning：ICTs for urban development and monitoring, 2010：168-194.

到目前为止,普拉切特等人尝试比较电子参与评估研究的论述是较全面的,他们指出:"尽管有大量关于这一主题的学术文献,但基于案例的评估实际上是相当有限的,许多文献集中于探索协商或代议制民主的特定规范,并且往往是高度描述性的处理,文献中最大的问题在于,大多数文献并不直接关注如何理解或评估电子参与对赋权的影响。"①

我们需要缩小电子参与方面的评价差距对评估电子参与(项目和工具)效果的影响。在线工具的有效性很多时候并不取决于它们的技术功能和可用性,而是更多地取决于它们部署的环境——同样的工具被用于不同的、正式或非正式的、有着不同规则和条例的参与程序——这些程序嵌入在不同的制度环境中,也就是说,政策领域有不同的利益相关者、权力分配、法律规定、文化传统等(见图7.1)。在大多数情况下,电子参与评估研究侧重于技术工具,但是全面的评价必须确定这些工具嵌入的程序和制度背景,因为工具的效果也取决于这种背景。

很多研究会在不同的环境下比较相似的工具,但这样无法判断不同的效果是否取决于工具或制度背景的差异。现有的关于传统电子参与程序和模式的评估研究,其最大缺陷就是忽视了背景。这种忽视对于将电子工具作为这种参与过程的一部分进行比较,提出了一个更大的问题,即一个"潜在的技术决定论":虽然大量文献强调了技术决定论的危险,并呼吁对影响电子参与过程的背景因素有一个更深入、更复杂的观点,但绝大多数可以评估的研究依然只关注技术决定因素。②

更为恰当的做法是在同一背景下比较不同的工具,以确定哪些工具最有利于参与目的的实现。但是,到目前为止,几乎没有研究从具体的政策背景或领域出发,对既定的参与程序及支持这些进程而使用的电子工具的范围和种类进行系统分析。另外人们容易忽略的一个事实上,现实社会的人口结构与互联网用户的人口结构是不匹配,甚至存在较大差异,因此,在线进程的结果也许往往并不能代表整个人口,也不能提供决策或政策所需的合法性。电子工具不仅提供了新的机会,同时也建立了新的障碍,因此,在电子参与方面存在着双重的评估差距:没有既定有效的方法来评估多渠道参与过程的总体效果和影响,或者在这样一个过程中只能评估电子工具的

---

① PRATCHETT L, DUROSE C, LOWNDES V, et al. Empowering communities to influence local decision making: systematic review of the evidence[R]. LONDON Department for Communities and Local Government, 2009: 75.

② MEDAGLIA R. EParticipation research: a longitudinal overview [C]//International Conference on Electronic Participation. Springer, Berlin, Heidelberg, 2011: 99-108.

部分效果。

　　许多在线公民参与中一个固有的功能是"对公民意志的计算"。利用参与式预算的例子,他们展示了记录和分析相关在线活动的特殊可能性,是如何带来相应的结果的,包括提供数字编码的建议清单、排名、相关参与活动的动画分析、概述以及收集社会人口用户信息等要素。通过参与活动、统计记录和分析的这种循环整合,参与的条件不仅面向衡量在线活动的可能性,而且面向选择成功的标准和因素。研究模型是构造现实并试图为不同现象提供解释的一个重要方式,电子参与要求一个电子政府范式的转变,来允许广泛主动地揭露政府信息。通过建立能够促进对电子参与实行的理解并为电子参与的发展提供建议的模型,可以对这一电子政府范式的改变进行阐释。政策过程中电子参与的施行与几个行动相联系,包括公共政策设计、软件实现、建设网站、政策信息和发展新法律法规等。

　　评估需要考虑电子参与可能产生的各种影响,以判断允许公民影响决策过程的可能性。评估往往必须包含对许多参与者的各种主观态度进行评估——包括对参与本身意义的主观理解。提供电子参与评估的一些早期框架的包括费根、麦金托什和怀默霆等。费根等人认为,围绕作为评估主题的倡议定义一个"系统边界"是有用的,并且进行了双重评估:一个涉及"特定协商的有效性目标",另一个涉及"从民主制度继承而来的民主目标"。① 麦金托什和怀默霆在图 7.1 库比切克的基础上还使用了一个分层评估模型,该模型整合了电子参与项目的三种不同的重叠视角,区分了项目标准、社会技术标准和民主标准,其中前两种视角与项目定义的系统边界的内部边界相关,而后者则研究其在开放民主系统中的影响。②

　　从概念上讲,第二类边界也可以划定。这就区分了电子参与的前后区域,前置区域表示至少部分地与系统的需求相一致(具有管理制度的目标设定的战略合理性)的电子参与方面,后置区域表示与系统的需求没有直接关系的电子参与方面,满足社会行为者或社会运动的自主需求。这是承认参与过程中所涉及的权力关系的一种方式,因为后区的存在是结构理论中控制辩证法的一个重要特征。根据吉登斯的说法,他借用了戈夫曼的术语,"后置区域是代理人恢复自主形式的区域,这些自主形式在正面环境中受到

---

①　FAGAN H, NEWMAN D R, MCCUSKER P, et al. E-consultation: evaluating appropriate technologies and processes for citizens' participation in public policy[R/OL]. https://mural.maynoothuniversity.ie/468/1/ecrp_report.pdf.

②　MACINTOSH A, WHYTE A. Towards an evaluation framework for eParticipation[J]. Transforming government: people, process and policy, 2008,2(1):16 – 30.

损害或处理",也就是说,在这些区域中,不管人们的权力地位如何,都可以根据自己的解释思考和行动,并忽视"官方"规范。这一点尤其重要,因为参与越来越成为被治理者(参与者)的一种预设行为形式,被治理者被定义为"积极的公民",或者是能够行使"发言权和选择权"的消费者或服务使用者。评估人员通常关注的大多数电子参与是发生在"前置区域",正式或非正式地与政策、决策过程相关联。但在背后,还有一些电子参与的孤立地区可以有效地规避这些权力关系。在更广泛的信息社会领域,希克斯等人基于三个层次目标构思了公民参与对政策影响的评估方法,从而构建了一个电子政府分析框架和评估系统,这一系统利用了逻辑框架方法,用于对城市发展参与项目的设计、监测和评估。① 下文将介绍和分析一些经典评估模型及框架。

二、常见评估模型

(一) 三层模型

这一模型是麦金托什和怀默霆②提出的,它一方面借鉴了治理和结构化的理论,另一方面在实践层面上,受到现实主义评估传统的启发,其它试图产生的理解是解释性的,而不是因果关系,目的是帮助电子参与规划者和评估者解决诸如"什么情况下,什么方面,为谁以及如何工作"的问题。因此,三层模型是理论驱动的,因为它使用了干预逻辑的概念来揭示政策、方案或项目中所蕴含的理论。

该框架试图确定特定规模电子参与中的关键变量,区分电子参与倡议中至少部分在利益相关方控制范围的内部因素和外部因素。通过将电子参与与全社会的政治目标以及一个政权的主导权力关系联系起来,项目的实施、监测或分析考虑到正在详细审查的组成部分的前因后果,从而验证建议的干预逻辑是合理有力的,并有助于突出与其他参与者目标的潜在紧张关系。图 7.2 概述了模型的关键组成部分,显示了如何通过一系列干预逻辑将输出转化为结果,并转化为影响,以及这些转化如何由与外部相互作用共同决定,这里称为外部驱动和障碍因素。

---

① HEEKS R. Understanding and measuring eGovernment: international benchmarking studies[C]//UNDESA workshop, "E-Participation and E-Government: Understanding the Present and Creating the Future", Budapest, Hungary. 2006: 27 – 28.

② SMITH S, MACINTOSH A, MILLARD J. A three-layered framework for evaluating e-participation[J]. International journal of electronic governance, 2011, 4(4): 304 – 321.

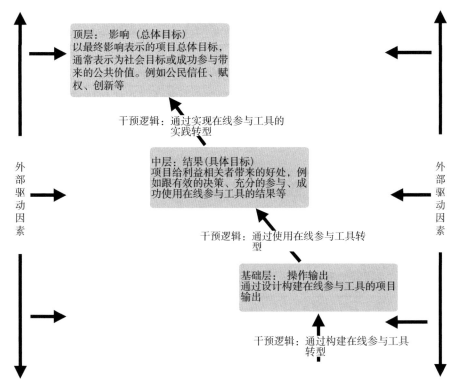

图 7.2　麦金托什和怀默霆的三层评估模型

　　在模型的每个层次上,都会执行内外部的双维度分析并考虑干预逻辑,一方面要解释在给定层次被识别为目标的属性(或基础级别的输出)如何转换为更高目标属性,另一方面这些属性如何与外部驱动和障碍因素保持一致。干预逻辑存在于每个利益相关者内在化和应用的变革理论中,这些利益相关者有兴趣在模型的任何级别实现目标。

　　外部因素描述了不受项目本身的直接控制的环境,尽管各个层级的技术、体制、政治和社会因素具有不同的重要性,但是它们在模式的每个层面都构成电子参与的驱动和障碍因素。而要评估电子参与项目的"内部"干预逻辑,需要测量将因项目而异的特定属性。

　　在顶层、中层和基础层三个层次分别包括项目的产出、结果和影响,层次之间的关系是分等级的,因为每个层次都对上一层次有贡献,因此也需要结合上一层次进行分析。例如,基础层面的转变可能会产生电子参与应用程序,这些应用程序的功能和可用性可以自行衡量,但这也需要根据中间层面的要求来衡量,即这些新的应用程序的实际使用情况,并且这种使用确实有助于更有效地决策或降低参与成本(取决于目标)。除此之外,评估者至少应该将可能的影响和与其他过程及政策的协同作用概念化,从而通过改善政治问题或增强对政府的信任,对国家的真正改革做出潜在贡献。三层模型认为,一个层面的成功并不一定意味着下一个层面的成功,这就是为什么必须分析不同层面,并通过一套明确的干预逻辑将它们联系在一起。因此,必须尽可能通过审查这些可能有用的外部驱动因素或可能造成混乱的障碍因素来调整等级结构中的不同层级,而每个干预逻辑也是试图将项目"嵌入"到技术、经济、法律、组织、政治和文化环境中。

表7.1　不同层级的外部驱动和障碍因素

	驱动因素	障碍因素
顶层	政府在相关领域实施了哪些政策,以促进公众更多地参与和服务使用者的参与?法律和体制框架是否有利于公民投入?	与其他政府政策或社会经济的长期结构转型是否存在显著的干扰?假设政府或政治家接受并积极回应公民的决策意见是否合理?该项目在政治、经济和法律环境中的适应程度如何?
中层	同一政策领域的主要公民和消费者行为是什么?构成项目目标受众的人口群体的技能水平、类型及动机是什么?是否有证据表明社会对电子参与机会有重大需求?	项目是否受到利益相关者之间的关系、组织内部的工作流程、数字鸿沟或不同技术社会接受度的影响?项目在组织和文化环境中的适应性如何?
基础层	哪些技术构件或社会实践可以转移到电子参与?是否有在电子参与之外开发的相关工具,如在线社交网络工具?	市场上所需的信息和通信技术基础设施是否价格合理?项目在技术环境中的适合程度如何?

外在因素可分为管治制度的结构(例如市场优势、等级和网络要素)、政治文化、法律和政策环境、技术基础设施、社会经济和文化环境,以及利益中介模式等。从广义上讲,同样的外部因素可以在各个层面上起到驱动和阻碍作用。然而,作为一般规则,更多的政治和社会外部因素将在模型的更高层次上发挥作用,例如,随着"内部"项目组成部分和其他社会和政治过程之间的交互数量的增加,项目所有者经历控制减少。技术驱动因素和障碍贯穿始终,但在基础一级至关重要,而体制因素可能对中层和高层的转变产生强烈的影响。下面的例子说明了在每个分析层次上可能需要提出的与外部因素有关的问题的类型。

外部因素可分为以下几类:治理制度的结构(例如市场、官僚组织和网络要素的主导地位)、政治文化、法律和政策环境、技术基础设施、社会经济和文化环境以及利益中介模式。从广义上讲,相同的外部因素可以在每个层面上充当驱动因素和障碍。然而,一般来说,更多的政治和社会外部因素将在模型的更高层次上发挥作用,技术驱动和障碍因素自始至终都是相关的,但在基础层面至关重要,而制度因素可能对中层和高层变革产生强烈的塑造作用。表 7.1 说明了在每个分析级别可能需要提出的与外部因素相关的问题类型。但麦金托什和怀默霆提出的这个三层模型只是一个假设框架,对于后置区域的评估还需要更具归纳性的方法。

(二)双门模型

桑多瓦尔提出了一个评估电子政府的双门模型①(two-door perspective model),将其理解为一个从公民和政治环境中接收信息投入,在黑箱中构建一个决定,以及产出政策或决策的过程。

他认为政府是最大的信息制造者,公共政策和决策都是通过信息输入得出的,但是评估信息质量和数量的方法还没有找到,他试图使用网页来评估政府的透明度、参与度。对电子政府门户网站的评估与电子政府的举措直接相关联,桑多瓦尔认为对开放政府的评估意味着理解透明目标的实现程度以及公众对政府信息的可获取程度。现实中对电子政府举措的争论主要集中在两点:一是政治家的修辞视角,政治家将电子政府作为力证其民主手段的方式之一;二是公共机构成为一点一点向公众和公共组织释放信息的守门人,桑多瓦尔称其为双门路径。双门理论模型如图 7.3 所示。

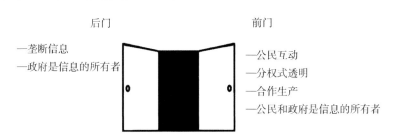

图 7.3　评估电子政府的双门模型

前门和后面视角与真实的开放政府举措相联系,政府的前门是一个通向所有能够进行双向流动信息的开放大门,而后门则恰恰相反,它隐藏政府信息,有选择的释放信息,为电子政府和政治意愿进行人工识别。这两扇门之间则是一个规范和系统化信息流的黑箱,这是一个进行决策的处理箱,这个黑箱并不是透明的,大多决策标准、选择路径和决策过程依然是保密的,

---

① SANDOVAL R. The two door perspective: an assessment framework for open government[J]. JeDEM, 2011, 3(2): 166-181.

在这个过程中,做出政治解决办法是没有公民监督的,这个黑箱将是电子政府计划的最后一个阶段。后门视角是政府管理员,他们保持着传统的观念,认为政府才是信息的所有者,所有数据和信息必须远离公众得到妥善保存,他们想轻轻地开一点门,通过政府网站或其他 Web 2.0 工具释放一点点信息给公众,但不是彻底公开。前门视角代表了政治揭露,是实现开放政府的理想目标,公民对数字政府的期望涉及其能控制信息、检索数据或文档、查阅文件、提出问题的开展政策。整个门的看门人只有增强公民信息控制的 ICT 接口和数据库。公民与政府信息无障碍的互动是理解数字治理进展的最佳方式。

前门和后门与真实的电子政府举措相关联。后门视角的假设在于,政府控制信息流,并决定向公众公布的信息种类、质量和类型。为了维持社会控制,信息安全往往是首要任务,因此信息流必须被控制。但是由于科技的进步,互联网的迅速发展,要坚持这种理念变得十分困难。维基解密向我们展现了缺乏政府信息的公开将会导致严重的混乱和公共突发事件。跟随这个观念,对信息的所有权变成了信息垄断,政府不仅仅是更大的制造者,更是信息生产、分配和存储的垄断者。这与民主路径背道而驰,因此这些任务(信息制造、分配和存储)必须与公众、专家、学术界分享,以创造更有价值的信息,做出更好的决策,制定出更好的政策。前门视角的主要方向是让政府开放,可以是轻轻开一点再关上,也可以是快快开慢慢关,但完全的开放并不太可能实现。根据前门视角,政府和公众都有一个共同的目标——分享信息。信息是一个公共产品,公众和政府都拥有相同的权利和责任。这一视角下的信息成为一个需要维系的公共产品并能够带来公共效益。合作占有成为一个协作的任务,公众和政府成为公共信息部分的所有者、开发者和保存者。这个共同的任务使得政府和公民的互动更加积极,科技在其中扮演了核心的角色,它为这种类型的协作提供了一个媒介。

(二)成熟度模型

李光浩和郭永恩提出了电子政府执行模型能够对电子参与情况进行一定评估,这是一个引导政府机构实施数字政府的成熟度模型。[①] 该模型定义了四个实施阶段,描述了每个阶段可交付成果、好处、挑战、最佳实践和度量。第一个阶段的目标是增强数据透明度,第二个阶段的目标是进一步提

---

① LEE G, KWAK Y H. Open government implementation model: a stage model for achieving increased public engagement[C]//Proceedings of the 12th Annual International Digital Government Research Conference: Digital Government Innovation in Challenging Times. ACM, 2011: 254 - 261.

高开放参与和协作,第三个阶段的目标是实现普遍的参与,第四个阶段的目标是利用社交媒体来适应公众参与。这一模型试图通过四个阶段理解和测量开放政府实施的特征,维也纳是使用这一模型的典范。

继而,基于美国联邦医疗管理机构的实证案例,他们又提出了一个关于社交媒体上公共参与的开放政府成熟度模型①。他们指出政府2.0必须符合五个阶段的路径,如图7.4所示:① 初始条件;② 数据透明;③ 开放参与;④ 开放协作;⑤ 普遍的参与。成熟度模型的一个重要原则是,政府机构必须遵循从低阶段向高阶段进阶的发展水平,而避免同时追求实现不同水平或跳过某一个或几个阶段直接到下一阶段的错误。

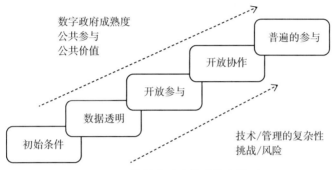

图 7.4 评估数字政府的成熟度模型

第一阶段涉及一个几乎没有数字政府能力存在,也很少使用社交媒体的初始阶段,政府机构主要关注按目录进行信息分类和向公众散播信息,但缺乏互动交流。典型的第一阶段行为包括建立一个网站向公众提供有关政府部门的一般信息,这个阶段政府机构的工作往往被公众视为黑箱。第二阶段代表了向电子参与迈进的第一步。在这一阶段,政府机构主要通过在线公开相关数据来增加政府流程和绩效透明,一来必须要加强数据的准确性、稳定性和及时性来提高数据质量,二来需要甄选出对老百姓而言更具有影响力又更有价值的数据。公众开始通过获取数据参与到政府的工作中来,也促使政府部门开始转向一种开放与共享的组织文化转变。这一阶段倾向于使用以过程为中心的度量,而不是以结果为中心的度量,来评估数据透明和公共参与的绩效。第三阶段关注以各种不同的方法和工具增加公众对政府工作和决策的开放参与。通过优化公共输入,开放参与能够增强政策决策和政府服务,第二阶段向公众开放的是政府数据,而第三阶段开放的

① LEE G, KWAK Y H. An open government maturity model for social media-based public engagement[J]. Government information quarterly,2012,29(4):492-503.

则是公众的思想和知识。政府机构利用社交媒体等工具集思广益,充分倾听公众的声音尊重公正的观点,让公众参与到与政府的非正式的、灵活的、持续的、对话式的互动中来。当政府机构达到了开放参与的成熟度,下一步就是促进政府机构之间,以及政府与公民和私人部门之间的开放协作。很多政府机构交替使用参与和协作,在开放政府计划中对两者没有明确区分。事实上,开放参与主要依赖社交媒体等工具让公众分享他们的看法、意见和提议,指的是在相对简单的互动交流中的公民参与。但开放协作设计到的是在相对复杂的任务或工程中共同合作创造特定结果的过程,典型的例子如电子行政立法、外包公共服务等。成熟度模型意味着政府机构应该依次地开展每个阶段的行动。一旦数据透明、开放参与和开放协作的牢固基础通过第二阶段到第四阶段得以形成,政府机构就能够扩大透明、参与和协作的深度和广度。第五阶段有两个重要特征,一是公众参与变得更加简单和普遍,通过手机或电脑设备就可以轻易达成,二是跨部门的政府数据、公共参与方法、社交媒体工具和政府服务可以得到无缝接整合,因而公众可以轻易地定位和参与不同的政府行动。开放政府的公共价值在第五阶段得以充分地实现。

对于第二到第五阶段面临一些共同的挑战和风险,包括及时回应、组织文化、建立信任。在第二阶段数据质量的问题尤其凸显,第三阶段则面临维系公共利益和参与的挑战,第四阶段需要应对责任与问责的难题,第五阶段要则要面对整合和维系公众普遍参与的难题。部分学者建议政府使用一个过程路径,一次聚焦于一个阶段水平的实施,循序渐进地实现开放政府的普遍参与。

(三)综合模型

罗德里格·萨多瓦尔和雷蒙·吉尔-加西亚使用了一个多组件模型测量了 2006 到 2012 年墨西哥 32 个州政府的门户网站,涵盖了法律法规、界面特征、开放政府实践、信息公开过程、问责、信息价值和用户信任等方面的内容。[①] 他们认为,对电子政府评估的过程中往往涉及对信息可访问度、开放数据程度、问责度、参与度、协作度,以及法律框架等要素的评估。在他们的最终综合模型中包含了对信任、信息价值、问责、持续创新和改变、法律遵

---

① SANDOVAL-ALMAZAN R, GIL-GARCIA J R. Toward an integrative assessment of open government: proposing conceptual lenses and practical components [J]. Journal of organizational computing and electronic commerce, 2016, 26(1-2): 170-192.

从度、内部机构透明、信息系统和搜索引擎七个部分的评估。[①]

　　信任这一要素被拟建以实现测量公共信息中的信任的目标。它与信息视角下三个相关问题的测量有关：信息是可靠的，信息经过其他资源得以确认，网站界面看起来值得信赖；信息价值回答了信息是否对公众产生价值的问题，包括信息是否能够再次使用，简单易寻，帮助知情决策，对大部分人而言都清晰易懂等；问责是为了评估允许个人和组织问责的工具和功能，涉及组织允许公众不间断地提出请求、反馈、咨询及控告公共官员的行为方式的测量；持续创新和改变，测量的是在真实界面进行的对公众有价值的创新和改变；法律遵从度，评估政府对基本的法律法规的遵从程度；内部机构透明，评估州政府迅速传递信息的程度，如公布内部机构在开放政府信息上的绩效排名等；信息系统和搜索引擎，评估搜索引擎检索信息的能力，以及发展软件为开放政府网站管理和捕获数据的能力。

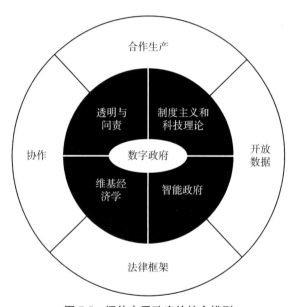

图 7.5　评估电子政府的综合模型

　　在此基础上，罗德里格·萨多瓦尔和雷蒙·吉尔-加西亚提出了一个评估开放政府的综合模型。这一模型包含四个支柱和四个组件，并且它们之间可以进行动态互动，如图 7.5 所示。在萨多瓦尔等人这里，电子政府由四个部分组成，分别是开放数据、协作、合作生产和法律框架，组成了模型的外

---

　　① SANDOVAL-ALMAZAN R，GIL-GARCIA J R. Towards an evaluation model for open government：a preliminary proposal[M]// JANSSEN M. et al. EGOV 2014，2014：47 - 58.

圈。这几个部分代表了与电子政府及公共管理者如何执行电子政府计划紧密相关的变量,具体如表7.2所示。内圈是电子政府的四大支柱,分别是透明与问责、制度主义和社会科技理论、维基经济学和智能政府,这四大支柱的目的是为理解四大组成部分提供概念和理论基础。

表7.2　电子政府评估模型四大组成部分

组成部分	描述	潜在变量
开放数据	评估开放数据的进步程度,以及使用科技组织散播信息的程度	开放政府数据、透明、数据质量等
协作	评估促进公民参与和协作的工具和举措	协作供给、参与渠道等
协作生产	评估对等协作生产,以及促进协作生产的工具、过程和政策	允许及赋权公众进行对等协作生产的手机App,工具、过程等
法律框架	评估促进开放政府的法律、公共政策和其他法规	法律法规、公共政策、协议、正式程序等

透明与问责是评估模型的支柱之一,与模型中的开放数据要素直接相关联。开放政府的执行过程包括透明和问责的努力,与开放数据的实践相匹配。开放数据是对开放政府过程、文件和程序这一组织任务的最佳补充,可以视为直接与公众信息需求相关联的主要结果。协作生产同样与透明和问责相联系,因为个人被包含在了协作生产的行动中,政府的行动及结果对公众而言变得更加透明。制度主义和社会科技理论能够帮助人们理解开放政府的努力。制度主义提倡将开放政府看做一个游戏规则的改变,通过数据释放过程、网页、计划以及其他相关文件的更新,产生了新的组织关系和合作。制度主义理论被用来解释与公共部门信息使用和信息技术相关的各种不同现象,总之,制度主义认为规则、规范和方法系统能够对政府组织的过程和结果产生重大的影响,这也同样适用于开放政府。社会科技理论则将科技与人类和组织相联系。如果我们承认个人行为和互动发生在一定的制度框架内,而这些制度能够促进公开开放,那么我们就能够鉴于科技方面评估实现开放政府的不同行为。制度主义和社会科技理论能够帮助我们理解开放政府如何设计、实施和评估,并且能够帮助我们理解所有四个组成部分以及它们与制度安排和科技的关系。智能政府显示了一个基于互联网平台的新的政府—公民关系。Web2.0技术创造了政府2.0的基础,政府2.0允许政策制定者和公众协作创造数据、共享政府决策的责任。与这个支柱点相关的要素是法律框架和协作机会。智能政府强调人工智能、互操作性、透明、公开、交流、协作、无处不在、高效和有效。维基经济学代指一些诸如维

基这样的协作工具所带来的新的经济动力，包括协作、合作生产、对等共享、信息交流等。

将四大支柱和四大组成部分整合到一个综合模型中，创造了一个动态组合。四个开放政府的组成部分可以以多种不同的方式与四大理论支柱相连接，凸显了之前在电子政府、信息科技成熟度和组织变化上的理论和实践努力。支柱和要素之间的多元关系是一个动态关系，模型的外圈和内圈都可以进行移动，从而产生新的关系和组合，对各个要素形成新的理解和解释。

第二节 彰显公共价值的评估模型

一、公共价值评估范式

在当下对新公共管理之后是什么的讨论中，公共价值范式的概念逐渐浮出水面，一个公共价值管理范式正在成为解决平衡民主和效率谜题的方法。[1] 公共价值的概念最早由马克·摩尔提出，之后便成为政治科学和公共行政文献中日益流行的一个术语。公共价值框架的发展是对新公共管理范式之不足的一个回应。新公共管理范式下，实行了诸如私有化、合同外包等市场路径，鼓励公共部门再造以变得更具商业化和市场敏感性。但人们越来越认识到公共部门与商业部门是不同的，公共利益和公共价值在市场经济中无法以最优水平被交易。[2] 公共价值不应仅限于个人的金钱收益，而应瞄准超越个人利益的集体的、长期的好处和价值，如国家安全、公平、正义、环境可持续等。通常并没有绝对和通用的应用标准去判断公共价值，公共管理者必须自己识别出一种选择是否会好过其他选择。

克里斯坦森声称公共价值已经成为英国和新西兰的一个后新公共管理范式。[3] 奥弗林则对一个公共价值范式的管理意涵进行深度剖析。[4] 斯托克认为，在一个网络治理的时代，不管是传统范式还是新公共管理范式都无

---

① STOKER G. Public value management a new narrative for networked governance? [J]. The American review of public administration，2006，36(1)：41－57.

② BOZEMAN B. Public-value failure：when efficient markets may not do [J]. Public administration review，2002，62(2)：145－161.

③ CHRISTENSEN T，LAEGREID P. Transcending new public management：the transformation of public sector reforms[M]. Farnham：Ashgate Publishing，2013：122.

④ O'FLYNN J. From new public management to public value：paradigmatic change and managerial implications[J]. Australian journal of public administration，2007，66(3)：353－366.

法解释管理的改变,也无法为管理提供一个合理的模型,而公共价值管理范式却能为我们提供一个理解和回应挑战的途径。它对如何面对效率、问责和平等挑战的重新定义,具有不依赖规则或奖励来推动公共部门改革的能力。公共领域的治理包含了各种追求公共价值的协商网络,人们之间的关系是在一种互相尊重和共同学习的背景下形成的,受到参与网络和合作的激励。① 工作基金会和英国智库已经提出将公共价值看作新的后新公共管理视角,试图建立一个能够解决合法性、资源分配和测量问题的总体框架。② 奥尔福德将公共价值的概念与绩效管理框架相联系。公共价值是政府和其他公共部门通过法律、规章、公共服务或其他行为创造出的价值,因而它创造了一个测量政策和公共机构绩效的准绳。③ 公共服务的价值方法,能够测量一个组织或一系列组织实现结果和成本高效益的程度,这一方法给予公共管理者一个评估组织绩效的途径。④ 绩效评估被看作公共价值路径的一个重要方面,摩尔也指出战略三角能够被用作为一个针对这一策略的绩效评估框架。⑤

并不是只有公共部门才创造公共价值,政府组织、私人部门、非营利组织、志愿团体、个人和其他实体都能够创造公共价值,是否是公共价值并不是由谁创造的来决定的,而是由谁消费价值来决定。⑥ 正如摩尔所说,公共价值是被公民共同消费的价值,它包含对诸如负外部效应、自然垄断或信息不对称等市场机制无法最大化公民个人福祉的市场失灵情况的补救,同时,公民重视确保市场运作和社会秩序发挥功能的各种制度安排,如法律法规、维持秩序、保护财产权的机制和合同的强制执行等。公民对这些东西重视的一个原因是他们能够从中获取个人利益,但更多情况下是因为其附加价值远远超过个人利益。人们有建立在社会认同或规范承诺基础上的整体社

① STOKER G. Public value management a new narrative for networked governance? [J]. The American review of public administration, 2006, 36(1): 41-57.

② HORNER L, HAZEL L. Adding public value[J/OL]. [2016-01-05]. http://www. theworkfoundation.com/pdf/twf3_value.pdf.

③ ALFORD J, O'FLYNN J. Making sense of public value: concepts, critiques and emergent meanings[J]. International journal of public administration, 2009, 32(3-4): 171-191.

④ COLE M, PARSTON G. Unlocking public value: a new model for achieving high performance in public service organizations[M]. New York: John Wiley & Sons, 2006:64.

⑤ MOORE M. Inaugural annual institute of public administration Australia[J]. (IPAA) Victoria Oration, Melbourne, 2008.

⑥ ALFORD J, HUGHES O. Public value pragmatism as the next phase of public management[J]. The American review of public administration, 2008.

会目标或愿望,如公平、公正、环境保护、对弱势群体的关心等。[①] 正如制度安排稳固市场的运作,公共价值能够促进这些集体目标的协商情况。[②] 政府在信息系统和开放数据技术上的投资与公共价值尤其相关,因为采用科技和科技促动的改革常常与增强服务供给、项目效率和民主价值的目标相联系。[③] 在某种意义上,它们提供了参与的渠道,向公众告知了商议过程,能够强化参与和集体决策的效率,监督进程和绩效,确保问责和公平。

二、公共价值战略三角

摩尔指出,公共部门管理者的任务就是创造公共价值。公共价值是一个与结果和产出关联在一起的概念。公共价值框架的核心标志是一个战略三角,它假定公共部门组织必须满足三个不同的计量:一是政府的价值主张应该明确地阐释和散播,以一些具有实质价值的东西为目标,这是公共行政的价值使命;二是公共部门及公共管理者必须确保其在授权环境中能吸引足够的持续支持和相伴资源,来确保可持续的政治性和合法性;三是政府必须确保其有足够的专业技能和能力(灵活的操作和管理,包括来自组织内外的资源)来维持并实现预期的结果,如图7.6所示。

精巧地设计和施行一个战略要求管理者在这三个要素之间寻求最大程度的校准。每个要素在战略上都很重要,当然它们很少会与其自然状态相匹配,因而管理者必须不断地在三者之间进行权衡。如果最有价值的事情是与关键角色在授权环境中发现可接受的东西相偏离,那么管理者可以选择劝说关键角色移动位置,或修改价值主张使其与其希望相符合。[④] 同样的,如果现有的操作能力无法实现一个更有价值的目的,那么管理者就必须相应改变企图。这需要的不仅仅是管理者对政治和操作限制的顺从和接受,为了寻求明确最有价值的目标,他还需要掌握有关这三个因素的知识和专业技能。

① MOORE M H. Creating public value：strategic management in government［M］. Cambridge，Mass：Harvard University Press，1995：44－48.

② 李德国,郑炜. 服务设计如何推动公共部门的价值创造：一项针对办事指南的混合研究［J］. 中国行政管理,2021(4)：22－30.

③ ZHANG J，LUNA-REYES L F，JARMAN H，et al. Information systems to support sustainable consumption and sustainable supply［J］. Information technology and management，2015，16(1)：1－4.

④ 张会平. 面向公共价值创造的城市公共数据治理创新［J］. 行政论坛,2020,27(1)：130－136.

公共价值路径十分强调在并不完美的代议制民主过程中互动的重要性。① 正如上文提及，透明、参与和协作应该被视为实现民主的工具，它们使得公民能够扮演各种各样的公民角色。但同时，由于透明、参与或协作并不是必然带来好处的，我们需要慎重决定在何种情况下以何种方式展开这些流程。就此而言，能获取的数据库数量以及参与协作的机会并不能被看作是开放政府成功与否的模糊指标。透明、参与和协作之所以有意义是因为它们使得成群的人们可以去追求它们的目标，通过公共价值框架能够帮助我们理解如何去确定政府行为的价值，以及如何在多元利益相关者的视角下实现这些价值。

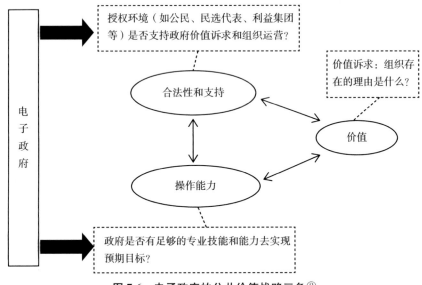

图 7.6　电子政府的公共价值战略三角②

公共价值视角假设行政组织作出的决策具有不可避免的政治性，因此管理者必须决定如何最好地去做出那样的决策。正如私人经济组织为其所有者创造出"私人价值"，摩尔认为公共组织为公民和其他利益相关者创造"公共价值"。当商品和服务被交易并产生利润时就创造了私人价值，这很容易识别和测量。公共价值则是指当市场机制无法保证公平时，公共物品为人们带来的好处。部分公共价值直接来自这些好处的有效作用，还有的

---

　　① O'FLYNN J. From new public management to public value: paradigmatic change and managerial implications[J]. Australian journal of public administration, 2007, 66(3): 353-366.

　　② 此图参考了 MOORE M H. Creating public value: strategic management in government [M]. Cambridge, Mass: Harvard University Press, 1995.

则源于公共产品和分配的公平满足了公民对有序高效的公共机构的要求。① 这一视角表明效率和效度并不是评估政府项目和服务的唯一原则和方法。正如私人消费决策是私人价值的最终裁决者一样，政治也依然是公共价值的最终裁决者。公民对政府行为的相对价值拥有各自的视角，但最终对一个政府行为是否创造公共价值的判断则是一个集体判断。基于不同的利益集团的地位和视野，他们对价值程度的感知是不同的，并且可能是在不断变化的。

公共价值视角越来越被应用于数字政府的研究中，由技术引起的改革往往与提高服务供给、项目成效和民主价值相联系，因此对政府在信息系统和开放数据技术上投资的讨论也往往与公共价值相结合。② 从某种意义上讲，它们提供参与的渠道，告知审议过程，提高参与及集体决策成效，监控程序和绩效，并且能保证问责和公正。一般而言，公共价值吸引我们的是由特定制度形式和政府行为产生的集体利益和社会利益。我们可以广泛地讨论这些利益，但是对公共价值最有用途的分析必须以特定的利益群体及其利益为中心。根据不同的利益和对政府的期望，多元利益相关者之间的价值分配会不断变化，即使是得益于同样的政府行为中的利益也会发生变化。正因如此，若将公共价值看作是评判政府结果的绝对指标则忽视了利益的多样化。大多数文献和政府声明都将开放政府举措和包容所有类别的"公民"相联系，将公民这样一个多元化的人口群体看作是一个群体，在此基础上的分析显然会导致对政府行为价值的认识不足。反之，我们应该视每个政府行为都有潜力从组织内外向多元利益主体展现价值，这个结果表现了多元利益相关者之间一系列复杂又重复的互动以及一个政府机构或项目的运行。

三、基于公共价值的评估框架

尽管我们看到越来越多的数据库被公开，但事实上只有其中的一小部分为公众创造了价值。也就是说，让数据更透明以及为公众参与和协作开放空间其本身并没有价值，只有当其创造公共价值的时候才具有价值。哈里森和她的同事③从利益角度追踪政府行为可能的结果，将公共价值描述

---

① MOORE M H. Creating public value: strategic management in government [M]. Cambridge, Mass: Harvard University Press, 1995:52-55.

② CORDELLA A, BONINA C M. A public value perspective for ICT enabled public sector reforms: a theoretical reflection[J]. Government information quarterly, 2012, 29(4): 512-520.

③ HARRISON T M, GUERRERO S, BURKE G B, et al. Open government and e-government: democratic challenges from a public value perspective[J]. Information polity, 2012, 17 (2): 83-97.

为 7 个常规类型：① 经济价值——影响当前或未来的收入、资产价值、负债、津贴或财产的其他方面或以上任何一项的风险。② 政治价值——影响个人或团体对政府行为或政策的影响、对各个党派的影响、其在政治事务上的角色以及对公共部门的期望。③ 社会价值——对家庭或社区关系、社会流动性、社会身份和地位的影响。④ 战略价值——影响个人或团体的经济、政治优势，获得创新或计划的机会、目标和资源。⑤ 思想价值——影响与政府行为、政策或结果相一致的不同信仰或道德立场。⑥ 管理价值——影响公众在公共信任、廉洁和合法性方面对作为"忠实管家"的政府官员的看法。⑦ 生活价值——影响个人和家庭的健康、安全、满足感和总体幸福感。前四种类型与个人和群体的实质利益相联系，后面三种则与社会和民主的产物相联系。管理的公共价值来源于更加廉洁、更具回应性和合法性的政府所带来的满意度和信任度的提高。思想价值则使政府行为与道德偏好或信仰相符合。哈里森等进一步指出，通过明确这 7 种基本价值类型的影响，我们可以进一步去考虑关于这些价值是如何创造出来的问题。

价值是由价值产生机制产生，它们揭示了一个给定的政府行为通过什么工具路径与创造价值相联系。电子参与在这里表现为公民直接参与政府项目运行、官员行为、官员选举决策的频率和强度。

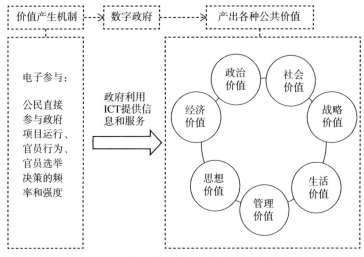

图 7.7 一个评估电子参与的公共价值模型

将一种价值类型与一种价值产生机制相结合则可以明确政府行为或项目如何产生一种或多种公共价值。例如，投资信息技术将政府招标转为线上服务，能够提高效率和效能并对使用的用户产生战略价值或经济价值。由此可见，政府的透明、参与和协作行为可能带来的影响是，使公民获得实质的经济、社会、政治或战略价值以及思想和管理价值等与政府本身联系的固有价值。再例如，当把透明作为一种价值产生机制为公众提供信息，那么公民可以从中获得几种不同类型的公共价值。假设一个公民获得了政府及时公布的其所在地的防汛信息并提前做出了反应，那么他便从中为自己及其家人获得了经济价值和社会价值，并且也会对提供了相关信息的政府产生更多的信任。很有可能政府内部利益相关者通过释放信息会获得积极的政治和战略价值，因为它满足了开放的要求，但也有可能另一些政府内部的利益相关者会将其视为具有消极的政治影响。因此，要判断任何政府行为的价值需要对多元利益相关者的不同视角进行系统的分析，从而明辨出积极和消极的影响。只有通过细致分析后产生的信息才能做出更多有关电子参与举措的知情决策。

评估电子参与的公共价值模型如图7.7所示。一个公共价值分析需要政府机构将其开放政府举措与其任务和优先级相联系。透明、参与和协作原则，根植于公共价值之中，最好被视为政府实现组织目标所施行的战略，通过合并这些民主实践能够为实现更多的或附加的价值提供机会。更多的信息透明、参与或协作能够带来更好的决策，为利益相关者提供经济、社会或战略价值，也能够通过增加对政府回应的信任实现管理价值。

政府管理者能够通过使用公共价值框架来进行电子参与及数字政府的计划、设计和评估，并从这个路径中获益。明确地了解特定举措服务于什么人，辨别一项举措努力创造的是什么价值，以及理解实现收益需要的价值产生行为，都能够增强开放政府举措的选择和设计。对政府机构或部门而言，一个公共价值分析需要一个相对完整的利益相关者清单。

未来的研究需要把握作为工具概念本身的透明、参与和协作的本性，电子参与的各项原则能够相对简单便于操作，但是无视价值而这么做会带来风险。例如，透明并不是仅仅通过下载数据就能实现，数据集必须保证是真实可靠有用的，最重要的是，它必须能够允许公众从中发现一些有价值的或重要的东西。若非如此，透明只是一种假意承诺，助长公民犬儒主义。同样的，参与和协作必须是有意义的，能够直接指向充足的政府反馈所确认的目标，产生的公民输入也必须能够代表对利益相关者开放的决策和价值制造的结果。促进透明、参与和协作的行动最初总是会花费更多的时间和资源，但是无论如何，它们能够支持承诺，即通过建立对现有绩效的共识，产生提高和增强合适想法的压力，挖掘新的专业资源以及建立公民能力来提高最终的政策绩效。所有的这些，最终都可能成为实质性地提高政策产出和公共服务质量的关键。要实现这样的结果不可避免地需要政府结构和组织的改变。

严格来说,政府机构的具体行为并不是为整个"公民"群体服务,而是为拥有特定需求和期望的特定群体服务,因此政府首先必须能将其行动与其承诺服务的利益相关者们联系起来。其次,透明、参与和协作等原则最好被看作是政府为完成组织目标采取的战略工具,通过合并这些民主实践能够为实现更多的价值提供机会。更多的信息、参与和协作行为能带来更好的决策,帮助利益相关者们获取经济、社会或战略价值,同时能通过增加对回应性政府的信任获得管理价值。再次,政府领导能够通过使用公共价值分析路径计划、设计和评估电子参与和数字政府举措并从中受益。通过清晰特定的举措服务于何人,一项举措追寻创造什么样的价值,以及产生能实现利益的行为需要什么价值,能够强化电子参与行动的选择和设计。相对于聚焦于诸如可访问的数据库数量、下载的数量、参与的机会、讨论的帖子数量等测量方法,政府机构更需要评估的是一个方案通过价值产生机制使得一个或多个利益相关者获得利益,其途径的有效性。当利益相关者从至少部分带有透明、参与和协作特征的政府行为中获得实质或内在价值的时候,电子参与将会实现它的目标。

聚焦于科技的创新本身往往过于频繁地复制现有的规则、常规、标准和权力关系。电子参与和数字治理的承诺就是提供一个对抗这些趋势的压力资源,而实现这一承诺的条件就是让电子参与改变利益相关者和政府关系的性质。① 这些改变能够产生新的组织创新形式,允许跨部门和跨功能的群体相连接。公共价值的创造,也许是刺激和调整这样一个结构变化最佳的可能参数。很多人对信息社会评估框架的局限性提出了批评,其中包括没有阐明信息社会与政策目标之间的联系,也没有从信息和通信技术如何能够支持促进社会利益、如何能够促进善政的公共价值等方面证明使用信息和通信技术的正当性。因此,评估有必要更加关注过程和结果,而不仅仅是投入和产出。

---

① 郑磊. 数字治理的"填空"与"留白"[J]. 人民论坛(学术前沿),2021(23):106-112.

第八章　城市数字治理背景下电子参与的前沿与挑战

第一节　公民电子参与的意向及激励

一、普遍困境：参与意向及参与度低

在加强政府与公民间的关系、提高政府透明度、实现社会包容以及政治民主方面，电子参与的优势是无可争辩的。然而，电子参与活动有效和成功的实施却并非易事，尤其是当在电子参与中发挥主要作用的公民拒绝参与时，活动将会变得尤为困难。

迄今为止，电子参与一直被自上而下的政府主导的行动控制着，表现在自上而下地为公民提供信息、审议和咨询服务，这种运行系统因结果和接受程度有限而受到批评。[①] 尽管人们希望信息和通信技术（ICT）将彻底改变民主参与，但不少证据表明，为公民和政府之间的协商对话而设计的电子参与系统，往往无法达到预期的目标和参与程度，而公民缺乏参加相关在线公共活动的意图是电子参与的最大障碍之一。[②] 尽管政府已经增加了各种参与工具的使用，尤其是社交媒体平台，但公民参与的缺乏在很多国家依然是一个普遍现象。[③]

现有的信息系统理论解释公民参与失败的模型可以分为三个部分：理

---

① CHUN S A, CHO J S. E-participation and transparent policy decision making [J]. Information polity, 2012,17(2):129 - 145.

② OLIVEIRA C, GARCIA A C B. Citizens' electronic participation: a systematic review of their challenges and how to overcome them[J]. International journal of Web based communities, 2019, 15(2):123 - 150.

③ PS A, AFTB C, TS F, et al. The good, the bad and the ugly: three faces of social media usage by local governments-science direct[J]. Government information quarterly, 2019, 36(3): 469 - 479.

性主义观点、社会建构主义观点和社会技术方法观点。理性主义者的目标是确定"失败因素",以因果联系到失败,解释主义者认为失败是一个主观的社会建构,社会技术方法介于两者之间,认为失败是一个复杂的社会技术相互作用的结果,会在特定的情况下影响创新。基于理性主义观点的方法在文献中占主导地位,但是它无法为失败提供连贯的解释,亦缺乏避免失败的指导意见。① 在大多数情况下,电子参与系统的建立并不是为了促进一个已经存在的过程,而是为了引入一个全新的公民参与过程,从而不可避免地会面临用户抵制和需求不明确的问题。② 当然,在不同的参与平台、不同的情境、不同的参与活动中,公民参与的意愿都是不尽相同的,只不过要想对所有这些情况都进行深入的探讨并不容易,这里仅试图探索哪些因素会影响社交媒体平台上公民参与政府主导活动的意向。

　　社交媒体平台上的电子参与举措依然是新兴的,并且对于决定是否参与的公众来说亦是自愿的。行为意向(Behavioural Intention)是指一个人执行特定行为的意愿程度,此外,强烈的行为意向意味着某种积极的"接受"。③ "使用意向""接受"和"采用"这些术语在电子治理的研究中往往交织在一起。④ "接受"和"采用"都比"使用意向"更频繁地使用,并且由于它们在绝大多数情况下可以互换使用,因此它们在电子政务研究中通常被认为是同义词,一些研究使用"接受"一词,而另一些研究则使用"采纳"。⑤ 但事实上,"采纳"应该是不同于"接受"和"使用意图"的概念,因为它来自技术的直接真实的使用体验,技术接受度是指个人使用技术的积极倾向或意愿。⑥ 根据信息系统成功前因分类法提出的因变量的三个阶段,"接受"和"使用意向"都包含在感知和行为阶段,⑦也就是说,使用意图以接受为前

　　① DWIVEDI Y K, RANA N P, JEYARAJ A, et al. Re-examining the Unified Theory of Acceptance and Use of Technology (UTAUT): towards a revised theoretical model[J]. Information systems frontiers, 2017, 21(3):719-734.

　　② TOOTS M. Why e-participation systems fail: the case of Estonia's Osale. ee [J]. Government information quarterly, 2019, 36(3):546-559.

　　③ 段文婷, 江光荣. 计划行为理论述评[J]. 心理科学进展, 2008, 16(2):315-320.

　　④ RANA N P, DWIVEDI Y K, WILLIAMS M D. Evaluating alternative theoretical models for examining citizen centric adoption of e-government[J]. Transforming government: people, process and policy, 2013, 7(1), 27-49.

　　⑤ TOOTS M. Why e-participation systems fail: the case of Estonia's osale. ee [J]. Government information quarterly, 2019, 36(3):546-559.

　　⑥ 鲁耀斌, 徐红梅. 技术接受模型及其相关理论的比较研究[J]. 科技进步与对策, 2005(10):176-178.

　　⑦ LARSEN K R T. A taxonomy of antecedents of information systems success: variable analysis studies[J]. Journal of management information systems, 2003, 20(2):169-246.

提，接受度代表用户感知，使用意愿代表用户行为。因此，为了统一本研究中使用的概念，我们假设接受度（感知）是行为（使用意图）的全部内容，理性地说，更大的使用意图（行为意图）意味着更高的接受度（感知）。如果公民没有潜在的接受这种参与，他们就不会打算亲身参与社交媒体上的电子参与。不少研究都表明公民缺乏参与电子参与活动的意愿，但这些研究的视角更多集中在政府，而忽略了公民。这里将试图将重点放在公民本身，聚焦于参与活动的公民接受因素和焦点问题。

二、影响因素：基于计划行为理论的分析与检验

（一）数字政府语境下的公民接受因素

结合第六章的案例分析以及相关文献梳理，这里试图寻找数字政府语境下公民参与的接受因素。首先，数字政府背景下的相关研究大多利用了技术接受模型（Technology Acceptance Model，TAM）及整合型科技接受模型（The Unified Theory of Acceptance and Use of Technology，UTAUT），此外也包括了一些其他相关理论，例如创新扩散理论模型（The Diffusion of Innovation Theory，DOI）、计划行为理论模型（The Theory of Planned Behavior，TPB），以及信息系统成功模型（Model of IS success，ISS）。[1]

佐洛托夫等通过对2000—2017年间的电子参与采纳模型进行的元分析表明，态度、感知有用性、社会影响和感知易用性是公民进行电子参与的重要预测因素。[2] 帕诺普卢等人最近的另一项研究发现，感知有用性和社会影响对公民使用电子参与的行为意图有直接影响。[3] 此外，不少实证研究都证实，感知有用性和感知易用性可以积极提高公民对电子参与工具的接受度和态度。[4] 因此，将态度、社会影响、感知易用性和感知有用性作为调查公民参与电子参与活动意图的潜在因素应该是合乎逻辑的。此外，不少研究发现公民的参与效能对其参与电子参与活动的意愿有显著影响，参与效能与政治效能的概念有关，政治效能是指"公民感觉有能力在政治和社

①　ZOLOTOV M N，OLIVEIRA T，CASTELEYN S. E-participation adoption models research in the last 17 years：a weight and meta-analytical review［J］. Computers in human behavior，2018，81：350 - 365.

②　ZOLOTOV M N，OLIVEIRA T，CASTELEYN S. E-participation adoption models research in the last 17 years：a weight and meta-analytical review［J］. Computers in human behavior，2018，81：350 - 365.

③　PANOPOULOU E，TAMBOURIS E，TARABANIS K. An eParticipation acceptance model［J］. IEEE transactions on emerging topics in computing，2021，9(1)：188 - 199.

④　楚啸原，刘珂，理原，等. 感知易用性会影响网络游戏中虚拟商品的使用意愿么?：感知有用性和玩家神经质的作用［J］. 心理科学，2021，44(1)：134 - 140.

会变革方面发挥重要作用"。①因此,参与效能可以定义为公民相信其参与电子参与活动的能力,它对公民电子参与活动的意愿有显著影响。② 一些研究亦显示,获得更高水平的公民参与,还取决于公民对通过参与获得的交付结果及价值的感知。③ 感知价值本质上是一个营销概念,它是指"消费者根据付出的东西和收取的货物对产品效用的整体评估"。在电子参与的背景下考虑这一概念,代表着如果公民认为存在由他们参与政府事务和决策而产生的结果,则公民将有更强烈的参与意愿。因此,电子参与的感知价值是指公民对其参与预期产生或交付价值的整体判断。前文关于政策众包案例的分析亦显示,当公民认为他们的参与不会反映在电子参与活动的输出结果中时,他们的参与意愿就会明显降低。此外,公民对政府的信任会显著影响他们使用电子参与系统的意图,一般来说,如果公民对政府表现出更高的信任度,则更有可能与政府互动并参与不同的活动。④ 然而,公民不仅要信任他们的政府,还要信任他们用于进行在线交互的技术,因此对政府和技术的信任都非常重要,都应该予以考虑。根据上文相关模型及文献,目前能够梳理出的影响公民对政府系统接受度的因素主要包括:

• 态度,是指"个人对执行目标行为的积极或消极感受",这是技术接受模型(TAM)中的一个突出因素,源自理性行动理论。⑤

• 信任,包括对政府的信任和对技术的信任。对政府的信任是指公民认为政府机构进行在线互动时可以被信任的程度⑥,对技术的信任是指公民对技术本身的信任⑦。

• 社会影响,是整合型科技接受模型(UTAUT)的一个突出因素,指的

---

① 胡荣. 中国人的政治效能感、政治参与和警察信任[J]. 社会学研究,2015(1):76-96,243.

② 高民政,孙艳红. 规模视野中的公民参与和效能感:达尔关于规模与民主问题的一项相关性分析结论与启示[J]. 浙江学刊,2007(1):115-123.

③ ENRIQUE BONSÓN, RATKAI M, ROYO S. Facebook use in western european local governments:an overall view[J]. Springer International Publishing, 2016:59-77.

④ ZOLOTOV M N, OLIVEIRA T, CASTELEYN S. E-participation adoption models research in the last 17 years: a weight and meta-analytical review[J]. Computers in human behavior, 2018, 81:350-365.

⑤ 陈渝,杨保建. 技术接受模型理论发展研究综述[J]. 科技进步与对策,2009,26(6):168-171.

⑥ CARTER L, BELANGER F. The utilization of e-government services: citizen trust[J]. information systems journal, 2005, 15(1):5-25.

⑦ 谢康,谢永勤,肖静华. 共享经济情境下的技术信任:数字原生代与数字移民的差异分析简[J]. 财经问题研究,2018(4):99-107.

是个人因受到别人的影响而决定使用新系统的程度①,这一因素类似于计划行为理论模型(TPB)中使用的主观规范因素。

　　·相容性,是创新扩散理论模型(DOI)中使用的因素,是指"创新被认为与现有价值和需求相一致的程度"。

　　·感知易用性,指的是"一个人认为使用特定系统不费力的程度"②,这也是技术接受模型(TAM)中的一个突出因素,它类似于整合型科技接受模型(UTAUT)中使用的"努力预期(effort expectancy)"因素。这两个含义都可以对应到创新扩散理论模型(DOI)中使用的"复杂性"变量,虽然看起来表述是相反的,但其实表达的是一样的含义。

　　·感知有用性,指的是"一个人认为使用特定系统会提高其工作绩效的程度"③这是技术接受模型(TAM)的一个突出因素,与整合型科技接受模型(UTAUT)中使用的"绩效期望"(performance expectancy)变量和创新扩散理论模型(DOI)中使用的"相对优势"变量相似。

　　·其他不同的相关因素包括但不限于:隐私、安全、便捷、感知行为控制、感知风险、自我效能、服务质量、信息质量和政治支持等。④

　　技术接受模型和整合型科技接受模型在解释公民接受和采用数字政府系统方面做出了突出贡献,然而其广泛使用可能会危害公民接受度研究主题的多样化。技术接受模型和整合型科技接受模型的广泛使用存在的一个弊端在于,这可能会转移研究人员的努力,使其不断远离技术接受模型的理论根源,例如理性行为理论、计划行为理论等。尽管计划行为理论具有重要意义,但该理论在电子政务研究中的应用却相当不起眼。⑤ 此外,社会认知理论(social cognitive theory)在数字治理研究的接受度方面也尚未得到广泛探索。目前的不少研究表明,技术接受模型中的感知有用性因素和整合型科技接受模型中的绩效期望因素,对公民接受度和参与度有显著影响,这两种因素通常以节省时间、金钱和精力作为使用数字服务的结果

---

①　朱红灿,廖小巧. 基于 UTAUT 的公众政府信息获取网络渠道使用意愿模型研究[J]. 情报杂志,2016,35(8):204-207.

②　Davis F D. Perceived usefulness perceived ease of use, and acceptance of information technology [J]. Mis Quarterly,1989,13(3):340-391.

③　Davis F D. Perceived usefulness perceived ease of use, and acceptance of information technology [J]. Mis Quarterly,1989,13(3):340-391.

④　GUPTA K P, SINGH S, BHASKAR P. Citizen adoption of e-government: a literature review and conceptual framework[J]. Electronic government an international journal,2016,12(2):160-185.

⑤　段文婷,江光荣. 计划行为理论述评[J]. 心理科学进展,2008,16(2):315-320.

来被衡量。①

我们也不难意识到，数字政府发展至今，上述这些价值观或研究结果对于公民来说已经变得非常普通，人们现在期望通过数字政府获得更广泛和更长期的结果，换句话说，公民需要通过数字政府服务产生或感知更广泛的公共价值，而不仅仅是所谓便捷高效的线上服务。公共价值观可能涉及解决更多的公民心理需求，例如对自我能力和自主性的感知，促进一个更透明、更具责任性的政府，增强民主参与和社会公平等等。衡量和理解这些公共价值观，对公民接受电子政务的影响将具有极高的价值，因而关于公民接受度的研究应该从关注实际或程序利益转向更全面的观点，尤其是引入更广泛的公共价值观并调查其对公民接受政府参与系统的影响。

（二）基于计划行为理论的分析框架

对电子参与的研究不能仅从技术视角出发，而是要综合考虑个人、社会、政治、技术等因素对公民意图的潜在影响。这里的研究模型将基于计划行为理论（Theory of Planned Behavior，TPB）建立，计划行为理论侧重于理解及预测一个人为什么打算进行特定的行动。计划行为理论指出，一个人的实际行为可以通过执行该行为的意图来预测。同时，行为意图的推进受三个因素的影响：态度、主观规范和感知行为控制。行为意图可以理解为"一个人愿意执行某种行为的程度"，态度是指"一个人对所讨论的行为的有利或不利评价的程度"，主观规范是指"感知到的执行或不执行行为的社会压力"，感知的行为控制是指"一个人对参与行为的控制程度"。②

基于前面的梳理分析，首先这里列出了我们预计会影响公民参与电子参与活动意愿最相关的因素，包括态度、社会影响、感知易用性、感知有用性、兼容性、参与效能、感知价值、公民对政府的信任、公民对技术的信任。计划行为理论被证明具有在各种情况下解释和预测人类行为意图的预测能力，特别是当所讨论的行为是自愿时，计划行为理论也愿意接受其他因素的补充，且不必担心破坏该理论本身的合理性。③

---

① RANA N P, DWIVEDI Y K. Citizen's adoption of an e-government system: validating extended social cognitive theory (SCT)[J]. Government information quarterly, 2015, 32(2):172 - 181.

② 段文婷，江光荣. 计划行为理论述评[J]. 心理科学进展，2008，16(2):315 - 320.

③ ARWA, YOUSUF, AL - AAMA. The use of Twitter to promote e-participation: connecting government and people[J]. International Journal of Web Based Communities, 2015, 11(1):73 - 96.

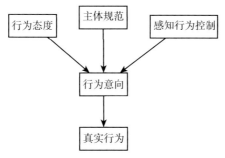

图 8.1　艾奇森的计划行为理论[①]

　　艾奇森的计划行为理论模型如图 8.1 所示。由于这项研究关注的是公民的行为意图而不是实际使用,因此从研究模型中删除了实际行为因素。这里试图基于艾奇森的模型分析在新浪微博平台公众参与政府主导参与活动的意向。所以行为意向(YX)指的就是公民通过社交媒体平台(新浪微博)参与政府主导的参与活动的意向,假设这一意向是由公民态度(TD)、感知行为控制(GZXWKZ)、电子参与的感知价值(GZJZ)、参与效能(CYXN)、公民对政府的信任(XR_G)和公民对新浪微博的信任(XR_T)决定的。同时,假设公民态度(TD)将取决于电子参与的感知价值(GZJZ)、参与成效(CYCX)、新浪微博的感知易用性(GZEU_S)、感知有用性(GZUN_S)、新浪微博的相容性(XRX)。

　　计划行为理论认为态度、主体规范和感知行为控制对行为意向发挥着核心作用,这些因素对公民使用电子政务服务意愿的重要作用已经得到证实,存在积极态度和对电子参与的高主观规范支持的公民更有可能加入电子参与活动,而作为行为意向的重要预测指标,感知行为控制也获得大量经验研究的支持。[②]

　　根据艾奇森的计划行为理论,当预期该行为会产生理想的结果或价值时,个人可能会执行该行为,这与人际行为理论中所述的"行为感知后果的价值"和社会认知理论中的"结果期望"相似,这通常都指在个人执行该行为后,该行为可能产生或带给个人的潜在价值或结果。根据上述这些理论,预期通过执行特定行为产生的积极感知价值会增加执行该行为的意图,换句

　　① AJZEN, I. The theory of planned behavior[J]. Organizational behavior and human decision processes, 1991, 50(2), 179-211.

　　② GUPTA K P, SINGH S, BHASKAR P. Citizen adoption of e-government: a literature review and conceptual framework[J]. Electronic government an international journal, 2016, 12(2): 160-185.

话说,公众需要能够感知他们的参与被认真对待,能够产生影响,或者感知到他们的贡献是显著的。① 理性的公民可能会根据他们认为其意见对政府决策是否有任何影响来决定是否进行线上参与,因此电子参与的感知价值(GZJZ)表明公民认为参与是有益的并具有最终积极影响的程度,例如是否能增加政府透明度、增强成就感、达成更好的政府决策,或产生有价值的感觉。不少研究强调,公民期望通过社交媒体从电子参与中获得积极的价值观或成果,这对于提高他们的参与意愿以及形成对参与的积极态度具有重要意义。

此外,参与效能已被引入并确认为参与电子参与活动意向的重要预测指标。② 参与成效(CYCX)反映了公民相信其电子参与能力的程度,影响了公民使用电子请愿工具的意图。因此,如果一个公民对自己的参与能力有信心,那么他就会对参与持积极态度,并且很有可能参与活动。

感知有用性(GZUN_S)、感知易用性(GZEU_S)以及相容性(XRX)对使用数字政府系统的公民态度的显著积极影响亦获得相当一致的共识③,研究表明,感知有用性和感知易用性可以提高公民的积极性,进而提高使用电子参与工具的意愿,考虑到通过社交媒体与政府互动与通过政府官方网站互动相比存在明显区别,除非公众认为这种互动符合他们的生活方式或价值观否则他们不会参与,这样的假设又指向相容性因素,值得说明的是,本研究中的感知有用性、感知易用性和相容性反映了新浪微博作为一种手段、平台或中介技术的结构特征,可以促进公民的电子参与并增强他们与政府的互动。

信任是提高公民参与度的必要条件,公民对政府的信任(XR_G)作为公民通过社交媒体参与政府活动的重要动力,得到广泛支持。④因此,公民的信任将影响他们通过新浪微博进行电子参与的态度。这里将"政府信任"的定义扩展到电子参与的背景下,将其视为公民相信政府实施电子参与计划在多大程度上是可靠且可信任的。总体而言,我们假设更信任政府的公

① 殷猛,李琪. 基于价值感知的微博话题持续参与意愿研究[J]. 情报杂志,2017,36(8):94-100.

② 赵轩维,夏恩君,李森. 网络众包参与者创造力影响因素研究[J]. 科研管理,2019,40(7):192-205.

③ RANA N P, DWIVEDI Y K. Citizen's adoption of an e-government system: validating extended social cognitive theory (SCT)[J]. Government information quarterly, 2015, 32(2):172-181.

④ KHAN G F, YOON H Y, KIM J, et al. From e-government to social government: Twitter use by Korea's central government[J]. Online information review, 2014,38(1), 95-113.

民更有可能成为参与性活动的一部分。同时,我们还认为公民不仅必须信任政府,还必须信任他们用于进行在线交互的技术。在政府背景下对技术的信任是指公民对提供政府服务的技术机制的信任。这里假设公民对平台的更高水平的信任会产生公民对电子参与的积极态度。

（三）研究假设及验证

基于上述分析,这里提出以下假设。

H1:通过微博参与政府主导电子参与活动所带来的更高水平的感知价值(GZJZ)会积极影响公民参与的态度(TD)。

H2:较高水平的公民参与成效(CYCX)对公民通过新浪微博参与政府主导电子参与活动的态度(TD)产生正向影响。

H3:较高的新浪微博感知易用性(GZEU_S)感知水平对公民通过微博参与政府主导电子参与活动的态度(TD)产生正向影响。

H4:较高的新浪微博感知有用性(GZUN_S)感知水平对公民通过微博参与政府主导电子参与活动的态度(TD)产生正向影响。

H5:更高水平的新浪微博相容性(XRX)对公民通过微博参与政府主导电子参与活动的态度(TD)产生正向影响。

H6:公民的积极态度(TD)对其通过微博参与政府主导电子参与活动的意向(YX)产生正向影响。

H7:与通过新浪微博参与政府主导的电子参与活动相关的公民较高的感知行为控制(GZXWKZ)水平正向影响公民参与意向(YX)。

H8:通过微博参与政府主导电子参与活动所带来的更高水平的感知价值(GZJZ)对公民参与意向(YX)产生正向影响。

H9:公民对政府的较高信任程度(XR_G)对公民通过微博参与政府主导电子参与活动的意向(YX)产生正向影响。

H10:公民对新浪微博的较高信任程度(XR_T)对公民通过微博参与政府主导电子参与活动的意向(YX)产生正向影响。

H11:较高水平的公民参与成效(CYCX)对公民通过新浪微博参与政府主导电子参与活动的意向(YX)产生正向影响。

上述因素的测量都是从相关文献研究中提取,后经专家反馈、小组讨论派生和修改的,为的是适应本研究的特定背景。实证数据收集基于在线调查问卷,问卷在网上发布了30天(2021年12月31日至2022年2月1日),所有项目均使用从"非常认同"到"非常不认同"的李克特五点量表进行测量。该研究是在中国进行的,问卷设计更侧重于地方政府层面,因为从电子参与的角度考虑,与公众相关的更多的在线讨论是与地方层面的政府紧密联系的,在线平台为地方政府部门与公民之间的协商对话提供了更多机会。本次调查共回收有效问卷 388 份,受访对象中男性为 42.5%,女性为 57.5%,具体情况如表 8.1。

表 8.1 受访者人口学特征($N=388$)

项目	类别	数量	百分比	项目	类别	数量	百分比
性别	男	165	42.5%	在职状况	在职	337	86.9%
	女	223	57.5%		退休	51	13.1%
年龄	18—25	160	41.2%	职业	政府/机关干部/公务员	37	9.5%
	26—40	90	23.2%		企事业管理者	36	9.3%
	41—60	99	25.5%		专业人员	57	14.7%
	60 岁以上	39	9.3%		普通员工	90	23.2%
学历	初中及以下	15	3.9%		普通工人	32	8.2%
	高中/专科	63	16.3%		学生	88	22.7%
	大学本科	235	60.5%		个体经营者	15	3.8%
	硕士及以上	75	19.3%		其他	33	8.6%

表 8.2 显示了问卷信度分析和收敛效度检验的结果。信度分析表示所有的克隆巴赫系数值均大于 0.70(几乎全在 0.90 以上范围内)具有较高的内在一致性,表现出高度的可靠性。

表 8.2 信度分析和收敛效度检验结果

因子	平均方差萃取 AVE 值	组合信度临界比	删除项后的克隆巴赫系数
微博感知易用性(GZEU_S)	0.607	0.822	0.924
微博感知有用性(GZUN_S)	0.686	0.867	0.918
微博相容性(XRX)	0.692	0.87	0.923
公民对微博的信任(XR_T)	0.808	0.943	0.926
公民对政府的信任(XR_G)	0.875	0.965	0.920
感知价值(GZJZ)	0.72	0.953	0.930

续　表

因子	平均方差萃取 AVE 值	组合信度临界比	删除项后的克隆巴赫系数
参与成效(CYCX)	0.505	0.833	0.922
感知行为控制(GZXWKZ)	0.518	0.681	0.919
态度(TD)	0.718	0.884	0.921
意向(YX)	0.548	0.7	0.931

这里进一步进行了验证性因子分析,以验证结果的真实性,效度指的是如何衡量其所要测量的内容,当测量项目与要测量的假设结构密切相关时,会产生收敛效度,而当测量项目与所有其他结构的相关性较弱或不显著时,就会产生区分效度。表 8.2 中可以看到,每个结构的组合信度临界比均大于等于 0.70,平均方差萃取 AVE 值超过 0.50,因此,这些发现满足收敛效度的所有条件,亦表明测量项目与假设结构密切相关。

因子载荷系数如表显示 8.3 显示,表中包括潜变量、分析项、非标准载荷系数、检验结果。测量关系时的第一项会被作为参照项,因此不会呈现 p 值等统计量。因子载荷系数对因子内测量变量进行筛选,一般来说,测量变量通过显著性检验($p < 0.05$ 或 0.01),且标准化载荷系数值大于 0.6,可表明测量变量符合因子要求,一般而言,测量关系良好的情况下标准化载荷系数值会大于0.6。从表中可以看出,除了参与成效 4,和意向 1、2、3,其余标准化载荷系数均大于 0.6,且大多数项的因子载荷值在 0.8 以上,p 值都小于 0.005,具有非常大的显著性。这证明了我们模型的预测能力,并确保研究中考虑了与研究现象相关的最相关因素。

表8.3　因子载荷系数表

因子	变量	非标准载荷系数	标准化载荷系数	Z	σ	p
微博感知易用性 (GZEU_S)	GZEU_S1	1	0.823	—	—	—
	GZEU_S2	0.909	0.783	11.571	0.079	0.000***
	GZEU_S3	0.928	0.733	10.794	0.086	0.000***
微博感知有用性 (GZUN_S)	GZUN_S1	1	0.74	—	—	—
	GZUN_S2	1.058	0.871	12.8	0.083	0.000***
	GZUN_S3	1.058	0.888	13.055	0.081	0.000***

因子	变量	非标准载荷系数	标准化载荷系数	Z	σ	p
微博相容性(XRX)	XRX1	1	0.821	—	—	—
	XRX2	1.195	0.877	15.68	0.076	0.000***
	XRX3	1.078	0.793	13.451	0.08	0.000***
公民对微博的信任(XR_T)	XR_T1	1	0.784	—	—	—
	XR_T2	1.232	0.898	15.176	0.081	0.000***
	XR_T3	1.285	0.942	16.227	0.079	0.000***
	XR_T4	1.33	0.944	16.282	0.082	0.000***
公民对政府的信任(XR_G)	XR_G1	1	0.987	—	—	—
	XR_G2	0.998	0.978	51.166	0.02	0.000***
	XR_G3	0.922	0.929	33.155	0.028	0.000***
	XR_G4	0.776	0.823	20.191	0.038	0.000***
感知价值(GZJZ)	GZJZ1	1	0.775	—	—	—
	GZJZ2	1.098	0.804	12.834	0.086	0.000***
	GZJZ3	1.076	0.856	13.917	0.077	0.000***
	GZJZ4	1.064	0.856	13.922	0.076	0.000***
	GZJZ5	1.267	0.873	14.285	0.089	0.000***
	GZJZ6	1.218	0.889	14.626	0.083	0.000***
	GZJZ7	1.175	0.859	13.986	0.084	0.000***
	GZJZ8	1.136	0.863	14.063	0.081	0.000***
参与成效(CYCX)	CYCX1	1	0.76	—	—	—
	CYCX2	1.136	0.806	11.867	0.096	0.000***
	CYCX3	1.084	0.747	10.909	0.099	0.000***
	CYCX4	0.774	0.443	6.208	0.125	0.000***
	CYCX5	1.165	0.853	12.614	0.092	0.000***
感知行为控制(GZXWKZ)	GZXWKZ1	1	0.667	—	—	—
	GZXWKZ2	1.213	0.764	9.615	0.126	0.000***
态度(TD)	TD1	1	0.862	—	—	—
	TD2	1.07	0.862	16.432	0.065	0.000***
	TD3	1.027	0.82	15.041	0.068	0.000***
意向(YX)	YX1	1	0.573	—	—	—
	YX2	0.616	0.311	4.096	0.15	0.000***
	YX3	0.498	0.25	3.348	0.149	0.001***
	YX4	1.409	0.918	9.036	0.156	0.000***
	YX5	1.358	0.878	8.91	0.152	0.000***

注:"***"、"**"、"*"分别代表1%、5%、10%的显著性水平。

表 8.4　区分效度：Pearson 相关系数与 AVE 平方根值

	微博感知易用性（GZEU_S）	微博感知有用性（GZUN_S）	微博相容性（XRX）	公民对微博的信任（XR_T）	公民对政府的信任（XR_G）	感知价值（GZJZ）	参与成效（CYCX）	感知行为控制（GZXWKZ）	态度（TD）	意向（YX）
微博感知易用性（GZEU_S）	**0.779**									
微博感知有用性（GZUN_S）	0.557	**0.828**								
微博相容性（XRX）	0.615	0.814	**0.832**							
公民对微博的信任（XR_T）	0.464	0.778	0.809	**0.899**						
公民对政府的信任（XR_G）	0.349	0.473	0.458	0.583	**0.935**					
感知价值（GZJZ）	0.487	0.626	0.623	0.637	0.615	**0.849**				
参与成效（CYCX）	0.375	0.459	0.488	0.486	0.531	0.686	**0.711**			
感知行为控制（GZXWKZ）	0.382	0.467	0.5	0.451	0.429	0.528	0.641	**0.72**		
态度（TD）	0.411	0.636	0.671	0.657	0.527	0.787	0.677	0.664	**0.847**	
意向（YX）	0.487	0.541	0.581	0.536	0.487	0.615	0.611	0.672	0.7	**0.59**

注：斜对角线数字为该因子 AVE 的平方根值，其余为 Pearson 相关系数。

表 8.4 展示了因子间 Pearson 相关系数与 AVE 平方根值的结果。这是根据因子之间的均值做相关性检验，以研究因子的区分效度是否表现较优秀，斜对角线是平均方差抽取量的平方根，用于表明因子内部的相关性强度，从表中可以看出因子的平均方差抽取量（AVE）的平方根大于其他因子的 Pearson 相关系数，也就是说表现出了较为优秀的区分效度。

首先，以态度作为因变量，微博感知易用性，参与成效，微博感知有用性，感知价值，微博相容性作为自变量进行回归分析，表 8.5 显示了对假设的检验结果。感知价值（$\beta = 0.460$，$p = 0.000$），参与成效（$\beta = 0.233$，$p = 0.000$），微博感知易用性（$\beta = -0.115$，$p = 0.020$），微博感知有用性（$\beta = 0.082$，$p = 0.231$），微博相容性（$\beta = 0.275$，$p = 0.000$），感知价值、参与成效和微博相容性对态度产生正面显著影响，微博感知易用性对态度产生正面较显著影响，支持假设 H1、H2、H3、H5，微博感知有用性对态度产生正面但不显著影响，不支持假设 H4。

表 8.5　假设检验结果 A

序号	假设路径	未标准化系数		标准化系数	t	p	假设结果
		B	σ	β			
H1	GZJZ→TD	0.490	0.064	0.460	7.620	0.000 ***	假设成立
H2	CYCX→TD	0.299	0.067	0.233	4.446	0.000 ***	假设成立
H3	GZEU_S→TD	−0.122	0.052	−0.115	−2.352	0.020 **	假设基本成立
H4	GZUN_S→TD	0.076	0.063	0.082	1.202	0.231	假设不成立
H5	XRX→TD	0.333	0.096	0.352	3.473	0.001 ***	假设成立

注："***"、"**"、"*"分别代表 1%、5%、10%的显著性水平。因变量：态度 TD;预测变量：GZEU_S,CYCX, GZUN_S, GZJZ, XRX。

然后，以行为意向作为因变量，态度、感知行为控制、感知价值、公众对政府的信任、公众对微博的信任、参与成效作为自变量，进行回归分析，表 8.6 显示了对假设的检验结果。态度（$\beta = 0.266$，$p = 0.002$），感知行为控制（$\beta = 0.392$，$p = 0.000$），感知价值（$\beta = 0.414$，$p = 0.000$），公众对微博的信任（$\beta = 0.112$，$p = 0.116$），公众对政府的信任（$\beta = 0.207$，$p = 0.005$），参与成效（$\beta = 0.164$，$p = 0.013$），态度、感知行为控制、感知价值、公众对微博的信任对行为意向产生正向显著影响，参与成效对微博产生正向较显著影响，支持假设 H6、H7、H8、H9、H11,公众对政府的信任对行为意向产生正向但不显著影响,不支持假设 H10。

表8.6　假设检验结果 B

序号	假设路径	未标准化系数		标准化系数	t	p	假设结果
		B	σ	β			
H6	TD→YX	0.543	0.038	0.700	14.116	0.000 ***	假设成立
H7	GZXWKZ→YX	0.346	0.075	0.392	4.606	0.000 ***	假设成立
H8	GZJZ→YX	0.342	0.062	0.414	5.527	0.000 ***	假设成立
H9	XR_G→YX	0.127	0.045	0.207	2.840	0.005 ***	假设成立
H10	XR_T→YX	0.080	0.051	0.112	1.579	0.116	假设不成立
H11	CYCX→YX	0.163	0.065	0.164	2.509	0.013 **	假设基本成立

注:"***"、"**"、"*"分别代表1%、5%、10%的显著性水平。因变量:态度 TD,预测变量:TD,GZXWKZ,GZJZ,XR_G,XR_T,CYCX。

研究结果显示公民态度、感知行为控制、感知价值、参与效能、公众对政府的信任影响了公民通过社交媒体平台(微博)参与政府主导的电子参与活动的意向,而公众对微博的信任度似乎并不太影响公民的电子参与影响。

态度对公民通过微博参与政府主导电子参与活动的意愿具有最强的显著正向影响,这确实符合计划行为理论、技术接受模型和整合型科技接受模型的预期。态度的直接和强大的决定性作用也与之前关于公民接受电子参与或电子民主活动的研究结果和公民使用电子政务的意向吻合。感知价值与感知行为控制也对本研究中公民参与意向有显著的正向影响,这与计划行为理论的假设是一致的。此外正与第六章案例分析的结果相符,参与成效的显著效果亦是合理的,认为自己具有充分、高度的参与成效的公民会表现出更强的参与自信心,从而更有可能参与电子参与活动。公民对政府的信任程度同样对参与意向有较大的影响,这是符合预期的,比较政府公信力下降的情况下要吸引公众参与是相对困难的,人们会认为这样的过程是在浪费时间和精力。但看起来公民对微博平台的信任似乎对参与意向没有太大的影响,这与我们的预期并不相符,产生这样的结果可能是因为如果公民真的有强烈的参与意向那就并不会多考虑与平台相关的问题。

正是由于态度在塑造公民电子参与意向方面的重要作用,因此需要特别了解影响公民态度的因素。研究结果表明在微博平台的参与成效、感知易用性、兼容性以及感知价值对公民参与此类举措的态度有显著积极影响，而感知有用性不会显著影响他们的态度。感知价值与公民态度的关系最强，其次是微博平台的兼容性和参与成效。这些结果似乎是合理的，因为对自己参与能力更有信心的公民可能对通过社交媒体参与计划持积极态度。研究结果表明，易用性和兼容性也对公民非常有价值，因为可以保证公众轻松参与。这几个因素的显著效果符合创新理论扩散理论、计划行为分解理论和政府研究的预期。但比较意外的发现是，对微博平台的感知有用性似乎对参与态度没有显著影响，但无论如何，这些结果依然表明，诸如微博这样的社交媒体平台有能力通过培养积极的公民态度进一步促进公民电子参与。

本研究是在电子参与研究中引入计划行为理论的一项尝试，有助于使电子参与研究的知识更加多样化。此外，我们将信息系统视角引入到电子参与研究中，强调了用户与技术之间所处的互动环境的作用，这在上文所提出的研究模型中是很显而易见的，该模型在调查公民的意图时包含了心理学、社会学和技术方面的变量，这有助于克服目前电子参与研究所特有的内部学科界限。从实际意义上讲，如果公民没能有效意识到相关的电子参与倡议，那么相关的倡议计划根本没有意义。事实上，研究结果表明，确实有很多参与倡议没有被公民广泛注意到，很多人表述根本不知道有相关参与举措的存在。因此，我们建议：（1）政府及相关部门应发起广泛而有吸引力的参与运动，提高公民对现有倡议和参与机会的认识；（2）鼓励政府通过加强与公民进行有意义的对话，在共同讨论重要的城市社区问题的基础上促进协作，共同寻找合理的解决办法；（3）由于研究表明感知价值直接影响公民的参与态度，因此公民的角色应该更多地被视为决策过程的一部分，而不仅仅是"消费者"；（4）政府组织者必须向公民灌输一种赋权意识，以及如果他们参与的话他们的付出能得到回应或贡献的明确信心；（5）政府应确定和制定有效的规则、法令等措施，以避免在公民相互交流时可能发生的任何攻击性或骚扰性言论，针对弱势群体、年龄、性别等任何歧视制定相应的"零容忍"政策；（6）政府还需要加强工作人员的能力建设，主要是通过教育和培训提供指导和咨询。

三、创新激励：以游戏化促进电子参与的新策略

随着数字化程度的提高，政府和公共机构可能会通过电子参与等方式更好地实施更全面、更广泛的民主治理。然而，正如上文所说，由于参与的

影响通常是无形的或者需要很长时间才能实现,抑或是其他一些原因,想要促进电子参与的动机是一个困难的事情。为了解决这一问题,游戏化已被看做促进电子参与动机和行为的有效补救措施,通过游戏机制的驱动参与具有更高的转变潜力。目前,不少与游戏化电子参与相关的应用和研究已经出现,但我们对如何应用、研究游戏化或其可能产生的积极和消极结果依然知之甚少。

人们生活中充斥着大量信息,这也包括很多粗制滥造及虚假错误信息,因而关于公民参与治理是否有效一直是一个争论,但因为它对决策合法性存在的潜在影响,许多政府和公共行动者仍然希望以各种方式促进公民参与。① 但同时,不少研究情况表明公众个人参与的动机往往可能是非常低的,人们通常更愿意将时间花在与其个人高度相关的活动上,而非他人或公共活动。虽然很多人将大部分时间花在网上,但这些在线时间几乎没有用于政府电子参与平台。电子参与计划往往难以吸引观众,或许是公民对参与缺乏兴趣,或许是项目脱离公众,或者是平台设计不吸引人等等,参与的缺乏可归因于许多原因。电子参与即使通过相对可访问的数字而非物理手段得到应用,但是参与的时间精力甚至金钱等投资的影响通常是不易看见的,或者需要很长时间才能实现,因此电子参与往往被看做是一个难以刺激并维持生产性参与的领域。

尽管如此,数字化也催生了旨在激励用户、消费者和公民参与的技术发展,例如通过游戏化——游戏化是指通过设计系统、服务和流程,以提供类似于游戏场景的积极体验并激励有益的参与行为。② 游戏展示了一种支持人类参与及技能发展的情境,随着玩游戏越来越成为一种广泛可见的休闲形式,在教育、工作、健康管理和习惯养成等领域引入游戏化的内容呈指数增长,甚至逐渐地,消费者开始期望他们使用的大多数系统都能够以某种形式被游戏化。③ 在电子参与领域游戏化同样被积极引入,并且似乎有可能提高公民对公共利益和社会决策的参与动机。游戏和游戏化的本质是自愿参与,但随着游戏机制被引入政府和民主进程,人们担心政府和公民之间的权力不平衡会进一步造成游戏化机制的参与不是完全出于自愿或自主,而

---

① 　TOOTS M. Why e-participation systems fail: the case of Estonia's osale. ee [J]. Government information quarterly, 2019, 36(3):546 - 559.

② 　HAMARI J, HASSAN L, DIAS A. Gamification, quantified-self or social networking? matching users' goals with motivational technology[J]. User modeling and user-adapted interaction, 2018, 28(1):35 - 74.

③ 　宁昌会, 奚楠楠. 国外游戏化营销研究综述与展望[J]. 外国经济与管理, 2017, 39(1): 72 - 85.

是旨在以自上而下的方式强化理想的社会成果的同时允许人们有一定程度的自主权和自由选择。在最坏的情况下,权力不平衡可能意味着游戏机制会被有意或无意地用作"披着游戏外皮"的强制手段,这可能会加强公民常常认为电子参与是虚伪的这般想法。①

这里试图梳理关于电子参与游戏化的研究,以便了解相关背景,现状与结果,大多数相关研究表明,游戏化电子参与和增加参与度、增强参与动机、促进公民学习等结果有关,但是关于游戏化的伦理道德和包容性问题仍然存在。

(一)电子参与的游戏化

网络游戏是难以定义的复杂技术人工制品,它们通常以娱乐为目的而创建,其用户往往面临人为设置的挑战、解决这些挑战的规则以及参与挑战的结果。② 如表 8.7 所示,玩游戏与多种认知、情感、动机和社会效益相关,根据格拉尼克等人的总结,游戏或利用游戏化有诸多好处,包括认知层面、激励层面、情感层面和社会层面。认知层面能够增强对象与推理、学习、理解相关的心理过程,如提高注意力分配速度和准确性,改进视觉空间推理能力,提高解决问题和决策能力,增强创造性思维;激励层面能够增强对象追求有意义目标的动力,如通过具体的即时反馈鼓励渐增性开发,增强激励坚持和持续努力等;情感层面能够增强对象情绪调节和情绪控制能力,并提供体验各种情绪的场所;社会层面能够提高亲社会和人际交往能力等。③

电子参与的背景下游戏化,被认为有可能对通过数字方式参与政策过程产生积极影响。因此几十年来政策制定活动一直试图以某种形式利用游戏,以便在非游戏的环境中有效发挥游戏的这些好处。在政策博弈领域,为了桥接博弈和治理,政府着眼于模拟博弈如何帮助政策规划和更好的决策,为了让公民参与上述过程变得有趣,会选择引入游戏机制,并通过让决策者在相对安全和无关紧要的游戏空间中思考不同的可能性来扩大决策者的视野。

---

① RICHARD N, LANDERS, et al. Gamification science, its history and future: definitions and a research agenda[J]. Simulation & gaming, 2018, 49(3):315 - 337.

② STENROS J. The game definition game: a review[J]. Games and culture, 2017,12(6):499 - 520.

③ GRANIC I, LOBEL A, Engels R C. The benefits of playing video games[J]. American psychologist. 2014, 69(1):66 - 78.

表 8.7　游戏或利用游戏化的优点[①]

游戏的优点		游戏的类型
认知层面:增强与推理、学习和理解相关的心理过程	提高注意力分配的速度和准确性	动作类、射击类
	改进视觉、空间推理,通常在短时间内达到高水平	动作类、射击类
	提高解决问题的能力和决策能力	益智类、策略类、角色扮演类
	创造性思维	所有游戏
	增强学习新技能并将其转移到游戏外环境的能力	动作、射击类
激励层面:增强追求有意义目标的动力,通常是通过庆祝小胜利和受挫时的坚持	依赖于坚持和持续努力的激励方式	所有游戏
	通过具体的即时反馈鼓励渐增性开发	所有游戏
	与自主、能力相关的激励体验	所有游戏
情感层面:增强情绪调节和情绪控制能力,并提供体验各种情绪的场所	改善情绪、放松、降低焦虑和压力水平	所有游戏(但尤其是界面和玩法简单的游戏)
	失去自我意识的体验	所有游戏
	阻止消极的情绪习惯	所有游戏
社会层面:提高亲社会和人际交往能力,这通常有助于团体和亲社会活动	改进对(新)亲社会技能和行为的获取	协作类(动作)游戏
	增加公民参与,增加对公民活动组织的贡献	协作类(动作)游戏

　　公共决策中大多数基于游戏的方法,通常都依赖于自上而下的应用程序,无论是在政府主导的电子参与情境中还是在其他的组织情境中。[②] 游戏化和游戏之间的概念差异可能源于,游戏化通常旨在使电子参与活动本身更像游戏,而不是引入游戏制品作为电子参与标准化过程的补充。此外,许多游戏化实施通常旨在促进协作,其目标不仅是帮助及时做出决策,而且还有助于积极分析、实施和监控决策,并能够为未来的参与维持一定的公众基础。

　　尽管如此,游戏化的实施方式可能会有很大差异:它可以通过将游戏特

　　① GRANIC I, LOBEL A, ENGELS R C. The benefits of playing video games[J]. American Psychologist. 2014, 69(1):66-78.

　　② HUOTARI K, HAMARI J. A definition for gamification: anchoring gamification in the service marketing literature[J]. Electronic markets, 2017, 27(1):21-31.

有的元素引入现有系统或服务来实现,例如一些城市应用程序在问题报告系统之上使用积分系统,以鼓励市民积极将他们在城市中遇到的问题传达给管理人员;游戏化实施也可以使用物理道具或硬件来实现,例如旨在协助执法人员监管的无人机控制器;游戏化也可以通过故事和角色扮演来实现,让玩家沉浸在想象的现实中,例如玩家可以在游戏的同时绘制城市地图以促进开发无障碍的移动地图等。此外,政策制定中的游戏化也可能是无意之举,由于实现游戏化的诸多差异,其结果很大程度上取决于实现的设计和使用环境,会有诸多不同。如表 8.8 所示,概括了游戏化引起的主要积极和消极结果。

表 8.8　游戏化引起的主要积极和消极结果[①]

结果		描述
认知	积极	感知到游戏化的有用性、了解服务
	消极	感知到的认知负荷或对手头任务的干扰
激励	积极	参与动机
	消极	缺乏对动机的重大改变,消沉、回避
情感	积极	享受、娱乐、沉浸、玩乐、满足等积极情感
	消极	焦虑、烦躁、怀疑、愤怒等消极情感
社会	积极	对社交性和关联性的感知、认同、社会影响等
	消极	过度竞争、消极社会行为、社会压力
行为	积极	不同背景下的行为变化、提高参与的质量、接受及使用游戏化的意图
	消极	作弊、投机、错误行为、低质量参与

然而,虽然游戏化已被引入到许多情境中,但其实践及其结果并未在不同环境之间实现无缝衔接,因此有必要通过对电子参与中游戏化的情境研究进行更深入的审视。游戏化和电子参与是一个特别有趣的游戏化应用环境,因为它们的并列出现了几个两极分化的方面,总体而言,决策和治理通常与严肃、持久及系统的实践相关联,而玩游戏及其延伸的游戏化,传统上被认为是一种没有工具性成果的鲁莽活动。

对城市规划背景下基于游戏方法的回顾表明,游戏方法在促进公民参

---

① KOIVISTO J, HAMARI J. The rise of motivational information systems: a review of gamification research[J]. International journal of information management, 2019, 45(APR.):191 - 210.

与决策的早期阶段很受欢迎,大多数关于城市规划中游戏化的研究确实主要关注公民参与议程设置或政策制定的分析阶段。① 也许这是因为城市规划的后期和实施阶段主要需要政府以自上而下的方式进行,对市民的需求相对较少。在政策制定实施阶段的相关研究中,研究的重点往往是如何塑造"好公民",在很大程度上,强化对社会有益的"良好"的公民习惯是政府大多数游戏化策略的重点。虽然这种研究方向可能具有社会效益,例如鼓励绿色交通和垃圾分类等对社会整体是有益的,但它引发了对游戏化伦理道德的普遍关注,特别是在政治参与的背景下。虽然游戏化通常被用来培养公民的"好"习惯,但如果社会中的政治权威以自上而下而不是自主自愿参与的方式来利用游戏化培养习惯,则是危险的。在政策制定和实施阶段的研究中,存在大量电子参与游戏化的消极结果,这可能是由于对政策实施游戏化进行的研究量相对较大,因此与在研究相对较少的政策制定阶段观察到的结果相比,这些研究确定了更多的消极结果。当然,这也可能是因为大多数政策实施都需要一定程度的行为改变,而这种游戏化通常很难设计。政策实施仍然与自上而下的方法高度相关,即公民遵守设计者的价值观,这些价值观不一定服务于公共利益或符合个人偏好,这种游戏化的遵循可能会削弱游戏化真正成功所需的用户自愿参与。游戏化的措施可能不一定是建设性的,并且存在一种危险,就像一把双刃剑,既可以是对民主具有建设性的,也可以是破坏性的。

　　游戏化最常用的元素是积分,积分是一个基本的设计元素,没有它,其他的游戏化元素诸如排行榜、用户排名、创意排名等将无法运行。电子参与中第二受欢迎的游戏化元素是以竞争方式对用户进行排名,例如等级和排行榜,竞争促进了服务的重复使用和更高的参与度。然而,竞争也经常导致用户之间的负面行为,例如过度竞争、欺凌和企图破坏系统以谋取利益。因此有趣的是,一些发现试图将竞争的焦点从用户之间的竞争转移到用户想法之间的竞争,诸如使用创意排行榜而不是用户排行榜来避免负面行为。根据个性的差异,有的用户会对基于创意的竞赛做出积极反应,在制作和获得最佳创意方面进行更多合作以赢得胜利,有的用户则仍会在彼此之间进行过度竞争的消极行为并选择不与他人合作。虽然在基于创意竞争的游戏化中仍然可能出现过度竞争行为,但至少有可能通过一些合作和团体行动推进参与行为。

---

① KLAMERT K, SANDER MÜNSTER. Child's pay—a literature-based survey on gamified tools and methods for fostering public participation in urban planning[C]//Proceedings of the International Conference on Electronic Participation. Berlin: Springer, 2017:24-33.

正如前文提及的,游戏化通常与积极的动机和情感体验相关联,例如享受、兴趣和玩乐的体验。游戏化通常也与参与行为的增加或行为改变相关联,例如增加对绿色交通方式、垃圾分类的使用等。应该说游戏化能够在政府和公民之间创造互动和反馈循环,源自公民或由公民改进的想法、政策、法律法规的实施,通常会导致公民支持的增加,以及未来公民的持续参与。

(二)如何实施游戏化

普遍流行的游戏化实施背景是:(1)鼓励公民向政府提供一些输入,例如通过众包感知;(2)鼓励公民实施新通过的政策,例如培养与环保行为有关的政策。因此尽管游戏化有可能促进自下而上的参与,但现实中的实施大多是自上而下和结构化的。①

随着技术的发展和需求的变化,公共管理人员被进一步鼓励引入新的游戏化设计和元素。游戏化类型广泛多样,虽然为游戏化的成功提供专门的设计配方会有很大的价值,但不少研究展现了为达到不同的目的实施不同的游戏化方式来获得积极的结果。② 此外,由于缺乏实验性的比较研究,为游戏化的电子参与提出明确的建议是具有挑战性的,表8.9总结了设计不同政策阶段可适用的游戏化工具,并提供一些指标,说明哪些游戏化设计适合于促进哪种类型的电子参与环境。希望能够帮助决策者对游戏化的理解,并在现实设计中能侧重于通过最合适的手段来促进参与体验,而不是通过最常见或经典的手段(如积分和徽章)来达到目的。

表 8.9　游戏化工具在公共政策不同阶段的映射

游戏化工具	涉及电子参与的政策阶段				
	议程设置	政策分析	决策	政策执行	政策监督
积分	√	√		√	√
用户排名/排行榜	√	√		√	√
用户特征定义	√	√		√	√
游戏规则				√	√
成就、徽章、奖牌等	√	√		√	√
惩罚	√	√		√	√

① RAKHMAWATI N A, FIBRIANTO B. Designing a gamification for monitoring Surabaya city development[C]//International Conference on Information & Communication Technology & Systems. IEEE, 2016:262-265.

② THIEL S K. A review of introducing game elements to e-participation[C]//2016 Conference for E-democracy and Open Government (CeDEM). IEEE, 2016:3-9.

续　表

游戏化工具	涉及电子参与的政策阶段				
	议程设置	政策分析	决策	政策执行	政策监督
竞争	√	√		√	
位置标注	√	√		√	√
时间限制	√			√	√
创意排行	√	√			√
进度条				√	√
角色扮演				√	√
通告	√	√		√	√
虚拟化身				√	
网络迷因				√	
反对票					√
发帖,分享,评论	√	√		√	√
奖励	√	√		√	√
合作	√	√		√	√
信誉系统				√	√
反馈				√	√
增强现实技术					
聊天论坛				√	
表情符号	√				√

　　将游戏化引入电子参与也存在的一些问题:一方面扩大电子参与会增加该投入的处理成本;另一方面可能会给决策者带来压力,阻止他们做出理性决策,转而做出让民众满意的决策;此外还可能允许利益集团有组织的活动,从而掩盖公众(尤其是少数人)的意见。目前看来,研究检验游戏化电子参与质量的研究并不多,未来的研究或许可以多关注此方面内容,尤其是传统边缘化群体在游戏化电子参与中的安全、可靠和包容性。

　　数字鸿沟和平等获取是与电子参与高度相关的概念,尽管大多数研究都强调电子参与中的游戏化可以带来积极的结果,但是这些结果往往并不是所有的目标群体都能平等经历的。①电子参与背景下的游戏化可能会增强人们对其参与能力的感知,从而鼓励他们更多地参与,这是因为一般的游

---

　　①　MAYER I S. The gaming of policy and the politics of gaming:a review[J]. Simulation & gaming,2009,40(6):825-862.

戏化和具体的电子参与旨在促进人们的掌控感和其他各种能力,使个人感到自己有足够的能力参与公共事务。尽管如此,游戏化亦可以加强在技术或教育方面具有优势的部分民众获得更多的政治机会,同时削弱其他相对弱势或不感兴趣人获取的政治机会,最终导致政府决策中的偏见。如果这样的话,它不可避免地会造成额外的访问鸿沟,而不是加强个人的参与能力。① 研究表明,对游戏的亲和力与对游戏化的看法和参与度也具有一定正相关关系,换句话说,游戏化可能最适合吸引年轻的参与者而忽略了其他年龄的群体,这一点在上文的公民参与意向研究中亦有体现。一些研究还特别明确了老一代人对游戏化的怀疑,但同时也有一些研究显示,老年人参与游戏化的意愿相当强烈,不少相对年长的群体已经准备好加入游戏化参与,特别是当游戏化消除了阻碍老年人参与治理的身体流动性挑战时。② 因此,我们可以认为也许从老年人群体中看到的对游戏化的怀疑,并不是因为游戏化本身,而是因为设计的游戏不合适不恰当。换句话说,试图与老年人群体的需求和动机联系起来的游戏化设计可能会产生积极的结果。除此之外,关于游戏化能够包容边缘化群体的能力,以及游戏化是否会通过暴露少数群体的身份而引发具有针对性的恶意行为,是否会意外地造成风险情况等,目前仍然存在很多疑问并需要进一步的研究。

游戏化大多被视为一种技术发展,它不仅可以提供基础设施来促进更广泛的直接民主,而且还可以激发人类的参与动机。然而,民主治理和游戏化是一个特别耐人寻味的组合,虽然对游戏化的尝试和期待呈现出了诸多积极的方面,但是其消极的影响不容小觑。尽管如此,游戏化还是为进一步研究游戏化与民主治理和电子参与的关系提供了有趣的途径,值得未来更深入的关注和探讨。

第二节　电子参与面临的悖论与思考

一、数字技术的悖论:数字鸿沟拉大群体差距

自由技术的发展过程为人类历史的发展注入了一种软实力,沟通技术

---

① THIEL S K, LEHNER U. Exploring the effects of game elements in m-participation [C]// British Hci Conference. ACM, 2015:65 - 73.

② DEVISCH O, POPLIN A, SOFRONIE S. The gamification of civic participation: two experiments in improving the skills of citizens to reflect collectively on spatial issues[J]. Journal of urban technology, 2016, 23(2):81 - 102.

降低了时间、空间、政治、文化对社会发展的限制，促进全球的自由贸易发展。新技术发展的刺激，大大推动了信息的迅速传播，通信技术的革命性变革一方面为公共管理者提供了全新的工具和方法，另一方面也影响着公共参与的过程，越来越多的人认识到他们有机会也有能力去影响那些与其息息相关的公共政策。

正如上文所提及，通信技术的一个重要特征就是大大促进了沟通与交流。借助于现代电子通信技术工具的创新，包括计算机、互联网等，信息可以更加简单、完全和快捷地传输，促成了各种新的沟通方式，过去那种要把各方集中在一起进行面对面讨论的形式，已经完全可以通过双向的电子通信沟通技术来实现。如通过交互式电视节目，人们可以密切关注各种公共讨论的进程，同时还可以参与讨论并提出自己的看法，而不用亲临现场。其他包括像电话语音邮件系统、电子政府、多媒体平台、社交媒体等新技术，向公民提供了各种获取政府信息的新途径，甚至可以直接通过这些平台获取公共服务。这些新技术平台具有前所未有的优势，使得公众足不出户就能获得信息和得到多样化的服务。从政府的角度来讲，也可以通过这些平台动态掌握公民需求等信息，这就如同政府运用公民接触累计数据一样，但是更省时省力。新科学技术的出现为公民参与带来了大量新的内涵，正如巴伯所言："新科学技术为公民公平平等地获取信息提供了客观基础，同时能够强化公民的教育带来更多的知识和能力，新技术还创造了扁平化的网络结构，让个体和组织无视空间的限制共同参与讨论。"①

融洽的协调和商议的政治过程造就了一个平衡的网络，政治实体期望通过使用信息通信技术来解决代议制民主内在的问题。2007 年的美国大选中，候选人奥巴马运用了社交网络服务 SNS 作为散播其政治信息、筹集资金、团结支持者以及征集政策意见的平台。② 如此多样化的参与技术引起公民积极的政治参与活动。信息通信技术强化了现有的公民参与模式，调动了那些原本对公共问题漠不关心的公民参与的积极性。研究表明，信息通信技术的发展和电子参与之间具有紧密的联系，③互联网平台不断地演进和改变来满足客户的需求，各种类型的媒体也为议程设定和政治参与

---

①　巴伯. 强势民主[M].彭斌，吴润洲，译.长春：吉林人民出版社,2006 ;274.

②　MILNER H. The internet generation：engaged citizens or political dropouts[M]. Hanover and London：University Press of New England，2010.

③　FRESCHI A C，MEDAGLIA R，NØRBJERG J. A tale of six countries：eParticipation research from an administration and political perspective［C］//International Conference on Electronic Participation. Springer Berlin Heidelberg，2009；36 - 45.

提供了不同的途径。① 通过提供信息帮助理解政治问题,信息通信技术能够促进公民参与。一个高技术设施水平的国家能够增强公民电子参与的水平,相反,在低技术水平的国家,公民参与公共问题存在更大的障碍。② 总的来说,新通信技术极大方便了公民和政府之间的交流沟通。利用新技术,一方面政策制定者能够在不分享决策权的情况下从公民那里获取更多更有用的信息,另一方面,如果公民不必费什么力气就能够与政府便捷地沟通,那么他们自然也会更乐意向政府提供信息,参与政府活动。

但同时随着数字治理的兴起,数字鸿沟也已成为一个重要且不断演变的话题,它被描述为 21 世纪关于社会公正的一个关键话题。数字鸿沟是指有足够的机会获得信息通信技术(ICT)和因为贫穷或没有机会获得信息通信技术之间的鸿沟。③ 不同形式的数字鸿沟可以加剧社会内部的不平等,限制或提高公民的社会、经济资本以及他们参与社会的能力。可以说,正在进行的数字革命并没有平等地为每个人提供同样的机会,因此在某些层面进一步造成了社会不平等。

尽管很多国家和地区在解决数字鸿沟方面进行了诸多努力,但这种鸿沟始终存在。此外,新型冠状病毒的爆发对将“数字鸿沟”的问题带到最前沿造成了巨大的社会影响。新闻媒体、政府和组织都强调,在病毒流行期间,许多人被迫在家工作、学习、获得服务和社交,数字鸿沟产生的影响将尤其严重。2020 年联合国秘书长指出“数字鸿沟现在是生死攸关的问题”,这种大流行迫使人们在日常生活实践中实现了一次非凡的数字飞跃,促成了全世界范围内严重依赖互联网和数字设备的新惯例,然而由于缺乏资源和有效的数字使用,大流行已经造成了一个恶化的情况,即没有很好地连接到互联网的人正在遭受社会排斥或其他不良影响。④

目前的一些研究发现,社会人口、经济、教育、社会支持、技术类型、数字培训、基础设施和大规模事件等都会影响数字鸿沟。仅仅提供良好的互联网接入和连接并不一定为每个人带来积极和平等的结果,老人可能需要更

① BALNAVES M, MAYRHOFER D, SHOESMITH B. Media professions and the new humanism[J]. Continuum: journal of media & cultural studies, 2004, 18(2): 191 - 203.

② JHO W, SONG K J. Institutional and technological determinants of civil e-participation: solo or duet? [J]. Government information quarterly, 2015, 32(4): 488 - 495.

③ SOOMRO K A, KALE U, CURTIS R, et al. Digital divide among higher education faculty[J]. International journal of educationl technology in high education, 2020,17(1):1 - 16.

④ United Nations. Digital divide 'a matter of life and death' amid COVID - 19 crisis[R]. Secretary General Warns Virtual Meeting, Stressing Universal Connectivity Key for Health, Development,2020.

多的支持才能在数字环境中茁壮成长。公共管理人员还应该认识到城市和农村在接入和连通性方面的差异,增加农村地区的宽带服务,并且考虑到教育对数字鸿沟的影响。此外,社会支持和数字培训在鸿沟中也发挥着重要作用,政府组织应为其弱势群体提供超越IT服务的支持,并提供超越增强基本数字技能的培训,同时所提供的培训应根据不同社会群体的需要进行定制。由于病毒流行造成了数字鸿沟,因此政府应始终为下一次危机或进一步的封锁做好准备。① 例如,为弱势群体提供合适的设备,对于社区中无法轻松访问良好网络连接的个人,为他们提供访问互联网的安全公共空间,为低收入家庭提供财政支持、公共资金和捐赠,还可以向缺乏数字设备的学校捐赠笔记本电脑等设备。研究人员、公共管理人员和政策制定者不该因为数字鸿沟始终存在就将其看做理所当然,而应更多地谈论它,将其问题化并努力寻求解决之道。

二、网络民主的悖论:从网络民主走向网络"暴力"

互联网的本质是民主化吗?很多专家和政治家们都喜欢提出这样的主张,但也有人认为这是空洞的真理。互联网确实有很强的民主倾向,网络使世界各地的公民都能够参与公共对话,网络也可以使个人绕过把关系统对信息的控制。利用新技术去支持、加强、扩展或复兴民主实践并不是什么新奇的事情。21世纪的媒体展现给人们的,是新通信技术一如既往地对民主过程产生激烈的思辨,尤其是计算机媒体通讯和信息技术被应用到民主决策过程和数字民主中。

数字民主的研究大多专注于互联网及相关科技扩展普通公民在广泛政治过程中的政治话语。② 数字民主发挥巨大的作用,这些作用的发挥往往是通过越来越多对政策偏好信息的访问,通过支持媒体精英们打破根深蒂固的信息分配垄断,通过鼓励在竞选、公决和投票等方面的政治参与和与选举代表的互动,以及通过公共政策的在线商议。电子政府更明确关注公共部门日常行为下的科技使用。③ 如提供公共服务,检测政府基础运行的质量和成本效益,公民参与和质询,影响这些过程的立法授权以及追求创新的

① 曾智洪,游晨,陈煜超.积极型政府数字化危机治理:动员策略与理论源流:以抗击新冠肺炎疫情为例[J].电子政务,2021(03):61-72.

② HINDMAN M. The myth of digital democracy[M]. Princeton:Princeton University Press,2008.6.

③ DAWES S S. The evolution and continuing challenges of e-governance[J]. Public administration review,2008,68(s1):S86-S102.

行政和制度改革。有学者通过对美国、英国和欧盟电子政府的检测表示,过去公民和政府机构之间通过信息和通信技术发生交互作用的管理模式是特许保密的,它以伤害更多商议和参与的互动模式为代价。但这并不是说电子政府完全没考虑过参与的问题。①

传统而言,行政机关所做的决策被假设大多是技术层面的,并由拥有专业知识的国家机关工作人员做出,因此,公民参与似乎显得没什么必要。而近年来这种观点则受到大量的批判。有人怀疑政府不总是拥有正确决策的专业能力,人们越来越意识到政府机构总是做出一些他们自以为很专业的决策,事实却非如此。② 管理者在进行设计和执行政策的选择时行使自由裁量权,他们通过这种方式在政策过程中作出有价值的判断,这些判断隐含着社会各界对"善"的不同理解,官员们需要对追求各种不同价值做出妥协。从这个意义上讲,行政机构的决策远不可能是价值中立的,相反它们是政治性的,很大程度上被包含在民主政治的动态表现中。

在数字化时代,人们越来越接受这样的观点——政府机构必须对公共需求作出回应——数字民主的相关举措使得公民必须能够获取问责政府的信息,并且渴望参与到行政机构的决策过程中来,这从根本上扩展了政府的回应性。因此,尽管政治领域的数字民主和行政领域的数字治理过去基本上被分离,现在这两个领域的活动却被合并了起来。先不管政府机构试图贯彻实现政策参与创新的行为应该被视为是数字民主还是数字治理,这些努力显然缺乏一个概念框架以及评估其成果的执行标准。③ 政府的合法性基于公民对选举代表及政府公务人员贯彻人们意志的信任。这种信任的建立和维系建立在信息、透明、参与和问责的复杂关系基础之上。民主依靠信息来运作,信息是民主体系的核心领域。无数事实表明,信息对民主至关重要,它使公民在众多政策意见中表达偏好,使机构管理法律法规,使政府加入问责机制中。信息透明描述了这样一种情景,即公民有权利访问和获取有关政府行为和决策的数据和文件。公民委托政府机构做决策,透明和问责功能共同生产出公民需要拿来评估和验证政府行为的信息,政府继而从

① CHADWICK A, MAY C. Interaction between states and citizens in the age of the internet:"e-government" in the United States, Britain, and the European Union[J]. Governance, 2003,16(2):271-300.

② CREIGHTON J L. The public participation handbook: making better decisions through citizen involvement[M]. New York: John Wiley & Sons, 2005:14.

③ LEE G, KWAK Y. An open government implementation model: moving to increased public engagement[J/OL]. 2010, [2015-08-03]. http://www.businessofgovernment.org/report/opengovernment-implementation-model-moving-increasedpublic-engagement.

公民的"认同"中获得持续的合法性基础。公共参与是对这些进程的补充，公众被看作是透明过程提供的信息的最终观众和消费者，信息在真正的公共参与中是一个尤其必不可少的要素。[①] 民主政府常常不能达到公民的预期，由此产生了对透明的需求，作为民主缺失的一种补救。[②] 对使用新科技可以完成何种政治活动的乐观期待勾勒出了数字治理的理念，它吸收了部分哲学和开源运动的方法。正如开源软件允许用户改变并编写其源代码一样，数字民主意味着公民不仅拥有访问政府信息、文档和会议记录的权利，还能以一种有意义的方式参与进来。当今世界对通过透明、参与和合作来开放政府的号召，可以被认为是确保政府日常流程能够创造出公众可访问及获取的行为、服务和产品的努力，在数字化的基础上，这些行为、产品和服务被公众看作是能代表民主的实质性物质。

但是我们也不应夸大新技术在推动公民参与过程中所起到的作用，数字民主面临一些困境：(1) 使用新技术需要安装和维护相关的设备，并且需要对公众进行使用设备的培训，这都需要大量的资金支持，也不是所有政府都可以承担的，毕竟技术是昂贵的；(2) 科技给传统的公民参与方式带来了一些问题。与传统方式相比，公民借助于新技术发表的言论常常会显得更不负责任，甚至很多只停留在抱怨、谩骂、发泄的层面，缺乏思考和理性，因此很难从中筛选出真正有用的或具有代表性的观点，这极大违背了在线公民参与的初衷；(3) 网络民主的广泛参与和多元化意见可能会导致意见分歧和冲突。在网络民主中，任何人都可以表达自己的意见和看法，这意味着社会中的不同意见和利益会在网络上相互冲突。这种冲突可能会加剧社会紧张和政治矛盾，最终导致暴力和冲突的发生；(4) 社交媒体谴责有走向"网络暴力"的风险。网络让越来越多的人认识到自己的话语权，而且他们的言论强大而有力，它一方面使得各个阶层的话语权变得平等，使我们做事的态度有所改变，但在另一方面人们在不明真相或受到错误引导的时候，依然会行使自己"正义"的权力，站在道德的制高点去评价、批评甚至随意辱骂他人，这种社交媒体谴责（social media shaming）不但威胁到个人隐私、言论自由，也造成错误信息的传播、恶意攻击、偏见及歧视等问题。

现实中越来越多的实践及研究表明，网络民主与网络暴力虽然是两个不同的概念，但是关系密切。网络暴力的存在会影响网络民主的实践和发

---

① HEALD D. Why is transparency about public expenditure so elusive? [J]. International review of administrative sciences，2012，78(1)：30-49.

② BIRKINSHAW M M J. How management innovation happens [J]. MIT Sloan management review，2006，47(4)：48-81.

展,它会使公众的言论和表达受到限制和压制,甚至可能导致公众的自我审查和沉默。这些现象可能会削弱数字民主的核心原则和价值,降低其实践和推广的效果。

本质上来讲,用公共事件来泄愤是对更深层问题的转移。非黑即白、非善即恶的思维被网络极大地强化,当一个社会进入到一种网络道德化取向的时候,是值得警惕的,它往往可能导致过度的政治正确、对异己和少数群体的歧视排斥以及对真实公共问题的忽视。当一个社会中的道德准则被过度强调时,人们可能会由于担心被指责或者受到不公正的对待,而不敢说出真实的想法和意见,这又可能会限制言论自由和思想多样性,阻碍社会的进步和发展。同时这种道德化的社会义愤其实经常表现了某种真实的社会问题,和携带了某种真实的社会能量。对于一个社会中败德现象的整体性义愤或共同声讨,其实经常是对背后更真实问题的转移,人们将其对现实的不满带到了网络,并且将其不满的情绪发泄到别人身上。所以根本上来说,需要去发现人们背后更深层的社会问题是什么,是什么原因导致人们这样的一种心态和行为,又如何去解决。网络民主和网络暴力之间的关系十分复杂,我们需要更加理性和深入地探讨这些问题。

三、在线治理的悖论:"舆论倒逼"反致不作为

在线的数字治理革命一方面包含了一种新形式的社会治理,引发了政府、公民、私人部门和社区组织之间的新型互动,①另一方面也包含了不同利益相关者之间新的权力分享②。政府事务的数字化能够有效提高透明度和效率,因而同样对发展民主制度、提高政治参与支持民主原则具有积极的影响③,而这些又是保护人权的基本条件。此外,使用互联网搜寻新闻和信息的人似乎更能展现出对诸如信息自由等民主原则的支持,因为他们懂得公开政府信息对于理解政治过程和协助个人生活的实际价值,这一过程在政府中是高于一切的存在④。

---

① SNELLEN E L M, VERBEEK A L M, VAN DEN HOOGEN G W P, et al. Neovascular age-related macular degeneration and its relationship to antioxidant intake[J]. Acta ophthalmologica scandinavica, 2002, 80(4): 368 - 371.

② CHARIH M, ROBERT J. Government on-line in the federal government of Canada: the organizational issues[J]. International review of administrative sciences, 2004, 70(2): 373 - 384.

③ PIERCE J C, LOVRICH N P. Internet technology transfer and social capital: aggregate and individual relationships in American cities[J]. Comparative technology transfer and society, 2003, 1(1): 49 - 71.

④ MICHELS A, MEIJER A. Safeguarding public accountability in horizontal government [J]. Public management review, 2008, 10(2): 165 - 173.

毫无疑问,基于上述在线治理理念的电子参与,其本质是为了促进公众对公共事务的参与,加强政策的合法性与合理性,有效监督政府及其人员的行为,促进政府主动有效的作为。一般认为,合理的公民参与和网络舆论会倒逼政府的有效主动作为,其作用机制往往是:首先,个人通过微博、帖子、视频等形式的网络表达发起话头,话头是大量存在的也是流动多变的,它成为舆论的起点;接着,这个话头由于经历反复转发回应而实现巨量传播,从而转化为议题;然后,媒体跟踪报道推动这个社会议题变为公共议题;最后,舆论不断扩散,对政府形象产生影响,倒逼政府进行官方表态,并采取行动修正或解决问题从而能够符合民意,再次赢得公众的信任。

但是目前有一种越来越反常的倾向,在线参与不仅没有加强政府的主动作为,反而倒逼政府的不作为甚至"反作为",即公共舆论不发酵到一定程度,不产生广泛的社会影响,政府相关部门就不会主动作为,甚至采取积极行动阻止舆论蔓延以抑制民意扩散。我国的数字政府及数字治理建设一直在如火如荼进行,从中央到地方都取得了巨大的成果,各种优秀典型案例不胜枚举。但与此同时不容忽视的一个问题是,数字化发展并没有消除一些传统政治行政文化的影响,甚至加剧了对"他律"政治的疏离无知,对以理性为基础的法治的蔑视。这主要表现在两个方面:一是当一些问题在网络舆论迅速发酵扩大影响时,政府才被迫迅速采取行动,反之,如果并未被舆论察觉或即使被察觉但未产生较大影响,就不会主动纠错作为;二是当舆论迅速扩散民情义愤时,政府会在民意逼迫下违背现有法律规范从重或从轻处理问题。这可能是因为一些政府部门认为,一些问题只有在得到大众关注之后才值得解决,在这种情况下,政府可能会采取阻止或抑制公众舆论的行动,以控制或减少对政府的批评和压力,但这又可能会导致政府的信任度下降,进一步破坏政府与公众之间的关系。此外,一些政府部门可能也会认为,它们已经做得足够好了,因此没有必要采取进一步的行动。却忽略了这种想法可能是基于政府自身的偏见和不合理的逻辑,因为政府往往会把自己的行动看作是正确的,而忽视公众的不满和需求。公众舆论的影响也可能会导致政府在处理问题时出现偏差。当民意逼迫政府采取某些行动时,政府可能会忽略现有的法律规范和程序,而做出不合理或不公正的决策,这可能会损害公正和法治的原则,并导致政府和公众之间的紧张关系。近年来的诸多事件都表明了政府这样的行为倾向,它对政府公信力带来的负面影响是可怕的,尤其值得引起警惕和反思。

通常而言,民主不应凌驾于法律之上,网络舆论监督也不该影响司法公正,倘若现有的法律不符合民众的要求和期望,也应该通过合法的民主程序对其进行修正调整,而不是在民意的施压下随意更改原则。更重要的是,数字参与旨在进一步推进政府的服务和优化政府的行为,促进民意和法治的交融,而不是变成一种治理例外,更不该成为倒逼政府"不主动作为"的消极工具。同时虽然很多网络舆情的扩散是基于虚假不实的信息而错误传递,大众舆论所传递的民意也未必是理性合理的,但如果处理不当依然会对政府公信力水平产生伤害,因此政府需要加强应对此类事件的应急管理能力。作为一种变相的"人治"手段,非理性的"网络审判"需要被规范和引导,政府有责任对网络上表达民意的过激行为进行引导和纠正,而不是一味地顺应和息事宁人。政府需要采取措施来确保其行为和决策的公正性和透明度,而不仅仅是受公众舆论的影响。政府应该根据事实和法律规定来决策,而不是仅仅为了应对公众舆论而采取行动。同时,政府还应该与公众进行更加积极的沟通和互动,以理解公众的需求和关注点,从而更好地回应公众的需求和关切。政府亦有责任在这样的网络背景下继续加强自身建设,转变行政理念,主动作为承担职责,并更公开透明地接受公众的监督。

四、公共精神的悖论:"阴谋论"扩大整体性降智

目前,网络上有一个明显的公共精神取向,即充斥和泛滥着各种各样的阴谋论——无论是全球疫情背景下的各种阴谋论,还是国家内部针对各种公共问题、社会事件出现的阴谋论。① 阴谋论虽然在各个社会阶层和文化中都有存在,但往往被认为是后现代时期下层阶级的认知映射,代表了后工业时代全体阶层逻辑的退化,或者说是一种整体性降智。这反映了普通人想要认识社会体系的一种无力尝试,其出现的根本原因在于普通人尝试了解和总结他们无法解释或洞察的复杂系统。②

这种阴谋论特别与社会科学家提出的理论相竞争,提供了一种另类的对社会控制的描述,并声称要揭露那些据说导致了某些特定事件的秘密和阴谋。在 20 世纪,各个国家的阴谋论所描述的威胁一直来自外部入侵者,21 世纪尤其是随着互联网的传播发酵,阴谋论不仅来自外部也明显指向了内部存在的威胁。也有学者提出阴谋论述曾经可能有助于增强群体的认同

---

① DSA B, DM A, EDA C, et al. Correlates of COVID-19 vaccination intentions: attitudes, institutional trust, fear, conspiracy beliefs, and vaccine skepticism[J]. Social science & medicine, 2022(302):114981.

② DESCHRIJVER C. On the metapragmatics of 'conspiracy theory': scepticism and epistemological debates in online conspiracy comments[J]. Journal of pragmatics, 2021(1):310 - 321.

感,但现在表现出的常常是可怕的焦虑,使人们无法分辨现实和阴谋之间的区别,阴谋论是应对后现代主义复杂性的一种呈现方式。在后现代时代,信息传播和获取变得更加容易,网络和社交媒体的发展使得人们可以更加容易地分享和获取信息。这使得人们更容易接触到大量信息,但同时也面临着信息过载、信息茧房和信息噪声等问题,这使得他们更容易受到不真实信息和假消息的影响。

在后现代主义的视角下,阴谋论可以被解释为一种对真相的怀疑和对权力的挑战。阴谋论始于对政府或公共机构等权力结构的不信任立场,认为权力结构通过掌控信息和舆论来维护其自身的利益和权威,更重要的是,人们缺乏必要的经验证据来判断其对机构的信任在多大程度上是有道理的。阴谋论也反映了一种对现代科学和技术的怀疑,认为科学和技术往往被用于支持和维护权力结构的利益,而不是为了普遍的社会利益。事实上,在公共领域的每个层面上都存在着不信任,例如现在很多数据显示越来越多的人不相信气候科学家、疫苗甚至球形地球的理论,不相信政府、法院、大企业家等等,人们认为他们操纵着一切。虽然与宗教不同,但是阴谋论成为人们用来解释那些无法被解释现象所惯用的抓手。阴谋论的核心在于将所有阴谋拼凑在一起,给人们一种对世界的简单化的认知,这是它在智力和政治上可怕的地方,所以它的本质是前现代的神性和现代理性的病态耦合。伴随着"文明的冲突"而来的是对生活方式的不同想象,也就是不同理念的冲突,在这些冲突背景下阴谋似乎是难以避免的,人们相信阴谋论也似乎是为了在一个充满不确定性的世界里寻找一点确定性。

互联网和阴谋论之间存在密切的关系。互联网的出现为阴谋论的传播提供了便利的渠道,使得阴谋论得以更快速、更广泛地传播。互联网的匿名性和信息的自由流通使得阴谋论者可以更容易地隐藏自己的身份,同时也使得阴谋论者可以更加自由地传播他们的理论和观点。此外,互联网上的社交媒体和网络论坛为阴谋论者提供了聚集的场所,使得他们可以更加容易地互相联系、分享信息和建立社群,形成了一个闭合的信息圈。另一方面,互联网上也存在着大量的虚假信息和误导性信息,这些信息可能会误导人们的判断和决策,从而引发一些错误的行动和决策。这些虚假信息和误导性信息往往是阴谋论的温床,它们给阴谋论提供了合适的土壤,使得阴谋论得以滋生和扩散。网络阴谋论导致整个社会层面的整体性降智,无疑对积极公民精神的塑造造成了巨大的障碍。

第三节　智慧城市背景下电子参与的影响与未来

一、影响模式:电子参与对城市治理的影响

关于数字革命如何影响民主的研究已经非常多,但对于数字技术的不同用途是否能够以及如何影响城市治理的研究却甚少。[①] 早期的技术乐观派对数字技术的民主贡献寄予厚望,认为城市发展中数字技术的愿景就是让城市以更亲密的方式与市民产生联系——让市民参与解决公共问题,共同创造公共服务,甚至将市民纳入政策全过程。[②] 代议制的基本制度逻辑或动力是将普通公民手中的权力转移集中到政府的最高层。因此,如果缺乏让公民可以直接讨论和在一定程度上决定政策的参与机构,城市治理的民主将不可避免会随着时间的推移被削弱或破坏。城市治理不仅仅取决于公民的间接(选举)参与,更需要公民的直接参与,人们应该积极参与集体决策。

（一）基于"受邀空间"的电子参与城市类型

公民参与城市决策的机会可以更具体地缩小到城市为政民互动而建立的渠道,被称为"受邀空间"。对"受邀空间"的评估通常集中在包容性、审议和大众控制三个维度上:第一个维度包容性,是关注通过受邀空间给予谁在政治中的发言权,是否所有公民都有资格参与,以及这些空间是否可以动员和容纳以前未参与的公民群体的偏好和意见;第二个维度审议,是关注参与者如何在这些空间中相互讨论和决定,他们是否能够形成自己的意志或判断,或者他们是否只是被邀请就政府当局预先确定的问题表达自己的偏好;第三个维度大众控制,是涉及这些空间中的参与者被允许影响政府决策的程度,以及这些决策对公民生活的重要性。[③]

"受邀空间"的数字化可以通过多种方式影响包容性:首先,电子参与技术可以动员以前不参与的公民,例如青年或父母;其次,政府使用这些技术,能够接触到与从前相比数量要大得多的公民;再次,与大众媒体或公共会议

---

① MEDAGLIA, RONY, ZHENG, et al. Mapping government social media research and moving it forward: a framework and a research agenda. [J]. Government information quarterly, 2017,34(3):496-510.

② 丁国胜,宋彦. 智慧城市与"智慧规划":智慧城市视野下城乡规划展开研究的概念框架与关键领域探讨[J]. 城市发展研究, 2013, 21(8):34-39.

③ WARREN M E. A problem-based approach to democratic theory[J]. American political science review, 2017,111(1):39-53.

等传统渠道相比,电子参与费用较低且所需时间更少,对公民来说也不那么"昂贵";最后,更重要的是,相较于传统参与途径,它对网络资源、能力和自信的要求更低,更容易激发公民的参与动机。可以说,数字参与几乎没有实质性的技术障碍,至少对于手机和互联网连接广泛分布的发达国家的公民而言。

关于审议,电子参与技术的一个矛盾之处在于,它可以动员更多的公民,但同时又可能会加剧现有的政治不平等。① 这个问题的一个可能解决方案是结合数字和模拟参与渠道,在参与过程中积极动员弱势群体和其他脱离参与的群体。传统的公民陪审团或听证会等参与形式,通常只能容纳一小部分人,但数字技术结束了以前对此类参与的时间和空间限制,互联网首次提供了一个能够进行大众审议和听证的虚拟空间。然而可惜的是,迄今为止似乎很难通过数字技术实现高质量的审议,很多数字参与甚至反而更流于形式。尽管存在这些限制,但电子参与工具依然能够以其他方式促进集体意志的形成。它允许使用数字技术,以一种让参与的人可以理解的方式,对来自数千甚至数百万个人的输入进行排序和分析。尽管不满足协商民主理论设定的所有标准,但在线平台上的讨论大大增加了公民与政治机构之间的联系,增加了在政治进程中能够被听到的声音和观点的数量。②

在大众控制的维度方面,数字"受邀空间"的积极之处表现在,一方面数字工具可以动员更广大的居民,另一方面政策制定者很难忽视在线参与的结果。消极之处则在于,公民参与通常仅限于向城市政府提供关于其偏好的意见,缺乏理性和专业性,会导致一些事关城市发展的重要问题受到琐碎性的限制。此外,不少经验研究也表明政府倾向于"挑选"的公民提案,往往是那些成本低廉或不挑战现有政策的提案。③

在第六章中,我们初步确定了三种电子参与的创新应用模式,在此基础上,我们对城市治理中的电子参与类型进行了一定归纳总结,简要区分为三种,区分的标准是不同城市使用数字技术的深度和广度,其赋予数字参与的

---

① TAI K T, PORUMBESCU G, SHON J. Can e-participation stimulate offline citizen participation: an empirical test with practical implications[J]. Public management review, 2020, (2):278 - 296.

② GASTIL J. A theoretical model of how digital platforms for public consultation can leverage deliberation to boost democratic legitimacy[J]. University of Westminster Press, 2021,17 (1):78 - 89.

③ FONT J, SMITH G, GALAIS C, et al. Cherry-picking participation: explaining the fate of proposals from participatory processes[J]. European journal of political research, 2017, 57(3): 615 - 636.

意义,以及这些数字工具如何与政策过程相关联。我们的主要数据来源是城市的实地调查、对与数字空间相关的主要利益相关者的访谈。

1. 数字拼接型城市:以杭州为代表

这里确定的第一个类型是"数字拼接型",在我们的研究中以杭州市为代表。这是目前比较常见的城市电子参与类型。正如"拼接"一词所暗示的那样,该模式的首要特点是谨慎又不拘一格地使用电子参与工具,并专注于公共服务的数字化,而不是创建电子参与渠道。① 2021 年 12 月,杭州发布的《杭州市数字经济发展"十四五"规划》中指出,在未来五年要"加强城市大脑数据资源整合能力,支持全量城市多源异构数据即时连接、调度、处理,打造一体化智能化公共数据平台。深化城市大脑应用场景,以城市大脑的深化应用为突破口,不断拓展亲情在线、读地云、舒心就医、便捷泊车、欢乐旅游等应用场景"。但可以看得出来,数字化只包括有限程度的公民参与,因此公民参与数字化的实施是不连贯的、零散的,而且往往是临时性的。这种类型缺乏电子参与的总体战略,使用不拘一格的各种工具和技术,其中包含对市政服务交付的社会监测、政府与公众在社交媒体上的对话、众包技术、典型的电子民主倡议等。智慧城市发展过程中,有一些电子参与是制度化的,例如就城市规划等问题公开征求意见,但其他更多的已经成为城市数字基础设施的一部分,例如"一网通办"、公共数据开放平台等。这一类型主要受到"数字化公共服务"等理念的影响。然而,它们在很大程度上都是与政治脱节的行政议程。因此,杭州应用的几乎所有数字工具都主要用于让公民参与政策制定或实施的不同阶段,而不是决定政治、政策或相关法律法规问题。

2. 数字众包型城市:以上海为代表

众包模式在公民参与的数字化方面更加雄心勃勃,目标是赋予所有参与过程以数字维度,这是为了确保那些不能或不愿意亲自参加的公民仍然可以做出贡献,数字众包型城市以上海为代表。政府通过其门户网站、社交媒体或单独的参与平台为在线的社区参与提供多种选择,应用这些方法的主要理由是"集思广益,动员百姓"来发现和解决公共问题。上海是全国最先建立开放政府数据网站并开展以开放数据为基础的众包众创大赛的城市,还建立了大数据联合创新实验室。2022 年发布的《上海市数字经济发展"十四五"规划》中指出,在未来五年着力于"发展数字化社区服务新业态,以智能技术重构社区生活服务链,为社区群众提供覆盖政务、商务、娱乐、教

---

① United Nations. United Nations e-government survey 2020：digital government in the decade of action and sustainable development[R]. United Nations，2020.

育、医护和生活互助等全场景的便捷智能服务新模式,支撑打造社区服务圈便利生活"。上海的一大特点就是,它使用在线参与来更深入地了解如何改善公共服务,并为当地和全市范围的挑战找到更好的解决方案,这通常被称为众包。这种类型往往与更好、更可持续地解决问题密切相关,政府使用的工具也具有惊人的相似功能,包括基于地图的反馈、收集公众的想法和经验、用户投票、参与式预算、论坛、民意调查等。参与过程也往往结合了线下和线上参与的方法,因为这被认为可以实现更强大、更具包容性的参与过程。众包模式与政府的政治层面的联系也很薄弱,它主要由行政单位制定或实施,但是来自数字平台的公民输入让上海的市民拥有了更好的发言权。该类型背后的主要影响是"开放政府""新公共治理"的理论,它将参与视为城市发展的人文素质,并将公民视为城市环境的共同创造者。

3. 数字移动型城市:以南京为代表

与拼接和众包模式不同,移动模式的目标是公众参与中的"数字优先"①,数字移动型城市以南京为主要代表。南京市政府于 2014 年上线了"我的南京"APP,该平台是一款集成南京各类生活信息的城市级公众服务移动应用软件,集成了智慧医疗信息服务、政务公开信息服务、智能交通出行规划、在线支付平台对接、智能家居、居家养老、地理位置服务、第三方应用整合等模块,任何问题都可以通过平台的"12345"热线进行咨询、提出诉求并接受反馈。南京市政府认为数字技术在包容人口方面是必不可少的,截至 2022 年 1 月 18 日,"我的南京"APP 实名注册用户已经突破 700 万。南京市在 2021 年发布的《南京市"十四五"数字经济发展规划》中指出,在未来五年"深入推进'互联网＋公共服务'建设,在全国率先开通掌上城市智能门户,汇聚近 400 项城市服务,提供社保、公积金、金融、绿色出行等多领域的信息惠民服务,初步实现'让信息多跑路,让群众少跑腿'。智慧医疗、智慧旅游、智慧教育等一批智慧应用相继投入运行,全面提升广大市民体验度、便捷度和满意度"。同时,南京在各大社交媒体平台均有官媒,通过官媒频繁地与公众发生互动,包括与城市发展有关的各种政策法规的意见征集、公民提案、参与式预算编制、投票、政治讨论等,市民通过手机就可以轻松参与围观和讨论。但总体而言,南京模式的电子参与是以"智慧城市"建设为基础,以"信息惠民"为宗旨,公民的参与并不够深入,对政策的影响也非常有限。

(二) 不同电子参与城市类型的比较

在现代大都市,电子参与工具究竟如何用于让公民参与集体决策? 在

---

① 赵蓓,杨威. 智慧城市建设中移动政务采纳问题研究:以厦门地区政务 APP"i 厦门"为例[J]. 东南学术,2020(2):191-197.

这里,我们依然根据沃伦对"受邀空间"评估的三个维度来分析不同电子参与城市类型的优势和劣势。"数字拼接型"城市的规划者经常使用数字工具来定位所谓的"弱势群体",例如儿童、老年人和残疾人等。数字拼接模型的特设性进一步赋予了目标灵活性,这是它在包容性层面表现出的主要优势。定位"弱声音"策略的弱点在于,它似乎不适用于整个城市,而仅适用于个别情况。上海的众包模式基于类似的信念,即要让不同类型的公民参与就需要不同的参与方式,这意味着它与杭州模式具有相似的优点和缺点。"数字众包型"城市政府相关人员越来越意识到"数字只会进入特定群体",并且需要将线上与线下参与流程相结合,以"涵盖各种文化",推进综合的社区参与战略。然而,与其他两个研究城市一样,众包过程显示的参与者的年龄、性别和居住地具有代表性,众包参与者的收入和教育水平往往高于普通水平,这可能意味着数字众包模式在某种形式上放大了政治参与的不平等。尽管在使用数字技术来接触广泛的人群方面做出了广泛的努力,但是该模型似乎又很容易导致在线用户的特权化和扩大线下参与的不平等。表 8.10 显示了三种电子参与城市类型的比较。

表 8.10　三种电子参与城市类型比较

城市电子参与类型		参与维度		
		包容性	审议	大众控制
数字拼接型	优势	数字工具可以精准对应弱势群体,瞄准其需求	避免线下协商存在的问题	在一些次要问题上征求公众的看法、意见和建议
	劣势	只能在孤立的情境中囊括弱势群体	仅便于与选定的公民团体进行协商	就重大问题进行意见征集和磋商通常需要专业知识和大量资源,但官僚和政治家可能忽视公民的意见
数字众包型	优势	针对不同群体可以使用不同的参与方式和工具	使用创新和包容性的方法进行众包与协商,并在这两个过程之间建立联系	就主要和次要城市问题咨询公众,结果是公开的,经常会采纳公众意见或解决方案
	劣势	对用户的知识、专业等要求更高,容易在电子参与过程中产生不平等	公众被选入协商空间的机会较低,众包主题通常有政府预先决定或定义	咨询和众包流程由官方预先定义,众包结果亦可能被弃之不用

续　表

城市电子参与类型		参与维度		
		包容性	审议	大众控制
数字移动型	优势	动员大量从前脱离接触的公众	为公众自己控制的讨论和提案创建透明空间	公众与政府的联系更频繁,受众更多,参与的讨论更广泛
	劣势	容易收到不平等参与的影响	在线协商容易流于形式,如此既浪费了公众的时间精力,又伤害了公众参与的积极性	公众不容易获取全面的信息和反馈

在公民参与的审议维度,杭州的拼接和上海的众包模式虽然使用数字渠道进行协商任务,但它们倾向于将这些任务分配给小部分公众的在线论坛。在杭州,人们对使用电子参与工具进行协商缺乏积极性,这源于社交媒体和大型公开会议上的负面对话体验,容易产生高度偏见和两极分化的讨论。因此,城市的规划者试图使用更具创造性的方法来促进与"弱声音"之间的协商。这种方法的优势在于它避免了传统协商的一些问题,弱点是协商的空间是碎片化的,一般公众无法进入。上海的公共行政人员"新公共管理"和协商民主的影响,众包中的"众"(crowd)通常被视为经验和意见的来源,数字众包经常被用来为构成小型公众的公民协商提供政治或政策输入。这种方法的优势在于,任何公民都有开放的机会参与众包,进一步允许所有公民提供意见或解决方案。而缺点是此类方法耗时耗力,门槛较高,以至于其实真正有机会参与其中的公众是很有限的。因此,虽然不同形式的众包仍然是主要的参与方式,但这些大多是政府预先确定的主题或设置的议程,公民意志在这些空间中的体现因此受到严重限制。

南京的数字移动类型采取了"广撒网"的路线,并在各个不同的平台上促进在线讨论和协商。公民通过移动端 APP 的相关功能可以相互讨论,并发起、捍卫和收集对他们提出的政策倡议的支持,公民活动的水平是相对比较活跃频繁的。但这种类型同样存在问题,例如大多数用户只停留在"浅层的参与",表现在投票和点击等简单的互动,大多数用户来到平台只是为了阅读、投票或支持提案,而不是进行广泛且深层的讨论与协商,并且大多数辩论和提案是由成千上万特别活跃的"超级用户"创建的,他们是最常访问平台并产生了大部分内容的人,他们的意见也许并不能代表大部分民众。另一个比较大的挑战是信息过载,这一方面导致有"志同道合"思想的市民无法及时发现彼此的提案,从而无法为相似的提案提供足够的支持,另一方面导致政府无法很好地识别和归类公众的不同诉求和建议,技术解决方案的不足亦凸显了这一问题。在发达国家的不少地方,为应对此问题政府会建立专门的公民小组或咨询委员会,以便更好地识别和审议那些最受欢迎的在线计划,并查看是否可以将它们传递给政府部门。不过数字移动型城市的优势在于它建立了一个更加透明的空间,公民可以在其中进行各种问题的讨论,尤其是政府未预先定义的问题,并自主控制自下而上的公民参与项目活动。

不同电子参与城市类型提供的市民参与机会存在显著差异:杭州模式主要使用数字渠道来告知市民和向市民咨询,上海模式主要使用数字渠道来征集公民对城市问题的智慧贡献和解决方案,南京模式的核心是让公民更便捷地享受公共服务和参与公共问题的讨论。在杭州模式和南京模式中,公民参与的范围可能比较广泛,但来自数字渠道的咨询意见很可能并不会被政府考虑,它们的一个共同优势是,政府可以经常就相当重要的城市发展和公共问题征求公民的意见。上海模式中公民的解决方案或意见会被采纳,但官员们表示,依然是由管理人员决定是否采纳以及以何种方式去使用来自在线参与的公民输入。此外众包能包含的公众群体未必具有广泛的代表性,上海选择的开放式反馈解决方案,需要公民具备一定专业知识来理解主题,以及有向政府当局提供反馈的某些专业技能。杭州和南京使用更易获得的工具,例如在线民意调查,这使得没有特定专业和技术资源的普通公民亦有可能发挥一定程度的影响力。

从上述分析中我们可以得出一些结论:数字化的影响取决于电子参与技术的实施方式,正如杭州、上海、南京不同城市类型之间的差异所显示的那样。南京的电子参与方式似乎比其他两个城市能够动员更多的公民参与政治进程,对大众控制维度的贡献更大,能囊括更大范围的公众,但是参与程度又较肤浅,用户能决定的问题范围也是有限的。但如果没有数字平台,这种参与程度是不可能实现的。这不仅受所使用的技术影响,还包括动员公民的总体水平以及公民被允许影响政策结果的方式等因素。电子参与在形成集体意志方面很有价值,但即使是最有前途的数字平台也无法设计出允许大规模在线协商的解决方案。数字众包型城市,如上海,尝试在网上进行众包,代表了一种创新的和有前途的解决方案。

应该指出的是,通过数字技术参与对所有三个城市的权力关系影响有限。可能的原因是:首先,电子参与发生在政治、行政结构中,这些结构不容易通过引入数字技术而改变,现代城市政府的专业化和分散的官僚结构需得到公务员的认可,这成为实施参与式项目的强大障碍,行政组织的分层结构亦对城市邀请公民参与的问题设置了限制。其次,城市民主治理发生在私人资本和开发商主导的环境中,在全球化背景下不可避免受到新自由主义城市治理理念的影响,政府被期望扮演"企业家"的角色,服务于"顾客",同时要使城市对商业友好并为大规模投资提供好的营商背景,关于城市的很多规划在很大程度上转移到了外部的市场参与者。再次,数字技术可以使城市接触到更多的人,并加强公民在政治中的作用,但是这些技术通常也会加剧现有的不平等,并且在数字空间中难以实现高质量的协商参与。此外,数字参与过程的影响最终取决于政治家和公务员分享权力的意愿,以及他们可以分享的权力范围。最后,这些模型不是由城市官僚或政客任意选择的,相反,它们取决于特定事件的过程,是路径依赖过程的结果。

一个不太令人乐观的总体事实是,电子参与在不同城市类型中都体现出某种悖论,无论是上海、杭州还是南京,似乎都验证了这样一个悖论——公民通过"受邀空间"参与的能力和意愿并不同,数字参与可以动员更多的公民,但同时又再现了现有的政治不平等。尽管如此,我们还是不能低估数字渠道在接触新公众群体方面的重要性,电子参与工具可以为弱势群体提供发声的渠道,但前提是他们的声音不会被其他人淹没,并且政府会倾听每一个声音,而不仅仅是那些大声疾呼的人。我们认为,如果智慧城市在建设和发展过程中能够将三种类型的模式有效结合,也许会形成促进包容性、审议和大众控制的更好的解决方案。

二、数字工具:城市治理中的在线参与工具

智慧城市的定义各不相同,一些学者关注新技术在提高城市效率方面的技术能力,而另一些学者则探索技术进步所带来的创新举措、网络影响或社区作用,我们认为智慧城市应该通过公众参与促进创新,加强民主决策。城市治理往往涉及多方利益相关者与参与主体,不同城市发展项目涉及的利益相关者及需要囊括的参与群体往往不同。参与式过程通过决策民主化帮助政府了解公民的兴趣和想法、增加社会资本、应对棘手问题,在创建智慧城市过程中发挥着关键作用。尽管在过去几年中,政府越来越重视参与式规划和社区参与,但在将新的参与式流程纳入其决策方面仍然面临诸多挑战。其中一些挑战包括前文所说的对参与缺乏兴趣,决策者对公众参与缺乏信任,或资源需求导致参与过程的高成本等。为了应对其中一些挑战并增加公众参与的可能性,各级政府一直在积极尝试使用各种数字参与工具。通过访谈、论坛、焦点小组等方式这里试图继续考察在一些智慧城市发展项目中公民参与的水平和工具。

一些学者认为,城市项目的早期阶段为公共价值的产生提供了多种机会,因此从项目的开发规划阶段就应该及早考虑利益相关者的参与,如让相

关公众协商项目创造的价值以达成共识并同意项目或政策目标,这也是能够有效使用数字工具的早期阶段。[①] 数字工具在智慧城市发展中发挥着重要作用,然而在多数情况下,使用数字工具创造的价值并不十分清楚,数字工具对智慧城市发展的影响需要被进一步理解。考虑到研究地域、范围及方法的限制,我们将研究主题确定为两个主要问题:在城市发展项目的规划阶段,使用什么数字工具来吸引利益相关者参与? 这些数字工具与公共价值的创造有什么关系?

（一）城市发展项目中的公民参与

参与是智慧城市塑造过程的必要组成部分,科帕科娃等人提出的智慧城市塑造模型（SCSM)将智慧城市的塑造分为三个层次——智慧思维、智慧原则和智慧服务。智慧思维是基础,代表按照智慧原则行事的意愿和能力,智慧原则包括创造力、可持续性、参与、管理 3E 原则、透明和领导力等,智能服务则是这些原则的产物。[②] 城市发展项目的目标通常是全面大规模的城市发展,例如城市空间的开发、房地产开发和基础设施建设等等,往往包括博物馆、海滨、展览馆、公园、商业中心、机场、购物中心和城市历史街区的翻新等。城市发展项目被认为是对城市发展具有显著影响的物理空间干预,并可以作为城市转型的催化剂。[③] 这里试图将城市发展项目作为一个总体概念来看待,即旨在发展城市地区的一系列广泛项目。

利益相关者一般被认为是能够影响或者被组织目标所影响的团体或个人,早期研究中认可的城市发展项目的利益相关者类型包括社区、公共部门、公民和私营部门。因此,城市发展项目中的利益相关者应该是那些参与这样一个项目、对其有影响并受其结果影响的人。利益相关者的参与,有时被称为"共创""共同设计""交互"等,这些表达都传达了利益相关者对创新的整合和决策的参与过程。[④] 例如,协同设计被看作一种可用于吸引利益相关者参与的新方法,这是一个以设计为主导的过程,涉及创造性和参与性

① MIKOVI R, PETROVI D, MIHI M, et al. The integration of social capital and knowledge management—The key challenge for international development and cooperation projects of nonprofit organizations[J]. International journal of project management. 2020, 38(8):515-533.

② KOPACKOVA H, KOMARKOVA J. Participatory technologies in smart cities: what citizens want and how to ask them[J]. Telematics and informatics, 2019,47(6):101325.

③ BLOCK T, PAREDIS E. Urban development projects catalyst for sustainable urban transformations: the need for entrepreneurial political leadership[J]. Journal of cleaner production, 2013, 50:181-188.

④ 于文轩,许成委. 中国智慧城市建设的技术理性与政治理性:基于 147 个城市的实证分析[J]. 公共管理学报,2016(4):127-138,159.

的原则工具,目的是让不同类型的人和智慧参与公共问题的解决。① 鲁耶特等人提出了利益相关者参与的五个层级框架。

·信息:向利益相关者解释项目。

·咨询:向利益相关者介绍项目,收集他们的建议和决策,这些建议和决策可能会或可能不会考虑到他们的投入。

·协作:向利益相关者介绍项目,收集他们的建议和决策,这些建议和决策考虑到他们的投入。

·共同决策:与利益相关者合作,以达成项目的解决方案和实施的协议。

·授权:将项目开发和实施的决策权下放给利益相关者。

早期项目阶段包括的主要不确定性是信息的缺乏。大量研究表明,这可以通过参与过程来解决或减轻。利益相关者的参与可以提高项目成功的机会,并提高利益相关者的满意度,并且利益相关者在项目的价值创造中起着重要作用。② 如果参与过程是高度透明,并且能考虑各种相互矛盾的主张和意见,那么参与便能得到更多人的信任和动机。从这个意义上说,利益相关者的参与可能会增加公众对决策的接受度。当然参与式过程可以提高项目决策的质量,因为它们能够基于更完整的信息预测负面结果,并在其发生之前减轻负面影响。③ 然而现实情况也表明,利益相关者参与的诸多好处实际上并没有实现,并且还可能有一些缺陷:例如一些技术层面的问题,利益相关者可能没有足够的专业知识进行有意义的讨论;此外,如前文所提及,参与过程可以通过进一步加强其影响力来增强已经很重要的利益相关者的权力;此外,如果利益相关者经常收到参与请求,但是参与的管理过程不佳或者缺乏影响决策的实际机会,那么他们可能就会失去参与的兴趣。④

早期对城市发展项目创造价值的识别,往往可以决定城市发展项目的成败,项目的价值可以看作是收益和损失之间权衡的结果。⑤ 通常,项目的

① BLOMKAMP E. The promise of co-design for public policy[J]. Australian journal of public administration,2018,77(4):729-743.

② URTON D, DAN M. Project manager's perspectives on enhancing collaboration in multidisciplinary environmental management projects[J]. Project leadership society,2021,2:100008.

③ 杨冬梅."互联网+"时代公众参与城市风险治理探析[J]. 行政论坛,2016,23(6):103-106.

④ 曾粤亮. 城市数字包容项目要素及公共图书馆参与策略分析:以美国数字包容领导奖项目为例[J]. 图书馆建设,2018(8):67-74.

⑤ MATINHEIKKI J, ARTTO K, PELTOKORPI A, et al. Managing inter-organizational networks for value creation in the front-end of projects[J]. International journal of project management,2016,34(7):1226-1241.

收益主要是经济收益,但是诸如项目组织中关系的质量、学习、声誉和信任这样的社会收益也很重要,可以通过增加收益或减少损失来影响城市发展项目中的价值创造。城市发展项目创造的收益可能包括降低成本、维持运营、增强业务的速度和效率,而损失在于是项目所有者支付的价格、延迟交付、维修维护以及利益相关者之间的潜在冲突。在许多情况下,评估城市发展整体项目的价值是有困难的,因为很难客观地衡量和识别与城市发展项目相关的所有收益和损失。价值可以在项目的整个生命周期中进行评估,因此在定义价值时限定评估的时间框架是有必要的。[①] 此外,明确从哪个角度评估价值也很重要,因为在不同的情况下,不同的利益相关者对价值的看法和观察水平也许是不同的。因此,为了全面理解城市发展项目的价值,有必要关注不同涉众的观点。

这里我们还是将价值理解为收益和损失之间的权衡,评估的时间框架是项目的规划阶段,价值则是从三个不同的角度来理解的:市政府、承包商以及市民。利益相关者利用数字工具进行参与,通过使用这些数字工具,收益和损失就会出现,这些都是价值创造的要素。最终的价值,就是与焦点项目相关的所有收益和所有损失之间的权衡。[②] 这有助于更具体地分析,当数字工具被用于利益相关者的参与时,价值是如何由许多不同的元素构成的。

(二) 在线参与工具

数字工具并不存在一个明确和普遍接受的定义,可以明确的是它在线或本地都可以使用,即在用户自己的数字设备(计算机,移动电话,平板电脑等)上使用。因此,利益相关者参与的数字工具可以理解为,使利益相关者能够参与项目并通过数字界面访问,或以其他方式依赖数字技术运行的网站或应用程序。下面对一些主要的在线参与工具进行了一定梳理:

1. 建筑信息建模(BIM)。建筑信息建模是一种协作工具,可促进项目生命周期中的设计和施工管理。[③] 对在市区建设项目中使用建筑信息建模的研究显示,这种在线参与工具的使用对利益相关者有好处,例如减少时间、降低成本和增强沟通。[④] 使用建筑信息建模的其他共同好处是能够提高整体项目质量、改进成本控制、加快客户批准周期、减少施工期间的冲突、

---

① FP A, JK A, KA A, et al. Value creation dynamics in a project alliance[J]. International journal of project management,2019,37(5):716-730.

② 郑磊. 城市数字化转型的内容,路径与方向[J]. 探索与争鸣,2021(4):147-152,180.

③ 叶萌,徐晓蓓,袁红平. 复杂网络视角下的BIM技术扩散研究[J]. 科技管理研究,2021,41(13):151-157.

④ 鲍巧玲,杨滔,黄奇晴,等. 数字孪生城市导向下的智慧规建管规则体系构建:以雄安新区规划建设BIM管理平台为例[J]. 城市发展研究,2021,28(8):50-55,106.

提高对设计意图的集体理解、减少施工期间的变更和减少信息请求。① 与使用建筑信息建模相关的损失是在短期内需掌握全新的知识以及缺乏使用建筑信息建模的熟练劳动力。② 这些收益和损失主要与市政当局、私人承包商有关,对于市民来说可视化建模会帮助其更好地理解新设施将如何运作。

2. 地理信息系统(GIS)。地理信息系统是"用于捕获、存储、检索、分析和显示空间数据的自动化系统"。城市政府和私人承包商可以使用地理信息系统来吸引公众,因此它被称为公民参与地理信息系统(PPGIS),即专注于公众使用各种形式的地理空间技术参与公共流程,例如测绘和决策。公民参与地理信息系统可以通过合理的努力接触到大量的利益相关者,但其使用可能会带来一些技术挑战,且空间数据的准确性可能也是一个问题。③

3. 移动工具。移动参与(M-participation)是"使用移动设备扩大公民和其他利益相关者的参与,使他们能够相互联系、生成和共享信息、评论和投票"。④ 游戏因素提供通过移动方式积极参与城市治理进程的初始动机,但让人们参与城市治理进程的最重要方面是让治理显示出他们在倾听并认真对待公民投入。⑤ 移动参与提供了一系列好处,包括利用新数据的机会、扩大参与范围、通过手机轻松访问并下载参与工具等,但也面临一些挑战,如缺乏使用移动参与工具的技能,与个人数据相关的隐私安全问题以及潜在增加的数据管理成本。

4. 社交媒体。微博、微信、抖音、知乎等社交媒体服务旨在连接人们并通过互动实现信息共享,社交媒体为利益相关者提供了获取信息、确定共同利益、分享意见和需求、组织和协调运营的新机会,有助于识别由利益相关者经验引起的问题。在应急管理方面,社交媒体具能够为公民的主动参与提供新途径。⑥ 如上文研究发现的,政府对社交媒体的使用增强了公民对

① DAVID, BRYDE, MARTÍ, et al. The project benefits of building information modelling (BIM)[J]. International journal of project management,2013(31):971 - 980.

② MARZOUK M, OTHMAN A. Planning utility infrastructure requirements for smart cities using the integration between BIM and GIS[J]. Sustainable cities and society, 2020, 57(7): 102120.

③ YI F K, LOC H H, PARK E. Towards a "city in nature": evaluating the cultural ecosystem services approach using online public participation GIS to support urban green space management[J]. Sustainability, 2022, 14(3):1 - 19.

④ WANG X, CHEN Y, HAN Z, et al. Evaluation of mobile-based public participation in China's urban planning: case study of the PinStreet platform[J]. Cities, 2020, 109(4):102993.

⑤ THIEL S K, LEHNER U. Exploring the effects of game elements in m-participation [C]// British Hci Conference. ACM, 2015:65 - 73.

⑥ 周利敏,钟娇文.应急管理中社交媒体的嵌入:理论构建与实践创新[J].中国行政管理,2022(1):121 - 127.

政府的信任,然而公民对计算机的访问可能会受到限制而有所区别,例如社交媒体主要由年轻人使用,这可能会限制利益相关者的全面参与。① 对于市政当局、私人承包商而言,社交媒体活动可能会削弱空闲时间和工作之间的界限,这可能会对员工的生产力和敬业度产生负面影响,此外,如果在工作时间使用社交媒体,则存在将时间花在与项目无关的事务上的风险。②

5. 3D可视化、虚拟现实和增强现实技术。3D可视化、虚拟现实和增强现实应用程序,通过提供关于城市发展计划的3D可视化方案,能够大大增强计划的呈现,提高利益相关者对计划和拟议变更的理解③。交互式3D工具使项目组织、政府以及私人承包商能够以更易于理解的方式交流复杂的问题,从而提高公众的访问数据。④ 但是,特定城市的3D数据的生成成本通常很高,同时,过于具体的可视化可能会导致对不相关问题和次要细节的讨论。

6. 游戏。正如上文所说,游戏化意见成为数字化的一大趋势。电脑游戏提供了生成3D图形的机会,同时具有一定的教育和交流潜力。例如,在一些城市规划项目中会采用角色扮演的游戏,期望公民通过改变自身的角色来进行参与,这样的游戏化有助于他们了解其他人的任务和立场,从而最终更容易在项目决策中达成共识。⑤ 也有一些游戏不仅能够增强用户对城市管理的理解还能增强用户的有趣体验。一般来说,不少人认为游戏能够吸引公民参与,也更有助于在项目决策中找到共识。⑥ 但正如上文中提及的,游戏的参与也存在不少挑战如投资成本和创建游戏的复杂性,一些公民无法负担所需设备(例如计算机和互联网连接),潜在缺乏如何玩此类游戏的知识等。

基于上述分析,表8.11在一定程度上对在线参与工具进行了分类,提出了它们的定义,并从不同利益群体的角度说明了它们与价值创造的关系。

---

① 周林刚,陈永海. 社交媒体环境下的残疾人志愿参与状况及影响因素研究:基于深圳和东莞的问卷调查分析[J]. 经济社会体制比较,2020(1):101-131.

② SIMONOFSKI A, FINK J, BURNAY C. Supporting policy-making with social media and e-participation platforms data:a policy analytics framework[J]. Government information quarterly, 2021(4):101590.

③ 陈尚超. 城市仿真:一种交互式规划和公众参与的创新工具[J]. 城市规划,2001(8):34-36.

④ 李文元,王平. 基于CiteSpace的我国顾客参与研究可视化分析[J]. 电子商务,2020(2):35-37.

⑤ 徐炜翰,赵宇翔,刘周颖. 面向众包平台的游戏化框架设计及元素探索[J]. 图书情报知识,2018(3):26-34.

⑥ 朱永明,黄嘉鑫. 道德、娱乐还是利益目标?:游戏式共创对用户持续参与意愿的影响研究[J]. 财经论丛. 2021,273(6):101-112.

表 8.11　不同在线参与工具的价值创造概况

在线参与工具	价值创造							
	收益	利益相关方			损失	利益相关方		
		A	B	C		A	B	C
BIM：在项目生命周期中促进设计和施工管理的协作工具	更好的设计		√		工具实施成本	√	√	
	更方便获取项目规划信息		√		数据所有权和保护问题	√	√	
	降低成本	√			潜在的协作问题会影响使用 BIM 的全部好处	√	√	
	早期承包商参与		√		潜在的软件或硬件问题	√	√	√
	便于信息共享	√	√	√	由于其他软件或数据不兼容，产生控制和更新 BIM 的问题	√		
	通过可视化获取重要信息			√				
	提高对设计目的的集体理解	√	√					
	改进成本预测	√						
	通过识别和纠正错误提高设计生产力	√	√					
	改进项目协调	√	√					
	减少延迟	√						
	通过制定多种开发场景支持知情决策	√						
	节省时间	√	√					
	检查新设施将如何运作，提高满意度			√				

续　表

在线参与工具	价值创造							
	收益	利益相关方			损失	利益相关方		
		A	B	C		A	B	C
3D可视化，VR，AR：以尽可能逼真的方式创建和呈现城市发展项目（例如建筑物和景观）的工具	提高沟通效率	√		√	可视化可能会滞后			√
	介绍项目规划的有效方法	√			没有机会与可视化模型互动		√	√
	促进对拟议行动的理解	√	√	√	过于详细的可视化导致对无关问题的讨论			√
	促进规划讨论的总结			√	可视化依赖于通常还未存在的城市特定数据，生成此类数据的成本很高	√		
	提供所有利益相关者都可以关联的"通用语言"	√	√	√				
社交媒体平台：可用于利益相关者的交流沟通的工具	可用于监控潜在问题	√	√		积极参与社交媒体可能会对工作人员的生产力和参与度产生负面影响	√	√	
	促进和加速信息传播	√			公民使用计算机可能受到限制	√		√
	可用于向利益相关者告知项目收益	√			社交媒体主要由年轻人使用，这限制了利益相关者的互补性参与	√		√
	轻松监控参与过程	√			大量时间被用于和项目无关的事项	√	√	
	帮助公民获得有关规划过程和项目的内容			√				
	增强信任	√	√	√				
	提供了非物理参与的方式和机会			√				
	可以组织比线下规模大得多的讨论及参与	√						

· 312 ·

续　表

在线参与工具	价值创造							
	收益	利益相关方			损失	利益相关方		
		A	B	C		A	B	C
移动参与：利用移动设备扩大公民和其他利益相关方的参与，使他们能够相互联系、产生分享信息、进行评论和投票等	能够轻松访问参与工具			✓	适老化程度低，老年人往往缺乏相应的知识和技术			✓
	随时随地皆可参与			✓	隐私数据安全的保护	✓	✓	✓
	追踪利用来自收集设备的数据	✓	✓		规划者可能不熟悉如何有效地利用新技术	✓	✓	
	开发成本相对较低	✓			在数据管理方面的实时跟踪可能会增加成本	✓		
公众参与地理信息系统 GIS：侧重于公众利用各种形式的地理空间技术参与制图和决策等公共进程的方式	无须大量专业培训即可使用	✓	✓		会导致无意义的参与	✓		
	能够以合理的方式接触到大量的利益相关者	✓	✓		缺乏经济资源和技能可能妨碍参与			✓
	促进个人参与			✓	通常涉及社会的非专业部分，因此可能会导致空间数据的准确性问题	✓		✓
	接触新的居民群体			✓	与使用相关的技术挑战	✓	✓	✓
游戏：能够在公民参与中利用的数字游戏	吸引公民参与			✓	无力购买设备或无法使用互联网的公民将被排除在外			✓
	在决策中建立共识	✓	✓	✓	投资成本较高	✓		
	与公民互动的新方法	✓		✓	缺乏使用的相关知识			✓
					可能限制工作人员使用游戏或将游戏使用视为"玩"而不是工作	✓		
					关于潜在用户数量和概况的不确定性	✓		

注：A＝城市政府；B＝私人承包方；C＝公众

如上表所示,关于基于公众参与地理信息系统的工具,它非常适合用来概述区域发展计划。与普通的纸质地图相比,通过 3D 模型显示能够让非专业人士更容易理解平面图,并且能够增强对局部详细平面图的理解。此外,地图上的可视化降低了文件及语言表达误解的风险,在地图上查看可视化模型可以更轻松地了解计划的目标、位置以及项目的哪些方面可能会受到影响。这很重要,因为在促进参与过程时,明确定义可能受到影响的问题始终很关键,这样做减少了利益相关者之间因误解而引发矛盾的可能性。可视化对政府相关组织也很重要,因为通常政府决策者不是建筑行业专业人士,所以他们需要以某种方式更加形象化地去做计划,然后才能更好地理解,可视化可以让政府相关人员从中受益。社会媒体,如微博、微信被认为是一个回应公民快速沟通的渠道,使用数字工具提供了一种收集意见和介绍计划的有效方式,人们可以在网络环境中随时随地发表对新计划的评论和关注,政府相关部门还可以利用社交媒体接触当地的企业家和公司。总的来说,数字工具的一些好处与参与时间地点的独立性有关——在线参与往往比实际参与更容易。此外,数字工具可以有效地收集各方意见,对很多人来说,通过社交媒体提出意见和担忧比面对面地说出来更容易。从这个意义上说,数字工具可能潜在地减少了参与的障碍。

但在线参与工具也存在诸多挑战。首先,不少人指出在个人如何理解3D 可视化方面是存在问题的。特别是对于已经决定的事情,以及利益相关者可以产生影响的事情,很难确定可视化到底应该准备到什么程度。一些城市项目信息通过社交媒体共享或征求意见,一些政府工作人员通过回应市民对计划的评论和问题与他们进行互动。[①] 但是不少研究也表明,在诸如微博等平台上活跃会消耗大量的时间,并且在社交媒体中分享的信息虽然保持可见却是不成系统的,人们对同一个问题的理解往往会有所不同,此外还会有很多错误和虚假信息,要处理各种信息非常困难。如果大家根据他们在项目中的角色以自己的观点分享信息,那么信息往往是高度零散的和非系统的。由于参与者数量和技术工具有限,会造成持续延迟并增加公开讨论的次数,这些讨论还常常被有权势的具有批判倾向的个人意见所主导。

新冠病毒的全球大流行加强了数字工具的使用,例如,几乎所有的研讨会都是在网上举行的,新冠病毒在促进在线参与工具的使用方面起到了催

---

① 陈水生,屈梦蝶. 公民参与城市公共空间治理的价值及其实现路径:来自日本的经验与启示[J]. 中国行政管理,2020(1):135 - 141.

化剂的作用。但从现实情况看,目前只有地理信息系统、社交媒体和移动参与被非常有限地用于现实案例,很多数字工具并未得到使用,未来如何实现电子参与数字工具的多样化将是一个重要的问题。[①]

在价值创造方面,收益和损失是从三个角度提出的:政府当局,私人承包商,以及公民。与上文研究一致的进一步观察是,某些价值元素,例如易用性和信息共享的便利性,对于所有利益相关者来说是高度相似的。市政府的大部分损失与成本有关,例如数据可视化生成成本高,一些在线工具的实施成本高等,但总的来说收益应是大于损失的,这意味着数字工具可能为政府创造价值,进一步地为智慧城市发展创造价值。社交媒体提供了方便参与公共讨论和查看项目进展的方法,但同时社会媒体的耗时性在我们的访谈结果中都有所体现。社交媒体上出现的令人困惑的错误信息甚至有意操纵评论的风险,代表了关于电子参与工具的一些新发现。此外,尽管社交媒体主要用于个人,但决策者可能根据出现在社交媒体上的错误或片面信息做出决策,此外,社交媒体平台的讨论还可能由强大的个人主导。

当然,大量研究亦证明利益相关者的参与可以提高项目的价值创造,价值因水平而异且价值创造是多维的,当使用数字工具时价值会在不同的层次上创造出来。[②] 例如,市民可能会觉得社交媒体的易用性很有价值,市政管理者会认为与利益相关者建立快速沟通渠道能带来好处。但毕竟价值还是涉及主观感受的,不能忽视价值的主观性,这意味着与数字工具相关的价值因用户的看法而异。为了解决与错误虚假信息相关的一些风险,我们鼓励政府决策者仔细规划沟通的责任,以及社交媒体用于参与的程度。

(三)如何选择在线参与工具

为了选择合适的工具或方法,政府必须从参与过程的关键要素开始。这些流程侧重于响应公众利益和促进开放式互动,为参与者提供机会,不断重新定义问题的"内容"和"形式"。这些过程可以为不同利益相关者之间建立共识、民主决策、实行动员、参与地方性知识,或响应政策法规提供机会。

政府组织对新技术的采用取决于其使用环境。结构主义影响了组织研究,其中机构和代理人的角色是通过相互关联的互动构建的,桑蒂斯和普尔

---

① PAMIDIMUKKALA A, KERMANSHACHI S. Impact of COVID-19 on field and office workforce in construction industry[J]. Project leadership and society, 2021(2):100018.

② ZERJAV V, MCARTHUR J, EDKINS A. The multiplicity of value in the front-end of projects: the case of London transportation infrastructure[J]. International journal of project management, 2021,39(1):507-519.

在此基础上提出了适应性结构主义理论(AST)。适应性结构主义理论提供了一个描述先进信息技术、社会结构和人类交互之间相互作用的模型,与结构主义理论一致的是,适应性结构主义理论也强调将技术和制度提供的社会结构、规则和资源作为人类活动的基础。它假设技术、任务、环境和群体影响社会互动,而社会互动又是决定社会结果(如决策效率、质量、一致性等)的关键因素:"技术"指的是新技术如何影响任务,如决策或冲突解决;"环境"是指影响技术使用的规范和规则;"任务"与使用这些工具要完成的具体目标有关;"群体"是指参与决策的各种利益相关者或组织。①

在决定是否使用在线参与工具或使用何种类型的在线参与工具时,政府还应考虑他们需要的规划项目类型或需要解决的问题。在线参与工具的性能可能会根据所使用的规划问题的类型而有所不同。例如,一些问题很复杂,可能需要利益相关者参与高度互动的会议,通过对话建立共识并做出决策;其他类型的问题不太复杂,可以仅通过信息共享或简单的沟通过程来解决。在线参与工具的价值和绩效在不同的项目中可能有所不同。参与规模的大小也会产生影响。在线参与工具在区域规划项目中的表现可能与在社区邻里的项目中不同。在区域计划中使用在线工具可以通过减少所需的会议次数来帮助降低成本,然而,在社区规划项目中使用相同的工具却可能不会带来巨大的效益。参与花费的时间同样有关,让利益相关者参与长期计划和参与短期计划,在线参与工具的适用性可能会有所不同,不同在线参与工具的性能表现与公众参与时间的长短也有关。具体关系及组织考虑采纳在线参与工具的维度见图 8.2。

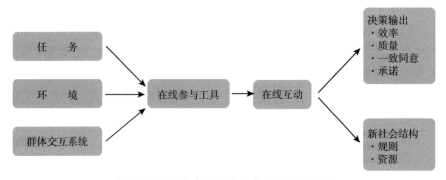

图 8.2　组织考虑采纳在线参与工具的维度

①　DESANCTIS G,POOLE M S. Capturing the complexity in advanced technology use:adaptive structuration theory[J]. Organization science,1994,5(2):121-147.

此外,在使用在线参与工具之前,政府必须明确定义工具使用的目标。主要目标究竟是告知和教育公民,还是就计划的特定方面与公民跟进?是让公民参与建立共识的过程,是解决相互冲突的想法之间的紧张关系,还是建立对政府或相关组织的信任?是为了吸引那些通常不参加或不能参加公开会议的人,还是鼓励人们对城市社区中各种项目的兴趣?当决定了参与的方法或技术时,应该考虑影响技术使用的法律及规范。这些法规和规范关系到政府的透明程度、回应程度、对公民隐私的尊重等等。城市为创建开放政府数据门户所做的努力就是典型例子。例如,在线参与工具提供了不同的通知方法,以告知公民各个城市计划或项目的进展,告知人们他们的想法是如何得到解决的等。

三、P2P 创新:区块链视角下的 P2P 电子参与

区块链现象的出现影响着人类生活的各个方面,公共部门改革也受到这一趋势的影响。世界各地的电子政务领导人正在试探性地开始把握区块链和其他分布式账本技术的潜力,特别是在他们承诺在政府中提供更分散的信息管理解决方案和使公共数字平台更加透明和高效方面[1]。P2P 是英文"Peer to Peer"的缩写,可以通俗地理解为对等网络。近几年,分布式账本技术(DLT)特别是区块链技术发展迅猛,这些技术有助于简化程序、对记录数据进行安全管理、保证信息的传输和公开透明,为公共机构提供了改善公民参与和促进民主创新的大好机会。越来越多创新技术平台的发展,可以以明确的 P2P 方式促进公民电子参与,P2P 参与可以被称为"对等参与"。

社会个体成员以自愿的方式参与公共事务是合作和透明政府的一个重要因素。[2] 在现代民主中,一个比较矛盾的地方在于,公民直接参与决策并不是常见且制度化的政治程序。正如在传统的数字政府中,大多数数据库本质上是由公共部门管理控制的,公民参与通常在电子政务改革的传统生态系统中进行,但是仍然以一种高度集中的相当自上而下的方式实施。很多时候,公务人员以更"面向客户"的方式理解公民参与,将公民看做是关键消费者,公民首先要通过使用电子政府数据库的所谓公民资格证书才能被授权使用服务。因此,公共管理需要集中的系统,以确保在这些公民电子参

---

① 徐琳,袁光. 区块链:大数据时代破解政府治理数字难题之有效工具[J]. 上海大学学报:社会科学版,2020,37(2):67-78.

② TAI K T, PORUMBESCU G, SHON J. Can e-participation stimulate offline citizen participation:an empirical test with practical implications[J]. Public management review,2020,22:278-296.

与平台上对公民进行适当的登记和授权。直到今天,我们可以发现几乎所有相关的参与性平台都是由政府直接发起和推动的。虽然公民有时可以在这些貌似分散的公共平台上发起新的服务需求,但这些系统不一定具有对等性质。矛盾的是,世界各地的电子政务从业人员普遍将这种现象理解为以公民为导向的概念,以至于公民参与被视为一种吸引力,而非一种权利。

传统的电子参与模式被理解为数字政府概念的一部分,通常通过已建立的电子政务平台发起、开发和推广相关的公民参与项目。因此,这些电子参与系统由公共部门自己维护和运行,使用中央数据库、公共控制的电信网络以及政府本身发布的数字签名集中授权机制。因此比较矛盾的是,电子参与平台确实可能允许公民向政府机构发送意见、请求,但电子参与更多的是作为一种公共服务以一种自上而下且高度复杂的方式被提供。[①] 传统公共决策本身是在公共机构内以闭环点对点的方式做出的,一般没有外部人员的参与。然而,由独立软件开发人员发起和推广的公民自主点对点平台,可以提供一种更加审慎和竞争性的方式来推动电子参与的概念,使其更像是一个自主的游乐场,促进以网络方式而非数字服务的公民参与。在这种情况下,如何参与制定政策决策的过程显得更加重要,特别是如果决策是在通常所谓的"黑箱机制"中实现的时候。

好在,数字时代的到来可能使得推进新的技术平台成为可能,这些平台可以促进参与形式的包容性、系统性和连续性。[②] 尤其是,数字化对于公民身份的转变特别有意义,即在参与进程中动员那些感兴趣的公民成为协作者而不是消费者。不少研究者认为,电子参与能够在很大程度上解决与信息安全、实际执行以及公民参与度低等有关的问题。从这个意义上讲,电子参与的概念作为一个政治和技术场域正在经历新的变革。在电子参与生态系统中纳入和推广更多的交互式参与及审议平台,被认为能够以数字方式转变公民与公共部门的沟通,尤其是如果这样的数字平台能够为目标受众提供更好的功能和实用性的时候。

数字参与作为公共部门改革创新的现代工具,被看作是基于技术先驱和技术官僚意义上的新兴数字民主之先决条件。[③] 然而,具有讽刺意味的

---

① ZOLOTOV M N, OLIVEIRA T, CASTELEYN S. E-participation adoption models research in the last 17 years: a weight and meta-analytical review[J]. Computers in human behavior, 2018, 81:350 – 365.

② WIRTZ B W, DAISER P, BINKOWSKA B. E-participation: a strategic framework[J]. International journal of public administration, 2018, 41(1): 1 – 12.

③ LINDNER R, AICHHOLZER G. E-democracy: conceptual foundations and recent trends [M]//European E-democracy in Practice. Cham: Springer, 2020: 11 – 45.

是,作为公共部门改革的一项实际工作,它很少有直接纳入公民的功能性协作机制,换句话说,公民被视为顾客或消费者,而不是推进这些治理转型的合作伙伴或协作者。这种矛盾的混合隐喻几乎反映在所有以技术驱动的公共部门改革之中,以至于在典型的行政环境中这已经被视为一种公认的规范。即使在数字环境下,官僚主义依然是官僚主义,因此公民参与不仅需要政府主导的自上而下的平台,还需要公民本身自下而上的倡导平台。

（一）公民自主的 P2P 电子参与

一些学者指出,在一个自上而下的政府主导的电子政务生态系统之外,推广更加分散的公民参与平台,通过自主的对等参与能够产生权力的下放,以更民主的方式促进电子参与。

传统电子参与平台框架内存在的通信网络的可视化表明,任何政府—公民关系都具有明显的线性特征,并反映了公共管理人员对这一概念的共同理解,换句话说,尽管使用了新的信息技术,但仅仅是公共行政决策的某些既定官僚机制的延续。在这方面,政府通常作为一个沟通的超级节点,可以理解为一个联络中心,授权和登记所有相关的数字交易,联系所有网络关系中的公民和部门。这些二元关系的主要组成部分,是政府和公民(G2C)、政府和企业(G2B),甚至是政府机构本身(G2G)之间相互关联的事务,特别是如果它们是通过传统的数字政府平台推广的话。

在这个电子政府生态系统中,通常有四个传统的利益相关者:公民、企业、开发者和公共机构。然而,往往只有政府可以被视为一个关键的超级节点,促进所有这些参与者之间的合作,它可以直接通过各种数字政府平台促进所有相关的联系。从制度上讲,这些平台的实施是以一种可以被称为自上而下和"黑箱"的方式集中进行的,因为所有相关的数字项目都是由政府自己发起、创建和推动的。在公共部门改革中,这种单向执行的做法非常普遍,以至于被视为电子参与人员接受的规范。因此,电子参与只是被视为其他利益攸关方参与这一进程的一个过程,这自相矛盾地导致了相关公共部门改革的恶性实施周期的出现。因此,在促进电子参与的举措中,尽管所有相关的公共意识和公共关系运动表面上承诺将公民置于改革的中心,但政府才被视为成功的关键因素,政府可以投入大量的财政、媒体、技术和行政资源。这虽然已经在全世界形成一种约定俗成的执行理念,却没有考虑到一个简单的事实,即公民参与不一定应该在公共领域执行,各种公民社区之间的协作网络可以通过公民自己推进的平台,以本质上独立且合作的方式进行。

在公民 P2P 电子参与平台的框架下促进交流网络应该具有非线性的

性质,换句话说,它不是作为传统治理机制的延伸去发展其概念,而是更多地作为半自治甚至完全自治的私人代表(私人代表即公民本身,不管他们是否只是普通公民,还是技术公民、区块链专家、公民开放数据企业家等)之间的数字合作平台,因此能够反映更多的民主机会。因此,不需要政府的中央数据库来维持所有这些利益攸关方的互动,因为数据库中载有自主电子参与网络中所有对等方的授权凭证数据,可以点对点地分配给所有"伙伴"(Peer),毫无例外也无需联络点。

P2P 网络是一类分布式网络,其中对等点同时充当服务器和客户端,以自组织的方式相互提供和消耗资源,无需集中控制。P2P 网络的特点包括高度去中心化、自组织、多管理域、低部署障碍、有机增长、对故障和攻击的高弹性、资源的丰富性和多样性。① (传统的)P2P 系统本身并不是一个完整的解决方案,原因有几个:首先,诸如结构化覆盖网络之类的 P2P 系统在其未经修改的状态下存在许多使网络不稳定的安全挑战;其次,在 P2P 开放环境中,数据访问通常对所有人开放,这会损害用户的数据隐私;最后,大多数 P2P 覆盖仅提供非常有限和低级别的应用程序接口,而社交应用程序需要一套更高级别的服务来减少应用程序开发期间的开销。

目前,Chord、Pastry、CAN 和 Tapestry 等常用于构建结构化 P2P 的分布式哈希表系统(Distributed Hash Table,DHT),被应用到各种交流网络,例如物联网可以通过设备—设备或机器—机器的方式互联,这些系统也可能适应于各种自主电子参与和公民参与系统。② 例如一些推广 P2P 社交网络的平台,这些网络建立在一些公共原则的基础之上,例如地方分权(没有中央数据库或集线器)、隐私保护(数据由同行存储,点对点交易可是保密)和可扩展性(网络本身是可扩展的,可能容纳自主生态系统中的大量同行)等。③ 在这种情况下,所有利益相关者或者同伴之间的这种独立网络不仅可以是二元关系,也可以是三元关系,参见图 8.3。④ 其中,政府不仅可以为各种第三方项目提供数据信息(例如公共开放数据平台中的数据集),还可以提供某些自主环境让所有其他利益相关者参与这一过程,以促进公民(自

① SOUSA T, SOARES T, PINSON P, et al. Peer-to-peer and community-based markets: A comprehensive review[J]. Renewable and sustainable energy reviews, 2019, 104: 367-378.

② MASINDE N, GRAFFI K. Peer-to-peer-based social networks: A comprehensive survey [J]. SN computer science, 2020, 1(5): 1-51.

③ GRAFFI K, MASINDE N. LibreSocial: a peer-to-peer framework for online social networks[J]. Concurrency and computation: practice and experience, 2021, 33(8): 1-20.

④ KASSEN M. Understanding decentralized civic engagement: focus on peer-to-peer and blockchain-driven perspectives on e-participation[J]. Technology in society, 2021, 66: 101650.

组织)之间的协作与合作。例如,如果在开放政府数据驱动的生态系统中,政府只是提供对所有公共数据集的免费访问,这些与行政、政治和社会经济活动有关的数据集作为需要进一步加工和开发的某种原材料,被独立开发者们重新使用创造,以便为商业及公民社区创建广泛的服务交付平台。这种服务可以在市场基础上提供,也可以作为所有公民的公共价值以慈善方式提供。此外,公民和企业可以提供通常需要的额外数据,以在市场上成功推广相关项目,而不是被动的参与者。

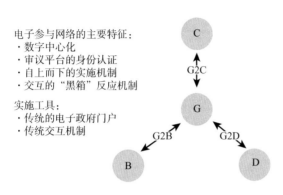

传统电子参与平台的互动关系

自主开发电子参与平台的互动关系

注: G—政府; C—公民; D—开发者; B—企业

图8.3 传统电子参与平台与自主开发电子参与平台的互动关系比较

数字政府的最大缺点之一是，鉴于政府作为整个公共信息的汇总者和管理者的性质，公共部门始终以高度集中的方式控制所有相关数据库。因此，理论上来说如果公民社会的成员不信任政府，他们也不会相信电子政府和政府主导的参与过程。由于社交媒体的广泛使用，这种对数字环境缺乏公众信任的现象变得越来越普遍。在这方面，区块链的分散性质为解决公共数据库透明化的问题提供了一种替代方法，以至于有可能解决公众对传统电子政府服务缺乏信任的问题。在传统的网络意义上，电子政务的互动分为几个自上而下的官僚维度，如政府对公民（G2C）和政府对企业（G2B），在 G2C 层面还可以衍生出 G2D，即政府对开发者的维度。

在 G2C 通信中，公共管理部门分发信息和数据，虽然这种类型的参与并不直接需要公民的活动，但开放数据的自由处理，能够支持主动的公民参与。公民对政府（C2G）通信技术是电子参与的典型代表，可以作为提供讨论、收集想法、投票、创建思维导图等机会的工具，期望民众的积极参与；另一方面，C2G 也可以为某个问题提供联合解决方案，人们可以设计解决方案程序、定义需求、确定优先级、参与解决方案等；此外，此类技术还能提供监控，人们充当实时监测器并提供有关特定主题的信息，例如服务水平评估、故障报告、危险地点的映射等。公民对公民（C2C）工具代表了另一种电子参与方式，这些工具不一定需要公共行政部门的参与，而是让人们有机会在虚拟空间中自主组织以改善城市生活（诸如社区门户、虚拟世界），通过公众自己的经验交流，汇聚或扩大服务和监管。城市可以使用任何这些工具并将它们结合起来以支持公民的参与。有时也伴随着政府对政府（G2G），公民对公民（C2C）和企业对企业（B2B）维度的互动，但一般都相互孤立的，难以串联。这些公共服务交付模式通常也都依赖于由政府运行的集中式数据库。因此，鉴于其"去中心化"的性质，区块链技术的潜力可以精确地用于电子政务沟通模式的第三个层面，即政府与其他公共伙伴在所有机构层面的互动合作。在这方面，可以使用区块链平台记录、存储和管理的关键公共部门活动包括：（1）公共活动日志数据，例如，谁、何时和为什么访问了政府数据，数据集中有什么变化或替换，变化的原因是什么，谁批准和签署了这些变化的决定，跟踪采用过程和各级政府的决定等；（2）公共跨机构数据，例如，公共管理内容，政府内部网络和行政合作细节，基于区块链的交叉引用，个人资料核实和机构身份信息的双重核实等；（3）公共城市数据，例如，市政数据集的管理，智能公共交通，食品库存溯源跟踪，智慧城市的创建，即为当地居民提供舒适、安全、透明和高效的城市环境等；（4）政府采购数据，例如，不同经济部门的政府采购合同，可以帮助政府管理者轻松跟踪供应链中不同利益相关者执行合同协议的所有重要细微差别等。

　　传统模式的政府平台和公民自主平台,可以通过个人与政府的联系而互相连接,例如公民社区的代表可能希望代表其他同伴与政府机构进行沟通。因此,在技术上人们仍然可以使用二元网络,例如在公民参与平台内,使用传统的自上而下的电子参与服务,这几乎可以在任何国家任何级别的电子政务中看到。① 然而,这种沟通并不是主要的而是附带的,因为政府在这方面只是收到一些反馈和想法的细节,这些反馈和想法是在这些独立的P2P网络中由某一个公民产生的。相反,在独立开发的电子参与平台内,公民社区个别成员之间能够建立更有效的网络和沟通,政府实际上不再发挥电子参与服务供应方的关键作用,而是作为反馈接收者发挥外部作用,因为这些参与性服务大多可以由公民自己为其他公民发起、开发和推广。当然,他们中的一些人可能希望在某些情况下向政府提交他们的部分对话或投票结果,试图帮助政府做出更明智的决策,或确保向公共机构提交更具代表性和独立审查的数据集,备份争议性证据并自信地参与政府机构的公开听证会等等。

　　如今,用户可以从政府门户下载各种应用程序,很多用户使用移动电子参与平台,这是促进公民、地方政府和独立开发人员之间以 P2P 方式进行自主协作联网的最合适方式。这种移动应用程序不一定由中央数据库驱动(中央数据库通常由政府运行和维护),相反,它可以是一个客户端程序,与其他由对等方安装的客户端程序连接,而不使用中央公共平台。因此,通过这些应用程序的点对点通信,可以以明确自主的方式开发在各种"去中心化"平台中公民参与的潜力。例如,可以使用区块链技术在移动网络中进行匿名身份管理和授权,让用户通过加密的通信渠道实现真正的交互,安全地与其他对等点进行网络连接等。在这方面,新的移动技术可以提供一个真正有效的平台,建立独立的 P2P 公民参与网络,而不必求助于传统电子参与生态系统中的中央接入点,而在这其中,独立开发者的作用对于第三方协作项目的可持续性将变得非常关键。

　　(二)区块链在电子参与中的价值与挑战

　　民间社会成员之间的互动合作及对等进程在很多国家都能观察到,特别是在地方层面,这实际上反映了新的社会经济网络的出现,开发人员将这

---

　　① PIRANNEJAD A, JANSSEN M, REZAEI J. Towards a balanced E-participation index: integrating government and society perspectives[J]. Government information quarterly, 2019, 36(4): 101404.

一现象称为自主公民电子参与。① 自主公民电子参与系统使用所谓的自动数据收集原则（例如使用开放的政府数据、公民数据、大数据等），并以固有的协作方式分散处理集体知识。但在分析各种自主电子参与系统中网络机制本身的技术问题时，不难发现，即便在这种可能独立的网络项目中，也始终存在一个代理或中介平台，因为几乎所有数字参与的现代工具都需要使用一个中心平台来确保项目的总体可持续。公众对政府的信任度非常重要，同时公众对政府机构管理此类系统的能力和对其诚信的感知对参与行为也有相当大的影响力。即使在最透明的政治环境中，不当行为也有可能发生，在传统的电子政务生态系统中，利用数字技术进行背后操纵基本没有什么限制。因此最好进一步投资于更"去中心化"的平台，包括区块链驱动的平台，从而增强公众对政府的信任，增加公民的参与。②

在业务上，如果公民社区之间的这种自主沟通和网络化成果，能够存储在由公民自己独立开发的特殊数字生态系统中并得到进一步推广，腐败或不当行为问题就有可能得到解决，这是由于这种数字生态系统，将依赖于网络中个人区块之间以区块链驱动的登记和相关的关联交叉引用。在这方面，分布式账本技术（distributed ledger technologies）可以提供更稳健、透明和可靠的方式，来管理 P2P 之间的授权和交互数据。换句话说，信息的存储采用严格的顺序和分散的方式，使得基于区块链的记录系统能够可靠地记录和存储信息。③ 区块链作为一种记录技术，不仅提供了高度可靠的数据存储和记录后保持完整的解决方案，而且因为伙伴都能够信任由分布式分类账平台驱动的生态系统，因此还防止了网络用户之间缺乏公共信任的问题。在这样一个分散的网络中，数据记录是一个自成一体的相互参照过程，随着时间的推移，向网络添加新的区块会增加其完整性，使得任何追溯更改和对记录数据的操作变得极其困难。

在区块链网络中储存信息对电子治理的实际意义是什么？首先，记录的数据不能被覆盖和收回，错误和拼写错误将永远存在。虽然更改和修正是可能的，但是只能通过在先前创建的区块中添加新块来实现。因此，区块链中记录的数据不会改变，而是用新数据更新，并且只在新区块中更新，这

① KASSEN M. Understanding decentralized civic engagement: focus on peer-to-peer and blockchain-driven perspectives on e-participation[J]. Technology in society, 2021, 66: 101650.

② 崔燕兵. 区块链技术驱动社会治理创新的理论考察[J]. 科技风, 2020(24): 7 - 9.

③ LEE Y J, LEE K M, LEE S H. Blockchain-based reputation management for custom manufacturing service in the peer-to-peer networking environment[J]. Peer-to-peer networking and applications, 2020, 13(2): 671 - 683.

些更新通过区块链分类账的单个副本记录在永久嵌入网络结构中的所有交易的日志中,在所有合作伙伴之间实现共享。正是由区块链管理的公共网络中所有伙伴共享的分类账使得这项技术真正可靠,因为数据总是记录在新创建的区块中,同时包含来自所有以前区块的分散的摘要信息。一旦数据被写入,区块立即被密封,并成为链上的永久部分。事实上,区块链的概念是一个持续的过程,只要它设法将自己的信息从一代区块转移到下一代区块,这个过程就会存在。一个散列包含所有以前写的区块数据,整个区块链的注册表和新的数据,所有这些都组合成一个新创建的区块,可以允许网络上的任何对等点轻松识别和验证写在任何后续区块上的信息,这在理论上使任何操纵存储信息的过程变得极其困难,几乎不可能执行。这项新兴技术因其高度分散、稳定的协作决策和相关的 P2P 控制,能够成为不可摧毁的反腐败机制。在这样一个 P2P 生态系统中想要腐败的难度比传统电子参与平台中普遍存在的单一焦点要高得多,它必然会使公民自主的电子参与更加受益。例如,在这些创新的公民 P2P 参与项目中,重要决策程序的结果及所有跟踪信息将被记录在一系列严格的不可逆转的连续链中,相对于公共部门现存的电子参与系统,它可以为相关的数字政治参与项目提供一个更强大更可靠的数据来源。此外,公民电子参与项目的发展使得数据集可由不同的利益方以协作方式生成,使用区块链驱动的平台能够进一步促进不同利益相关者之间的沟通,区块链平台提供了几乎无限的机会,在公民、独立开发者、非政府组织和公共机构之间,以本质上对等的方式创建了全新的自主沟通网络。

在区块链驱动的网络上存储信息的另一个潜在含义是,分类账的大小往往会随着时间的推移而增加,这会使新创建区块的新散列信息的计算更加广泛。目前,在真正开放的对等网络中记录大量数据也可能受到移动运营商和互联网服务供应商的限制,因为分布式网络和对等连接通常会减慢网速,有时甚至由于现有电信线路的限制而被禁止。政府利益相关者和电信公司之间必须就为区块链目的使用真正的点对点网络达成普遍协议,例如在全国(甚至全球)范围内采用特定的章程,这将有助于确保服务供应商和移动运营商在这一领域的网络中立性。公民可能需要缴纳特别税以维持此类标准和服务的长期发展,政府补贴可以是一种解决方案,毕竟提供基于区块链的电子政务服务是公共部门改革的一部分,可以为整个社会带来具体利益。

尽管独立的 P2P 电子参与项目可以为公民参与创造诸多好处,但现实中依然存在不少挑战。首先的一个主要障碍是,缺乏资金作为推动独立电子参与平台的保证。由于缺乏可持续的资金来源,许多促进独立的 P2P 公民电子参与网络的项目是不稳定的,民间社区的参与以及独立软件开发人员的知识贡献通常是在自愿的基础上进行的。此外,公共部门在这一领域提供财政支助会产生矛盾,如果接受了政府的资助可能会破坏整个 P2P 电子参与的"去中心化"理念,如果不接受资助则可能难以维系。因此,民间社区本身就是这些项目的主要发起者和赞助者,这些项目的活动可能因某一特定社区或城市地区的政治和经济状况而有很大差异。这一问题的解决途径之一是,进一步统一该领域的开发测试机制,并且创建一个特别的联合组织,在自愿的基础上联合民间社区中的独立开发者、专业的开放数据编码人员、测试人员和区域范围内具有技术头脑的决策者,这应该可以大大增加各种非政府组织、发展基金和慈善中心对这些分散的电子参与倡议的兴趣。这种跨界和行业间协作机制不仅可以非常有效地促进大数据、开放政府和民间数据驱动平台等具有成本效益的通用工具,而且还可以测试、拟订和进一步改进区块链驱动的独立电子参与平台系统。

其次,区块链信息的不可否认性与个体自主权及隐私保护存在冲突。由于数据总是不可逆地记录在区块链驱动的环境中,因此将默认保证数据所有权的不可否认性,这一点在管理与财产、财务数据有关的信息时尤其重要,例如分配身份证号码、登记财产权、电子文件公证、汽车保险登记、婚姻、生育和其他民事交易等。因此,通过区块链相互作用的自动同行注册,以及在提供电子政务服务之后进一步潜在地相互参照经济的公共和私营部门的民事交易,确保了区块链网络上记录信息的不可否认原则。然而,当涉及个人信息管理时,数据记录的不可逆性以及区块链网络中的不可否认原则会产生相当矛盾的法律冲突。例如,在许多欧盟国家,区域和地方司法管辖区允许公民撤销他们已经发送到各种公共和私人数字平台的私人数据,否则这些数据可以在各种电子政务、电子投票、电子参与、电子商务、电子采购和其他电子数据库中永远使用。在传统的集中式信息管理系统中,监管机构很容易迫使数字平台的所有者从这些数据库中删除敏感的个人信息。然而,在一个真正和开放的基于区块链的电子政务生态系统中,公民可能没有这样的权利。由于数据记录的不可变性和不可逆性是区块链平台的核心原则,很难建立可靠的监管机制来执行这些权利。[①] 在这样一个分散的环境中,这些区块链驱动的平台创建各种分布式账簿和共享数据库所有权,这意

---

① 赵小勇. 法律与技术如何相处:区块链时代犯罪治理模式的双重重构[J]. 探索与争鸣, 2020(9):149-156,160.

味着许多交叉链接和互操作的区块链网络。此外，即使条例的修订造成了一种极不可能的情况，即执法部门可以强迫网络上的每个对等方手动编辑其各自区块中的数据，这种一次性方法可能对整个区块链管理哲学具有相当大的破坏性。

另一个风险在于，公民之间以点对点方式进行网上交流的匿名性虽然促进了自主的电子参与，但也可能会破坏这一概念的民主性质，因为如果这种参与进程没有得到适当的管制，利益集团及其客户操纵公众思想的新机会就会在这一领域出现。不得不说，数字政治通过社交媒体、开放数据驱动和其他参与渠道，以一种前所未有的速度，真正改变了当前公众思维的操纵技术。在数字领域，游说团体和利益集团也在政治上非常活跃，他们正在广泛寻找任何合法或有时甚至非法的机会，以影响地方、国家甚至超国家层面几乎任何公共政策领域的政治和经济决策进程。即使事后这些活动被曝光或发现，但在大多数情况下可能为时已晚。自相矛盾的是，公民可能成为自主公民 P2P 参与项目中思想操纵的受害者，因为目前还没有真正相应的公共控制工具和完善的法律。

最后，由于通常只有一部分公民会积极参与相关的电子参与平台，他们不一定反映和代表多数人的利益、观点或选择，而原则上讲，民主往往需要以大多数人的利益、观点或选择为基础。事实上，这样一个自主的电子参与模式可以为不满意但积极的公民提供一个非常有效的渠道，通过相关的数字参与平台与政府机构在线交流。反之，那些不太乐于批判也不那么活跃却可以代表大多数人意见的公民反而常常没有被纳入，尤其是当涉及复杂的数字参与平台时，大多数人的参与意愿可能非常低并且会非常不关心政治。因此，在该领域的进一步学术研究中，必须了解有多少公民真正愿意在这样一个自主参与的环境中参与和促进政治讨论。在这些公民合作项目中，公民成员可能会产生新的民主制度，而对于这些新的民主制度来说，要抵御来自各种利益集团以及过度活跃却并不代表多数的人口群体的压力是非常困难的，这些人可能会在一个容易操纵的全新数字环境中为政治参与采取更加积极和有效的行动。

区块链的独特功能基于更民主的 P2P 交互和协作，有巨大的潜力能够从根本上改善公共服务提供的模式，从而通过提高电子政务的效率和透明度来增加公众对电子政务的信心与参与。然而，在这一过程中存在着许多挑战，其中大多数与电子政务自动化过程中可能发生的潜在监管冲突和信息泄露有关。不论如何，技术只是一种工具，只有在正确和适当的环境下使用时，它才是一种有用的工具。因此，重要的是要了解究竟哪些政府流程、职能和操作能够真正受益于这种基于区块链的自动化。

（三）应对建议

我们可以发现，随着科技和民主的发展，越来越多的数字参与工具及平台不断涌现。但是大多数平台依然存在隐私性、可靠性、完整性等问题。例如全球著名的众包公民科技工具和项目平台——公民技术领域指南（Civic Tech Field Guide），它是目前全球最全面的为公共利益收集技术项目的指南，涵盖数百个平台和服务，在全球囊括六千多个项目，旨在支持不同层面的电子参与，例如公民众筹、参与式预算、开放创新、众法或政策众包，但这些平台和服务大多数并不是基于分布式账本技术（DLT）的。推广区块链驱动治理等新兴现象可以解决包括隐私性、可靠性、完整性等问题，前提是政府和独立的电子参与专家能够将其视为可靠的工具。该技术最关键的方面是，该数据库嵌入应用程序本身的源代码中，任何更改相关信息的尝试都将不可逆转地写入其中，留下所有人（包括普通公民、精通技术的公民、非政府组织和大众媒体）都可以轻松识别此类活动的永久图景。一个潜在的问题在于，区块链驱动的平台也可能被破坏，但是网络越扩展，潜在的破坏者就越难以破坏或说服区块链中的个人进行更改。因此，首先，有必要开发一种通用且易于理解的机制，在区块链驱动的应用程序中开发一个标准化的用户界面，以突出任何可能访问或更改此类数据的查询。

其次，在促进新技术驱动的治理和执行更高效的公共决策之间存在巨大的监管鸿沟，这始终是一个客观存在的障碍，也在很大程度上延缓了电子政府改革的步伐。在P2P自主参与平台中，政府的角色被最小化为利益相关者之一，或者有时仅仅是局外者，他们可能也不会考虑公共讨论的结果，尤其是公民在这些分布式平台上以点对点自主方式做出的决定。P2P技术在治理领域中出现的时间还尚短，公共管理人员对此可能产生的潜力，尤其是其能够改变传统决策机制的潜力缺乏全面的了解。同时，并非政府中的每一个人都能理解这一概念的公共价值，也并非每个人都能看到权力下放型电子参与的潜力。现代意义上的公民驱动电子参与理念在2010年前后实现了制度化，并成为推动全球几乎所有电子政府改革的流行趋势，然而，传统立法并不能很好地反映各种现代公民参与制度可能带来的新机遇和挑战。而在完全自治的公民电子参与平台的实施方面，例如在区块链驱动的生态系统中，也没有充分的法律可以规范相关P2P参与的开发和推广项目。区块链驱动平台的使用意味着信息的自由交换，这些信息往往被视为个人信息，因此只要人们愿意他们有权在任何时候撤销这些数据。但由于区块链驱动通信的构建理念是基于大量使用公民数据以确保正确创建新的单个区块,其中包含所有先前区块上的散列信息,包括不同对等点上的个人数据,因此如果法律规定人们可以随时删除或撤销数据,在使用此类分布式数字生态系统时则会造成潜在干扰。如果公民撤销此类数据,网络中的数据将不一致,因此整个数据管理结构将不可靠,最终将摧毁区块链驱动平台的整个构建机制,包括电子参与领域。可见,在管理用户如何处理自主平台的个人数据方面,政府和监管环境发挥着重要的作用,尤其是涉及区块链和其他分布式记账技术时。因此,政府应密切关注旨在执行和进一步改进这种自主性公民 P2P 参与平台决策程序的新法律机制,而在法律明显滞后的情况下加强政府的监管是非常必要的。

此外,在推进分布式公民参与平台方面,最根本的问题之一是,参与这些数字项目可能需要某些技术知识,甚至需要了解如何在该领域使用区块链和其他分布式记账技术的解决方案,人们需要投入时间和精力学习这些新技能以应对相关挑战。如此一来,一些老年人口、低收入群体、无家可归者,以及那些由于某些客观或主观原因而不愿使用数字设备的人(例如身体残疾、有宗教偏好、对电磁辐射敏感性高、害怕失去对个人数据的控制等人员)就可能处于非常不利的地位。所有这些因素都会影响人们使用新技术,影响人们的参与、贡献以及最终从中获益的能力。这个问题可能会让公共管理者、电子民主的支持者以及基于这些新技术的开放政府平台的开发者陷入道德困境。所以,在这种自主的 P2P 项目中,必须在动员加强人们参与的同时,努力确保这些群体在决策过程中的适当代表性。目前关于这一前沿问题,无论是研究者、开发人员、电子参与实践者,还是政策制定者都只是刚开始讨论,因此,应该继续使用这种技术进行进一步的实验和测试,而不能在各方面条件都不完备的情况下盲目推广实施。

四、未来方向——走向智慧城市建设的智慧参与

在过去的 20 年中,城市治理一直是可持续发展工作的主要挑战之一。对于全世界的政府来说,保持可持续、保护生态环境是一个迫切的问题。联合国的全球调查将可持续发展视为决定未来的主导因素。[①] 全球各国政府多多少少都面临着各种威胁到可持续性的环境问题,如资源稀缺、空气污染、交通问题、老龄化等。公共政策需要处理诸如可持续消费、空气质量、水质保护、能源消耗(而且通常是低效的)、固体废物生产、资源回收、绿色建

---

① WATSON R T, BOUDREAU M C, CHEN A J. Information systems and environmentally sustainable development: energy informatics and new directions for the IS community[J]. MIS Quarterly, 2010:23 - 38.

筑、开放空间等环境问题。此外也面临诸多城市社会问题,诸如城乡、性别、年龄、阶层等冲突矛盾的日益加剧,包括城市设计及其相关的社区破坏、城市冲突和暴力、社会两极分化以及城市贫困水平的上升等。① 地方政府需要在促进经济发展的同时,确保环境、社会的可持续发展,这些环境和社会挑战迫使政府和各利益相关者开始考虑能够为规划可持续城市提供哪些创新解决方案、方法和先进技术。使用科技能够帮助政府提高可持续性,更好地管理城市的各种资源,尤其是包含自然资源和相关的基础设施。② 公共政策的透明、组织文化、战略和灵活性等支撑要素,对于公共部门的可持续供应链管理非常重要。越来越多的可持续项目都结合了信息技术的使用,从而来实现其目标,这些也让智慧城市的概念越来越受欢迎。智慧城市是无法回避的发展趋势,越来越多的研究开始关注地方城市和政府的创新及智慧程度。③

智慧城市标志着一个城市的管理创新、政策创新和技术创新,它被认为是置于不同城市文化背景下各种技术创新、管理和组织创新以及政策创新之间的相互作用。④ 换句话说,当一个城市采取行动进行管理、技术和政策创新的时候,我们就可以认为这个城市在向智慧城市发展。⑤ 为了应对高度城市化过程中面临的种种挑战,城市和政府需要以创新的模式进行运营,来预防持续的混乱并及时定位各种危机。对政府而言,智慧城市的建设不仅意味着要开创更多的高科技项目,更意味着要调整自身的运作机制,创新理念、转变职能以及流程再造。通过数据整理和分析,政府管理者能够对管理过程中产生的无序数据进行挖掘,有助于对公众的下一步需求进行预测,进而提供更加精准、智能、高效的服务。虽然对最新科技的使用未必能保证

---

① 尹丽英,张超. 中国智慧城市理论研究综述与实践进展[J]. 电子政务,2019(1):111-121.

② CHOURABI H, NAM T, WALKER S, et al. Understanding smart cities: an integrative framework[C]//System Science (HICSS), 2012 45th Hawaii International Conference on. IEEE, 2012:2289-2297.

③ BOLÍVAR M P R. Characterizing the role of governments in smart cities: a literature review[M]//Gil-Garcia J R, Pardo T A, Nam T. Smarter as the New Urban Agenda. Cham, Switzerland:Springer International Publishing, 2016:49-71.

④ NAM T, PARDO T A. Conceptualizing smart city with dimensions of technology, people, and institutions[C]//Proceedings of the 12th Annual International Digital Government Research Conference:Digital Government Innovation in Challenging Times. ACM, 2011:282-291.

⑤ 陈水生. 迈向数字时代的城市智慧治理:内在理路与转型路径[J]. 上海行政学院学报,2021,22(5):48-57.

智慧城市的实现,但是要实现智慧城市,科技是一个前提条件。[①]

城市中日益普及的 ICT 和物联网(IoT)为城市居民提供了互动、获取信息和相互交流的新机会。但很多时候,这些推动智慧创新的技术类型也仅限于一种让人们感到舒适的交互类型,城市居民还面临着无数争夺他们注意力的数字媒体的挑战,各种“数字城市垃圾信息”可能导致城市居民与智慧技术之间的脱节。智慧城市举措需要从公共服务自动化和数据收集智慧技术模式,转变为一种“智慧参与”路径,通过结合数字和物理机制以一种有趣包容的方式与公民链接、向社区赋权、让公众参与。

智慧参与强调将数字和物理机制混合,将线上线下融合进一个框架,使其更具包容性。不少研究都证实,目前的电子参与活动大多是自上而下的、过时的、非包容性的,很少能够实现公平和真正的成果。智慧参与尤其能够为那些在身体和社会上被排斥的人提供参与机会,包括:(1)身体限制,例如残疾人、老年人、儿童等;(2)社会限制,例如处境不利(无家可归、遭受家庭暴力)的青年和妇女,流离失所的人,移民等。对不同人口的统计数据,能够帮助确定实用、敏感的智慧城市建设解决方案,以支持城市弱势人群的参与和互动,为维持多元化包容创造未来解决方案。在当前的数字时代,技术为鼓励城市建设过程中更具创造性和娱乐性的互动提供了重要机会。

近年来,公共空间中的互动、娱乐和参与活动已经采用了不同的方法,技术嵌入公共空间,使城市居民围绕社区主题主动参与,这通常也被称为DIY 城市主义或游击城市主义。[②] 例如芬兰 DIY 首都总规项目[③],这是一个 DIY 众包的城市化举措。这一项目最大的意义在于让公民真正认识到,除了抱怨,人们还可以主动站出来撼动现有的系统,以积极的参与提出更好的城市解决方案,城市和公共空间属于大家。[④] 如今,越来越多的情景数字技术部署在城市公共空间,这些设施可以是临时性的,也可以是作为吸引行人注意而设置的长期设施。最重要的是,临时性的数字技术被用于参与公

① SANDOVAL-ALMAZÁN R, ARMAS J C N. Social media experiences at county level: the case of the state of Mexico[M]//GIL-GARCIA J, PARDO T, NAM T. Smarter as the new urban agenda. Cham: Springer, 2016: 279-295.

② CALDWELL G A, OSBORNE L, MEWBURN I, et al. Guerrillas in the(urban) midst: developing and using creative research methods—guerrilla research tactics[J]. Journal of Urban Technology, 2015, 22(3):21-36.

③ 项目详情参见网页:http://urbanfinland.com/2014/10/29/pro-helsinki-2-0-the-urbanist-vision-for-helsinki/.

④ HAMALAINEN T. 公众参与｜芬兰众包 DIY 首都总规[N/OL]. (2016-04-01)[2022-03-02]. https://mp.weixin.qq.com/s?__biz=MzA3ODM2NjAxMA==&mid=402518081&idx=2&sn=48928573e32e58a4863def0b6f47cdca&scene=4#wechat_redirect.

共空间,目的是吸引人们和促进有趣的互动。

诸如上文提及的城市 DIY 项目,能够让路人和当地公众参与到有趣的互动中,这在很大程度上印证了"蜜罐效应"。在人机交互中,"蜜罐效应"描述了人们如何与系统交互,从而被动地刺激路人观察、接近和参与交互的现象——在被动观察的研究背景下,当路人注意到人们与科技互动的好玩性和有趣性,能够创造好奇心促使人们参与到这项活动中来。① 基于"蜜罐效应",这里认为一个用于有趣的智慧城市建设的智慧参与框架可以:(1) 与城市的环境背景相匹配;(2) 解决城市居民的需求;(3) 促进参与和公共空间的娱乐性。因此该框架至少应该由三部分组成:社区参与、城市干预和决策。每个阶段由不同的概念组成,不一定是线性过程,也可以根据具体地点和目标调整参与计划。

如图 8.4 所示,社区参与阶段,着重于以算法压缩的方式确定目标群体、背景环境和人口统计资料。这包括:自上而下和自下而上的利益相关者之间的合作;了解人口统计资料和参与目标的当地环境背景;通过社区网络提高问题认识等。城市干预阶段考虑使用混合方法确定地点、设计元素以及线上线下互动。这包括:确定地点和时间;在确定明确方向的基础上设计参与活动;线上输入和输出,鼓励有趣的互动,并通过数字渠道显示结果;线下输入和输出,鼓励创造性的互动,吸引过路人的注意力;混合互动,结合线上线下互动的数字增强体验;从参与者的输入贡献中发现重复出现的主题等。决策制定阶段确定结果和利益相关者的贡献,以便就城市制定的关键决策进行协作。这包括:降低自上而下的利益相关者(政府机构、私营企业)和自下而上的基层运动(当地公民、社区组织)之间的障碍,通过建立一个开放、平易近人、安全和非正式的渠道,确保参与过程是可信的;与各种利益相关者合作,设置城市建设主题的背景,并为参与者提供现场提出意见和反馈的机会;为进一步合作整合新路径——在顶层和底层利益相关者之间建立一个更广泛的网络,将人们聚集起来;以类似于 DIY 的方法创建社区身份,以弥合最高最低贡献之间的差距,消除与社区驱动的行动相关的污名化或羞耻感;为城市建设过程创建更高水平的透明度;鼓励所有利益相关者之间的伙伴关系,所有各方都负有责任;提供实时访问本地化讨论;以及汇总参与数据的可视化。

这一框架有可能在促进社区的参与进程方面发挥关键作用,从而通过

---

① WOUTERS N, DOWNS J, HARROP M, et al. Uncovering the honeypot effect: how audiences engage with public interactive systems[C]// Conference on Designing Interactive Systems 2016. ACM Press, 2016:5-16.

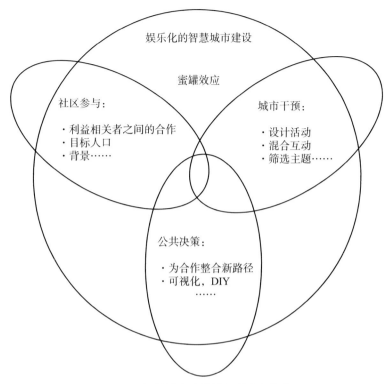

图8.4　智慧城市建设的智慧参与框架

几个关键方式鼓励城市居民的智慧参与：（1）通过降低政府与社区之间的障碍——为社区对话开辟一个直接、平易近人、安全、非正式但值得信赖的渠道；（2）通过设定所讨论议题的背景，为城市居民提供真正参与讨论的机会以及参与决策过程的机会；（3）通过数字、物理或混合渠道收集并实现数据的动态可视化，以提高智慧城市建设过程的整体透明度和问责制，提供更清晰和最新的实时讨论状态、民意调查结果和公民意见输入。该框架具有应用于各种城市背景和城市规模的潜力，随着当代社会继续探索"智慧方法"（即智慧城市、智慧政府、智慧社区）和"智慧学习"（即人工智能、机器学习）的趋势，存在着通过智慧参与展开进一步合作的重大机遇。数字互动和物理互动的结合应该能够提供一种数字增强的体验，在各种类型的参与过程中吸引更广泛的社会各界人士，从而增加城市协作和包容性。

参考文献

中文部分

[1] 巴伯.强势民主[M].彭斌,吴润洲,译.长春:吉林人民出版社,2006.

[2] 鲍静,张勇进. 政府部门数据治理:一个亟需回应的基本问题[J]. 中国行政管理,2017(4):28－34.

[3] 鲍巧玲,杨滔,黄奇晴,等. 数字孪生城市导向下的智慧规建管规则体系构建:以雄安新区规划建设 BIM 管理平台为例[J]. 城市发展研究,2021,28(8):50－55,106.

[4] 北京大学课题组. 平台驱动的数字政府:能力、转型与现代化[J]. 电子政务,2020(7):2－30.

[5] 贝拉米.重新思考自由主义[M]. 王萍,傅广生,周春鹏,译. 南京:江苏人民出版社,2005.

[6] 伯林. 自由论[M].胡传胜,译.南京:译林出版社,2011.

[7] 陈立巍,叶强. 虚拟世界网络用户生活方式测量模型研究[J]. 管理科学,2009(2):83－90.

[8] 陈尚超. 城市仿真:一种交互式规划和公众参与的创新工具[J].城市规划,2001(8):34－36.

[9] 陈水生.迈向数字时代的城市智慧治理:内在理路与转型路径[J].上海行政学院学报,2021,22(5):48－57.

[10] 陈水生,屈梦蝶. 公民参与城市公共空间治理的价值及其实现路径:来自日本的经验与启示[J]. 中国行政管理,2020(1):135－141.

[11] 陈涛,刘伊琳,梁哲浩,等. 城乡社区治理中的居民在线参与行为研究:基于公民自愿主义和社区情感承诺的视角[J]. 中国行政管理,2021(12):96－102.

[12] 陈万球,石惠絮. 大数据时代城市治理:数据异化与数据治理[J]. 湖南师范大学社会科学学报,2015,44(5):126－130.

［13］陈晓律.从古典民主到大众民主:兼评理查德·伯拉米的《重新思考自由主义》［J］.南京大学学报(哲学·人文科学·社会科学版)，2004(2)：20－28.

［14］陈渝，杨保建.技术接受模型理论发展研究综述［J］.科技进步与对策，2009，26(6)：168－171.

［15］陈毓.政治生活新现象:网络参政［J］.中国国情国力，2000(7)：17－18.

［16］楚啸原，刘珂，理原，等.感知易用性会影响网络游戏中虚拟商品的使用意愿么?:感知有用性和玩家神经质的作用［J］.心理科学，2021，44(1)：134－140.

［17］崔燕兵.区块链技术驱动社会治理创新的理论考察［J］.科技风，2020(24)：7－9.

［18］达尔.多元主义民主的困境:自治与控制［M］.周军华，译.长春:吉林人民出版社,2011.

［19］达尔.谁统治?:一个美国城市的民主和权力［M］.范春辉，张宇，译.南京:江苏人民出版社，2019.

［20］达尔，夏皮罗.论民主［M］.李风华，译.北京:中国人民大学出版社,2020.

［21］邓念国.整体智治:城市基层数字治理的理论逻辑与运行机制:基于杭州市 S 镇的考察［J］.理论与改革，2021(4)：58－69,155.

［22］丁国胜，宋彦.智慧城市与"智慧规划":智慧城市视野下城乡规划展开研究的概念框架与关键领域探讨［J］.城市发展研究，2013，21(8)：34－39.

［23］段文婷，江光荣.计划行为理论述评［J］.心理科学进展，2008(2)：315－320.

［24］伏燕.提升政策执行有效性的途径:建构"参与型"行政组织文化［J］.山东行政学院学报，2014(6)：12－16.

［25］高丰.开放数据:概念、现状与机遇［J］.大数据，2015(2)：9－18.

［26］高民政，孙艳红.规模视野中的公民参与和效能感:达尔关于规模与民主问题的一项相关性分析结论与启示［J］.浙江学刊，2007(1)：115－123.

［27］戈尔曼.数字时代需要透明的坦诚文化［J］.IT 时代周刊，2011(24)：70－71.

［28］格拉伯.沟通的力量:公共组织信息管理［M］.张熹珂，译.上海:复旦大

学出版社,2007.

[29] 顾训宝.十年来我国公民参与现状研究综述[J].北京行政学院学报,2009(4):33-38.

[30] 哈贝马斯.包容他者[M].曹卫东,译.上海:上海人民出版社,2002.

[31] 哈贝马斯.合法化危机[M].刘北成,曹卫东,译.上海:上海人民出版社,2019.

[32] 哈贝马斯.交往行为理论:第1卷[M].曹卫东,译.上海:上海人民出版社,2018.

[33] 哈贝马斯.在事实与规范之间[M].童世骏,译.北京:生活·读书·新知三联书店,2014.

[34] 哈耶克.自由宪章[M].杨玉生,冯兴元,陈茅,等译.北京:中国社会科学出版社,1999.

[35] 韩兆柱,马文娟.数字治理理论研究综述[J].甘肃行政学院学报,2016(1):23-35.

[36] 豪利特,拉什米.公共政策研究:政策循环与政策子系统[M].庞诗,等译.北京:生活·读书·新知三联书店,2006.

[37] 何哲.国家数字治理的宏观架构[J].电子政务,2019(1):32-38.

[38] 胡荣.中国人的政治效能感、政治参与和警察信任[J].社会学研究,2015(1):76-96.

[39] 胡伟.民主反对参与:现代民主理论的张力与逻辑[J].天津社会科学,2015(1):99-107.

[40] 胡业飞,傅利平,敬乂嘉,等.中国背景下的政府治理及其规律:研究展望[J].管理科学学报,2021,24(8):91-104.

[41] 虎小军,张世远.主体间性:哲学研究的新范式[J].宁夏社会科学,2007(2):119-123.

[42] 黄晨熹.老年数字鸿沟的现状、挑战及对策[J].人民论坛,2020(29):126-128.

[43] 黄健荣.论公共管理之本质特征、时代性及其它[J].公共管理学报,2005(3):23-30.

[44] 霍布斯.利维坦[M].黎思复,黎廷弼,译.北京:商务印书馆,1985.

[45] 加达默尔.真理与方法:哲学诠释学的基本特征[M].洪汉鼎,译.上海:上海译文出版社,1999.

[46] 蒋余浩.开放共享下的政务大数据管理机制创新[J].中国行政管理,2017(8):42-46.

［47］焦媛媛，吴业鹏，许晖.过程反馈如何影响参与者行为?:来自在线设计众包竞赛的证据［J］.研究与发展管理，2021，33(1):110－124.

［48］解胜利，吴理财.从"嵌入—吸纳"到"界权—治理":中国技术治理的逻辑嬗变:以项目制和清单制为例的总体考察［J］.电子政务，2019(12):95－107.

［49］敬乂嘉.合作治理:历史与现实的路径［J］.南京社会科学，2015(5):1－9.

［50］敬乂嘉.政府扁平化:通向后科层制的改革与挑战［J］.中国行政管理，2010(10):105－111.

［51］敬乂嘉，周霓羽，闻静.对国外治理评估指标的比较分析［J］.复旦公共行政评论，2021(1):269－291.

［52］卡诺凡.阿伦特政治思想再释［M］.陈高华，译.北京:人民出版社，2012.

［53］卡斯特.网络社会的崛起［M］.夏铸九，译.北京:社会科学文献出版社，2006.

［54］坎宁安.民主理论导论［M］.谈火生，年玥，王民靖，译.长春:吉林出版集团有限责任公司，2010.

［55］柯恩.我们也能像红帽一样建立开放式组织吗?［J］.商业评论，2016(11):21.

［56］孔凡宏，张继平.论公民对公共行政的参与:价值、形式与保障［J］.中国行政管理，2008(3):14－17.

［57］郎友兴.科技当向善:数字时代的弱势群体及其解决之道［J］.浙江经济，2020(9):8－11.

［58］李德国，郑炜.服务设计如何推动公共部门的价值创造:一项针对办事指南的混合研究［J］.中国行政管理，2021(4):22－30.

［59］李海青.政治哲学视野中的公民参与［N］.学习时报，2008－01－14.

［60］李庆钧.公共政策过程中公民参与的作用及其限制性因素分析［J］.扬州大学学报(人文社会科学版)，2007(1):93－97.

［61］李文元，王平.基于CiteSpace的我国顾客参与研究可视化分析［J］.电子商务，2020(2):35－37.

［62］李雪彦.我国农民网络政治参与边缘化现象剖析［J］.长白学刊，2013(1):54－58.

［63］刘训练.马基雅维利与古典共和主义［J］.政治学研究，2011(4):77－84.

［64］卢克斯，李红珍，曹文宏. 以赛亚·伯林与马克斯·韦伯的价值多元主义之比较:兼论以赛亚·伯林的自由主义[J]. 江汉论坛，2012(3):84-91.

［65］卢梭. 社会契约论[M]. 李平沤，译. 北京:商务印书馆，2011.

［66］鲁耀斌，徐红梅. 技术接受模型及其相关理论的比较研究[J]. 科技进步与对策，2005(10):176-178.

［67］罗德刚. 论服务型地方政府模式的结构要素[J]. 中国行政管理，2003(9):9-12.

［68］洛克. 政府论:下篇[M]. 叶启芳，瞿菊农，译. 北京:商务印书馆，1996.

［69］马克思，恩格斯. 马克思恩格斯选集:第四卷[M].中共中央马克思恩格斯列宁斯大林著作编译局，译.北京:人民出版社，1995.

［70］马亮. 公共管理与政策研究的大问题[J]. 公共管理与政策评论，2019(2):27-33.

［71］马亮. 新加坡推进"互联网＋政务服务"的经验与启示[J]. 电子政务，2017(11):48-54.

［72］马亮. 需求驱动、政府能力与移动政务合作提供:中国地级市的实证研究[J]. 公共管理评论，2018(1):25-45.

［73］迈尔，克莱尔，米勒，等. 民主社会主义理论概念[M]. 殷叙彝，张世鹏，等译. 重庆:重庆出版社，2012.

［74］孟德斯鸠.论法的精神:上[M].张雁深，译.北京:商务印书馆，1978.

［75］密尔.代议制政府[M].汪瑄，译.北京:商务印书馆，1982.

［76］牟硕. 当代西方文化多元与民主解决方案:达尔多元主义民主理论的文化维度[J]. 国外社会科学，2021(3):130-136.

［77］宁昌会，奚楠楠. 国外游戏化营销研究综述与展望[J]. 外国经济与管理，2017，39(10):72-85.

［78］诺齐克.无政府、国家与乌托邦[M].何怀宏，等译.北京:中国社会科学出版社，1991.

［79］佩蒂特. 共和主义:一种关于自由与政府的理论[M]. 刘训练，译.南京:江苏人民出版社，2012.

［80］佩特曼.参与和民主理论[M].陈尧，译.上海:上海人民出版社，2006.

［81］普劳考斯耐克. 历史地研究政治理论:昆廷·斯金纳访谈[J]. 黎汉基，黄佩璇，译. 政治思想史，2014(1):167-182.

［82］漆光鸿，王剑英，杨志强. 青年网络政治参与的内容、特征及影响因素研究:基于对七个中文论坛相关资料的文本分析[J]. 中国青年研究，

2012(10):56－61,84.

［83］森.以自由看待发展［M］.任赜,于真,译.北京:中国人民大学出版社,2002.

［84］沈费伟,叶温馨.政府赋能与数据约束:基层政府数字治理的实践逻辑与路径建构:基于"龙游通"数字治理的案例考察［J］.河南社会科学,2021,29(4):86－93.

［85］斯金纳.近代政治思想的基础:上卷［M］.奚瑞森,亚方,译.北京:商务印书馆.2002.

［86］宋雅萍.论主体间性［J］.马克思主义哲学研究,2008(1):198－207.

［87］孙黎明.抖音政务短视频:政务信息传播新阵地［J］.网络传播,2019(3):50－51.

［88］锁利铭.府际数据共享的双重困境:生成逻辑与政策启示［J］.探索,2020(5):126－140,193.

［89］锁利铭.面向共同体的治理:功能机制与网络结构［J］.天津社会科学,2020(6):71－78.

［90］谭必勇,刘芮.数字政府建设的理论逻辑与结构要素:基于上海市"一网通办"的实践与探索［J］.电子政务,2020(8):60－70.

［91］汤志伟,李金兆,等.中国地方政府互联网服务能力发展报告(2019)［M］.北京:社会科学文献出版社,2019.

［92］童星.科学社会主义的理论与实践［M］.5版.南京:南京大学出版社,2014.

［93］托克维尔.论美国的民主:上卷［M］.董果良,译.北京:商务印书馆,1988.

［94］万梅,李声宇.论我国民主政治中的公民参与问题［J］.广西社会主义学院学报,2006(4):50－51.

［95］汪玉凯.城市数字化转型与国际大都市治理［J］.人民论坛・学术前沿,2021(Z1):40－45.

［96］王帆宇,朱炳元.论网络政治空间和公民理性政治参与:基于政府善治的视角［J］.科学・经济・社会,2013,31(2):31－35.

［97］王立国,刘海燕.我国公共项目投资决策模型研究［J］.学习与探索,2007(1):174－177.

［98］王云.我国公共行政决策中的公民参与问题研究［J］.求实,2006(S3):36－38.

［99］谢康,谢永勤,肖静华.共享经济情境下的技术信任:数字原生代与数

字移民的差异分析[J].财经问题研究,2018(4):99-107.

[100] 熊彼特.资本主义、社会主义与民主[M].吴良健,译.北京:商务印书馆,1999.

[101] 徐琳,袁光.区块链:大数据时代破解政府治理数字难题之有效工具[J].上海大学学报(社会科学版),2020,37(2):67-78.

[102] 徐炜翰,赵宇翔,刘周颖.面向众包平台的游戏化框架设计及元素探索[J].图书情报知识,2018(3):4,26-34.

[103] 薛澜,张帆,武沐瑶.国家治理体系与治理能力研究:回顾与前瞻[J].公共管理学报,2015(3):1-12,155.

[104] 亚里士多德.政治学[M].吴寿彭,译.北京:商务印书馆,1965.

[105] 阎波,吴建南.电子政务何以改进政府问责:ZZIC创新实践的案例研究[J].公共管理学报,2015(2):1-12,153.

[106] 阎波.以"运动战"破解"办事难":地方政府推行"互联网+政务服务"改革的制度逻辑[J].中国行政管理,2020(10):97-105.

[107] 杨春时.文学理论:从主体性到主体间性[J].厦门大学学报(哲学社会科学版),2002(1):17-24.

[108] 杨冬梅."互联网+"时代公众参与城市风险治理探析[J].行政论坛,2016,23(6):103-106.

[109] 叶萌,徐晓蓓,袁红平.复杂网络视角下的BIM技术扩散研究[J].科技管理研究,2021,41(13):151-157.

[110] 殷猛,李琪.基于价值感知的微博话题持续参与意愿研究[J].情报杂志,2017,36(8):94-100.

[111] 尹丽英,张超.中国智慧城市理论研究综述与实践进展[J].电子政务,2019(1):111-121.

[112] 于施洋,郭明军,王建冬,等.政务数据与社会数据平台化对接研究:模型构建与案例验证的视角[J].情报理论与实践,2020,43(5):74-79.

[113] 于文轩,许成委.中国智慧城市建设的技术理性与政治理性:基于147个城市的实证分析[J].公共管理学报,2016(4):127-138,159.

[114] 余敏江."超前治理":城市管理的范式革命:评《花园城市"的"管"与"治"—新加坡城市管理的理念与实践》[J].理论与改革,2017(4):127-135.

[115] 俞可平.公民参与的几个理论问题[N].学习时报,2006-12-19.

[116] 俞可平.治理与善治[M].北京:社会科学文献出版社,2000.

[117] 曾凡斌. 论网络政治参与的九种方式[J]. 中州学刊，2013(3)：19－22.

[118] 曾凡军，韦彬. 后公共治理理论:作为一种新趋向的整体性治理[J]. 天津行政学院学报，2010，12(2):59－64.

[119] 曾粤亮. 城市数字包容项目要素及公共图书馆参与策略分析:以美国数字包容领导奖项目为例[J]. 图书馆建设，2018(8):67－74.

[120] 曾智洪，游晨，陈煜超. 积极型政府数字化危机治理:动员策略与理论源流:以抗击新冠肺炎疫情为例[J]. 电子政务，2021(3)：61－72.

[121] 扎科特. 自然权利与新共和主义[M]. 王崇兴，译. 长春:吉林出版集团有限责任公司，2008.

[122] 张春莉. 公民行政参与研究状况回顾与展望[J]. 湖南社会科学，2005(5):37－41.

[123] 张翠.民主理论的批判与重建:哈贝马斯政治哲学思想研究[M].北京:人民出版社,2011.

[124] 张存. 公共选择理论视角下的公民参与[J]. 西北农林科技大学学报(社会科学版)，2007，7(1):71－74.

[125] 张峰，孔繁斌. 信息空间视角下的社会治理模式创新[J]. 学海，2016(6):12－17.

[126] 张航. 从电子政府走向移动政府的理论与实践探索[J]. 电子政务，2017(12):72－81.

[127] 张航. 公民参与的新阶段:"知情-协商-赋权"的电子参与过程[J]. 学习与实践，2017(3):62－71.

[128] 张航，庞绍堂. 公共价值范式的开放政府评估系统研究[J]. 华侨大学学报(哲学社会科学版)，2017(2):113－126.

[129] 张航，谢长征. 比较视野下政策众包的模式与应用研究[J]. 公共管理与政策评论，2019(2):62－73.

[130] 张航.新自由主义经济伦理及其对中国社会保障的启示[D].南京:南京大学,2012.

[131] 张会平，郭宁，汤玺楷. 推进逻辑与未来进路:我国政务大数据政策的文本分析[J]. 情报杂志,2018,37(3)：152－157,192.

[132] 张会平. 面向公共价值创造的城市公共数据治理创新[J]. 行政论坛，2020,27(1)：130－136.

[133] 张会平，杨国富."互联网＋政务服务"跨层级数据协同机制研究:基于个人事项的社会网络分析[J]. 电子政务,2018(6)：81－88.

[134] 张楠. 公共衍生大数据分析与政府决策过程重构:理论演进与研究展望[J]. 中国行政管理,2015(10):19-24.

[135] 张廷君,李鹏. 技术赋能还是制度重塑:机关事务治理模式的创新路径分析:以福州"数字乌山"®为例[J]. 中国行政管理,2021(8):25-30.

[136] 张维平. 论中国行政战略体系下行政决策机制的改革与完善[J]. 中国行政管理,2008(3):110-113.

[137] 张再林. 关于现代西方哲学的"主体间性转向"[J]. 人文杂志,2000(4):9-15.

[138] 赵蓓,杨威. 智慧城市建设中移动政务采纳问题研究:以厦门地区政务APP"i厦门"为例[J]. 东南学术,2020(2):191-197.

[139] 赵春丽. 网络政治参与:协商民主的新形式[J]. 中共天津市委党校学报,2007,9(4):88-92.

[140] 赵金旭,孟天广. 科技革新与治理转型:移动政务应用与智能化社会治理[J]. 电子政务,2019(5):2-11.

[141] 赵小勇. 法律与技术如何相处:区块链时代犯罪治理模式的双重重构[J]. 探索与争鸣,2020(9):149-156,160.

[142] 赵轩维,夏恩君,李森. 网络众包参与者创造力影响因素研究[J]. 科研管理,2019,40(7):192-205.

[143] 郑磊. 城市数字化转型的内容、路径与方向[J]. 探索与争鸣,2021(4):147-152.

[144] 郑磊,高丰. 中国开放政府数据平台研究:框架、现状与建议[J]. 电子政务,2015(7):8-16.

[145] 郑磊. 数字治理的"填空"与"留白"[J]. 人民论坛·学术前沿,2021(23):106-112.

[146] 郑清贤. 立法容错助推平潭开放开发[J]. 人民政坛,2016(6):42.

[147] 周东林,张庆胜. 论公民网络参与公共政策的利弊[J]. 企业经济,2010(11):141-143.

[148] 周利敏,钟娇文. 应急管理中社交媒体的嵌入:理论构建与实践创新[J]. 中国行政管理,2022(1):121-127.

[149] 周林刚,陈永海. 社交媒体环境下的残疾人志愿参与状况及影响因素研究:基于深圳和东莞的问卷调查分析[J]. 经济社会体制比较,2020(1):101-113.

[150] 朱红灿,廖小巧. 基于UTAUT的公众政府信息获取网络渠道使用

意愿模型研究[J].情报杂志,2016,35(8):204-207.

[151] 朱明炬,田慧,张挺,等.四直辖市人民政府英文门户网站对比研究[J].电子政务,2009(11):66-71.

[152] 朱永明,黄嘉鑫.道德、娱乐还是利益目标?:游戏式共创对用户持续参与意愿的影响研究[J].财经论丛,2021(6):101-112.

[153] 竺乾威.从新公共管理到整体性治理[J].中国行政管理,2008(10):52-58.

[154] 邹静琴,王静,苏粤.大学生网络政治参与现状调查与规范机制构建:以广东省八所高校为例的实证研究[J].政治学研究,2010(4):65-74.

外文部分

[1] AITAMURTO T. Crowdsourcing for democracy: a new era in policy-making[R]. Helsinki: The Committee for the Future, 2012.

[2] AL-AAMA A Y. The use of Twitter to promote e-participation: connecting government and people[J]. International journal of web based communities, 2015, 11(1):73-96.

[3] ALBRECHT S. Whose voice is heard in online deliberation?: a study of participation and representation in political debates on the internet [J]. Information, communication & society, 2006, 9(1):62-82.

[4] ALFORD J, O'FLYNN J. Making sense of public value: concepts, critiques and emergent meanings[J]. International journal of public administration, 2009, 32(3-4):171-191.

[5] AMSLER L B. Collaborative governance: integrating management, politics, and law[J]. Public administration review, 2016, 76(5):700-711.

[6] ANSELL C, GASH A. Collaborative governance in theory and practice[J]. Journal of public administration research and theory, 2008, 18(4):543-571.

[7] BALDWIN C, HIPPEL E V. Modeling a paradigm shift: from producer innovation to user and open collaborative innovation[J]. Organization science, 2011, 22(6):1369-1683.

[8] BERTOT J C, JAEGER P T, GRIMES J M. Using ICTs to create a culture of transparency: e-government and social media as openness

and anti-corruption tools for societies[J]. Government information quarterly, 2010, 27(3): 264 - 271.

[9] BEST S J, Krueger B S. Analyzing the representativeness of Internet political participation[J]. Political behavior, 2005, 27(2):183 - 216.

[10] BICKING M, JANSSEN M, Wimmer M A. Looking into the future: scenarios for e-government in 2020 [C]// SUOMI R, CABRAL R, HAMPE J F, et al. Project e-society: building bricks. [S. l.:s.n.]: Springer, 2006.

[11] BINGHAM L B. Legal frameworks for collaboration in governance and public management[M]// BINGHAM L B, O'LEARY R. Big ideas in collaborative public management. New York: M. E. Sharpe, Inc., 2014:247 - 269.

[12] BIRKINSHAW P. Freedom of information and openness: fundamental human rights? [J]. Administrative law review, 2006, 58(1): 177 - 218.

[13] BLOCK T, PAREDIS E. Urban development projects catalyst for sustainable transformations: the need for entrepreneurial political leadership[J]. Journal of cleaner production, 2013, 50:181 - 188.

[14] BLOMKAMP E. The promise of co-design for public policy[J]. Australian journal of public administration, 2018, 77(4):729 - 743.

[15] BOLÍVAR M P R. Characterizing the role of governments in smart cities: A literature review[M]//GIL-GARCIA J R, PARDO T A, NAM T. Smarter as the new urban agenda. Cham: Springer, 2016: 49 - 71.

[16] BOLÍVAR M P R, MUÑOZ L A, LÓPEZ-HERNÁNDEZ A M. Determinants of financial transparency in government [J]. International public management journal, 2013, 16(4): 557 - 602.

[17] BONSÓN E, RATKAI M. A set of metrics to assess stakeholder engagement and social legitimacy on a corporate Facebook page[J]. Online information review, 2013, 37(5): 787 - 803.

[18] BONSÓN E, RATKAI M, ROYO S. Facebook use in Western European local governments: an overall view[M]//SOBACI M. Social media and local government. Cham: Springer, 2016: 59 - 77.

[19] BONSÓN E, ROYO S, RATKAI M. Citizens' engagement on local

governments' Facebook sites. An empirical analysis: the impact of different media and content types in Western Europe [J]. Government information quarterly, 2015, 32(1): 52 - 62.

[20] BROWN G, KYTTÄ M. Key issues and research priorities for public participation GIS (PPGIS): a synthesis based on empirical research[J]. Applied geography, 2014(46):122 - 136.

[21] BRYDE D, BROQUETAS M, VOLM J M. The project benefits of Building Information Modelling (BIM)[J]. International journal of project management, 2013,31(7):971 - 980.

[22] BRYSON J M, CROSBY B C, STONE M M. The design and implementation of cross-sector collaborations: propositions from the literature[J]. Public administration review, 2006, 66(s1): 44 - 55.

[23] BUELL R W, NORTON M I. Surfacing the submerged state: operational transparency increases trust in and engage-ment with government [J]. Harvard business school marketing working papers, 2013.

[24] CARTER L, BÉLANGER F. The utilization of e-government services: citizen trust, innovation and acceptance factors [J]. Information systems journal, 2005, 15(1):5 - 25.

[25] ÇELIK A K, KABAKUŞ A K. Do e-government services 'really' make life easier? Analyzing demographic indicators of Turkish citizens' e-government perception using ordered response models[J]. Social science electronic publishing, 2015, 6(1):185 - 194.

[26] CHADWICK A, MAY C. Interaction between states and citizens in the age of the internet: "e-government" in the United States, Britain, and the European Union[J]. Governance, 2003, 16(2): 271 - 300.

[27] CHARALABIDIS Y, LOUKIS E N, ANDROUTSOPOULOU A, et al. Passive crowdsourcing in government using social media[J]. Transforming government: people, process and policy, 2014, 8(2): 283 - 308.

[28] CHENG X, YIN G, AZADEGAN A, et al. Trust evolvement in hybrid team collaboration: a longitudinal case study[J]. Group decision and negotiation, 2016, 25(2): 267 - 288.

[29] CHESBROUGH H，BOGERS M. Explicating open innovation：clarifying an emerging paradigm for understanding innovation[M]// CHESBROUGH H，VANHAVERBEKE W，WEST J. New frontiers in open innovation.[S. l.]：Oxford University Press，2014.

[30] CHUN S A，CHO J S. E-Participation and transparent policy decision making[J]. Information polity，2012,17(2)：129－145.

[31] CHUN S A，SHULMAN S，SANDOVAL R，et al. Government 2.0：making connections between citizens，data and government[J]. Information polity，2010，15(1)：1－9.

[32] CLIFT S. E-governance to e-democracy：progress in Australia and New Zealand toward information-age democracy[EB/OL].[2020－05－06]. https：//www.publicus.net/articles/aunzedem.html.

[33] COOPER T L，BRYER T A，MEEK J W. Citizen-centered collaborative public management[J]. Public administration review，2006，66(S1)：76－88.

[34] CORDELLA A，BONINA C M. A public value perspective for ICT enabled public sector reforms：a theoretical reflection [J]. Government information quarterly，2012，29(4)：512－520.

[35] CORREA T，HINSLEY A W，DE ZÚÚIGA H G. Who interacts on the web?：the intersection of users' personality and social media use [J]. Computers in human behavior，2010，26(2)：247－253.

[36] CRIADO J I，SANDOVAL-ALMAZAN R，GIL-GARCIA J R. Government innovation through social media [J]. Government information quarterly，2013，30(4)：319－326.

[37] CUCCINIELLO M，BELLÈ N，NASI G，et al. Assessing public preferences and the level of transparency in government using an exploratory approach [J]. Social science computer review，2015，33(5)：571－586.

[38] CULLEN，R. Defining the transformation of government：egovernment or e-governance paradigm[M]// SCHNOLL H J. E-government：information，technology，and transformation. New York：Routledge，2010.

[39] CURWELL S，DEAKIN M，COOPER I，et al. Citizens' expectations of information cities：implications for urban planning and design[J].

Building research & information，2005，33(1)：55 – 66.

[40] DALAKIOURIDOU E，SMITH S，TAMBOURIS E，et al. Electronic participation policies and initiatives in the European Union Institutions［J］. Social science computer review，2012，30 (3)：297 – 323.

[41] DARGAR F，KUJALA J，AALTONEN K，et al. Value creation dynamics in a project alliance［J］. International journal of project management，2019，37(5)：716 – 730.

[42] DAVIS J L，JURGENSON N. Context collapse：theorizing context collusions and collisions［J］. Information，communication & society，2014，17(4)：476 – 485.

[43] DAWES S S. Stewardship and usefulness：policy principles for information-based transparency ［J］. Government information quarterly，2010，27(4)：377 – 383.

[44] DAWES S S. The evolution and continuing challenges of e-governance［J］. Public administration review，2008，68(S1)：S86 – S102.

[45] DESCHRIJVER C. On the metapragmatics of 'conspiracy theory'：scepticism and epistemological debates in online conspiracy comments［J］. Journal of pragmatics，2021,182:310 – 321.

[46] DEVISCH O，POPLIN A，SOFRONIE S. The gamification of civic participation：two experiments in improving the skills of citizens to reflect collectively on spatial issues［J］. Journal of urban technology，2016，23(2)：81 – 102.

[47] DING L，PERISTERAS V，HAUSENBLAS M. Linked open government data［Guest editors' introduction］［J］. IEEE intelligent systems，2012，27(3)：11 – 15.

[48] DUNLEAVY P，MARGETTS H，BASTOW S，et al. New public management is dead—long live digital-era governance［J］. Journal of public administration research and theory，2006，16(3)：467 – 494.

[49] DWIVEDI Y K，RANA N P，JEYARAJ A，et al. Re-examining the Unified Theory of Acceptance and Use of Technology (UTAUT)：towards a revised theoretical model ［J］. Information systems frontiers，2017，21(3)：719 – 734.

[50] ECKARTZ S，VAN DEN BROEK T，OOMS M. Open data

innovation capabilities: towards a framework of how to innovate with open data[C]//SCHOLL H J, GLASSEY O, JANSSEN M, et al. Electronic Government: 15th IFIP WG 8. 5 International Coference, EGOV 2016. Cham: Springer, 2016.

[51] EMERSON K, NABATCHI T, BALOGH S. An integrative framework for collaborative governance [J]. Journal of public administration research and theory, 2012, 22(1): 1 - 29.

[52] EVANS-COWLEY J S, GRIFFIN G. Microparticipation with social media for community engagement in transportation planning[J]. Transportation research record: journal of the transportation research board, 2012, 2307(1): 90 - 98.

[53] FERNANDEZ-ANEZ V, FERNÁNDEZ-GÜELL J M, & GIFFINGER R. Smart city implementation and discourses: an integrated conceptual model: the case of Vienna[J]. Cities, 2018, 78: 4 - 16.

[54] FINGER M, GROENWEGEN J, KÜNNEKE R. The quest for coherence between institutions and technologies in infrastructures [J]. Competition and regulation in network industries, 2013, 6(4): 227 - 260.

[55] FISHENDEN J, THOMPSON M. Digital government, open architecture, and innovation: why public sector IT will never be the same again[J]. Journal of public administration research and theory, 2013, 23(4): 977 - 1004.

[56] FONT J, SMITH G, GALAIS C, et al. Cherry-picking participation: explaining the fate of proposals from participatory processes[J]. European journal of political research, 2018, 57(3): 615 - 636.

[57] FORESTER J. Adaptive governance and water conflict: new institutions for collaborative planning[M]. New York: Routledge, 2005.

[58] FRESCHI A C, MEDAGLIA R, NØRBJERG J. A tale of six countries: eParticipation research from an administration and political perspective [C]//MACINTOSH A, TAMBOURIS E. International Conference on Electronic Participation. Berlin, Heidelberg: Springer, 2009: 36 - 45.

［59］ FUNG A. Infotopia unleashing the democratic power of transparency ［J］. Politics & society，2013，41（2）：183－212.

［60］ GANAPATI S，REDDICK C G. Open e-government in US state governments：survey evidence from Chief Information Officers［J］. Government information quarterly，2012，29（2）：115－122.

［61］ GASCÓ M. Special issue on open government：an introduction［J］. Social science computer review，2015，33（5）：535－539.

［62］ GASTIL J. A theoretical model of how digital platforms for public consultation can leverage deliberation to boost democratic legitimacy ［J］. Journal of deliberative democracy，2021，17（1）：78－89.

［63］ GELLERS J C. Crowdsourcing global governance：sustainable development goals，civil society，and the pursuit of democratic legitimacy［J］. International environmental agreements politics law and economics，2016，16（3）：415－432.

［64］ GIL-GARCIA J R，MARTINEZ-MOYANO I J. Understanding the evolution of e-government：the influence of systems of rules on public sector dynamics ［J］. Government information quarterly，2007，24（2）：266－290.

［65］ GIL-GARCIA J R，PARDO T A，NAM T. What makes a city smart? Identifying core components and proposing an integrative and comprehensive conceptualization ［J］. Information polity，2015，20（1）：61－87.

［66］ GIL-GARCIA J R，ZHANG J，PURON-CID G. Conceptualizing smartness in government：an integrative and multi-dimensional view ［J］. Government information quarterly，2016，33（3）：524－534.

［67］ GOLDFINCH S，GAULD R，HERBISON P. The participation divide? Political participation，trust in government，and e-government in Australia and New Zealand［J］. Australian journal of public administration，2009，68（3）：333－350.

［68］ GOODIN R E，DRYZEK J S. Deliberative impacts：the Macro-political uptake of mini-publics［J］. Politics & society，2006，34（2）：219－244.

［69］ GRAFFI K，MASINDE N. LibreSocial：a peer-to-peer framework for online social networks ［J］. Concurrency and computation：

practice and experience，2021，33(8)：1 - 20.

[70] GRANIC I, LOBEL A, ENGELS R C M E. The benefits of playing video games[J]. American psychologist，2014，69(1)：66 - 78.

[71] GREGORY R, FISCHHOFF B, MCDANIELS T. Acceptable input： using decision analysis to guide public policy deliberations [J]. Decision analysis，2005，2(1)：4 - 16.

[72] GRIMMELIKHUIJSEN S G，MEIJER A J. The effects of transparency on the perceived trustworthiness of a government organization：evidence from an online experiment[J]. Journal of public administration research and theory，2014，24(1)：137 - 157.

[73] GRIMMELIKHUIJSEN S G. Transparency of public decision-making：towards trust in local government? [J]. Policy & internet，2010，2(1)：5 - 35.

[74] GRIMMELIKHUIJSEN S, PORUMBESCU G，HONG B，et al. The effect of transparency on trust in government：a cross-national comparative experiment[J]. Public administration review，2013，73(4)：575 - 586.

[75] GRÖNLUND Å. Electronic government：design, applications and management[J]. Online information review，2002，27(1)：60 - 61.

[76] GRÖNLUND Å，HORAN T A. Introducing e-GOV：history, definitions and issues[J]. Communications of the association for information systems，2005，15：713 - 729.

[77] GUPTA K P, SINGH S, BHASKAR P. Citizen adoption of e-government：a literature review and conceptual framework[J]. Electronic government an international journal，2016，12(2)：160 - 185.

[78] HAMARI J, HASSAN L, DIAS A. Gamification, quantified-self or social networking? Matching users' goals with motivational technology[J]. User modeling and user-adapted interaction，2018，28(1)：35 - 74.

[79] HAMZA K. Smart city implementation framework for developing countries：the case of Egypt[M]//GIL-GARCIA J, PARDO T, NAM T. Smarter as the new urban agenda：a comprehensive view of the 21st Century City. Cham：Springer，2015：171 - 187.

［80］ HARRISON T M，GUERRERO S，BURKE G B，et al. Open government and e-government：democratic challenges from a public value perspective［J］. Information polity，2012，17(2)：83 - 97.

［81］ HEALD D. Why is transparency about public expenditure so elusive? ［J］. International review of administrative sciences，2012，78(1)： 30 - 49.

［82］ HEEKS R，BAILUR S. Analyzing e-government research： perspectives，philosophies，theories，methods，and practice［J］. Government information quarterly，2007，24(2)：243 - 265.

［83］ HOOD C. Accountability and transparency： siamese twins， matching parts，awkward couple? ［J］. West European politics， 2010，33(5)：989 - 1009.

［84］ HOSIO S，GONCALVES J，KOSTAKOS V，et al. Crowdsourcing public opinion using urban pervasive technologies：lessons from real-life experiments in Oulu［J］. Policy & internet，2015，7 (2)： 203 - 222.

［85］ HUDSON-SMITH A，EVANS S，BATTY M. Building the virtual city： public participation through e-democracy［J］. Knowledge， technology & policy，2005，18(1)：62 - 85.

［86］ HUOTARI K，HAMARI J. A definition for gamification：anchoring gamification in the service marketing literature［J］. Electronic markets，2017，27(1)：21 - 31.

［87］ IM T，CHO W，PORUMBESCU G，et al. Internet，trust in government，and citizen compliance［J］. Journal of public administration research and theory，2014，24(3)：741 - 763.

［88］ JAEGER P T. The endless wire： e-government as global phenomenon［J］. Government information quarterly，2003，20(4)： 323 - 331.

［89］ JANSSEN M，CHARALABIDIS Y，ZUIDERWIJK A. Benefits， adoption barriers and myths of open data and open government［J］. Information systems management，2012，29(4)：258 - 268.

［90］ JHO W，SONG K J. Institutional and technological determinants of civil e-participation：solo or duet? ［J］. Government information quarterly，2015，32(4)：488 - 495.

[91] JOHNSTON E, KIM Y. Introduction to the special issue on policy informatics[J]. The innovation journal: the public sector innovation journal, 2011, 16(1): 1 – 4.

[92] JUN K N, WEARE C. Institutional motivations in the adoption of innovations: the case of e-government [J]. Journal of public administration research and theory, 2011, 20(3):495 – 519.

[93] JUSTICE J B, MELITSKI J, SMITH D L. E-government as an instrument of fiscal accountability and responsiveness: do the best practitioners employ the best practices? [J]. The American review of public administration, 2006, 36(3): 301 – 322.

[94] KASSEN M. Understanding decentralized civic engagement: focus on peer-to-peer and blockchain-driven perspectives on e-participation [J]. Technology in society, 2021, 66: 101650.

[95] KATSONIS M, BOTROS A. Digital government: a primer and professional perspectives [J]. Australian journal of public administration, 2015, 74(1):42 – 52.

[96] KHAN G F, SWAR B, LEE S K. Social media risks and benefits: a public sector perspective[J]. Social science computer review, 2014, 32(5): 606 – 627.

[97] KHAN, G F, YOON H Y, KIM J, et al. From e-government to social government: Twitter use by Korea's central government[J]. Online information review, 2014,38(1), 95 – 113.

[98] KHAN T A, ZHAO X. Perceptions of students for a gamification approach: cities skylines as a pedagogical tool in urban planning education[C]//DENNEHY D, GRIVA A, POULOUDI N, et al. Responsible AI and analytics for an ethical and inclusive digitized society. Cham: Springer,2021:763 – 773.

[99] KIM Y. The contribution of social network sites to exposure to political difference: the relationships among SNSs, online political messaging, and exposure to cross-cutting perspectives [J]. Computers in human behavior, 2011, 27(2): 971 – 977.

[100] KLAMERT K, SANDER M. Child's play-a Literature-based survey on gamified tools and methods for fostering public participation in urban planning [C]//International Conference on Electronic

Participation. Cham：Springer，2017：24－33.

［101］KLEINHANS R，VAN HAM M，EVANS-COWLEY J. Using social media and mobile technologies to foster engagement and self-organization in participatory urban planning and neighbourhood governance［J］. Planning practice ＆ research，2015，30（3）：237－247.

［102］KOIVISTO J，HAMARI J. The rise of motivational information systems：a review of gamification research［J］. International journal of information management，2019，45：191－210.

［103］KOPACKOVA H，KOMARKOVA J. Participatory technologies in smart cities：what citizens want and how to ask them［J］. Telematics and informatics，2020，47（6）：101325.

［104］KUBICEK H. The potential of e-participation in urban planning：a European perspective［M］//SILVA C N. Handbook of research on e-planning：ICTs for urban development and monitoring，2010：168－194.

［105］LANDERS R N，AUER E M，COLLMUS A B，et al. Gamification science，its history and future：definitions and a research agenda［J］. Simulation ＆ gaming，2018，49（3）：315－337.

［106］LARSEN K R T. A taxonomy of antecedents of information systems success：variable analysis studies［J］. Journal of management information systems，2003，20（2）：169－246.

［107］LEE C，CHANG K，Berry F S. Testing the development and diffusion of e-government and e-democracy：a global perspective［J］. Public Administration review，2011，71（3）：444－454.

［108］LEE D T，GOEL A，AITAMURTO T，et al. Crowdsourcing for participatory democracies：efficient elicitation of social choice functions［C］. Proceedings of the AAAI Coference on Human Computation and Crowdsouring，2014.

［109］LEE G，KWAK Y H. An open government maturity model for social media-based public engagement［J］. Government information quarterly，2012，29（4）：492－503.

［110］LEE J. 10 year retrospect on stage models of e-government：a qualitative meta-synthesis［J］. Government information quarterly，

2010, 27(3):220 - 230.

[111] LEE Y, LEE K M, LEE S H. Blockchain-based reputation management for custom manufacturing service in the peer-to-peer networking environment [J]. Peer-to-peer networking and applications, 2020, 13(2): 671 - 683.

[112] LEONE S, PAOLI A D, SENATORE D. Social media communication in central governments: the case of Twitter activity of Italian ministries[J]. Journal of communications research, 2015, 7: 413 - 429.

[113] LEV-ON A, STEINFELD N. Local engagement online: municipal Facebook pages as hubs of interaction[J]. Government information quarterly, 2015, 32(3): 299 - 307.

[114] LINDERS D. From e-government to we-government: defining a typology for citizen coproduction in the age of social media[J]. Government information quarterly, 2012, 29(4): 446 - 454.

[115] LINDNER R, AICHHOLZER G. E-democracy: Conceptual foundations and recent trends[M]// HENNEN L, KEULEN I V, KORTHAGEN I, et al. European e-democracy in practice. Cham: Springer, 2020: 11 - 45.

[116] LOURENÇO R P. An analysis of open government portals: a perspective of transparency for accountability [J]. Government information quarterly, 2015, 32(3): 323 - 332.

[117] LUNA-REYES L F, GIL-GARCIA J R. Digital government transformation and internet portals: the co-evolution of technology, organizations, and institutions [J]. Government information quarterly, 2014, 31(4):545 - 555.

[118] MACINTOSH A, COLEMAN S, SCHNEEBERGER A. eparticipation: the research gaps [J]//MACINTOSH A, TAMBOURIS E. Electronic paticipation. Berlin, Heidelberg: Springer, 2009.

[119] MACINTOSH A. EParticipation in policy-making: the research and the challenges[J]. Exploiting the knowledge economy: issues, applications and case studies, 2006: 364 - 369.

[120] MACINTOSH A, WHYTE A. Towards an evaluation framework

for eparticipation[J]. Transforming government: people, process and policy, 2008,2(1):16 - 30.

[121] MA L, CHUNG J, THORSON S. E-government in China: Bringing economic development through administrative reform[J]. Government information quarterly, 2005, 22(1): 20 - 37.

[122] MA L. The diffusion of government microblogging: evidence from Chinese municipal police bureaus[J]. Public management review, 2013, 15(2): 288 - 309.

[123] MARZOUK M, OTHMAN A. Planning utility infrastructure requirements for smart cities using the integration between BIM and GIS[J]. Sustainable cities and society, 2020, 57(7):102120.

[124] MASINDE N, GRAFFI K. Peer-to-peer-based social networks: a comprehensive survey[J]. SN computer science, 2020(1): 1 - 51.

[125] MATINHEIKKI J, ARTTO K, PELTOKORPI A, et al. Managing inter-organizational networks for value creation in the front-end of projects [J]. International journal of project management, 2016, 34(7):1226 - 1241.

[126] MAYER I S. The gaming of policy and the politics of gaming: a review[J]. Simulation & gaming, 2009, 40(6):825 - 862.

[127] MCGUIRE M. Collaborative public management: assessing what we know and how we know it[J]. Public administration review, 2006, 66(s1): 33 - 43.

[128] MEDAGLIA R, ZHENG L. Mapping government social media research and moving it forward: a framework and a research agenda.[J]. Government information quarterly, 2017, 34 (3): 496 - 510.

[129] MEIJER A. Government transparency in historical perspective: from the ancient regime to open data in the netherlands[J]. International journal of public administration, 2015, 38 (3): 189 - 199.

[130] MEIJER A J, CURTIN D, HILLEBRANDT M. Open government: connecting vision and voice [J]. International review of administrative sciences, 2012, 78(1): 10 - 29.

[131] MEIJER A. Understanding the complex dynamics of transparency

［J］. Public administration review，2013，73(3)：429 – 439.

［132］MEIJER A，ZOURIDIS S. E-government is an institutional innovation［M］//BEKKERS V J J M，VAN DUIVENBODEN H，THAENS M. Information and communication technology and public innovation：assessing the ICT-driven modernization of public administration.［S. l.］：IOS Press，2006；219 – 229.

［133］MERGEL I，BRETSCHNEIDER S I. A three-stage adoption process for social media use in government［J］. Public administration review，2013，73(3)：390 – 400.

［134］MERGEL I. Opening government：designing open innovation processes to collaborate with external problem solvers［J］. Social science computer review，2015，33(5)；599 – 612.

［135］MERGEL I. Social media adoption and resulting tactics in the U. S. federal government［J］. Government information quarterly，2013，30(2)：123 – 130.

［136］MISHLER W，ROSE R. What are the political consequences of trust? A test of cultural and institutional theories in Russia［J］. Comparative political studies，2005，38(9)：1050 – 1078.

［137］NABATCHI T，AMSLER L B. Direct public engagement in local government［J］. American review of public administration，2014，44(4)；63s – 88s.

［138］NAPHADE M，BANAVAR G，HARRISON C，et al. Smarter cities and their innovation challenges［J］. Computer，2011，44(6)：32 – 39.

［139］NIAROS V. Introducing a taxonomy of the "smart city"：towards a commons-oriented approach?［J］. TripleC：communication，capitalism & critique. Open access journal for a global sustainable information society，2016，14(1)：51 – 61.

［140］NORRIS D F，REDDICK C G. E-democracy at the American grassroots［J］. Information polity，2013，18(3)：201 – 216.

［141］NTALIANI M，COSTOPOULOU C，KARETSOS S. Mobile government：a challenge for agriculture［J］. Government information quarterly，2008，25(4)：699 – 716.

［142］OECD. M-government：mobile technologies for responsive

governments and connected societies[M]. Paris：OECD，2011.

[143] OLIVEIRA C，GARCIA A C B. Citizens' electronic participation：a systematic review of their challenges and how to overcome them [J]. International journal of web based communities，2019，15(2)：123 - 150.

[144] O'REILLY T. Government as a platform[J]. Innovations，2011，6(1)：13 - 40.

[145] PAMIDIMUKKALA A，KERMANSHACHI S. Impact of Covid - 19 on field and office workforce in construction industry[J]. Project leadership and society，2021，2：100018.

[146] PANOPOULOU E，TAMBOURIS E，TARABANIS K. An eparticipation acceptance model[J]. IEEE transactions on emerging topics in computing，2021，9(1)：188 - 199.

[147] PELED A，NAHON K. Towards open data for public accountability：examining the US and the UK models[J]. SSRN electronic journal，2015.

[148] PHANG C W，KANKANHALLI A. A framework of ICT exploitation for e-participation initiatives[J]. Communications of the ACM，2008，51(12)：128 - 132.

[149] PICAZO-VELA S，GUTIÉRREZ-MARTINEZ I，LUNA-REYES L F. Understanding risks，benefits，and strategic alternatives of social media applications in the public sector [J]. Government information quarterly，2012，29(4)：504 - 511.

[150] PIRANNEJAD A，JANSSEN M，REZAEI J. Towards a balanced e-participation index：integrating government and society perspectives[J]. Government information quarterly，2019，36(4)：101404.

[151] PORUMBESCU G，IM T. Using transparency to reinforce responsibility and responsiveness [M]//PERRY J L，CHRISTENSEN R K. Handbook of public administration. Hoboken：John Wiley & Sons，2015：120 - 136.

[152] PORUMBESCU G. Linking transparency to trust in government and voice[J]. The American review of public administration，2017，47(5)：520 - 537.

［153］PRPIĆ, J, TAEIHAGH A, MELTON J. A framework for policy crowdsourcing［J］. Policy & internet, 2015,7(3):340 – 361.

［154］PRPIĆ J, TAEIHAGH A, MELTON J. The fundamentals of policy crowdsourcing［J］. Policy & internet, 2015, 7(3):340 – 361.

［155］PURON-CID G. Smart cities, smart governments and smart citizens: a brief introduction［J］. International journal of e-planning research,2015,4(2): ⅵ-ⅶ.

［156］RAKHMAWATI N A, FIBRIANTO B. Designing a gamification for monitoring Surabaya City development［C］//2016 International Conference on Information & Communication Technology and Systems. IEEE, 2017:262 – 265.

［157］RANA N P, DWIVEDI Y K. Citizen's adoption of an e-government system: validating extended Social Cognitive Theory (SCT)［J］. Government information quarterly, 2015, 32(2):172 – 181.

［158］REDDICK C G, NORRIS D F. Social media adoption at the American grass roots: Web 2.0 or 1.5? ［J］. Government information quarterly, 2013, 30(4): 498 – 507.

［159］RELLY J E, SABHARWAL M. Perceptions of transparency of government policymaking: a cross-national study［J］. Government information quarterly, 2009, 26(1): 148 – 157.

［160］ROYO S, YETANO A, ACERETE B. E-participation and environmental protection: are local governments really committed? ［J］. Public administration review, 2014, 74(1): 87 – 98.

［161］SANDOVAL-ALMAZAN R, GIL-GARCIA J R. Toward an integrative assessment of open government: proposing conceptual lenses and practical components ［J］. Journal of organizational computing and electronic commerce, 2016, 26(1 – 2): 170 – 192.

［162］SANDOVAL-ALMAZÁN R, ARMAS J C N. Social media experiences at county level: the case of the state of Mexico［M］// GIL-GARCIA J, PARDO T, NAM T. Smarter as the new urban agenda. Cham: Springer, 2016: 279 – 295.

［163］SAVOLDELLI A, CODAGNONE C, MISURACA G. Understanding the e-government paradox: learning from literature and practice on barriers to adoption[J]. Government information quarterly，2014，31：S63 – S71.

[164] SAYOGO D S，PARDO T A，COOK M. A framework for benchmarking open government data efforts[C]//2014 47th Hawaii International Conference on System Sciences. IEEE，2014：1896 – 1905.

[165] SÆBØ Ø，FLAK L S，SEIN M K. Understanding the dynamics in e-Participation initiatives：looking through the genre and stakeholder lenses[J]. Government information quarterly，2011，28(3)：416 – 425.

[166] SEDDIG D，MASKILEYSON D，DAVIDOV E，et al. Correlates of COVID – 19 vaccination intentions：attitudes，institutional trust，fear，conspiracy beliefs，and vaccine skepticism[J]. Social science & medicine，2022(302)：114981.

[167] SESSIONS L F. How offline gatherings affect online communities：when virtual community members 'meetup'[J]. Information，communication & society，2010，13(3)：375 – 395.

[168] SHULER J A，JAEGER P T，BERTOT J C. Implications of harmonizing e-government principles and the federal depository library program within e-government principles and policies [J]. Government information quarterly，2010，27(1)：9 – 16.

[169] SILVA P，TAVARES A F，SILVA T，et al. The good，the bad and the ugly：three faces of social media usage by local governments[J]. Government information quarterly，2019，36(3)：469 – 479.

[170] SIMONOFSKI A，FINK J，BURNAY C. Supporting policy-making with social media and e-participation platforms data：a policy analytics framework [J]. Government information quarterly，2021，38(3)：101590.

[171] SMITH S，MACINTOSH A，MILLARD J. A three-layered framework for evaluating e-participation[J]. International journal of electronic governance，2011，4(4)：304 – 321.

[172] SOBACI M Z，ERYIGIT K Y. Determinants of e-democracy adoption in Turkish municipalities：an analysis for spatial diffusion

effect[J]. Local government studies, 2015, 41(3): 445 – 469.

[173] SOOMRO K A, KALE U, CURTIS R, et al. Digital divide among higher education faculty[J]. International journal of educational technology in high education, 2020,17(1):1 – 16.

[174] SOUSA T, SOARES T, PINSON P, et al. Peer-to-peer and community-based markets: a comprehensive review[J]. Renewable and sustainable energy reviews, 2019, 104: 367 – 378.

[175] STENROS, J. The game definition game: a review[J]. Games and culture, 2017,12(6):499 – 520.

[176] STOKER G. Public value management: a new narrative for networked governance? [J]. The American review of public administration, 2006, 36(1): 41 – 57.

[177] TAI K T, PORUMBESCU G, SHON J. Can e-participation stimulate offline citizen participation: an empirical test with practical implications[J]. Public management review, 2020, 22(2): 278 – 296.

[178] TEJEDO-ROMERO F, DE ARAUJO J F F E. Determinants of local governments' transparency in times of crisis evidence from municipality-level panel data [J]. Administration & society, 2018, 50(4):527 – 554.

[179] THOMAS J C. Public involvement in public management adapting and testing a borrowed theory[J]. Pubilc adminstration review, 1990, 50:435.

[180] TOLBERT C J, MOSSBERGER K. The effects of e-government on trust and confidence in government [J]. Public administration review, 2006, 66(3): 354 – 369.

[181] TOOTS M. Why e-participation systems fail: the case of Estonia's Osale. ee[J]. Government information quarterly, 2019, 36 (3): 546 – 559.

[182] TRIPATHI R, GUPTA M P. Evolution of government portals in India: mapping over stage models [J]. Journal of enterprise information management, 2014, 27(4):449 – 474.

[183] United Nations. United Nations e-government survey 2020: digital government in the decade of action and sustainable development

[R]. New York：United Nations，2020.

[184] Urton D，Dan M. Project manager's perspectives on enhancing collaboration in multidisciplinary environmental management projects[J]. Project leadership and society，2021，2：100008.

[185] VAN DE WALLE S. Context-specific images of the archetypical bureaucrat：persistence and diffusion of the bureaucracy stereotype [J].Public voices，2004，7(1)：3 – 12.

[186] WANG X，CHEN Y，HAN Z，et al. Evaluation of mobile-based public participation in China's urban planning：case study of the PinStreet platform[J]. Cities，2020，109(4)：102993.

[187] WARREN，M E. A problem-based approach to democratic theory [J]. American political science review，2017，111(1)：39 – 53.

[188] WEST J，SALTER A，VANHAVERBEKE W，et al. Open innovation：the next decade[J]. Research policy，2014，43(5)：805 – 811.

[189] WIRTZ B W，DAISER P，BINKOWSKA B. E-participation：a strategic framework [J]. International journal of public administration，2018，41(1)：1 – 12.

[190] YANG T M，LO J，SHIANG J. To open or not to open? Determinants of open government data[J]. Journal of information science，2015，41(5)：596 – 612.

[191] YANG T M，PARDO T，WU Y J. How is information shared across the boundaries of government agencies? an e-government case study[J]. Government information quarterly，2014，31(4)：637 – 652.

[192] ZERJAV V，MCARTHUR J，EDKINS A. The multiplicity of value in the front-end of projects：the case of London transportation infrastructure[J]. International journal of project management，2021，39(5)：507 – 519.

[193] ZHAO F. An empirical study of cultural dimensions and e-government development：implications of the findings and strategies [J]. Behaviour & information technology，2013，32(3)：294 – 306.

[194] ZHENG Y，SCHACHTER H L. Explaining citizens' e-participation use：the role of perceived advantages [J]. Public organization

review，2017,17(3):409 - 428.

[195] ZOLOTOV M N，OLIVEIRA T，CASTELEYN S. E-participation adoption models research in the last 17 years：a weight and meta-analytical review［J］. Computers in human behavior，2018，81：350 - 365.

附录 1 关于新浪微博公民参与意向的调查问卷

您的性别是[单选题]

男

女

您的年龄是[单选题]

10—17 岁

18—25 岁

26—40 岁

41—60 岁

60 岁以上

您目前的职业是?〔单选题〕

在校学生

政府、机关干部/公务员

企业管理者（包括基层及中高层管理者）

普通职员

专业人员（如医生、律师、记者、老师等）

普通工人（如工厂工人、建筑工地工人等）

服务业职工（如销售人员、商店职员、服务员等）

个体经营者/承包商

自由职业者

农林牧渔劳动者

退休

暂无职业

其他＿＿＿＿＿＿

您目前所在的地区是？［联动题］

到目前为止，您的最高学历（包括在读）是？［单选题］
初中及以下
高中/中专/技校
大学专科
大学本科
硕士及以上

最近半年，您使用什么设备上网时间最长［单选题］
手机
台式电脑
笔记本电脑

最近半年，您平均每天上网的时长大约是？［单选题］
1 小时以内
1—3 小时（含 3 小时）
3—5 小时（含 5 小时）
5—8 小时（含 8 小时）
8—10 小时（含 10 小时）
10 小时以上

您是否使用新浪微博？［单选题］
是
否

您从最开始使用新浪微博到现在的时间是（新浪微博从 2009 年 8 月开始投入使用）［单选题］
1 年以下
1—3 年（含 3 年）
3—5 年（含 5 年）
5—10 年（含 10 年）
10 年以上

我认为新浪微博易于使用［量表题］

5～1

学习使用微博及相关功能对我来说非常简单［量表题］

5～1

使用微博的要求很容易满足，不需要付出什么特别努力［量表题］

5～1

使用微博增加了我去完成一些重要事情或任务的机会［量表题］

5～1

通常来看，微博的优势是大于劣势的［量表题］

5～1

总的来说，使用微博对我更加有益而非有害［量表题］

5～1

使用微博符合我的生活方式［量表题］

5～1

使用微博符合我的价值观和需求［量表题］

5～1

使用微博与我的日常生活及工作是相容的［量表题］

5～1

微博平台关注我的需求和期望［量表题］

5～1

微博有足够的保护技术和机制，让我在使用微博时感到放心和舒适［量表题］

5～1

总体而言，我觉得微博平台是强大、可靠和安全的[量表题]

5～1

总体而言，我信任新浪微博[量表题]

5～1

我所在地区的政府关心人们的需求和期望[量表题]

5～1

我认为地方政府在处理公共事务时是诚实的[量表题]

5～1

总体而言，我认为政府是信守承诺并能够为人们解决问题的[量表题]

5～1

总体而言，我是信任我所在地区的政府的[量表题]

5～1

政府通过微博平台发起的公民参与项目将能帮助提高政府透明度[量表题]

5～1

政府通过微博平台发起的公民参与项目将能帮助地方政府更好地制定政策并做出决策[量表题]

5～1

通过微博平台参与政府发起的参与项目对我应该是有益的[量表题]

5～1

通过微博参与政府发起的参与项目，总体优势大于劣势[量表题]

5～1

通过微博平台参与政府发起的参与项目，会增加我的成就感[量表题]

5～1

通过微博平台参与政府发起的参与项目,会加强我对相关政府行为或政策的认同感[量表题]

5～1

如果我通过微博参与政府发起的参与项目,我会认为自己做了一件有意义有价值的事情[量表题]

5～1

我认为通过微博参与政府发起的参与项目不是在浪费时间和精力[量表题]

5～1

我关注并关心城市或社区面临的公共问题[量表题]

5～1

我对城市或社区面临的重要公共问题有很好的了解及理解[量表题]

5～1

我认为我完全有资格参与讨论城市或社区公共事务[量表题]

5～1

一般而言,针对相关问题,我更倾向于点赞快转,而不是直接评论或进行更深入的网络讨论[量表题]

5～1

我相信我可以提供与城市或社区公共事务相关的有价值的想法、意见及观点[量表题]

5～1

是否通过微博参与政府发起的参与项目完全取决于我自己,而非他人或政府[量表题]

5～1

我相信通过微博参与政府发起的参与项目完全在我个人的控制范围内〔量表题〕

5～1

我认为在微博上参与政府发起的参与项目是一个好主意〔量表题〕

5～1

我认为在微博上参与政府发起的参与项目会是一个愉快的过程〔量表题〕

5～1

我喜欢在微博上参与政府发起的公民参与项目〔量表题〕

5～1

如果微博上政府发起的参与项目是我不了解的内容,我就不会参与〔量表题〕

5～1

如果最近微博上发起我所在城市或社区的公民参与项目,不管是什么我都打算参加〔量表题〕

5～1

如果微博上政府发起的参与项目并不直接涉及我的利益,我就不会参与〔量表题〕

5～1

如果我的意见被政府部门采纳,我以后会更加积极参加此类项目〔量表题〕

5～1

如果政府公开了对公民意见的全面采纳情况或反馈,以后我会更相信此类项目并积极参加〔量表题〕

5～1

附录 2 访谈提纲

一、数字化改革现状

1. 请简单介绍一下省级（市级）层面政府信息化建设，在"十三五"期间做了哪些项目，在"十四五"期间信息化建设的重点领域和项目是什么，希望达到什么程度？

2. 负责数字政府改革的主管部门有哪些？ 各部门之间的关系架构是怎样的？

3. 目前省级主管部门与其他部门协作时的流程、采取的方式、遇到的问题、需要其他部门提供的服务、信息共享及事务处理的瓶颈等有哪些？

4. 针对目前政务信息化服务质量和业务联系的问题，政务办公如"一网通办""一体化平台"等政务办公信息化的现状如何（能否满足业务需求，服务质量如何），政府数据中心现状如何？

5. 数字政府改革过程中遇到的主要问题或困难是什么？

6. 在建立统一的政务平台整合数据库和信息资源，进行资源共享和集约建设管理时，你认为需要重点解决哪些问题？ 如何实现办事流程优化和无障碍共享？

7. 在建设统一的政务平台时，你认为该平台可以加载哪些协同应用？

8. 如何开展"数字政府"改革建设的宣传推广工作？

9. 在参与基础设施方面，有哪些数字项目是直接与"公民参与"相关的？ 是否有在改革建设计划中嵌入电子参与程序？ 是否有专门负责与公众进行在线交互的部门？

10. 当前开放的政府数据主要包括哪些？

11. 公众通过哪些数字途径可以与政府互动？ 与 NGO 组织、企业、事业单位、其他组织及个人的沟通频率如何？ 是否有让公众参与城市公共政策或问题讨论的程序？ 哪些渠道公众使用得最多或最受欢迎？

二、对电子参与的主观感知

1. 数字化改革是否让你(部门)与公民的沟通交互变得更加便捷?

2. 电子参与是否有助于做出更好的决策,或是相反?

3. 电子参与是否增加了人们认可政策或接受改变的可能性?

4. 电子参与是否让不同利益相关者在涉己的问题中发表意见?

5. 有效的电子参与过程是否非常耗费时间或精力?

6. 是否愿意让居民加入决策过程?

7. 公民意见数量巨大纷繁复杂,是否可以且愿意处理?

8. 大量的公民意见是否缺乏理性和专业性而无法采纳?

9. 是否有制度化的对公民在线意见或讨论进行反馈的机制?

图书在版编目(CIP)数据

数字治理时代的电子参与及其创新研究 / 张航著.
—南京：南京大学出版社，2023.12
ISBN 978 - 7 - 305 - 25347 - 8

Ⅰ.①数… Ⅱ.①张… Ⅲ.①公民—参与管理—电子
政务—研究 Ⅳ.①D035 - 39

中国版本图书馆 CIP 数据核字(2023)第 196425 号

出版发行 南京大学出版社
社　　址 南京市汉口路 22 号　　　　邮　编 210093

SHUZI ZHILI SHIDAI DE DIANZI CANYU JI QI CHUANGXIN YANJIU
书　　名 **数字治理时代的电子参与及其创新研究**
著　　者 张　航
责任编辑 郭艳娟

照　　排 南京紫藤制版印务中心
印　　刷 苏州市古得堡数码印刷有限公司
开　　本 718 mm×1000 mm　1/16　印张 24.25　字数 450 千
版　　次 2023 年 12 月第 1 版
印　　次 2023 年 12 月第 1 次印刷
ISBN　978 - 7 - 305 - 25347 - 8
定　　价 110.00 元

网　　址 http://www.njupco.com
官方微博 http://weibo.com/njupco
官方微信 njupress
销售热线 025 - 83594756